W0234022

Schriften des Instituts für Ausländisches
und Internationales Finanz- und Steuerwesen
der Universität Hamburg
Herausgeber: Der Geschäftsführende Direktor

Band 18

Claus Herfort

Besteuerung von Management-Buy-Outs in der Bundesrepublik Deutschland

Nomos Verlagsgesellschaft
Baden-Baden

Die Deutsche Bibliothek – CIP-Einheitsaufnahme

Herfort, Claus:
Besteuerung von Management-Buy-Outs in der Bundesrepublik Deutschland / Claus Herfort. – 1. Aufl. – Baden-Baden: Nomos Verl.-Ges., 1991
(Schriften des Instituts für Ausländisches und Internationales Finanz- und Steuerwesen der Universität Hamburg; Bd. 18)
ISBN 3-7890-2444-9
NE: Institut für Ausländisches und Internationales Finanz- und Steuerwesen <Hamburg>: Schriften des Instituts . . .

1. Auflage 1991

Inhaltsübersicht

Inhaltsverzeichnis

Fünfter Teil
Steuerliche Gestaltung der Desinvestitionsphase 333

Abbildungsverzeichnis

Abkürzungsverzeichnis

a.A.	anderer Ansicht
a.a.O.	am angegebenen Ort
Abb.	Abbildung
Abs.	Absatz
Abschn.	Abschnitt
ABWL	Allgemeine Betriebswirtschaftslehre
a.F.	alte Fassung
AfA	Absetzung für Abnutzung
AG	Aktiengesellschaft; auch Zeitschrift: Die Aktiengesellschaft
AktG	Aktiengesetz
Anh.	Anhang
Anm.	Anmerkung
AO	Abgabenordnung
Art.	Artikel
AStG	Außensteuergesetz
Aufl.	Auflage
AWD	Außenwirtschaftsdienst
AWD/BB	Außenwirtschaftsdienst des Betriebs-Beraters
BB	Betriebs-Berater
Bd.	Band
BdF	Bundesminister der Finanzen
bearb.	bearbeitet (e)
BGBl	Bundesgesetzblatt
Beil.	Beilage
BerlinFG	Berlinförderungsgesetz
BewG	Bewertungsgesetz
BFH	Bundesfinanzhof
BFHE	Entscheidung des Bundesfinanzhofs
BMF	Bundesfinanzministerium
BFuP	Betriebswirtschaftliche Forschung und Praxis
BGB	Bürgerliches Gesetzbuch
BGBl.	Bundesgesetzblatt

BGH	Bundesgerichtshof
BStBl.	Bundessteuerblatt
BT	Deutscher Bundestag
Buchst.	Buchstabe
BVerfG	Bundesverfassungsgericht
BVerfGE	Entscheidungen des Bundesverfassungsgerichts
bzw.	beziehungsweise
ca.	zirka
	International
DB	Der Betrieb
DBA	Doppelbesteuerungsabkommen
d.h.	das heißt
Diss.	Dissertation
Drucks.	Drucksache
DStR	Deutsches Steuerrecht
DStZ/A	Deutsche Steuer-Zeitung/Ausgabe A
DV	Durchführungsverordnung
EG	Einführungsgesetz; auch Europäische Gemeinschaft
EK_{56}	Mit 56% Körperschaftsteuer belastete Eigenkapitalteile
EK 04	verwendbares Eigenkapital gem. § 30 Abs. 2 Nr. 4 KStG
ErbStG	Erbschaftsteuergesetz
erw.	erweitert (e)
EStDV	Einkommensteuer-Durchführungsverordnung
EStG	Einkommensteuergesetz
EK 04	verwendbares Eigenkapital i.S.d. § 30 Abs. 2 Nr. 4 EStG
F.	Fach
f.(ff.)	folgende
FAZ	Frankfurter Allgemeine Zeitung
FG	Finanzgericht(e)
FinMin.	Finanzministerium
FR	Finanz-Rundschau (Deutsches Steuerblatt)
gem.	gemäß
GewStG	Gewerbesteuergesetz

GewStR	Gewerbesteuer-Richtlinien
GG	Grundgesetz
gl.A.	gleicher Ansicht
GmbH	Gesellschaft mit beschränkter Haftung
GmbHR	GmbH-Rundschau
GOB	Grundsätze ordnungsmäßiger Buchführung
Gr.	Gruppe
GrEStG	Grunderwerbsteuergesetz
H.	Heft
HBl.	Handelsblatt
HGB	Handelsgesetzbuch
h.L.	herrschende Lehre
h.M.	herrschende Meinung
hrsg.	herausgegeben
HrsG.	Herausgeber
i.d.R.	in der Regel
IDW	Institut der Deutschen Wirtschaft
i.e.S.	im engeren Sinne
IFA	International Fiscal Association
INF	Die Information über Steuer und Wirtschaft
InstFSt	Institut Finanzen und Steuern
InvZulG	Investitionszulagegesetz
i.S.	im Sinne
IStR	Internationales Steuerrecht
i.V.m.	in Verbindung mit
IWB	Internationale Wirtschaftsbriefe
JbFfStR	Jahrbuch der Fachanwälte für Steuerrecht
KAG	Kapitalanlagegesellschaft
KAGG	Gesetz über Kapitalanlagegesellschaften
KapErhG	Gesetz über steuerliche Maßnahmen bei Erhöhung des Nennkapitals aus Gesellschaftsmitteln und bei Überlassung von eigenen Aktien an Arbeitnehmer
KG	Kommanditgesellschaft
KO	Konkursordnung
KÖSDI	Kölner Steuerdialog
KStG	Körperschaftsteuergesetz
KStR	Körperschaftsteuer-Richtlinien
KVStG	Kapitalverkehrsteuergesetz

LBO	Leveraged-Buy-Out
m.E.	meines Erachtens
MA	Musterabkommen
MBO	Management-Buy-Out
MG	Muttergesellschaft
n.F.	neue Fassung
NJW	Neue Juristische Wochenzeitschrift
Newco	New Company
NWB	Neue Wirtschaftsbriefe
OECD	Organisation for Economic Cooperation and Development
o.J.	ohne Jahresangabe
OLG	Oberlandes Gericht
OFD	Oberfinanzdirektion(en)
o.V.	ohne Verfasser
OVG	Oberverwaltungsgericht
RAO	Reichsabgabenordnung
RFH	Reichsfinanzhof
RGBl	Reichsgesetzblatt
RIW	Recht der Internationalen Wirtschaft
Rd.Nr.	Randnummer
Rspr.	Rechtsprechung
RStBl	Reichssteuerblatt
Rz.	Randziffer
S.	Seite
SAG	Schweizerische Aktiengesellschaft
SB	Semesterbericht
SEC	Securities Exchange Code
s.o.	siehe oben
sog.	sogenannt
Sp.	Spalte
StÄndG	Steueränderungsgesetz
StAnpG	Steueranpassungsgesetz
StBerG	Steuerbereinigungsgesetz
StbJb	Steuerberater-Jahrbuch
StBKongRep	Steuerberaterkongreß-Report
StBp	Die steuerliche Betriebsprüfung (Zeitschrift)

SteuerStud	Steuer und Studium
StGB	Strafgesetzbuch
StRefG	Steuerreform-Gesetz
StuW	Steuer und Wirtschaft
Suppl.	Supplement
TG	Tochtergesellschaft
Tz.	Textziffer
u.a.	unter anderem(n)
UBG	Unternehmensbeteiligungsgesellschaft
UBGG	Gesetz über Unternehmensbeteiligungsgesellschaften
UmwG	Umwandlungsgesetz
UmwStG	Gesetz über steuerliche Maßnahmen bei Änderung der Unternehmensform
Urt.	Urteil
UStG	Umsatzsteuergesetz
vEK	verwendbares Eigenkapitel
vGA	verdeckte Gewinnausschüttung
vgl.	vergleiche
VglO	Vergleichsordnung
VStG	Vermögensteuergesetz
VStR	Vermögensteuer-Richtlinien
WG	Wirtschaftsgut
WiSt	Wirtschaftswissenschaftliches Studium
WM	Wertpapier Mitteilungen
WPg	Die Wirtschaftsprüfung
z.B.	zum Beispiel
ZfB	Zeitschrift für Betriebswirtschaft
ZfbF	Zeitschrift für betriebswirtschaftliche Forschung
ZgK	Zeitschrift für das gesamte Kreditwesen
ZGR	Zeitschrift für Unternehmens- und Gesellschaftsrecht
Ziff.	Ziffer
ZIP	Zeitschrift für Wirtschaftsrecht und Insolvenzpraxis
ZRP	Zeitschrift für Rechtspolitik

Erster Teil

Einführung

A. PROBLEMSTELLUNG

"Management Buy-outs - What's New?" [1]

Diese Fragestellung erscheint symptomatisch für den gegenwärtigen Stand der Diskussion über ein "Phänomen",[2] das Mitte der 70er Jahre im anglo-amerikanischen Wirtschaftsraum entstand, und mit einem entsprechenden "time lag" mittlerweile den Weg nach Europa gefunden hat. Auch wenn es sich beim Management-Buy-Out (MBO) [3] lediglich um eine besondere Übernahmeform handelt, die im Grundsatz den allgemeingültigen Regeln des Unternehmenskaufs unterliegt,[4] gebietet es die zunehmende wirtschaftliche Bedeutung, sich mit den besonderen Aspekten dieser Form des Unternehmenserwerbs ausführlicher zu beschäftigen.
Die Rolle des Management-Buy-Outs in der anglo-amerikanischen Merger & Acquisition-Szene ist unbestritten,[5] wirft jedoch zugleich die

---

1 Cooper, R., Management Buy-out's - What's New, in: Taxation Pracitioner 1988, S. 318.

2 O.V., Management-Buy-Outs sollen auch in Deutschland populär gemacht werden, in: HBl. Nr. 216 v. 10.11.1986, S. 13.

3 Übernahme eines Unternehmens bzw. eines Unternehmensteils durch das eigene Management. Vgl. im einzelnen Erster Teil, Abschn. B. 3. dieser Arbeit. Da sich weder in der anglo-amerikanischen noch in der deutschsprachigen Literatur eine einheitliche Schreibweise durchsetzen konnte, die Vielfalt der orthographischen Variationen vielmehr keine Grenzen kennt, soll im Rahmen der folgenden Arbeit die oben angewandte Schreibweise beibehalten werden.

4 Vgl. Holzapfel, H.-J./Pöllath, R., Recht und Praxis des Unternehmenskaufs, 4., neubearb. Aufl., Köln 1989, S. 125.

5 Die Zahl solcher Übernahmen ist in Großbritannien seit Beginn der Entwicklung im Jahr 1978 bis zum Jahr 1986 um das 19-fache angestiegen. Das durchschnittliche jährliche Volumen der Transaktionen hat von 0,5 Mio $ im Jahr 1979 auf 5,8 Mio $ in 1986 zugenommen. Vgl. Wright, M./Robbie, K./Coyne, J., Flotations of Management Buy-Outs, London 1987, S. 3. Für die Vereinigten Staaten existieren insoweit keine repräsentativen Zahlen, als dort keine exakte Unterscheidung zwischen Management- und Leveraged-Buy-Out's vorgenommen wird.

Frage auf, warum die entsprechende Entwicklung in der Bundesrepublik bisher nur sehr schleppend verlief und teilweise auch mit erheblichem Mißtrauen betrachtet wurde.[6] Allein der Hinweis auf die fehlenden wirtschaftlichen Rahmenbedingungen kann hier nicht genügen.[7]
Ausgangspunkt der Entwicklung der Management-Buy-Out-Technik waren Mitte der siebziger Jahre die USA, wo dieses Instrument zur Restrukturierung von Großunternehmen und konglomeraten Konzernen angewendet wurde.[8] Eine häufige Nebenwirkung eines solchen Buy-Outs war das sogenannte "going private", d.h. die Überführung der Gesellschaftsanteile zurück in den Besitz einiger weniger Gesellschafter mit der Folge, daß die Anteile nicht mehr an der Börse gehandelt wurden.[9]
Auch in Großbritannien spielte der Privatisierungsgedanke bei der starken Expansion des MBO-Marktes eine große Rolle, da auf diese Weise zahlreiche Staatsunternehmen privatisiert werden konnten.
Die zu Beginn der Entwicklung in Deutschland zu beobachtende Euphorie scheint mittlerweile einer eher realistischen Betrachtungsweise gewichen zu sein. Es hat sich gezeigt, daß die Praktiken und Größenordnungen des US-amerikanischen MBO-Marktes nicht übertragen werden können. Trotzdem hat sich in den letzten Jahren bei einer ständig wach-

---

6 Vgl. Kramer, J., Buy-Outs in Deutschland, in: ZgK 1989, S. 954.

7 Vgl. hierzu: Arbeitskreis Finanzierung der Schmalenbach-Gesellschaft Deutsche Gesellschaft für Betriebswirtschaft e.V., Analyse der für die Entwicklung eines Buy-out-Marktes notwendigen Bedingungen in der Bundesrepublik Deutschland unter besonderer Berücksichtigung von MBOs, in: zfbf 1990, S. 831.

8 Als "Erfinder" der MBO/LBO-Technik gilt Jerome Kohlberg, lange Zeit Partner der Investment-Firma Kohlberg/Kravis/Roberts, die im Jahr 1989 auch die bisher größte Firmenübernahme der Wirtschaftsgeschichte durchführten, indem sie den Zigaretten- und Nahrungsmittelkonzern RJR-Nabisco zu einem Gesamtkaufpreis in Höhe von rd. 25 Mrd US-Dollar übernahmen. Vgl. ausführlich zur Nabisco-Übernahme Milde, H., Übernahmefinanzierung und LBO-Transaktionen, in: ZfB 1990, S. 49, im folgenden zitiert als: Übernahmefinanzierung, sowie Eckhardt, J., Rekordpreis für einen Pyrrhussieg, in: HBl. Nr. 233, v. 5.12.1988, S. 15. Hierdurch wurde selbst das bisher größte reine MBO, der Kauf der Beatrice Cosmetics für insgesamt 6,3 Mrd. US Dollar weit übertroffen.

9 Vgl. Ballwieser, W./Schmid, H., Charakteristika und Problembereiche von Management Buy-Outs, in: WISU 1990, S. 299.

senden Zahl von Transaktionen [10] das Management-Buy-Out als Instrument zur Umstrukturierung von Unternehmen etabliert.
Hierzu haben insbesondere die relativ großen und entsprechend populären Buy-Outs der ersten Jahre beigetragen, die zudem größtenteils äußerst erfolgreich verliefen und teilweise als "Muster-MBO's" bezeichnet wurden. Zu nennen ist in diesem Zusammenhang vor allem die Übernahme der Loewe-Opta GmbH durch das eigene Management. Der Grund für diese Transaktion waren wettbewerbsrechtliche Auflagen des Bundeskartellamtes. Um diesen zu genügen, entschloß sich die Muttergesellschaft Philips zum Verkauf dieses Tochterunternehmens an deren eigene Geschäftsführung.
Ähnlich erfolgreich verliefen die Heraustrennung der Umformtechnik Haussach GmbH aus dem Thyssen Konzern sowie die Übernahme des Werkzeugmaschinenherstellers Ex-Cell-O von der amerikanischen Muttergesellschaft Textron.[11]
Wachstumsperspektiven für den deutschen MBO-Markt werden von Experten insbesondere in der großen Zahl mittelständischer Familienunternehmen gesehen, von denen ein Großteil in naher Zukunft mit Nachfolgeproblemen konfrontiert wird. Weitere Impulse werden von der bevorstehenden Vollendung des europäischen Binnenmarktes erwartet.[12]
Völlig neue Perspektiven haben sich zudem durch die am 3. Oktober 1990 vollzogene Vereinigung Deutschlands ergeben.[13] Mit der zwingenden Notwendigkeit eines Modernisierungs- und Rationalisierungsprozesses und der dafür erforderlichen Entflechtung der bisher zentral gelenkten Wirtschaftsstruktur der ehemaligen DDR stellen sich Aufgaben, bei

---

10 1989 fanden in Deutschland nach Schätzungen von Experten ca. 80 Management-Buy-Outs mit einem Volumen von bis zu 90 Mio DM statt, vgl. Chiplin, B./Wright, M./Robbie, K., UK Management Buy-outs, in: Annual Review from the Centre for Management Buy-out Research, October 1989, S. 40/41.

11 Eines der wenigen bisher bekannt gewordenen Negativbeispiele war der Verkauf des zum französischen Thompson Konzern gehörenden Nordmende Werkes in Bremen an das bisherige Management. Die neue Europart GmbH mußte im Laufe des Jahres 1990 Konkurs anmelden, vgl. Hoffmann, P./Ramke, R., Management Buy-Out in der Bundesrepublik Deutschland, Berlin 1990, S. 104.

12 Vgl. Ballwieser, W./Schmid, H., a.a.O., S. 363

13 Vgl. auch Hoffmann, P., Management Buy-Out als Möglichkeit zur Entflechtung der DDR-Wirtschaft, in: Die Bank 1990, S. 273.

denen sich das Instrument des Management-Buy-Outs als Lösungsalternative anbietet.[14]
Einer der entscheidenden Faktoren für das wirtschaftlichen Umfeld ist die Besteuerung. Die Bedeutung steuerlicher Fragen für die Durchführung eines Management-Buy-Outs ergibt sich allein schon aus der hybriden Finanzstruktur der Transaktion. Der hohe Fremdkapitalanteil am Gesamtkapital und die damit verbundene Liquiditätsbelastung aus dem zu leistenden Kapitaldienst gebieten im Rahmen der Kostenplanung eine sorgfältige Gestaltung der Steuerfragen.
Es ist deshalb Ziel dieser Arbeit, die steuerlichen Probleme beim Unternehmenskauf im Wege des Management-Buy-Outs darzustellen und unter dem Blickwinkel der Besteuerung vorteilhafte Gestaltungsmöglichkeiten zu entwickeln
Bei der Komplexität des Management-Buy-Outs, verbunden mit einer Vielzahl von Ausgangskonstellationen erscheint eine Gesamtbetrachtung des Vorganges wenig sinnvoll. Vielmehr werden anhand eines sogenannten "Drei-Phasen-Modells" die charakteristischen steuerlichen Problembereiche eines "idealtypischen MBOs" untersucht, und vorteilhafte Gestaltungsalternativen ermittelt.
Als Gestaltungsalternativen und damit auch als maßgebende Determinanten für die steuerliche Belastung, sowohl für den Übernahmevorgang als auch für die Folgeperioden, haben sich herausgestellt:

Die finanzielle Strukturierung der Transaktion, d.h. Art und Umfang des sowohl vom Management als auch Investoren zugeführten Kapitals.

Die rechtliche Strukturierung der Übernahme, d.h. die Frage, in welcher Rechtsform die Träger der Buy Out-Übernahme in den einzelnen Phasen agieren und in welchem gesellschaftsrechtlichen Verhältnis sie zueinander stehen.

Gesamtziel der Untersuchung soll dabei die relative Steuerminimierung der Transaktion sein, wobei als Unterziel der Analyse die steuerlich vorteilhafte Gestaltung der jeweiligen Buy-Out-Phase definiert wird:

---

14 Für ein entsprechend großes Interesse seitens der Unternehmer spricht auch die Tatsache, daß von den rd. 300 Teilnehmern des MBO-Kongresses am 1./2. März 1990 in Neuss etwa 30% aus der ehemaligen DDR kamen.

1. Gründung und Kapitalausstattung der Erwerbsholding.

2. Erwerb sowie gesellschaftsrechtliche und steuerliche Eingliederung der Objektgesellschaft in die Newco.

3. Auszahlung der externen Investoren in der Desinvestitionsphase.

Im Laufe der Untersuchung kann dabei nachgewiesen werden, daß der Erfolg der Transaktion nicht allein von der Finanzkraft der Übernahmegesellschaft, sondern in besonderem Maße auch von den Ressourcen der Zielgesellschaft selbst abhängt, diese somit von vornherein in entsprechender Weise in die Transaktion einzubinden ist.

B. BEGRIFFLICHE GRUNDLEGUNG

1. Vorbemerkung

Seit der Begriff Management-Buy-Out Mitte der achtziger Jahre als neueste Errungenschaft der anglo-amerikanischen Merger & Acquisition-Szene auch in den deutschen Wirtschaftsraum eingeführt wurde, ist er relativ kritiklos und unreflektiert in den deutschen Sprachgebrauch übernommen worden.

Im Rahmen einer wirtschaftswissenschaftlichen Untersuchung, die sich mit der steuerlich vorteilhaften Gestaltung des Unternehmenskaufs im Wege des Management-Buy-Outs befaßt, erscheint es deshalb unerläßlich, diesen Begriff näher zu durchleuchten.

Zum einen ist das Management-Buy-Out als ein Begriff zu definieren, der sich in die Normen des deutschen Gesellschafts- und Steuerrechts einordnen und gegenüber verwandten Formen des Unternehmenskaufs abgrenzen läßt. Zum anderen läßt sich nur so beurteilen, inwieweit etwa amerikanische oder englische "Spielregeln" [15] auch auf bundesdeutsche Unternehmensübernahmen übertragen werden können.

2. Zum Begriff des Unternehmenskaufs

2.1. Der Kauf

2.1.1. Zivilrechtlicher Tatbestand

Über dem sogenannten Recht des Unternehmenskaufs schwebt seit über einem dreiviertel Jahrhundert das "Damoklesschwert der Rechtsunsicherheit".[16] Der Kauf eines Unternehmens kann grundsätzlich nicht unter die Tatbestände des Sach- und Rechtskaufs im Sinne des bürgerlichen Gesetzbuches subsumiert werden,[17] da es sich in der Regel um den Erwerb von Sach- und Rechtsgesamtheiten handelt. Es wurden deshalb zahlreiche Versuche unternommen, ein eigenständiges Recht des Unternehmenskaufs zu entwickeln, losgelöst von den Vorschriften des BGB, die jedoch sämtlich fehlschlugen.[18] Der Unternehmenskauf vollzieht sich somit weiterhin nach den Vorschriften der §§ 433ff BGB, obwohl diese Vorschriften eigentlich auf den Kauf einzelner Sachen und Rechte zugeschnitten sind.[19]

Aus verschiedenen Bestimmungen des BGB und des HGB ergibt sich jedoch, daß auch ein gewerbliches oder kaufmännisches Unternehmen in

---

15 Vgl. Peltzer, M., Takeovers in des Vereinigten Staaten - Können ihre Spielregeln übertragen werden?, in: Wirtschaft und Wissenschaft im Wandel, Festschrift für Carl Zimmerer, Frankfurt 1986, S. 271, im folgenden zitiert als: Peltzer, M., Takeovers.

16 Wessing, K., Vertragsklauseln beim Unternehmenskauf, in: ZGR 1982, S. 455.

17 Vgl. Semler, F.-J., Der Unternehmens- und Beteiligungskaufvertrag, in: Hölters, W. (Hrsg), Handbuch des Unternehmens- und Beteiligungskaufs, 2., völlig. überarb. Aufl., Köln 1985, S. 376.

18 Vgl. Semler, F.-J., in: Hölters, W. (Hrsg.),a.a.O., S. 376.

19 Vgl. Palandt, O., Bürgerliches Gesetzbuch, 49. Aufl., München 1990, § 433, S. 474.

seiner Gesamtheit Gegenstand eines Kaufvertrages nach § 433 BGB sein kann.[20]

Der Unternehmenskauf kann somit dadurch vollzogen werden, daß der Käufer vom Unternehmensträger im Wege der Einzelrechtsnachfolge unmittelbar die einzelnen Sachen, Rechte und sonstigen Vermögensgegenstände erwirbt, aus denen das Unternehmen besteht (Singularsukzession). Möglich ist in bestimmten Fällen jedoch auch der Erwerb des Unternehmensträgers selbst und dadurch mittelbar des von ihm gehaltenen Unternehmens durch den Kauf von Beteiligungsrechten, soweit Unternehmensträger eine juristische Person ist (Universalsukzession).[21]

Erfolgt der Unternehmenskauf durch Singularsukzession, wird durch den Kaufvertrag bestimmt, welche Güter und Lasten auf den Erwerber übergehen sollen. Soweit vorhanden, dient hierzu die Bilanz der zum Verkauf anstehenden Unternehmung. Insbesondere in Fällen, in denen nicht das ganze Unternehmen, sondern nur Teile des Betriebes übertragen werden, besteht die Möglichkeit einer gesonderten Aufstellung. Dies hat den Vorteil, daß auch Vermögenswerte erfaßt werden, die zwar zum Übergang bestimmt sind, in der Bilanz jedoch bisher nicht ausgewiesen waren.[22]

Zu beachten ist beim dinglichen Vollzugsgeschäft weiterhin der sachenrechtliche Bestimmtheitsgrundsatz, nachdem die zu übertragenden Sachen und Rechte gegenständlich abgrenzbar sein müssen. Eine nur wertmäßige Bestimmung der zu übertragenden Vermögensteile reicht nicht aus. Schwierigkeiten treten hier insbesondere bei der Übertragung

---

20 So spricht § 1822 BGB von dem entgeltlichen Erwerb oder der Veräußerung eines Erwerbsgeschäftes, worunter "jede auf selbständigen Erwerb gerichtete Tätigkeit, gleichgültig ob es sich um Handel, Fabrikationsbetrieb, Handwerk, Landwirtschaft, wissenschaftl. künstlerische o. sonstige Erwerbstätigkeiten handelt." Vgl.: Palandt, O., a.a.O. § 1822, S. 1763. Die §§ 22 und 24 HGB sprechen vom Erwerb des Handelsgeschäftes. Es handelt sich dabei um den Übergang des Unternehmens im großen und ganzen, so daß eine Betriebsfortführung ermöglicht wird. Je nach Art des Unternehmens sind dabei Ausstattung, Schutzrechte, Betriebsvorschriften, Personal oder Know-how entscheidend. Vgl. Baumbach, A./Duden, K./Hopt, K.J., Handelsgesetzbuch, 24., neubearb. und erw. Aufl., München 1989, § 22 HGB, S. 113.

21 Vgl. Semler, F.-J., in Hölters, W. (Hrsg.), a.a.O. S. 377.

22 So z.B. geringwertige Wirtschaftsgüter gemäß § 6 Abs. 2 EStG, voll abgeschriebene WG, selbstgeschaffene Schutzrechte i.S.d. § 248 Abs 2 HGB oder der selbstgeschaffene Firmenwert, § 255 Abs. 4 HGB.

von Teilbetrieben auf, wenn Teile des Umlaufvermögens nicht übergeben werden sollen.[23]
Beim Unternehmenskauf im Wege des Beteiligungserwerbs gehen die aus dem Rechenwerk der Gesellschaft ersichtlichen Rechte und Pflichten auf den Käufer über.[24] Dieser tritt somit in die Gesellschafterstellung des Veräußerers ein. Es bedarf keiner Einzelübertragung der relevanten Vermögenswerte. Ausgenommen hiervon sind allerdings die immateriellen Wirtschaftsgüter, für die weiterhin lediglich die Übertragung im Wege der Einzelrechtsnachfolge möglich ist.[25]
In jedem Fall ist der Unternehmenskauf im folgenden als eine Form des endgültigen und auch entgeltlichen Unternehmenserwerbs zu verstehen. Er ist damit abzugrenzen sowohl vom vorübergehenden Erwerb durch Pacht oder Nießbrauch als auch vom unentgeltlichen Erwerb durch Schenkung oder Erbgang.[26]

2.1.2. Anknüpfungspunkte im Steuerrecht

Die steuerlichen Einzelgesetze verwenden i.d.R. nicht die Begriffe Kauf und Verkauf. Das Steuerrecht benutzt vielmehr die Formulierungen Erwerb und Veräußerung.[27]
Damit löst sich das Steuerrecht weitgehend vom Begriff des obligatorischen Verpflichtungsgeschäftes i.S.d. BGB und orientiert sich eher am dinglichen Erfüllungsgeschäft,[28] d.h. es wird weniger an den rechtstechnischen Begriff als vielmehr an die sich ergebenden Rechtsfolgen angeknüpft. Man steht jedoch bei steuerrechtlicher Betrachtung ebenso vor der Schwierigkeit, daß der Begriff des Erwerbs weder durch Gesetz noch durch Rechtsprechung näher bestimmt wird. Als steuerrelevanten, da

23 Vgl. Semler, F.-J., in: Hölters, W. (Hrsg.),a.a.O. S. 396f.

24 Vgl. ebenda, S. 391.

25 Vgl. ebenda, S. 399.

26 Vgl. ebenda, S. 377.

27 Vgl. Purwins, H., Steuerrechtliche Fragen, in: Hölters, W. (Hrsg), a.a.O. S. 233. So spricht auch § 16 EStG von der Veräußerung des Betriebes.

28 Vgl. Herrmann, C./Heuer, G./Raupach, A., Einkommensteuer- und Körperschaftsteuergesetz mit Nebengesetzen, Kommentar, 19. Aufl., Köln 1982, § 16 EStG, Anm. 55.

steuerbaren Vorgang kennt das Steuerrecht im Rahmen der Reinvermögenszuwachstheorie lediglich den Begriff des Einkommens.[29]
Die Veräußerung als dingliches Rechtsgeschäft i.S.d. § 16 EStG ist jede entgeltliche Übertragung des privatrechtlichen oder wirtschaftlichen Eigentums an einem WG auf eine andere natürliche (oder juristische) Person. Der Begriff ist gesetzlich nicht definiert. Er unterscheidet sich insoweit vom zivilrechtlichen Begriff des Verkaufs, als dieser nur die Übertragung des rechtlichen Eigentums meint, dafür aber in gleicher Weise entgeltliche und unentgeltliche Vorgänge erfaßt. Das Einkommensteuergesetz kennt grundsätzlich nur den entgeltlichen Übergang sowohl privatrechtlichen als auch wirtschaftlichen Eigentums.[30]
Als solche Übertragungen sind anzusehen:

a) Verkauf bzw. verkaufsähnliche Vorgänge,

b) Tausch und tauschähnliche Vorgänge,

c) Veräußerungen gesellschaftsrechtlicher Art (Umwandlung, Realteilung),

d) Übertragungen, die durch das Gesellschaftsverhältnis veranlaßt sind (Einlage, Entnahme, Einbringung).

Elementare Voraussetzung des steuerlichen Erwerbs- bzw. Veräußerungsvorganges ist die Entgeltlichkeit. Nur wenn eine Gegenleistung erbracht wird, kann beim Veräußerer ein Gewinn oder Verlust entstehen, und nur dann findet die Vorschrift des § 16 EStG den steuerlichen Anknüpfungstatbestand.[31] Entgeltlichkeit liegt vor, wenn der Leistung des Veräußerers eine Gegenleistung des Erwerbers gegenübersteht, die beiderseitigen Leistungen nach kaufmännischen Gesichtspunkten ausgewogen sind und die Beteiligten Vorstellung und Willen haben, einander

---

29 Vgl. Tipke, K./Lang, J., Steuerrecht, 12. völlig überarb. Aufl., Köln 1989, S. 202. Als einziger steuerbarer Erwerb ist im Steuerrecht der Erwerb von Todes wegen bekannt § 1 Nr. 1 ErbStG.

30 Vgl. BFH-Urt. v. 21.10.1976, IV R 210/72, BStBl. 1977 II, S. 145. Siehe auch Wollny, P., Unternehmens- und Praxisübertragung, Ludwigshafen (Rhein), Kiehl, 1988, S. 338.

31 Vgl. Herrmann, C./Heuer, G./Raupach, A., a.a.O., § 16 EStG, Anm. 107.

gleichwertige Leistungen zu erbringen. Als Entgelt ist jede Gegenleistung anzusehen, diese kann somit auch in Sachwerten, wiederkehrenden Bezügen oder variablen Zahlungen bestehen.[32]

2.2. Bestimmung des Kaufgegenstandes

2.2.1. Zivilrechtliche Abgrenzung

2.2.1.1. Der Sachkauf

Das grundlegende Problem bei der Übernahme eines Unternehmens ist die auch für die Gestaltung des Kaufvertrages notwendige Konkretisierung des Unternehmens als Kaufgegenstand.
"Wegen der schillernden Vielfalt dieses wirtschaftlichen und sozialen Komplexes existiert keine einheitlich anerkannte Definition des Unternehmensbegriffs. Man ist zu der Einsicht gelangt, daß eine Definition nur zielgerichtet für den Zweck der jeweiligen Untersuchung erfolgen kann."[33]
Einigkeit bezüglich dieses Begriffes besteht lediglich darüber, daß es keinen einheitlichen Unternehmensbegriff gibt.[34] Die Kontroversen um den Unternehmensbegriff haben jedoch den Blick dafür geschärft, daß der Begriffsinhalt vom jeweiligen Problemzusammenhang abhängt, und es erscheint deshalb sinnvoll, nicht eine einheitliche Definition zu for-

---

32 Vgl. Wollny, P., a.a.O., S. 338.

33 Hölters, W., Der Unternehmens- und Beteiligungskauf - Bedeutung, Grundfragen und Abwicklung, in: Hölters, W. (Hrsg.), a.a.O., S. 2. Eine ausführliche Darstellung zum rechtlichen Begriff Unternehmen und verwandter Bezeichnungen findet sich auch bei Wollny, P., a.a.O., S. 81ff.

34 Vgl. Quack, K.-H., Der Unternehmenskauf und seine Probleme, in: ZGR 1982, S. 350. Eine der ältesten Definitionen zum Wesen und Ursprung der Unternehmung stammt wohl von Joseph Schumpeter: "Wirtschaftet hingegen das soziale Ganze, indem es Untergruppen oder Einzelne wirtschaften läßt, da zerfällt der soziale Produktionsprozeß in äußerlich selbständige, scheinbar autonome, grundsätzlich auf sich selbst gestellte, unmittelbar nur am eigenen Lebensinteresse orientierte Einheiten - Unternehmungen." Schumpeter, J., Unternehmer, in: Elster, L./Weber, A./Wieser, F.(Hrsg.), Handwörterbuch der Staatswissenschaften, 4., gänzlich umgearb. Aufl, Jena 1928, Bd. 8, S. 476.

mulieren, sondern diese vielmehr dem jeweiligen Untersuchungszweck anzupassen, ohne jedoch vor einer Normierung zu kapitulieren.[35]
Kennzeichnend für den Unternehmenskauf gegenüber dem bloßen Sach- bzw. Rechtskauf ist dabei insbesondere, daß zur betriebsfähigen Wirtschaftseinheit auch die nicht gegenständlichen Vermögenswerte gehören, und daß der Erwerber in die Lage versetzt werden muß, die unternehmerische Tätigkeit seines Vorgängers weiterzuführen.
Wegen dieser Besonderheit ist es strittig, ob der auf die endgültige, entgeltliche Überlassung des Unternehmens gerichtete Vertrag überhaupt als Kaufvertrag einzuordnen ist.[36]
Für die Zwecke des Unternehmenskaufs kann das Unternehmen als Gesamtheit von materiellen und immateriellen Rechtsgütern und Werten verstanden werden, die in einer Organisation zusammengefaßt und einem wirtschaftlichen Zweck dienstbar gemacht werden.[37]
Beim Erwerb des Unternehmens als solches im Wege des Sachkaufs gehen die jeweiligen Vermögensgegenstände auf den Erwerber im Wege der Einzelrechtsnachfolge über. Jedes einzelne Wirtschaftsgut muß also durch einzelne dingliche Rechtsgeschäfte übertragen werden.[38]

2.2.1.2. Der Rechtskauf

Liegt ein Rechtskauf vor, wird also der Rechtsträger an sich in Form von Gesellschaftsanteilen auf den Käufer übertragen, tritt dieser bezüglich der erworbenen Beteiligung im Wege der Gesamtrechtsnachfolge in die Rechtsstellung des Verkäufers ein (Universalsukzession). Aufgrund der

---

35 Vgl. Schmidt, C., "Unternehmen" und "Abhängigkeit": Begriffseinheit und Begriffsvielfalt im Kartell- und Konzernrecht, in: ZGR 1980, S. 280.

36 Während die herrschende Meinung dies bejaht, weicht eine Mindermeinung auf andere Vertragstypen aus (z.B. Dienst- oder Werkvertrag). Vgl.: Staub, H., HGB-Großkommentar, hrsg. von Canaris, C.-W./Schilling, W./Ulmer, P., 4., neubearb. Aufl. München 1983, 3. Lieferung, Anm. 9 zu Vor § 22 HGB.

37 Vgl. Hölters, W., in: Hölters, W. (Hrsg.), a.a.O., S. 2. Im übrigen sollen die Begriffe Unternehmen (Unternehmung) und Betrieb für diese Untersuchung synonym verwendet werden.

38 Bewegliche Sachen werden demzufolge durch Einigung und Übergabe nach §§ 929ff BGB übertragen. Die Übereignung von Grundstücken erfordert Auflassung und Eintragung in das Grundbuch nach §§ 873, 925 BGB. Forderungen werden durch Vertrag gem. § 398 BGB abgetreten. Ebenso können Schulden durch Sondernachfolge i.S.d. § 414 BGB übergehen.

Einheitlichkeit des Vorganges ist eine Einzelübertragung der jeweiligen Vermögensgegenstände nicht erforderlich.
Die zivilrechtliche Einordnung des Anteilserwerbs bzw. die Abgrenzung, wann es sich beim Erwerb von Anteilen um einen Sachkauf, d.h. einen Unternehmenskauf i.S.d. § 433 BGB, handelt, ist sowohl in der Rechtsprechung als auch im Schrifttum nicht unumstritten.[39]
Nach herrschender Auffassung der Literatur liegt ein Anteilserwerb schon dann vor, wenn der Käufer über die einfache Mehrheit, und damit über die unternehmerische bzw. mitunternehmerische Leitung verfügt.[40]
Bei der Frage, ob dem Käufer eine "beherrschende Stellung" verkauft wurde, kommt es allerdings nicht nur auf die absolute Höhe der Beteiligung, sondern auch auf die jeweiligen Regelungen im Gesellschaftsvertrag an.[41] Der BGH hat hier das Kriterium der Entscheidungsgewalt des Erwerbers über den Gegenstand des Unternehmens geprägt.[42]
Rechtssicherheit besteht lediglich darüber, daß bei einem Erwerb sämtlicher Anteile ein Sachkauf im Sinne des BGB vorliegt,[43] und daß ein zurückbehaltener Zwerganteil von 0,25% als "quantité négligeable" eine Qualifizierung als Sach- bzw. Unternehmenskauf nicht verhindern kann.[44]
Im übrigen jedoch hat die Rechtsprechung die Frage der eindeutigen Abgrenzung von Rechts- und Sachkauf ausdrücklich offengelassen [45].

39 Vgl. Westermann, H.P., Neuere Entwicklungen der Verkäuferhaftung beim Kauf von Unternehmensbeteiligungen, in: ZGR 1982, S. 45.

40 Vgl. Wessing, K., a.a.O., S. 456, anderer Meinung z.B. Westermann, H.P. a.a.O., S. 47f.

41 Vgl. Westermann, H.P., a.a.O., S. 53, der jedoch eine Quote von 60% nicht für ausreichend hält.

42 Vgl. BGH-Urt. v. 2.6.1980, VIII ZR 64/79, in: BB 1980, S. 1392. Auch in diesem Urteil werden 30% nicht für ausreichend gehalten.

43 Vgl. Wessing, K., a.a.O., S. 456.

44 Westermann, H.P., a.a.O. S. 52.

45 Vgl. BGH-Urt. v. 2.6.1980, a.a.O., BB 1980, S. 1392.

2.2.2. Kriterien im Steuerrecht

2.2.2.1. Der Gewerbebetrieb

Bei dem Gewerbebetrieb handelt es sich um einen Typusbegriff dessen konstituierende Merkmale in § 15 Abs. 2 EStG abschließend aufgezählt sind.[46] Danach ist ein Gewerbebetrieb im Sinne des Einkommensteuergesetzes eine selbständige nachhaltige Betätigung, die mit Gewinnerzielungsabsicht unternommen wird und sich als Beteiligung am allgemeinen wirtschaftlichen Verkehr darstellt, wenn die Betätigung weder als Ausübung von Land- und Forstwirtschaft, noch als Ausübung eines freien Berufs, noch als eine andere selbständige Arbeit im Sinne des Einkommensteuerrechts anzusehen ist.[47]
Nach Herrmann/Heuer/Raupach handelt es sich bei einem Gewerbebetrieb um eine "organisatorische Einheit, die als selbständiger Wirtschaftskörper handelnd in Erscheinung tritt."[48]
Für den Tatbestand der Veräußerung eines ganzen Gewerbebetriebes ist in jedem Fall die Übertragung der "wesentlichen Betriebsgrundlagen" erforderlich, die den Erwerber in die Lage versetzen, den Betrieb ohne besondere zusätzliche Aufwendungen fortzuführen.[49]
Das Zurückbehalten einzelner Wirtschaftsgüter ist somit für die Annahme einer Betriebsveräußerung nicht schädlich.[50] Worin die wesentlichen Grundlagen eines Betriebes bestehen, hängt von den Umständen des Einzelfalles ab.[51] Nach herrschender Meinung handelt es sich um alle WG, die nach Funktion und organisatorischer Zusammengehörigkeit

46 Vgl. Tipke, K./Lang, J, a.a.O. S. 328.

47 Zuvor war die Begriffsbestimmung in § 1 Abs. 1 GewStR enthalten. Vgl. auch BFH-Urt. v. 20.12.1963, VI 313/62 U, BStBl. 1964 II, S. 137.

48 Herrmann, C./Heuer, G./Raupach, A., a.a.O., § 16 EStG, Anm. 100.

49 Vgl. Herrmann, C./Heuer, G./Raupach, A., a.a.O., § 16 EStG, Anm. 105.

50 Vgl. BFH-Urt. v. 24.6.1976, IV R 200/72, BStBl. 1976 II, S. 672.

51 Vgl. Herrmann, C./Heuer, G./Raupach, A., a.a.O. § 16 EStG, Anm. 106.

in Verbindung mit persönlichen Mitteln und Geschäftsbeziehungen den Betrieb bilden.[52]
Bei der Veräußerung des Gewerbebetriebes an sich werden die einzelnen Wirtschaftsgüter des Unternehmens also im Wege der Einzelrechtsnachfolge und ohne den eigentlichen Rechtsträger veräußert.[53] Es handelt sich mithin um einen Sachkauf, bei dem der Käufer nicht im Wege der Gesamtrechtsnachfolge in die Rechtstellung der Veräußerers eintritt.[54]

2.2.2.2. Der Teilbetrieb

Eine mit der Veräußerung des ganzen Gewerbebetriebes weitgehend identische steuerliche Behandlung ergibt sich aus der Vorschrift des § 16 EStG für den sogenannten Teilbetrieb. Der BFH bezeichnet ihn als einen mit einer gewissen Selbständigkeit ausgestatteten Teil des Gesamtunternehmens, der für sich betrachtet alle Merkmale eines Betriebes i.S.d. Einkommensteuergesetzes aufweist und für sich lebensfähig ist.[55] Hierbei ist maßgeblich auf seine Funktion innerhalb des Gesamtunternehmens abzustellen.[56]
In der Praxis bereitet diese Abgrenzung häufig erhebliche Schwierigkeiten und führt auch unter Berücksichtigung der jeweiligen Gegebenheiten des Einzelfalles nicht immer zu eindeutigen Ergebnissen.[57] Die Zurück-

---

52 Welches Wirtschaftsgut danach im einzelnen zu den wesentlichen Betriebsgrundlagen zählt, ergibt sich aus der Art des Betriebes, der Funktion des Wirtschaftsgutes im Rahmen des Betriebes sowie der Höhe der in dem Wirtschaftsgut enthaltenen stillen Reserven. Vgl. BFH-Urt. v. 26.4.1979, IV R 119/76, BStBl. 1979 II, S. 557, sowie vom 19.1.1983, I R 57/79, BStBl. 1983 II, S. 312.

53 Dieser bleibt als sogenannter Gesellschaftsmantel bestehen. Vgl. auch Rädler, A./Pöllath, R., Handbuch der Unternehmensakquisition, Frankfurt a.M. 1982, S. 286.

54 Vgl. Holzapfel, H.-J./Pöllath, R., Recht und Praxis des Unternehmenskaufs, 4., neubearb. Aufl., Köln 1989, S. 63.

55 Vgl. BFH-Urt. v. 24.4.1969, IV R 202/69, BStBl 1969 II, S. 397.

56 Eine eingehende Erörterung zum Begriff des Teilbetriebs siehe bei Fischer, W., Der steuergesetzliche Begriff des Teilbetriebs, Frankfurt, New York, 1984.

57 Relativ unproblematisch erweist sich die Abgrenzung lediglich bei räumlich getrennten Zweigniederlassungen oder gar rechtlich selbständigen Tochtergesellschaften. Vgl. Purwins, H., in: Hölters, W. (Hrsg.), a.a.O., S. 237.

behaltung einzelner Wirtschaftsgüter ist jedoch i.d.R. nicht schädlich für die Annahme einer Teilbetriebsveräußerung i.S.d. § 16 EStG.

2.2.2.3. *Die 100%ige Beteiligung*

Die Fiktion, die Veräußerung einer 100%igen Beteiligung an einer Kapitalgesellschaft sei steuerlich mit der Veräußerung eines Teilbetriebes gleichzustellen, ist durch das Steueränderungsgesetz vom 14.5.1965 in § 16 Abs. 1, 2. Halbsatz EStG festgeschrieben worden.[58] Diese Gleichstellung wurde herbeigeführt, weil die Veräußerung einer im Betriebsvermögen gehaltenen 100%igen Beteiligung an einer Kapitalgesellschaft wirtschaftlich betrachtet der Veräußerung eines Teilbetriebs entspricht [59] und somit für beide Vorgänge die gleiche steuerliche Behandlung zum Zuge kommen sollte.[60]
Voraussetzung ist in jedem Fall, daß die veräußerte Beteiligung das gesamte Nennkapital bzw. sämtliche Kuxe der Kapitalgesellschaft umfaßt. Ein Aktienpaket, das keine 100%ige Beteiligung repräsentiert, gilt nicht als Teilbetrieb.[61]
Da der Erwerber beim Rechtskauf im Wege der Gesamtrechtsnachfolge vollständig in die rechtliche Stellung des Veräußerers eintritt, gelten auch die übernommenen Wirtschaftsgüter nicht als durch ihn erworben. Ein steuerlicher Veräußerungstatbestand bezüglich der einzelnen Vermögensgegenstände wird nicht erfüllt.

---

58 Vgl. BStBl. 1965 I, S. 377. Gegen den Begriff der Fiktion wendet sich Meßmer, K., Die Fiktion im Steuerrecht; Bräuche und Mißbräuche, in: StbJb 1977/78, S.92

59 Vgl. BT-Drucks. 4/3189, S. 6.

60 Insbesondere die Gewährung des Freibetrages nach § 16 Abs.4 EStG und des halben Steuersatzes lt. § 34 EStG. Die Verfassungsmäßigkeit dieser Regelung wurde mehrfach angezweifelt, jedoch durch das BVerfG in einem Urteil von 1969 entgültig für verfassungsmäßig erklärt. Vgl. Beschl. d. Zweiten Senats vom 7.Oktober 1969 - 2 BvL 3/66, 2 BvR 701/64 - in: BStBl 1970 II, S. 160. Vgl. auch Mihatsch, K., Veräußerungen von wesentlichen Beteiligungen an Kapitalgesellschaften und Mitunternehmeranteilen, Herne/Berlin 1980, S. 15. Gegen den Begriff der "Gleichbehandlung" wendet sich Meßmer, K., a.a.O., S. 92.

61 Vgl. Herrman, C./Heuer, G./Raupach, A., § 16 EStG, Anm. 110. Zu beachten ist, daß im Gegensatz dazu bei einer Teilbetriebsveräußerung die Übertragung der wesentlichen Betriebsgrundlagen ausreicht. Für eine vergleichbare wirtschaftliche Betrachtungsweise läßt der Gesetzgeber beim Anteilskauf durch die Formulierung "alle Anteile" keinen Raum. Vgl.: Herrmann, C./Heuer, G./Raupach, A., § 16 EStG, Anm. 123.

2.3. Zusammenfassung

Unter den Begriff des Unternehmenskaufs sollen für die Zwecke dieser Arbeit als steuerliche Tatbestände folgende entgeltliche Vorgänge subsumiert werden:

1. Die Übernahme des gesamten Betriebes eines Unternehmens einschließlich aller seiner materiellen und immateriellen Vermögensgegenstände, Rechte und der damit verbundenen Verpflichtungen und Schulden im Wege der Einzelrechtsnachfolge (Sachkauf).

2. Der Erwerb einer organisatorisch und wirtschaftlich selbständigen unternehmerischen Einheit in Form eines Teilbetriebs, der ebenfalls durch Singularsukzession vollzogen wird.

3. Der Erwerb von Anteilen an einer Kapitalgesellschaft (Rechtskauf) wobei nur die Übernahme einer 100%tigen Beteiligung als Unternehmenskauf im steuerlichen Sinn angesehen werden kann.

Diese Übernahmeformen sind mithin auch maßgeblich für den Erwerb eines Unternehmens durch Management-Buy-Out.

3. Das Management-Buy-Out

3.1. Begriffsbestimmung

3.1.1. Definition

Die Definitionen des Begriffs Management-Buy-Out in der englischsprachigen Literatur sind gleichermaßen vielfältig wie unterschiedlich.[62] Ebensowenig läßt sich im deutschen Schrifttum eine einheitliche Übersetzung finden.[63] Die umfassendste Definition in der deutschsprachigen Literatur bietet wohl Hauschka. Er umschreibt das MBO als "Übernahme eines Unternehmens oder Unternehmensteils durch eine Gruppe von eben in diesem Unternehmen beschäftigten Personen mit dem Ziel, die nach der oder durch die Herausnahme neugebildete Wirtschaftseinheit in Selbständigkeit unter Beendigung des bisherigen Arbeitsverhältnisses weiterzuführen."[64] Diese Begriffsbestimmung ist jedoch um weitere signifikante Merkmale zu ergänzen:

Typisch für ein Management-Buy-Out ist zunächst der hohe Fremdkapitalanteil in der Finanzstruktur der Transaktion. Er wird von externen

---

62 Zwei der bedeutendsten Autoren auf diesem Gebiet umschreiben den Vorgang des MBO wie folgt: "For a buy-out to have taken place requires, that some representatives of the management of the company, usually a small buy-out team, have negotiated to purchase the company from its current owners (including the receiver) and organised the finance to support the purchase. The transfer of the ownwership should be completed, with the former owners having no substantial further ownership interest in the newly formed company." Vgl Wright, M./Coyne, J., Management Buy-Outs, London 1985, S. 1. Weiterhin: Begg, P.F.C. Corporate Acquisitions and Mergers, London 1985, S. 193f, Hardman, P.J., The Tax Implications of Management Buy-Outs, in: Tax Digest Nr.53, London 1986/87, S. 1, im folgenden zitiert als: Hardman, P.J., Implications, derselbe, Management Buy-outs, Accountants Digest No. 212, Autumn 1987, London 1987, im folgenden zitiert als: Hardman, P.J., Management Buy-outs. Thompson McLintock&Co, A Guide to Management Buy Outs, London, 1985, S. 6, im folgenden zitiert als: Thompson Mc Lintock&Co, Guide.

63 Vgl. Hauschka, Chr.E., Wirtschaftliche, arbeits- und gesellschaftsrechtliche Aspekte des Management Buy-Out, in: BB 1987, S. 2170, im folgenden zitiert als: Hauschka, Chr.E., MBO. Auch eine sinngemäße Übersetzung ins deutsche: "Auskauf durch das Management" ist hier wenig hilfreich.

64 Hauschka, Chr.E., MBO, a.a.O. S. 2170.

Investoren bereitgestellt, da dem eigentlichen Buy-Out-Team i.d.R. das notwendige Eigenkapital fehlt.[65]
Damit in Zusammenhang steht die Besicherung dieser kreditfinanzierten Übernahme durch das Vermögen bzw. den Cash-flow der zu übernehmenden Gesellschaft selbst.[66] Des weiteren macht die sehr allgemein gefaßte Formulierung "Person" eine Differenzierung notwendig, wie sie Lerbinger vornimmt,[67] indem er zwischen Top Management-Buy-Out und Belegschaftschafts-Buy-Out unterscheidet.[68]
Dieser Trennung folgend, soll für die Zwecke dieser Arbeit von einer Übernahme des Unternehmens durch angestellte Führungskräfte ausgegangen werden.[69]
Entsprechend dem Ansatz von Wright/Coyne [70] sollen folgende Merkmale als typisierend für die Übernahme eines Unternehmens im Wege des MBO herausgestellt werden:

---

65 Es wird deshalb auch häufig von einem Leveraged-Management-Buy-Out gesprochen. Zur Kapitalstruktur vgl. auch: Wolbert, H., Die Fremdfinanzierung von Buyouts, in: ZgK 1989, S. 679, sowie o.V. ZfB-Fall, Abschluß eines Management-Buy-Outs, in: ZfB 1989, S. 1098.

66 Vgl. zum Begriff des Management-Buy-Out weiterhin: Boxberg, F. v., Das Management Buyout-Konzept, Hamburg 1989, S. 9ff, Hoffmann, P./Ramke, R., Management Buy-Out in der Bundesrepublik Deutschland, Berlin 1989, Ballwieser, W./Schmid, H., Charakteristika und Problembereiche von Management Buy-Outs, in: WISU 1990, S. 299. Fanselow, K.-H., Management-Buy-Out - ein Weg in die Selbständigkeit, in: ZgK 1987, S. 696ff, Kerber, M., Unternehmensübernahmen im "buy-out"-Verfahren, in: WM 1987, S. 741ff, im folgenden zitiert als: Kerber, M., Buy-Out-Verfahren, derselbe, Die Übernahme von Gesellschaften mit beschränkter Haftung im Buy-Out-Verfahren, in: WM 1989, S. 473, im folgenden zitiert als: Kerber, M., Übernahme, Otto, H.-J., Management Buy-Out und Belegschafts-Buy-Out, in: Assmann, H.-D./Schütz, R.A., Handbuch des Kapitalanlagerechts, München 1990, S. 834ff, im folgenden zitiert als: Otto, H.-J., MBO, Peltzer, M., Rechtliche Problematik der Finanzierung des Unternehmenskaufs beim MBO, in: DB 1987, S. 973ff, im folgenden zitiert als: Peltzer, M., Rechtliche Problematik. Zum Buy-Out allgemein, Wollny, P., a.a.O. S. 74, aus volkswirtschaftlicher Sicht vgl. Martin, A., Management Buy Out, in: WiSt 1988, S. 247.

67 Vgl. Lerbinger, P., Unternehmensakquisition durch Leveraged Buy Out, in: Die Bank 1986, S. 133.

68 Vgl. Lerbinger, P., a.a.O., S. 133.

69 Als Abgrenzung zum Employee-Buy-Out, Vgl, Wright, M/Coyne, J., MBO, a.a.O., S. 3.

70 Vgl. Wright, M./Coyne, J., MBO, a.a.O., S. 1ff.

1. Übernahme eines Unternehmens bzw. Unternehmensteils durch das bisherige Management,

2. Bereitstellung von Eigen- und Fremdkapital durch externe Finanziers, da das Buy-Out-Team i.d.R. nicht über genug Eigenmittel verfügt,

3. Besicherung der Transaktion über das Vermögen bzw. den Cashflow der Zielgesellschaft,

4. Beschränkung der Finanziers auf das reine Kreditgeschäft, im Gegensatz beispielsweise zur Venture-Capital Finanzierung, bei der auch die unternehmerische Beratung eine wichtige Rolle spielt,

5. Realisierung der Rendite durch Teilnahme am Wertzuwachs der Anteile und deren spätere Veräußerung bzw. durch den Gang an die Börse,

6. Übereinstimmende Interessenlage bezüglich der Übernahme zwischen Käufer und Verkäufer als Abgrenzungskriterium zum LBO bzw. zum Takeover.[71]

3.1.2. Die einzelnen Träger eines MBO

Um die Mermale eines MBO herauszuarbeiten, sollen zunächst die hauptsächlich bei der Durchführung eines Management-Buy-Out beteiligten Parteien vorgestellt und ihre Funktionen innerhalb der Transaktion erläutert werden.

---

71 So sprechen Coyne, J./Wright, M. von "coincidence of desires." Vgl. dieselben, Divestment and Strategic Chance, Oxford 1986, S. 142, im folgenden zitiert als: Coyne, J./Wright, M., Divestment.

3.1.2.1. Die Zielgesellschaft [72]

Als Zielunternehmen[73] oder auch als zu übernehmende Gesellschaft soll das Unternehmen bezeichnet werden, das durch das eigene Management, unterstützt durch externe Kapitalgeber, übernommen werden soll. Wie die Praxis in Übersee und mittlerweile auch in der Bundesrepublik zeigt, ist der Versuch, das Bild eines idealtypischen Buy-Out-Kandidaten zu zeichnen, wenig hilfreich.[74] Untersuchungen in England haben vielmehr gezeigt, daß sich die Ausbreitung des MBO-Phänomens über praktisch alle Branchen und Unternehmensgrößen erstreckt.[75]
Aus diesem Grunde ist die MBO-Entwicklung auch unabhängig vom Bereich der Venture-Capital-Finanzierung zu sehen, die sich fast ausschließlich auf die finanzielle und unternehmerische Unterstützung junger, innovativer Gesellschaften konzentriert. Zur Übernahme in Form eines MBO kann es im Gegensatz dazu auch bei etablierten Betrieben in angestammten Branchen kommen.[76] Entscheidendes Kriterium ist lediglich, daß aus einer Vielzahl möglicher Gründe ein Wechsel der Inhaberschaft oder der Leitungsmacht bei dem jeweiligen Unternehmen herbeigeführt werden soll.

3.1.2.2. Das Buy-Out-Team

Als einer der entscheidenden Faktoren für die erfolgreiche Realisation eines MBO ist sicherlich die Managementgruppe selbst zu sehen. An ihrer personellen und fachlichen Kompetenz werden die Erfolgsaussichten des Übernahmevorhabens gemessen; ihre Fähigkeiten spielen bei der Beurteilung des Projektes durch externe Finanziers eine entscheidende

---

72 In Anlehnung an Kerber, M., Übernahme, a.a.O., S. 473 soll im folgenden auch von Objektgesellschaft gesprochen werden.

73 Abgeleitet vom anglo-amerikanischen Begriff "target-company".

74 Häufig werden in der Literatur ein hoher, konstanter Cash-flow, niedrige Verschuldung, starke Wettbewerbsposition, Saison- und Konjunkturunabhängigkeit, geringe Kapitalintensität als wünschenswerte Eigenschaften bezeichnet. Vgl. u.a. Hans-Peter Peters von der West LB in einem Artikel des HBl. Nr. 45 v. 4./5.3. 1988, S. 27, Die "Spielregeln" müssen sich in der Bundesrepublik erst noch herausbilden.

75 Vgl. Wright, M./Coyne, J., MBO, S. 70.

76 Vgl. z.B. die Übernahmen von Loewe-Opta, der Willy Vogel AG oder Hein Gericke.

Rolle,[77] und von ihrer Vertrauenswürdigkeit hängen nicht zuletzt die wichtigen Vorgespräche mit der amtierenden Geschäftsleitung und den bisherigen Anteilseignern der Zielgesellschaft ab.
Als Instrument zur Durchführung der Transaktion hat es sich in der Praxis als sinnvoll erwiesen, eine sogenannte Erwerbsgesellschaft durch das Buy-Out-Team unter Beteiligung externer Investoren zu gründen.[78] Geführt wird diese Gesellschaft häufig in Form einer Holding.[79] Die Funktion dieser Newco besteht

a) in der Beschaffung und Bereitstellung des für die Übernahme notwendigen Kapitals,

b) in dem eigentlichen Erwerb der Zielgesellschaft durch Übernahme einer Mehrheitsbeteiligung und anschließender Verschmelzung bzw. durch Kauf des Anlagevermögens.[80]

Das Stammkapital der Erwerbsholding setzt sich zusammen aus einer Eigenkapitaleinlage des Buy-Out-Teams sowie aus dem Beteiligungskapital externer Investoren. Zur Finanzierung der Übernahme wird die Newco darüber hinaus mit Fremdkapital, z.B. in Form von Gesellschafterdarlehen oder durch stille Beteiligungen ausgestattet. In der Folgezeit wird über diese Newco die Finanzierung der Übernahme sowie die anschließende Tilgung der Fremdverbindlichkeiten abgewickelt.

3.1.2.3. Die Investoren

Da der Kapitalbedarf beim Erwerb eines Unternehmens bzw. eines Unternehmensteils die eigenen finanziellen Möglichkeiten des Manage-

---

77 Vgl. Kramer, J., Buyouts in Deutschland, in: ZgK 1989,S. 1001.

78 Vgl. so u.a. Lutter, M./Wahlers, H.W., Der Buyout: Amerikanische Fälle und die Regeln des deutschen Rechts, in: AG 1989, S. 3. In der englischen Literatur wird diese Erwerbsholding auch als "Newco" bezeichnet, vgl. Hardmann, J.P., Management-Buy-Outs, a.a.O., S. 26.

79 Die Newco wird deshalb im folgenden auch als Erwerbsholding bezeichnet.

80 Bezugnehmend auf diese Funktionen der Newco wird deshalb auch von einer "shell-corporation" gesprochen, vgl. Falkenhausen, B. Freih. v., Das "Takeover-Game" - Unternehmenskäufe in den USA - , in: Lutter, M., u.a., (Hrsg.); Festschrift für Ernst Stiefel, München 1987, S. 167.

ments i.d.R. weit übersteigt, besteht die Notwendigkeit, externes Kapital in Form von Eigen- oder Fremdkapital aufzunehmen.
Hierfür bieten sich insbesondere folgende Formen und Gruppen von Kapitalgebern an:

a) Banken

Auch wenn die Finanzierung von Unternehmenskäufen, noch dazu in der Form des Management-Buy-Out, nicht zum angestammten Betätigungsfeld von Geschäftsbanken gehört und herkömmliche Kreditvergaberichtlinien für solche Vorhaben nicht zugrunde gelegt werden können, beginnen doch immer mehr deutsche Banken, sich auf diesem Gebiet zu spezialisieren. Durch Gründung eigener Abteilungen oder Tochtergesellschaften für den M&A-Bereich wird der jüngeren Entwicklung Rechnung getragen, daß immer mehr amerikanische Geschäftsbanken, die bereits in Übersee auf diesem Gebiet Erfahrungen gesammelt haben, Filialen in der Bundesrepublik gründen. Die Beteiligung der Banken ist deshalb insbesondere in Deutschland außerordentlich wichtig, da ihre Unterstützung bei einem möglichen späteren Gang der Zielgesellschaft an die Börse unverzichtbar ist. Wird auf anderen Wegen nicht genug Kapital zur Verfügung gestellt, kann von Seiten der Banken immer noch Restkapital in Form von Krediten bereitgestellt werden. Nicht zuletzt wegen dieses umfassenden Service- und Dienstleistungsangebotes sind Banken gerade in der Bundesrepublik als "Deal Leader" maßgeblich an der Durchführung von MBO's beteiligt.

b) Unternehmensbeteiligungsgesellschaften

Sie gehen als Fondsmodell auf ein Gesetz der Bundesregierung von 1985 zurück [81]. Diese Beteiligungsgesellschaften (UBG) sind in der Rechtsform der Aktiengesellschaft zu führen und stellen den nicht börsennotierten Unternehmen risikotragendes Kapital in den gängigen Beteiligungsformen (Kommandit-, GmbH-Anteile, stille Beteiligungen) zur Verfügung. Die Refinanzierung erfolgt beim brei-

---

81 Vgl. Entwurf eines Gesetzes über Unternehmensbeteiligungsgesellschaften (UBGG) v. 12.12.1985, BT-Drucks. 10/4551.

ten Anlegerpublikum über die Börse.[82] Nicht börsennotierten Unternehmen wird so mittelbar der Zugang zu den organisierten Märkten für Eigenkapital ermöglicht.[83]

c) Venture Capital-Gesellschaften

Obwohl die Finanzierung bereits am Markt etablierter Unternehmen nicht zum klassischen Betätigungsfeld von Venture-Capital-Fonds gehört, gibt es immer wieder Fälle, in denen solche Engagements zu beobachten sind. Hierfür sind insbesondere zwei Gründe ursächlich. Zum einen finden VC-Gesellschaften auf ihrer Suche nach aussichtsreichen jungen Unternehmen nicht immer geeignete Kandidaten. Zum anderen erscheint das wirtschafliche Risiko bei einem MBO ungleich geringer und eher kalkulierbar, da Prognosen über die zukünftige Entwicklung der Gesellschaft auf der Basis bekannter Unternehmensdaten ermittelt werden können, und auch die Fähigkeiten des Managements besser zu beurteilen sind.

d) LBO/MBO-Investment-Groups

Es handelt sich hier um Investmentgesellschaften, die sich auf die Durchführung solcher kreditfinanzierten Übernahmen spezialisiert haben. Sie verwalten Fonds, an denen interessierte Anleger Anteile zeichnen können und verfügen aufgrund ihrer Erfahrungen und Spezialkenntnisse über Know How, das bei der Durchführung dieser Buy-Outs von Bedeutung sein kann. LBO/MBO-Fonds haben sich bisher vor allem in Amerika und England gebildet, drängen aber aufgrund einer gewissen Übersättigung, insbesondere des amerikanischen Marktes, inzwischen verstärkt nach Deutschland.

---

82 Vgl. Fischer, L., Problemfelder und Perspektiven der Finanzierung durch Venture Capital in der Bundesrepublik Deutschland, in: DBW 1987, S. 12, im folgenden zitiert als: Fischer, L., Venture Capital.

83 Vgl. Hesse, W.E., Neue gesetzliche Rahmenbedingungen für die Bereitstellung von Eigenkapital, in: DB, Beilage 1/1987, S. 7.

Zur Interessenlage dieser externen Finanziers ist generell zu bemerken, daß ihnen weniger an einer Sicherung der Unternehmenskontinuität, als an einer rentablen Anlage ihrer Finanzmittel gelegen ist.[84]. Das vergleichsweise große Risiko soll sich demzufolge in einer entsprechend hohen Verzinsung bzw. in einem hohen Verkaufserlö bei Weiterveräußerung der Anteile niederschlagen.
Die Rolle der Investoren beschränkt sich jedoch in erster Linie auf die Bereitstellung des erforderlichen Kapitals. Eine Beratungsfunktion, wie sie von typischen Venture-Capital-Gesellschaften übernommen wird, ist i.d.R. nicht erforderlich.[85]
Ein weiterer Risikofaktor für die Beteiligungsfinanziers liegt darüber hinaus in den ohne finanzielle Gewähr zur Verfügung gestellten Vorleistungen. Die grundsätzliche Prüfung der Durchführbarkeit des Projekts sowie die Erstellung eines groben Finanzierungskonzepts werden i.d.R. auf eigene Rechnung vorgenommen.[86] Die Dienstleistungen werden zumindest bis zum endgültigen Zustandekommen des Buy-Out-Verfahrens unverbindlich vom Deal-Leader abgewickelt, so daß für ihn ein nicht unerhebliches Ausfallrisiko besteht.[87]

3.1.3. Abgrenzung gegenüber anderen Übernahmeformen

3.1.3.1. Takeover (Übernahmeangebot)

Die im Zusammenhang mit der Übernahme, aber auch der Verschmelzung und Ausgliederung von Unternehmen verwendeten Termini sind insbesondere in der englischen und amerikanischen Merger & Acquisi-

---

84 Eine Ausnahme mag hier für Gläubigerbanken gelten, die den Fortbestand des Unternehmens unter anderer Führung einer endgültigen Liquidation und dem damit verbundenen Untergang ihrer Forderungen vorziehen.

85 Allein schon deshalb, weil es sich nicht um junge Unternehmen, sondern um am Markt etablierte Firmen handelt.

86 Allein diese Kosten der professionellen Planung und Strukturierung eines Buy-Outs übersteigen häufig bereits die finanziellen Möglichkeiten des Buy-Out-Teams.

87 Bei Matuschka Capital wurden im Wirtschaftsjahr 1988 mehrere hundert potentielle Deals geprüft, von denen letztendlich nur einzelne wenige durchgeführt wurden, vgl. Vincent Hübner auf dem 2. Management Buy-Out-Kongress am 2. März 1989 in Neuss.

tion-Szene (M&A) [88] von einer kaum noch überschaubaren Vielfalt. Es ist somit notwendig, die bekanntesten dieser Begriffe zu erläutern und gegenüber der besonderen Übernahmeform des MBO abzugrenzen.
Das Übernahmeangebot, eine in Deutschland selten angewandte Form des Unternehmenserwerbes, hat auch im Schrifttum bisher entsprechend wenig Beachtung gefunden.[89] Einer der wenigen publik gewordenen Fälle, bei dem die Übernahme nach Unterbreitung eines öffentlichen Kaufangebotes erfolgte, war der Erwerb der Rheinstahl AG durch die Thyssen Industrie AG im Jahre 1973.[90]
Bei dieser in Großbritannien (Takeover-bid) und den USA (Tender offer) sehr verbreiteten Übernahmeform handelt es sich um den Versuch einer Gesellschaft, sich durch Unterbreitung eines öffentlichen, zeitlich begrenzten Kaufangebotes an die Aktionäre der Zielgesellschaft die Aktienmehrheit oder zumindest eine beherrschende Stellung an diesem Unternehmen zu sichern.[91] Der Erwerb erfolgt außerhalb der Börse durch Abschluß zivilrechtlicher Verträge zwischen dem Käufer und einer Vielzahl von Aktionären.[92] Somit vollzieht sich die Übernahme wirtschaftlich durch Zahlung eines Preises pro Aktie, der regelmäßig über der Notierung liegen wird, wobei die Übernahme faktisch unter Ausschaltung des Managements der übernommenen Gesellschaft durchgeführt werden kann.[93]
Dieses Verfahren bietet sich insbesondere für den Fall an, daß bei den Aktionären kein Konsens bezüglich einer Verkaufsentscheidung zu er-

---

88 Merger: Verschmelzung, Fusion. Acquisition: Kauf, Übernahme.

89 Vgl. die erst in jüngerer Zeit erschienen Beiträge von Hauschka, Chr.E./Roth, T., Übernahmeangebote, a.a.O., S. 1ff, sowie Otto, H.-J., Übernahmeversuche bei Aktiengesellschaften und Strategien zur Abwehr, in: DB/Beil. Nr.12/1988, im folgenden zitiert als: Otto, H.-J., Übernahmeversuche, sowie Sünner, E., Take-overs made in USA, in: AG 1987, S. 276.

90 Vgl. Dietrich, H., Die Tender offer im Bundesrecht der USA, in: RIW 1973, S. 304, sowie Möschel, W., Aktienrechtliche Aspekte des Zusammenschlusses Thyssen/Rheinstahl, in: ZRP 1973, S. 162ff. Nicht erfolgreich verlief dagegen der Versuch der Flick Neffen, den Aktionären der Feldmühle Nobel AG ein Übernahmeangebot zu unterbreiten; vgl. AG-Report, S. R 217.

91 Vgl. Schaaf, P., Möglichkeiten der Abwehr von Takeover-bids in Großbritannien und den USA, in: RIW 1985, S. 273.

92 Vgl. Otto. H.-J., a.a.O., S. 4.

93 Vgl. Hauschka, Chr.E./Roth, T., a.a.O., S. 183.

zielen ist.[94] Das detaillierte Kaufangebot stellt für die Anteilseigner der Zielgesellschaft ein Datum dar, es bleibt ihnen lediglich die Wahl, das Angebot anzunehmen oder abzulehnen. Der Käufer muß sich seinerseits darüber im klaren sein, daß er nicht den Schutz und die Vorteile detaillierter Übernahmeverhandlungen genießt und sich i.d.R. mit externem Informationsmaterial begnügen muß, um sein Preisangebot zu bestimmen.[95]

Als besondere Spielart gilt dabei das "unfriendly Take-over", die feindliche Übernahme eines börsennotierten Unternehmens durch außenstehende Käufer gegen den Willen der Gesellschaft.[96]

Sowohl in den USA, als auch in England spielt diese Form der Übernahme eine so bedeutende Rolle, daß in beiden Ländern gesetzliche Regelungen geschaffen wurden, auf deren Grundlage Tender offers bzw. Takeovers abgewickelt werden.[97] In Deutschland existieren lediglich Richtlinien der Börsensachverständigenkommission.[98] Ein weiterer Grund für die geringe Verbreitung in der Bundesrepublik ist in den restriktiven gesellschaftsrechtlichen Vorschriften zu sehen.[99] Aufgrund der steigenden wirtschaftlichen Bedeutung der Unternehmensübernahme durch unfriendly Takeovers haben sich im Gegenzug Abwehr-

---

94 Hierin ist auch einer der Hauptgründe zu sehen, warum das Takeover-Verfahren in der Bundesrepublik bisher so wenig Verbreitung gefunden hat, da hier die Streuung des Aktienkapitals innerhalb der Konzerne wesentlich geringer ist als in England und den Vereinigten Staaten. Vgl. Heinsius, T. Abfindung außenstehender Aktionäre und Übernahmeangebote im deutschen Aktien- und Konzernrecht, in: Schmitthoff, C.F./Goré, F./Heinsius, T., Übernahmeangebote im Aktienrecht, Frankfurt a.M., S. 51.

95 Vgl. Begg, P.F.C., a.a.O., S. 21.

96 Vgl. Falkenhausen, B. Freiherr v., a.a.O., S. 163, sowie Stoll, J., Rechtliche Aspekte von "feinlichen" Übernahmen von Aktiengesellschaften, in: BB 1989, S. 301.

97 In den USA den Williams Act v. 29.7.1968 als Ergänzung zum Securities Exchange Act (SEC), und in Großbritannien die Licensed Dealers Rules aus dem Jahre 1960, die Sec. 209 des Companies Acts (CA) v. 1948 sowie als freiwillige Maßnahme der City Code on Take-overs and Mergers. Vgl. hierzu Blezinger, C., Übernahmeangebote in Frankreich, Frankfurt a.M., 1984, S. 21.

98 Vgl. Börsensachverständigenkommission beim Bundesfinanzministerium, Leitsätze für öffentliche freiwillige Kauf- und Umtauschangebote bzw. Aufforderungen zur Abgabe derartiger Angebote im amtlich notierten oder im geregelten Freiverkehr gehandelten Aktien bzw. Erwerbsrechten, Januar 1979.

99 Vgl. Schaaf, P., a.a.O., S.273. Zu einer ausführlichen Gegenüberstellung der relevanten gesetzlichen Normen vgl: Hauschka, Chr.E./Roth, T., a.a.O., S. 183ff.

strategien entwickelt, mit denen sich potentielle Übernahmekandidaten präventiv oder nach Veröffentlichung des Takeover-bid vor solchen unerwünschten Übernahmen zu schützen versuchen.[100]
Im Zuge einer weitergehenden Übernahmeeuphorie [101] wurden unter Nutzung der Finanzierungstechnik des LBO sogenannte "Leveraged bids" kreiert. Es handelt sich dabei um feindliche Übernahmen, die hauptsächlich durch die Begebung von Junk bonds und anderen unbesicherten Anleihen finanziert werden.[102]

3.1.3.2. Leveraged-Buy-Out

Im Gegensatz zum Takeover, das sich hauptsächlich für die Übernahme börsennotierter Gesellschaften eignet, ist der Anwendungsbereich für LBO's wesentlich größer, da Gesellschaften jedweder Rechtsform, insbesondere auch GmbH's, als Zielgesellschaften in Frage kommen.[103]
Beim Leveraged-Buy-Out handelt es sich um eine typisch amerikanische Form der Übernahme eines Unternehmens bzw. eines Unternehmensteils, die durch einen extrem hohen Fremdfinanzierungsgrad gekennzeichnet ist und von der sich die Investoren unter Ausnutzung der Hebelwirkung des eingesetzten Fremdkapitalanteils eine entsprechende

---

100 Als Hauptabwehrstrategien gegen solche Übernahmen (Shark repellents) haben sich dabei etabliert:

a)Der Verkauf besonders attraktiver Bestandteile des Anlagevermögens (Crown jewels).

b)Die Zielgesellschaft erwirbt ihrerseits Anteile an der Bietergesellschaft (Pacman Strategie).

c)Es wird ein vom gegenwärtigen Management favorisierter Übernehmer, der sog. White knight eingeschaltet.

Die Anteile der Zielgesellschaft werden von vornherein mit sog. Poisson pills ausgestattet, besondere Rechte, die es dem Bieter erschweren, die Kontrolle über den Übernahmekandidaten zu gewinnen. Vgl. hierzu Schaaf, P., a.a.O., S. 279, sowie Schiessl, M., Neue Erfahrungen mit Unternehmenskäufen und Unternehmensübernahmen in den USA, in: RIW 1988, S. 523ff.

101 Vgl. die geplante, letztendlich gescheiterte Übernahme des Mischkonzerns BAT Industries.

102 Vgl. o.V., Lager der Angreifer durch illustre Namen verstärkt, in: HBl. Nr. 138, v. 20.7.1989, S. 15.

103 Vgl. Lutter, M./Wahlers, H.W., a.a.O., S. 2.

Eigenkapitalrendite erwarten.[104] Bei den Aufkäufern kann es sich um externe Investoren (Beteiligungsgesellschaften) handeln, die Käufer können jedoch auch aus dem eigenen Management kommen, d.h. ein LBO schließt ein MBO nicht grundsätzlich aus.
Trotzdem bestehen bezüglich der verfolgten Ziele einer solchen Übernahme i.d.R. erhebliche Unterschiede.[105] Die sprunghafte Entwicklung, die der LBO-Markt seit Mitte der 70er Jahre insbesondere in den USA genommen hat,[106] beruht auf der Erkenntnis, daß die Summe der Teilbetriebe eines Unternehmens mehr wert sein kann als das Gesamtunternehmen.[107] Die Interessen der externen Kapitalgeber sind beim LBO somit wesentlich stärker auf die Realisierung einer möglichst schnellen Rendite durch Verkauf der betrieblichen Substanz, als auf die Sicherung der Unternehmenskontinuität gerichtet.[108] LBO-Kandidaten sind somit in erster Linie Unternehmen mit hohen stillen Reserven, deren Anteile aber an der Börse unterbewertet sind. Sie verfügen über eine Vielfalt an betrieblichen Ressourcen, deren Zusammensetzung jedoch nicht ideal ist und die bei anderer Zuordnung der Betriebsteile einen höheren Verkaufspreis erzielen, als ihn der Erwerber des Gesamtunternehmens an der Börse bezahlt hat.[109]
Diese typischen Merkmale des Leveraged-Buy-Out, eine extrem hohe Fremdfinanzierung bei anschließendem "Ausmelken" des Unternehmens,

---

104 "An LBO is an acquisition, financed with a significant amount of debt (leverage) in which the purchaser relies on the assets or the cash-flow of the acquired business to service the debt." Ruffel, Ch., Funds Galore.for LBO-Prospects, in: Euromoney, Suppl. 2, december 1986, S. 2. Siehe auch: Caytas, I.G./Mahari, J.L., Im Banne des Investment Banking, Stuttgart 1988, S. 199ff, Milde, H., Leveraged Buyout, in: WiSt 1990, S. 7, im folgenden zitiert als: Milde, H., Leveraged Buyout, Lerbinger, P., a.a.O.,S. 133. Peltzer, M., Rechtliche Problematik, a.a.O., S. 973.

105 Vgl. ebenda, S. 973.

106 Ca. 18% des M&A-Volumens in den USA stellten im Jahr 1986 LBOs.

107 Vgl. Ruffel, Ch., a.a.O., S. 2.

108 Vgl. Peltzer, M., Rechtliche Problematik, a.a.O. S.973. Hierbei ist weiter zu differenzieren, ob durch Veräußerung einzelner Aktiva, der sog. "Crown-Jewels" eine schnelle Rückführung der Verbindlichkeiten erreicht werden soll, oder ob durch radikales "asset stripping" der Gewinn/Rendite des Investments allein durch Zerschlagung und Weiterveräußerung einzelner Unternehmensteile angestrebt wird. Vgl. dazu die Übernahme des Nahrungsmittelkonzerns RJR Nabisco durch Kohlberg/Kravis/Roberts, Zwätz, D., Im Spiel mit den Dollarmilliarden werden die Einsätze immer höher, in: HBl. Nr. 208, v.27.10.1988, S. 19.

109 Vgl. Peltzer, M., Rechtliche Problematik, a.a.O., S. 973.

sind wohl auch der Grund dafür, daß europäische Investoren auf diesem Gebiet bisher Zurückhaltung geübt haben.[110]
Auch in den USA mehren sich nach anfänglicher Euphorie die Bedenken. Diese richten sich insbesondere gegen die überproportionalen Risiken der kreditgewährenden Geschäftsbanken.[111] Darüber hinaus wurde wohl über lange Zeit der Einfluß der hochverzinslichen Junk bonds auf den amerikanischen Kapitalmarkt unterschätzt.[112]

3.1.3.3. Management-Buy-In

Hierbei handelt es sich um eine besondere Art des Take-over, die wiederum hauptsächlich im amerikanischen Raum Verbreitung gefunden hat. Im Gegensatz zum MBO handelt es sich beim Buy-In um die typische Folge eines sogenannten unfriendly Take-overs.[113] Dabei werden Übernahmekandidaten von Investmentgesellschaften erworben - häufig gegen den Willen des etablierten Managements, das dann von den neuen Besitzern aus dem Unternehmen gedrängt wird.[114] Dieses wird anschließend durch ein neues Führungsteam ersetzt, das somit im Endeffekt von der Investmentgesellschaft in die Zielunternehmung "eingekauft" wurde.[115] Als Abwehrmaßnahme gehen die Manager solcher

---

110 Vgl. Assmann, T., Buy-Out: Führungskräfte kaufen ihr Unternehmen, Nr:1-5, in: Blick durch die Wirtschaft 1987, Nr. 158-162, S. 1. Zum Negativimage der LBO's in der Bundesrepublik vgl. auch Kramer, J., a.a.O., S. 954.

111 Der Finanzminister Nicholas Bradey bezeichnet die Aktivitäten in der LBO-Szene als "Energieverschwendung", ohne jedoch bisher konkrete Gegenmaßnahmen einzuleiten. Vgl. o.V., Bradey tut nicht gegen die "Energieverschwendung", in: HBl. Nr. 181, v. 19.9.1989, Nr. 181, S. 9.

112 So war einer der Hauptgründe für den zweiten scharzen Freitag am 13.10.1989 das Bekanntwerden des Scheiterns der Übernahme des Luftverkehrsunternahmens United Airlines, eine Transaktion, die zum überwiegenden Teil durch Junk bonds finanziert werden sollte. Vgl. o.V., Stärkster Kurseinbruch in Wallstreet seit dem "Crash" vom Oktober 1987, in: HBl. Nr. 200, v. 16.10.1989, S. 1.

113 Es wird in dieser Arbeit insofern eine stärkere Abgrenzung vorgenommen, als bei Hardman, J.P., Management Buy-Outs, a.a.O., S. 1, der beide Vorgänge als weitgehend identisch ansieht.

114 Vgl. vereinfachend hierzu auch Hölters, W., in: Hölters, W. (Hrsg.), a.a.O., S. 19.

115 Häufig anzutreffen ist dieses Verfahren auch bei mittelständischen Unternehmen, in denen nach Ausscheiden des Firmengründers das bisherige Management aus der zweiten Linie nicht in der Lage ist die endgültige Verantwortung erfolgreich zu überehmen.

Übernahmekandidaten immer häufiger dazu über, sich durch extrem hohe Abfindungssummen, sogenannten "golden parachutes", gegen ein Hinausdrängen aus der Geschäftsführung zu schützen.[116]

3.1.3.4. Spin-off

Im Gegensatz zum MBO, bei dem ein bestehendes Unternehmen durch das eigene Management übernommen wird, erfolgt beim Spin-off eine Ausgliederung von Teilen des Anlagevermögens bzw. eines Teilbetriebes in eine neu zu gründende Gesellschaft, die dann häufig von den bisherigen Führungskräften weitergeführt wird.[117] Hauptabgrenzungsmerkmal zum MBO ist die Mehrheitsbeteiligung, die die Muttergesellschaft auch nach dem Abspaltungsvorgang i.d.R. an der ausgegliederten Gesellschaft besitzt.[118] Weiterhin bestehende Liefer- und Dienstleistungsbeziehungen erhalten die Nabelschnur zum Spin-off aufrecht.[119]
Es handelt sich mithin um ein Instrument der Unternehmensstrategie, mit der Konzerne kleinere innovative Teams oder Einheiten aus der schwerfälligen Organisationsstruktur herauslösen, um durch Verselbständigung und Übertragung von Eigenverantwortung Innovation und Produktivität zu steigern.[120] Die Muttergesellschaft stellt ihrerseits weiterhin zentrale Absatz- oder Verwaltungsleistungen zur Verfügung und profitiert im Gegenzug von den innovativen Leistungen der ausgegliederten Einheit.[121]
Neben dieser Form des "friendly spin-off" ist jedoch auch die Konstellation denkbar, daß ehemalige Mitarbeiter die Verselbständigung ihrer

116 Vgl. Hauschka, Chr.E./Roth, T., a.a.O., S. 192.

117 Zur Differenzierung vgl. auch Fanselow, K.-H., Venture Capital: Modetorheit oder zukunftsträchtiges Segment des Marktes für Risikokapital?, in: Rudolph, B,(Hrsg.), Strategisches Finanzmanagement der Unternehmen, Frankfurt a.M. 1989, S. 101f.

118 Vgl. Coyne, J./Wright, M., Divestment, a.a.O., S. 4.

119 Vgl. Assmann, T., a.a.O., S. 1, sowie Wright, M./Coyne, J., MBO, a.a.O., S. 2.

120 Dieses Instrument der Verselbständigung von Projektgruppen ist ja bereits aus der Organisationstheorie bekannt.

121 Coyne, J./Wright, M., Divestment, a.a.O., S. 143.

Division vorantreiben, um eigene Ideen besser durchsetzen zu können.[122]

3.2. *Ursachen für ein Management-Buy Out* [123]

3.2.1. *Motive der Objektgesellschaft*

Bei einer großen Zahl von Management-Buy-Outs handelt es sich um die Übernahme rechtlich selbständiger Tochtergesellschaften konglomerater, internationaler Konzerne.[124] Aus einer Vielzahl von Gründen hat sich das Abstoßen von Divisionen oder ganzer Tochtergesellschaften mittlerweile als Unternehmensstrategie, insbesondere in Großbritannien und den USA, bewährt. Nach der Merger und Takeover-Welle in den sechziger und Anfang der siebziger Jahre [125] begann Anfang der achtziger Jahre ein Umdenken und eine Rückbesinnung, Größe galt nicht mehr als alleiniges Erfolgsrezept.[126] Im Übernahmefieber waren zu viele unterschiedliche Wirtschaftseinheiten erworben worden, die kaum mit einem einheitlichen strategischen Konzept zu vereinbaren waren.[127] Darüber hinaus wurde auch der teilweise erhebliche Kapitalbedarf zur Realisierung des Wachstums anderer Konzernbranchen durch den Verkauf von Tochtergesellschaften finanziert, die nach der Akquisition nicht den erhofften Return on Investment brachten.[128]
Als Kaufinteressenten für solche Konzerntochtergesellschaften traten vermehrt Gruppen aus dem eigenen Management auf, weil sie besser als

---

122 In diesem Sinne: Hauschka, Chr.E., MBO, a.a.O., S. 2170, Fn.19. Die Übergänge zum MBO werden dann fließend.

123 Eine Zusammenstellung von Gründen, die für MBO's in der Bundesrepublik typisch sind, siehe o.V., Manager kaufen die goldene Freiheit, in: Industriemagazin, a.a.O., S. 25.

124 In Großbritannien stellt diese Gruppe 75% aller MBOs, vgl. Coyne, J./Wright, M., Divestment, a.a.O., S. 146.

125 Vgl. Coyne, J./Wright, M., Divestment, a.a.O., S.152

126 Vgl. "Corporate restructuring and refinancing became an urgent priority." Ruffel, Ch., a.a.O., S. 3.

127 "It may well be that this year's acquisitions could produce next year's crop of buyouts" Coyne, J./Wright, M., UK Buyouts Grow in Complexity, in: Euromoney, a.a.O.,S. 41.

128 Vgl. Coyne, J./Wright, M., Divestment, a.a.O., S. 152.

jeder externe Übernahmeinteressent die potentiellen Möglichkeiten der Zielgesellschaft beurteilen konnten. Außerdem wurde die Finanzierbarkeit durch die Unterstützung externer Beteiligungsgesellschaften gewährleistet.
Ein Verkauf an das Management von seiten der Objektgesellschaft wird häufig auch dann erwogen, wenn ein ruhiger, unauffälliger und wenig spektakulärer Übernahmevorgang angestrebt wird. Etwaige Imageverluste durch den Verkauf einer Tochtergesellschaft, die aus einer schlechten Reputation in Anschluß an das Buy-Out resultieren, sollen so vermieden werden.[129] Negative Spekulationseffekte werden dadurch ebenfalls weitgehend ausgeschaltet.[130]
Bei einer drohenden Liquidation bietet ein MBO vielleicht die ultima ratio, um die negativen Folgen einer teuren und aufwendigen Abwicklung abzuwenden. Die Kosten für den Sozialplan werden eingespart, und die steuerlich ungünstige Aufdeckung der stillen Reserven kann bei vorteilhafter Gestaltung vermieden werden.[131]
In der Bundesrepublik Deutschland wird ein großes Potential an MBO-Zielgesellschaften insbesondere in den zahlreichen Familiengesellschaften gesehen. Viele dieser in der Nachkriegszeit gegründeten Betriebe stehen heute vor dem Problem eines anstehenden Generationswechsels.[132] Häufig jedoch findet sich in der Familie kein geeigneter oder bereitwilliger Nachfolger, so daß für diesen Fall ein Verkauf an das bisherige Management erwogen wird. Eine solche Möglichkeit kommt auch gerade der Unternehmermentalität in der Bundesrepublik entgegen. Viele Familienunternehmer werden wesentlich eher bereit sein, ihren Betrieb an ein ihnen vertrautes Management zu veräußern, um so die Unternehmenskontinuität gewahrt zu sehen, als daß die Familiengesellschaft von einem großen Konzern "geschluckt" würde.[133]

129 Vgl. Coyne, J./Wright, M., Divestment, a.a.O., S. 148.

130 So z.B. Kursverluste, imageschädigende Nebenwirkungen auf andere Branchen.

131 Vgl. Peltzer, M., Rechtliche Problematik, a.a.O., S. 974.

132 Vgl. Lloyd, S., Europe is the next frontier, in Euromoney, a.a.O. S. 56.

133 Vgl. den Fall des Motorradbekleidungsherstellers Hein Gericke, in Industriemagazin, a.a.O., S. 26, sowie Lerbinger, P., a.a.O., S. 135 und Peltzer, M., Rechtliche Problematik, a.a.O., S. 973.

3.2.2. Anreize für das Buy-Out-Team [134]

Es hat sich gezeigt, daß in einer Vielzahl von Fällen der Ausgangspunkt für das Zustandekommen eines MBO in der Objektgesellschaft selbst zu suchen ist.[135] Dennoch sind Konstellationen denkbar, in denen die Initiative vom Management selbst ausgeht. Hauptantrieb wird in diesem Fall neben der erhofften wirtschaftlichen und finanziellen Chance die Unzufriedenheit mit der momentanen beruflichen Situation sein. Häufig fühlen sich Manager von Teilbereichen oder Divisionen durch schwerfällige Konzernverwaltungen oder verkrustete Führungs- und Entscheidungsstrukturen gehemmt und demotiviert.[136] Aus seiner intimen Kenntnis der menschlichen und betrieblichen Ressourcen der Unternehmenseinheit glaubt das Buy-Out-Team Chancen zu erkennen, durch die Eigenverantwortlichkeit der Abteilung am Markt erfolgreich bestehen zu können.[137]

Zuletzt kann auch die aufkommende Gefahr eines Arbeitsplatzverlustes Ausgangspunkt dafür sein, daß das Management die Übernahme des eigenen Betriebes durch ein Buy-Out in Erwägung zieht. Im einfachen Fall eines drohenden Konkurses sieht es sich häufig vor die Alternative gestellt, statt eines wahrscheinlichen Verlustes des Arbeitsplatzes durch die Übernahme von persönlichem und wirtschaftlichem Risiko das

---

134 Soweit die Initiative allein vom gegenwärtigen Management ausgeht, kann eine solchen Übernahme schwerwiegende zivil- oder gar strafrechtliche Problemen mit sich bringen. Diese ergeben sich aus dem Loyalitätsproblem des Managements gegenüber seinem Unternehmen als gegenwärtigen Arbeitgeber und gleichzeitigem Kaufobjekt. Zu diesem Spannungsfeld aus arbeitsrechtlicher Sicht siehe Hauschka, Chr.E., MBO, a.a.O., S. 2174f.

135 Als Ursachen für sog. Desinvestitionen nennt Jansen inner- und außerbetriebliche Auflösungsfaktoren, vgl. ebender, Desinvestitionen. Ursachen, Probleme und Gestaltungsmöglichkeiten, Frankfurt a.M. 1986, S. 93ff.

136 Ein markantes, in der Praxis immer wieder genanntes Beispiel ist die mangelnde Autonomie von Konzerndivisionen oder -tochtergesellschaften bei Investitionsentscheidungen. Sowohl im Fall Thyssen/Haussach als auch bei Memorex-Telex beklagte sich das Management über langwierige Investitionsanträge und Entscheidungsabläufe bereits bei einem relativ geringen Investitionsvolumen, wodurch sie die Flexibilität ihres Unternehmens stark eingeengt sahen.

137 Zur Problematik eines Mißbrauchs von Insiderwissen vgl. Adams, M., Der Markt für Unternehmenskontrolle und sein Mißbrauch, in: AG 1989, S. 336.

Unternehmen samt Arbeitsplätzen zu erhalten und zusätzlich zum eigenen Chef zu werden.[138]

Eine andere Situation, in der das Management seinen Arbeitsplatz bedroht sehen kann, tritt insbesondere bei Tochtergesellschaften internationaler Konzerne auf. Hat sich die Konzernleitung im Zuge einer Bereinigung der Unternehmensstruktur oder aus wirtschaftlichen Überlegungen dazu entschlossen, einen Teilbereich zu veräußern, so muß dessen Management im Falle einer Übernahme durch einen anderen Konzeren häufig mit dem Austausch der Führungsmannschaft rechnen.[139]

Als Abwehrmaßnahme gegen eine solche Übernahme kann das Management selbst als Käufer auftreten.[140] Es steht in diesem Fall jedoch vor der nicht allzu leichten Aufgabe, in Konkurrenz zu anderen Übernahmeinteressenten die Vorteilhaftigkeit der eigenen Lösungsalternative gegenüber der Konzernleitung darzulegen.

Nicht zuletzt auch beim Aufkauf eines ganzen Konzerns muß das Management einzelner Tochtergesellschaften befürchten, unter der neuen Konzernleitung einer veränderten Unternehmensstrategie zum Opfer zu fallen und bei einer auf die Übernahme folgenden Umstrukturierung auf der Strecke zu bleiben.[141]

---

138 Zum Fall des sog. Sanierungs-MBO der Pittler Maschinenfabrik in Langen vgl. o.V., in: Industriemagazin, a.a.O., S. 30.

139 Vgl. hierzu den Fall des zum Thompson Konzern gehörenden Nordmende Werkes in Bremen, o.V., in: Industriemagazin, a.a.O., S. 26.

140 Vgl. auch Schaaf, P., a.a.O., S. 273.

141 So geschehen im Falle der Werkzeugmaschinenfabrik Ex-Cell-O, deren amerikanische Muttergesellschaft durch den Mischkonzern Textron übernommen wurde, der seinerseits an der deutschen Tochter wenig interessiert war. Vgl. o.V., in: Industriemagazin, a.a.O., S. 32. Inzwischen ist Ex-Cell-O erfolgreich an die Börse gegangen.

C. CHARAKTERISIERUNG EINES IDEALTYPISCHEN MANAGEMENT-BUY-OUTS

1. Ausgangspunkt

Sowohl in der Literatur [142] als auch in der Praxis besteht weitgehend Einigkeit darüber, daß für die Durchführung eines MBO keine allgemeingültigen, standardisierten Grundsätze aufgestellt werden können. Trotzdem lassen sich bestimmte Entwicklungsphasen und damit verbundene grundsätzliche Problembereiche herausarbeiten, die als MBO-typisch bezeichnet werden können.
Unter Berücksichtigung sowohl der drei Träger eines Management-Buy-Outs [143] als auch deren unterschiedlicher Zielsetzungen soll im folgenden der Versuch unternommen werden, den Verlauf eines idealtypischen MBO's anhand eines Drei-Phasen-Modells darzustellen.
Ziel dieser Typisierung ist es, die kennzeichnenden Merkmale der einzelnen Phasen, d.h. die typischerweise auftretenden betriebswirtschaftlich-steuerlichen Problemstellungen aufzuzeigen. Darüber hinaus soll durch die detaillierte, sachbezogene Strukturierung des Untersuchungsobjektes "Management-Buy-Out" erreicht werden, daß für die in den jeweiligen Phasen auftretenden finanzierungstechnischen und steuerlichen Probleme entscheidungsorientierte Gestaltungsvorschläge entwickelt werden können.

2. Das Drei-Phasen-Modell[144]

Der Ablauf eines solchen "idealtypischen Management-Buy-Outs" läßt sich in drei charakteristische Abschnitte einteilen:

1. Gründung einer Erwerbsgesellschaft, der Newco, deren Funktion vor allem in der Akkumulation des für die Übernahme erforderlichen Kapitals durch Eigen- und Fremdfinanzierung besteht.

---

142 Vgl. Hardman, P.J., Management Buy-outs, a.a.O., S. 2, Thompson McLintock, Guide, a.a.O., S. 5.

143 Vgl. Erster Teil, Abschn. B.3.1.2. dieser Arbeit.

144 Vgl. auch Abb. 1.

2. Erwerb der Zielgesellschaft und Eingliederung in das Unternehmen der Newco.

3. Realisierung des Wertzuwachses in den Anteilen an der Zielgesellschaft und Auszahlung der externen Investoren

Das charakteristische Merkmal der *Gründungsphase* ist darin zu sehen, daß durch die übernahmewillige Gruppe von Managern (Buy-Out-Team) eine sogenannte Übernahmegesellschaft (Newco) in Form einer Holding gegründet wird.[145] Die grundsätzliche Aufgabe dieser Holding liegt im Erwerb der Zielgesellschaft. Wird davon ausgegangen, daß mit Beginn der Gründungsphase die Verhandlungen über die Einzelheiten des Kaufvertrages (Bestimmung des Kaufobjektes und -preises sowie der Zahlungsmodalitäten) und somit das Gesamtvolumen der Transaktion feststehen, liegt das Kernproblem der Gründungsphase in der Finanzierung des Kaufpreises. Sie erfolgt einerseits durch Eigenmittel des Managements, zu einem Großteil jedoch durch die Beteiligung außenstehender Kapitalgeber, die entweder Eigenkapital durch finanzielle Beteiligung oder Fremdkapital in Form von Darlehen bzw. Krediten zur Verfügung stellen.

Abb. 1: Die Phasen des MBO

Gründung	Buy-Out	Desinvestition
Gründung einer Newco durch das Buy-Out-Team, Kaufpreisfinan=zierung	Erwerb der Ziel=gesellschaft und Eingliederung in die Newco	Realisierung der Rendite durch: -Veräußerung -Börseneinführung -Auskauf

145 Neben Gründen der Haftung und der Rechtsform hat dies den Vorteil, daß externe Kapitalgeber nach entsprechenden Vorleistungen durch das Buy-Out-Team eher bereit sein werden, ihrerseits Kapital bereitzustellen.

Von Bedeutung für die Ertrags- und Liquiditätslage nach dem Buy-Out und damit auch für die Fähigkeit der Newco zur Rückzahlung des hohen Fremdkapitalanteils ist dabei die Strukturierung des Finanzierungskonzepts, d.h. die Frage, in welchem Umfang, und in welcher gesellschaftsrechtlichen Form der Erwerbsholding das notwendige Kapital für den Erwerb der Zielgesellschaft zur Verfügung gestellt wird. So wird von der Antwort auf diese Frage z.B. abhängen, wie eine spätere Bedienung des Fremdkapitals erfolgen soll, ob durch Zinszahlungen, durch Ausschüttung von Dividenden oder auch über einen Rückkauf der eigenen Anteile an der Börse.

Die *Buy-Out-Phase* ist je nach Gestaltung der Übernahme in zwei Abschnitte zu untergliedern. Im ersten Schritt, der sogenannten Erwerbsphase, erwirbt die Holding das Zielunternehmen bzw. eine mehrheitliche Beteiligung.

Vorrangige Aufgabe ist hier die steueroptimale Gestaltung der Übernahme bei der Objektgesellschaft, d.h. die Verringerung oder Vermeidung eines etwaigen Veräußerungsgewinns sowie die Behandlung der stillen Reserven. Folgen ergeben sich hieraus jedoch auch für den Ansatz der Beteiligung und das damit verbundene Abschreibungsvolumen bei der Übernahmegesellschaft.[146]

Da jedoch der Erwerb einer reinen mehrheitlichen Beteiligung (Share deal) am Zielunternehmen für eine endgültige Eingliederung nicht ausreichend ist, muß für den Vollzug der Übernahme eine Vereinigung beider Unternehmen erreicht werden *(Übernahmephase)*.[147] Es ist zu prüfen, inwieweit die im deutschen Gesellschafts- und Steuerrecht existierenden Rechtsinstitute [148] für diesen Vorgang anwendbar und unter betriebswirtschaftlichen Aspekten vorteilhaft sind.

Weiterhin ist der Fall zu berücksichtigen, daß es sich bei dem Buy-Out-Objekt nicht um einen eigenständigen Betrieb oder zumindest den rechtlich selbständigen Teil eines Unternehmens handelt. Es muß dann im Vorfeld der Übernahme untersucht werden, inwieweit eine vorherige

---

146 Es zeigt sich hier wiederum, daß insbesondere bei steuerlichen Fragen sowohl die Situation des Veräußerers als auch die des Erwerbers zu berücksichtigen ist.

147 So auch Kerber, M., Übernahme, a.a.O., S. 474.

148 So z.B. die Eingliederung §§ 319 ff AktG, die Verschmelzung der AG §§ 339 ff AktG bzw. der GmbH §§ 19 ff KapErhG sowie die entsprechenden Vorschriften des Umwandlungsteuergesetzes, §§ 14-16 Verschmelzung.

Verselbständigung [149] des relevanten Betriebsteils herbeigeführt werden sollte.[150] Auch dann sind jedoch die steuerlichen Folgen, insbesondere die steuerliche Behandlung der stillen Reserven, zu beachten.
Im letzten Abschnitt dieses idealtypischen MBO-Verlaufs, der *Desinvestitionsphase*, werden die externen Finanziers bestrebt sein, sich unter Realisierung einer entsprechenden Rendite aus dem Engagement zurückzuziehen.[151] Da in der ersten Phase unmittelbar nach dem Buy-Out über den Kapitaldienst hinaus kaum mit relevanten Ausschüttungen zu rechnen ist, wird es nunmehr ihr Ziel sein, neben der reinen Rückgewähr ihrer Einlage insbesondere eine angemessene Verzinsung des investierten Kapitals durch eine Realisierung des Wertzuwachses ihrer Anteile zu erreichen. Vor dieser Bedienung des nachrangigen Kapitals müssen jedoch die mit fester Laufzeit und festem Zins ausgestatteten vorrangigen Verbindlichkeiten getilgt werden.
Es bieten sich für die Anteilseigner grundsätzlich mehrere Möglichkeiten, am Wertzuwachs der von ihnen gehaltenen Anteile zu partizipieren. Dies ist zum einen die Einführung des Unternehmens an der Börse mit anschließender Veräußerung der Anteile am Kapitalmarkt. Steht ein "Going public" nicht zur Disposition, bietet sich zum anderen eine sukzessive Erhöhung der Beteiligung des Buy-Out-Teams am Nennkapital der Newco unter gleichzeitigem Rückzug der externen Kapitalgeber an (Stock-Option-Plan).[152]

---

149 Auch hierfür stehen entsprechende Rechtsinstitute wie z.B. die Ausgliederung, die Umgründung oder die Realteilung (nur für Personengesellschaften gesetzlich geregelt) zur Verfügung.

150 Es sei denn, es handelt sich bei der Übernahme nicht um einen Beteiligungserwerb im Wege der Gesamtrechtsnachfolge (Share deal), sondern es wird von vornherein ein Asset deal vereinbart, d.h., ein Sachkauf des relevanten Anlagevermögens durch Singularsukzession. Vgl. Erster Teil, Abschnitt B.2.2.1.1. dieser Arbeit.

151 In diesem Zusammenhang stellt sich die grundsätzliche Frage, zu welchem Zeitpunkt die Durchführung des MBO - als einheitliche Investition betrachtet - erfolgreich abgeschlosen ist. Betrachtet man den Vorgang als abgeschlossenen wirtschaftlichen Vorgang (Investition), so kann nicht bereits bei erfolgreicher Übernahme der Zielgesellschaft durch die Newco, sondern erst nach Auszahlung sämtlicher Gläubiger und Investoren - einschließlich deren Renditeerwartungen - über die Vorteilhaftigkeit der Transaktion entschieden werden.

152 Vgl. hierzu das Buy-Out der Umformtechnik Haussach GmbH aus der Thyssen Industrie AG. Hier wurde bei Überschreiten bestimmter Zielwerte der Anteil des Managements am EK sukzessive erhöht. Vgl. o.V., Das Werk Haussach von Thyssen ist der bisher größte "Management-buy-out"-Fall, in: HBl. Nr. 47 v. 9.3.1987, S. 10.

Eine letzte Alternative ist die Übernahme der Newco durch einen anderen Industriekonzern (Industrial buyer), soweit sie ihrerseits nach erfolgreichem Buy-Out zu einem interessanten Übernahmekandidaten geworden ist.

3. Die Bedeutung der Besteuerung im Rahmen einer Gesamtbetrachtung

Da ein typisches Merkmal der Buy-Out-Finanzierung die relative Minimierung des Eigenkapitaleinsatzes ist, ergibt sich häufig die Notwendigkeit einer Umstrukturierung der Kapitalzusammensetzung der Zielgesellschaft, wobei die Schwerpunkte in Hinblick auf den hohen zu leistenden Kapitaldienst im Bereich Liquiditätsmanagement und Rückführung der Kapitalbindung zu sehen sind.[153]

Wird die Durchführung eines Management-Buy-Outs in der Gesamtbetrachtungsweise als eine einheitliche Investition angesehen, stellt die Höhe des nachhaltig zu erwartenden, zukünftigen Cash-flows eine zentrale Größe für die Beurteilung der Durchführbarkeit des Projektes dar.[154]

---

153 Die hiermit auch verbundenen, rein betriebswirtschaftlichen Probleme wie Lagerabbau, Reduzierung der Fertigungstiefe, Organisations- und Personalplanungsprobleme sollen nicht Gegenstand dieser Untersuchung sein.

154 Eine vergleichbare Rechnung zur Bestimmung des Kaufpreises anhand des zukünftigen Cash-flows findet sich auch bei Lerbinger, P., a.a.O., S. 138.

Vgl. zu den folgenden Ausführungen auch Sieben, G./Sielaff, M., Unternehmensakquisition, Stuttgart 1989, S. 60ff.

Der Cash-flow einer Unternehmung ergibt sich nach herrschender Auffassung aus:[155]

	Bilanzgewinn
+/-	Gewinn-/Verlustvortrag
+/-	Zuführung zu/Auflösung von Rücklagen
+	Abschreibungen auf Anlagevemögen
+/-	Erhöhung/Auflösung von langfristigen Rückstellungen
+	sonstige, nicht auszahlungswirksame Aufwendungen
-	sonstige, nicht einzahlungswirksame Erträge
=	Cash-flow

Der Cash-flow [156] kann somit auch als Kennzahl für das Innenfinanzierungspotential der Newco bezeichnet werden. Neben der Fähigkeit zur Dividendenzahlung gibt er auch Auskunft darüber, in welchem Maße die Newco aus eigener Kraft zur Schuldentilgung fähig ist.[157] Der zukünftig zu erwartende Netto-Cash-flow ist somit das Datum für zusätzlich aufzunehmendes Fremdkapital, da er "die liquiditätsbezogene Obergrenze für daraus resultierende Tilgungsleistungen darstellt." [158]

a) Er bestimmt in einem erheblichen Maße den Kaufpreis, den das Buy-Out-Team - in Kenntnis des Rationalisierungs- und Ertragssteigerungspotentials - für das Zielunternehmen zu zahlen bereit ist.

155 Vgl. Süchting, J., Finanzmanagement, 5., vollst. überarb. und. erw. Auf., Wiesbaden 1989, S. 402, im folgenden zitiert als: Süchting, J., Finanzmanagement. Zur Differenzierung zwischen den beiden Größen "ausschüttungsfähiger Gewinn" und "Cashflow" vgl. auch Holzapfel, H.-J./Pöllath, R., a.a.O., S. 154.

156 Zur Ermittlung und Aussagefähigkeit von Cash-flow Kennzahlen vgl. Schmidt, F., Gestaltungsmöglichkeiten und Aussagefähigkeit von Cash-flow und Kapitalflußrechnungen, in: Coenenberg, A.G. (Hrsg.), Bilanzanalyse nach neuem Recht, Landsberg/Lech, 1989, S. 94ff.

157 Vgl. Süchting, J., Finanzmanagement, a.a.O., S. 404.

158 Vormbaum, H., Finanzierung der Betriebe, 7., überarb. u. erw. Aufl., Wiesbaden 1986, S. 128, im folgenden zitiert als: Vormbaum, H., Finanzierung.

b) Er ist ausschlaggebender Indikator für die mögliche Höhe des zukünftigen Schuldendienstes, d.h. für die "Tilgungsfähigkeit" der Unternehmung.[159]

c) Er setzt somit auch die absolute Obergrenze für den vertretbaren Verschuldungsgrad bzw. das höchstmögliche "Leveraging" und bestimmt somit die Kapitalstruktur der Newco.[160]

Aus diesen drei Punkten ergibt sich die zwingende Notwendigkeit einer Orientierung des Finanzierungskonzepts am zukünftigen Cash-flow der Unternehmung.[161] Der Substanzwert der Zielgesellschaft ist lediglich insoweit von Bedeutung, als der Tilgungsplan des Buy-Outs auch den Verkauf von nicht betriebsnotwendigem Vermögen vorsieht oder das Anlagevermögen darüber hinaus bei der Erstellung einer sogenannten alternativen Entschuldungsstrategie durch die externen Finanziers Berücksichtigung findet.[162]
Die Bedeutung der Besteuerung wird deutlich, wenn berücksichtigt wird, daß sich der Netto-Cash-flow als für die Finanzierungsdisposition relevante Größe aus dem Brutto-Cash-flow abzüglich Zahlungen auf Dividenden und Steuern ergibt.[163]
Wird weiterhin unterstellt, daß in den ersten Wirtschaftsjahren nach dem Buy-Out kaum Dividendenzahlungen erfolgen werden, kommt der Steuerlast die maßgebliche Bedeutung als Differenzgröße zu. Die Tilgungs-

---

159 Zum Begriff des "Kapitaldienst-Cash-Flows" vgl. auch Vormbaum, H., Grenzen der Fremdfinanzierung, in: Geist, M./Köhler, R.(Hrsg.), Die Führung des Betriebes, Festschrift für Curt Sandig, Stuttgart 1981, S. 441, im folgenden zitiert als: Vormbaum, H., Grenzen.

160 Vgl. auch Hardman, P.J., Management Buy-outs, a.a.O., S. 12.

161 So auch Schmid, H., Die Bewertung von MBO-Unternehmen - Theorie und Praxis, in: DB 1990, S. 1877.

162 Bei einem solchen "Two-Ways-Out Konzept" wird die Möglichkeit des Scheiterns der Transaktion und eine dann zur Disposition stehende alternative Rückzahlung der Verbindlichkeiten über den Verkauf der Aktiva in das Finanzierungskonzept mit einbezogen. Vgl. Sonntag, A.D., a.a.O., S. 118. So standen beispielsweise im Fall von RJR-Nabisco durch den Verkauf von insbesondere europäischen Tochtergesellschaften, unmittelbar nach Abschluß der Übernahme bereits 5,5 Mrd. Dollar zur Tilgung der kurzfristigsten Bankdarlehen zur Verfügung, vgl. Milde, H., Übernahmefinanzierung, a.a.O., S. 50.

163 Vgl. auch o.V.: ZfB-Fall, a.a.O., S. 1100ff.

fähigkeit der Newco kann mithin über die relative Minimierung der Steuerlast

- zum Zeitpunkt der Übernahme, als auch

- in den Folgeperioden

direkt beeinflußt werden.

Im Zuge einer seriösen und rationellen Finanzierung der Transaktion empfiehlt es sich jedoch nicht, den gesamten Cash-flow für den Kapitaldienst zu opfern.[164] Auch wenn es sich bei MBO-Kandidaten häufig um etablierte Firmen mit relativ konstanter Ertragslage handelt, ist es trotzdem angezeigt, einen Teil der Erträge dem Betrieb zuzuführen, um auch zukünftige Gewinne zu sichern. Die Folge wäre sonst ein kurzfristiges "Ausmelken" der Zielgesellschaft, verbunden mit einer Verschlechterung der Wettbewerbsposition und einem Rückgang der Erträge. Die Gewährleistung des Kapitaldienstes wäre zumindest in Frage gestellt. Die überproportional negativen Auswirkungen des Leverage-Effektes bei Absinken der Gesamtkapitalrentabilität unter den Zinssatz für Fremdkapital sind hinlänglich bekannt.[165]

Ein typisches Instrument der MBO-Technik zur Stärkung des Netto-Cash-flows ist der sogenannte "Step up", d.h. das Aufstocken der Buchwerte des Betriebsvermögens auf den höheren Teilwert im Zuge der Übernahme der Zielgesellschaft.

Vorteile für die übernehmende Gesellschaft ergeben sich dabei in zweierlei Hinsicht:

1. Durch die Übernahme des Betriebsvermögens zum Teilwert gelten die einzelnen Wirtschaftsgüter für die übernehmende Gesellschaft als neu erworben.

---

164 Bei der Finanzierung des Memorex-Telex Buy-Outs z.B. wurde über das extern bereitgestellte Fremdkapital nicht nur die reine Kaufpreisfinanzierung dargestellt, sondern darüber hinaus liquide Mittel für die Aufnahme der neuen Geschäftstätigkeit beschafft.

165 Vgl. statt anderer: Vormbaum, H., Finanzierung, a.a.O., S. 96.

2. Durch die höheren Buchwerte des Betriebsvermögens ergibt sich eine entsprechend höhere Abschreibungsbasis mit einem Steuerminderungseffekt in den Folgeperioden.[166] Der Netto-Cash-flow erhöht sich über ein gestiegenes Aufwandsverrechnungspotential in der Post-Buy-Out-Phase.

Der für die Finanzplanung der zukünftigen Gesellschaft maßgebende, neue Cash-flow Cf-N ergibt sich aus dem ursprünglichen "alte" Cash-flow Cf-A durch folgende ergänzende Größen:[167]

ursprünglicher Cash-flow Cf-A

\+ Steuerminderzahlungen durch erhöhte Abschreibungen aus dem Step up (M).

\+ Rationalisierungspotential durch neues Management (R).

\+ Veräußerungserlöse aus Aktivaverkäufen (A).

\- Verbundverluste aus der Umstrukturierung (V).

= Cf-N.

$$Cf\text{-}N = Cf\text{-}A + \Sigma M + \Sigma R + \Sigma A - \Sigma V$$

---

166 Zu einer solchen Gegenüberstellung des "Barwertes der Steuerersparnis aus erhöhten Abschreibungen" und dem "Barwert des Steuervorteils einer steuerbegünstigten - erfolgsneutralen - Veräußerung" vgl. grundlegend auch Kleineidamm, H.J., Ausgewählte steuerliche Probleme der Beendigung der unternehmerischen Betätigung, in: StBJb 1979/80, S. 376, sowie in Zusammenhang mit der ursprünglich geplanten Reform des § 34 EStG, Herzig, N., Die Neuordnung der Besteuerung außerordentlicher Einkünfte: Gestaltungsmaßnahmen bei Beteiligungen und Veräußerungen, in: Bericht über die Steuerfachtagung des IDW am 9.6.1988 in Düsseldorf, Düsseldorf 1988, S. 59, im folgenden zitiert als: Herzig, N., a.a.O., Neuordnung.

167 Unter der Prämisse, daß die Umsatzerlöse nach der Übernahme zumindest konstant bleiben.

Dieser modifizierte Cash-flow ist mithin auch maßgebende Größe für die Fähigkeit der Buy-Out-Gesellschaft Kapitaldienst für aufgenommenes Fremdkapital zu leisten und bestimmt damit unmittelbar die Kaufpreisobergrenze als denjenigen Betrag, der von dem Buy-Out-Team sowie den externen Investoren höchstens finanziert werden kann.

Zweiter Teil

Gründungsbesteuerung

A. GRÜNDUNG EINER ERWERBSHOLDING

1. Begründung der Steuersubjektfähigkeit

Obwohl eine Kapitalgesellschaft ihre Rechtsfähigkeit und damit das Tatbestandsmerkmal der Körperschaftsteuerpflicht i.S.d. § 1 Abs. 1 KStG erst mit Eintragung in das Handelsregister erhält,[1] nimmt sie ihre wirtschaftliche Tätigkeit bereits früher auf. Stichtag ist i.d.R. der Abschluß des Gesellschaftsvertrages, spätestens jedoch der Zeitpunkt, an dem das wirtschaftliche Gebilde nach außen hin im Geschäftsverkehr auftritt.[2] Für die Zwecke der steuerlichen Qualifikation ist zwischen zwei Phasen zu unterscheiden:[3]

a) Vom Gründungsbeschluß der Gesellschafter bis zum Abschluß des Gesellschaftsvertrages handelt es sich steuerrechtlich um die sogenannte Vorgesellschaft. Hierunter ist eine Personengesellschaft[4] zu verstehen, die den Zweck verfolgt, die Gründung einer juristischen Person des Privatrechts (AG, GmbH) zu betreiben. Steuerlich wird die Vorgesellschaft wie eine Mitunternehmerschaft behandelt, soweit eine gewerbliche Tätigkeit vorliegt. Mithin werden die erzielten Gewinne und Verluste gemäß § 15 Ziff. 2 EStG den Gesellschaftern

---

1 § 1 Abs 1 KStG sagt über den Beginn der KSt-Pflicht nichts aus. Somit ist der Beginn der Steuerpflicht mit der rechtlichen Entstehung der Gesellschaft verbunden. Diese wird mit Eintragung in das Handelsregister begründet. (§§ 41 AktG, 11 GmbHG).

2 Vgl. BFH-Urteil v. 8.4.1960, 129/57 U, BStBl. III 1960. S. 319.

3 Vgl. Brönner, H., Die Besteuerung der Gesellschaften, 16., erw. und völlig neu bearb. Aufl., Stuttgart 1988, S. 810. Ohne die im folgenden vorgenommene Differenzierung vgl. auch Schmidt, K., Theorie und Praxis der Vorgesellschaft nach gegenwärtigem Stand, in: GmbHR 1987, S. 78.

4 Lt. BFH handelt es sich bei der Vorgesellschaft i.d.R. um eine Gesellschaft bürgerlichen Rechts (GbR), bei Vorhandensein eines größeren Kreises von Beteiligten kann auch das Vorliegen eines Vereins angenommen werden. Vgl. BFH-Urt. v. 6.5.1952, I 8/52 U, BStBl. 1952 III, S. 172.

als Einkünfte aus Gewerbebetrieb zugerechnet. Eine Verlustübernahme durch die entstehende GmbH ist nicht möglich.[5]

b) Die Gründergesellschaft besteht nach herrschender Meinung für den Zeitraum vom Abschluß des Gesellschaftsvertrages bis zur Eintragung des wirtschaftlichen Gebildes in das Handelsregister.[6] Ihre Rechtsform ergibt sich aus der sogenannten Identitätstheorie des BGH, nach der die später gewünschte Rechtsform maßgebend für die zivilrechtliche Qualifikation sein soll.[7] Der BFH hat sich dieser Auffassung angeschlossen, allerdings nur für den Fall, daß die Gründergesellschaft eine nach außen hin in Erscheinung tretende geschäftliche Tätigkeit aufnimmt[8] und die Eintragung ins Handelsregister in einer angemessenen Frist nachfolgt.[9] Sowohl der Abschluß eines Gesellschaftsvertrages[10] als auch gesellschaftsinterne Maßnahmen wie Einforderung des Stammkapitals oder Bestellung des Geschäftsführers können bei einer noch nicht eingetragenen Gesellschaft jedoch keine nach außen in Erscheinung tretende Geschäftstätigkeit begründen.[11]

Die Gewerbesteuer knüpft gemäß ihrem Charakter als Objektsteuer an den bestehenden Gewerbebetrieb an.[12] Eine vorherige Steuerpflicht kann jedoch auch hier durch nach außen in Erscheinung tretende Ge-

---

5 Vgl. Tillmann, B., a.a.O., Steuerecht, Teil III, Rz. 317.

6 Vgl. Schuhmann, H., Vorgesellschaft, Gründungsgesellschaft, unechte Vorgesellschaft im Steuerrecht, in: GmbHR 1981, S. 196.

7 Vgl. BGH-Urt. v. 12.7.1956, II ZR 218/54, in: BB 1956, S. 765, sowie BGH-Urteil v. 9.3.81, II ZR 54/80, in: BB 1981, S. 689.

8 Vgl. BFH-Urt. v. 11.4.1973, IR 172/72, BStBl. 1973 II, S. 568.

9 So Tillmann, B., a.a.O., Teil III, Rz. 320.

10 Vgl. BFH-Urt. v.8.4.1960, a.a.O., BStBl. 1960 III, S. 319.

11 Vgl. Henninger, F., Die Besteuerung der Vor- und Gründungsgesellschaft, in: GmbHR 1974, S. 269. A.A. Herrmann, C./Heuer, G./Raupach, A., § 1 KStG, Anm. 70c, die auch für die Gründergesellschaft ausschließlich auf die Rechtsform abstellen und eine weitere aktive Tätigkeit nicht für erforderlich halten.

12 Dies gilt für Kapitalgesellschaften i.S.d. § 2 Abs. 2 Nr. 2 GewStG. (Ferner für Erwerbs- und Wirtschaftsgenossenschaften sowie für Versicherungsvereine a.G.)

schäftstätigkeit begründet werden.[13] Die Art der ausgeübten Tätigkeit soll dabei unerheblich sein.[14]
Bei einer Kapitalgesellschaft, die zum Zwecke der Übernahme eines anderen Gewerbebetriebes gegründet wurde, beginnt die Steuerpflicht nicht erst mit Fortführung des übernommenen Betriebes, sondern ebenfalls spätestens mit der Eintragung ins Handelsregister.[15]
Bei der Vermögensteuer ergibt sich die Steuerrechtsfähigkeit bereits aus der Rechtform der Kapitalgesellschaft an sich.[16] Nach § 17 VStG findet deshalb bei Begründung der persönlichen Steuerpflicht eine Nachveranlagung auf den Beginn des Kalenderjahres statt, das der Begründung der Steuerrechtsfähigkeit folgt.
Diese Steuerpflicht beginnt mit dem Zeitpunkt, zu dem Vermögen auf die Gesellschaft übertragen wird, und diese, ähnlich wie im Körperschaftsteuerrecht, mit ihrer Geschäftstätigkeit nach außen hin erkennbar in Erscheinung tritt.[17]
Auch für die Zwecke der Vermögensaufstellung (Ermittlung des Einheitswertes des Betriebsvermögens) sind die Gründungskosten vom Rohvermögen der neu gegründeten Kapitalgesellschaft abzuziehen, soweit für die Gesellschafter zum Feststellungszeitpunkt eine Verpflichtung zur Übernahme der Kosten bestand.

2. Bilanzierung der Einlage

Als Gegenleistung für die erhaltenen Anteilsrechte haben die Gesellschafter eine Einlage zu erbringen, deren Art, Umfang und Inhalt sich aus dem Gesellschaftsvertrag ergibt. Obwohl insbesondere im vorliegen-

---

13 Vgl. Abschn. 21 Nr. 2 S. 6 GewStR.

14 Vgl. BFH-Urt. v. 13.11.1962, I 262/60 U, BStBl. 1963 III, S. 69. A.A. Tillmann, B., der davon ausgeht, daß mit der Beurkundung des Gründungsvertrages, und soweit der Gesellschaft Vermögen übertragen wurde die GewSt-Pflicht beginnt.. Vgl. ebenda, Teil III, Rdn. 323.

15 Vgl. BFH-Urt. v. 16.2.1977, I R 244/74, BStBl 1977 II, S. 561.

16 Vgl. § 1 Abs. 1 Nr. 2a VStG, Abschn. 10 VStR.

17 Vgl. BFH-Urt. v. 13.3.1981, III R 122/79, BStBl. 1981 I, S. 600.

den Fall eine Bargründung die Regel sein wird[18], ist auch die Einbringung einer Sacheinlage möglich.

Die Bareinlage ist sowohl beim einbringenden Gesellschafter als auch auf Seiten der Gesellschaft steuerneutral. Sie wird in der Eröffnungsbilanz der Gesellschaft mit dem Nennwert ausgewiesen; auf der Passivseite bildet das Stammkapital den Gegenposten. Als Einlage auf das Nennkapital[19] gehören die Mittel aus der Bargründung im körperschaftsteuerlichen Sinn zum übrigen Kapital, das als Vermögensmehrung nicht der Körperschaftsteuer unterliegt.[20] Bei einer Überpari-Ausgabe der Gesellschaftsrechte ist die Differenz erfolgsneutral in die Rücklage einzubuchen. Solche Aufgelder sind handelsrechtlich als Kapitalrücklage gemäß § 272 Abs. 2 HGB zu qualifizieren. Steuerrechtlich erfolgt eine Zuordnung zum EK 04.

Auf der Ebene der Gesellschaft handelt es sich bei einer Vermögensmehrung durch Sacheinlage aufgrund der Begründung im Gesellschaftsverhältnis ebenfalls um einen steuerneutralen Vorgang.[21]

Von entscheidender Bedeutung ist jedoch, auch in Hinblick auf die Besteuerung in den Folgeperioden, die Bewertung der Einlage.[22] Im Grundsatz erfolgt die Bewertung einer Einlage mit dem Teilwert.[23] Maßgeblicher Wertansatz für die Sacheinlage im Zuge der Gründung einer Kapitalgesellschaft ist jedoch der Gemeine Wert.[24] Gegenstand einer Sacheinlage können nur bilanzierungsfähige WG sein, d.h. daß auch der Gesellschaft eingeräumte Nutzungsrechte einlagefähig sind, soweit sie einen feststellbaren wirtschaftlichen Wert haben.[25] Die Voraussetzung der Entgeltlichkeit bei der Bilanzierung immaterieller Wirt-

---

18 Vgl. Sarrazin, V., Das Eigen- und Fremdkapital der Kapitalgesellschaft unter Beteiligung von Inländern, in: JbFfSt 1979/80, S. 387.

19 Vgl. § 272 Abs. 1 HGB.

20 Vgl. § 30 Abs. 2 Nr. 4 KStG.

21 Vgl. Tillmann, B., a.a.O., Teil III, Rz. 327.

22 Vgl. Brönner, H., a.a.O., S. 812.

23 Vgl. § 6 Abs. 1 Nr. 5 EStG.

24 Vgl. Brönner, H., a.a.O., S. 813.

25 Vgl. BFH-Urt. v. 16.11.1977, I R 83/75, BStBl. 1978 II, S. 386.

schaftsgüter[26] ist durch die Einlage gegen Gewährung von Gesellschaftsrechten erfüllt.[27]
Auf der Ebene des Gesellschafters tauchen Fragen der Gewinnrealisierung solange nicht auf, wie die Einlage aus dem Privatvermögen getätigt wird, da Wertsteigerungen im Bereich des Privatvermögens steuerlich grundsätzlich unbeachtlich sind.[28]

3. *Ertragsteuerliche Behandlung der Gründungskosten*

Als Gründungskosten kommen insbesondere Gerichts- und Notarkosten, Auslagen für Veröffentlichungen, Prüfungskosten und Gesellschaftsteuer in Betracht. Solche Kosten dürfen nach § 248 Abs. 1 HGB sowohl handelsrechtlich als auch steuerrechtlich nicht aktiviert werden. Hiervon abzugrenzen sind lediglich die Kosten für die Ingangsetzung und Erweiterung des Geschäftsbetriebes, die nach § 269 HGB bei Kapitalgesellschaften in Form einer Bilanzierungshilfe berücksichtigt werden dürfen. Hieraus ergeben sich jedoch keine Rückwirkungen auf die steuerliche Abzugsfähigkeit der Gründungskosten als Betriebsausgaben i.S.d. § 4 EStG.
Zwar waren bis zum 22.12.1983 für die Zwecke der Körperschaftsteuer die Kosten der Ausgabe von Gesellschaftsrechten nach § 9 Nr. 1a KStG nur insoweit abziehbar, als sie das Ausgabeaufgeld bei Überpari-Emissionen überstiegen.[29] Nunmehr sind Emissionskosten jedoch generell und im vollem Umfang bei der steuerlichen Gewinnermittlung abzugsfähig.[30] Der Betriebsausgabenabzug gilt rückwirkend auch für Aufwendungen, die bei der Gründergesellschaft angefallen sind. Dies ergibt sich aus dem Gleichbehandlungsgrundsatz nach dem Identitätsprinzip.

---

26 Vgl. § 5 Abs. 2 EStG.

27 Vgl. Sarrazin, V., a.a.O., S. 388.

28 Ausnahmen gelten lediglich für die wesentliche Beteiligung i.S.d. § 17 EStG sowie für Spekulationsgewinne gemäß § 23 EStG.

29 Diese Vorschrift wurde jedoch durch das Steuerbereinigungsgesetz 1984 vom 22.12.1983 rückwirkend zum 29.6.1983 geändert. Vgl. Haberstock, L., Der Einfluß der Besteuerung auf Rechtsform und Standort, 2. Aufl. Hamburg 1984, S. 37.

30 Vgl. Tillmann, B., a.a.O., Teil III, Rz. 328.1.

Gründungskosten einer GmbH sind grundsätzlich abzugsfähige Betriebsausgaben, soweit sie nicht im einzelnen aktivierungspflichtig sind.[31]
Die Kosten für die Ausgabe von Gesellschaftsanteilen können nach dem Steuerentlastungsgesetz 1984 bei der steuerlichen Gewinnermittlung der GmbH abgezogen werden (§ 4 Abs. 4 EStG, § 8 Abs. 1 KStG). Zu den Ausgabekosten gehören: Kapitalverkehrsteuer, Herstellungskosten, Gerichtskosten und Stempelkosten. Diese Kosten, die als Einlage bei der Gewinnermittlung außer Betracht gelassen werden, sind grundsätzlich als Betriebsausgaben abzugsfähig.[32] Der Gesetzgeber folgte dieser Auffassung durch das Steuerentlastungsgesetz 1984, indem § 9 Nr 1 KStG ersatzlos gestrichen wurde.[33]
Etwa anfallende Grunderwerbsteuer gehört weder zu den abzugsfähigen Ausgabekosten, noch zum abzugsfähigen Grundaufwand. Sie ist vielmehr gesondert aktivierungspflichtig.[34]
Die gewerbesteuerliche Behandlung der Gründungskosten folgt derjenigen bei der Körperschaftsteuer.

4. Verkehrsteuern

4.1. Umsatzsteuer

Personengesellschaften sind, ebenso wie Kapitalgesellschaften, im Umsatzsteuerrecht als selbständige Rechtssubjekte zu behandeln[35] und als solche von den Gesellschaftern wesensverschieden. Bei einem Leistungsaustausch zwischen beiden kann also im Grundsatz Umsatzsteuer anfallen.[36]
Die Umsatzsteuerfähigkeit erreicht eine Gesellschaft mit der Aufnahme der Vorbereitungshandlungen zur Errichtung eines Gewerbebetriebes.[37]

---

31 Vgl. Tillmann, B., a.a.O., Teil III, Rz. 328.1.

32 Vgl. BFH-Urt. v. 21.12.1977, I R 20/76, BStBl. 1978 II, S. 346.

33 Vgl. Tillmann, B., a.a.O., Teil III, Rz 129.

34 Vgl. §§ 4 Abs. 4 EStG, 8 Abs. 1 KStG.

35 Beide besitzen Unternehmereigenschaft i.S.d. § 2 UStG.

36 Vgl. BFH-Urt. v. 23.7.1959, V 42/58 U, BStBl 1959 III, S. 379.

37 Unternehmer i.S.d. § 2 Abs 1 UStG.

Sie ist dann befähigt, umsatzsteuerpflichtige Tatbestände zu erfüllen und somit auch zum Vorsteuerabzug berechtigt.
Während die erstmalige Ausstattung einer Kapitalgesellschaft als "Leistungsvereinigung"[38] nicht steuerbar ist, unterliegt die Gewährung von Gesellschaftsrechten gegen Entgelt als steuerbarer Tauschvorgang der Umsatzsteuer nach § 1 Abs. 1 Nr. 1 UStG.
Eine Bargründung durch Privatpersonen, in diesem Fall also durch das Buy-Out-Team, unterliegt jedoch nicht der Umsatzsteuer, da auch die im Gegenzug fällige Gewährung von Gesellschaftsrechten zwar ein steuerbarer Umsatz gemäß § 1 Abs. 1 UStG ist, jedoch durch § 4 Nr. 8 Buchst. f UStG von der Steuer befreit wurde.[39]
Auf der Ebene der Gesellschafter handelt es sich, soweit sie Geldzahlungen für ihre Anteile vornehmen, um eine bloße Gegenleistung für den Erwerb der Anteilsrechte, nicht jedoch um einen eigenen Umsatz. Dies gilt auch für unternehmerisch tätige Gesellschafter.[40]
Bei Sacheinlagen aus einem Betriebsvermögen ergibt sich jedoch eine eigene Umsatzsteuerpflicht der Gesellschafter aus Abschn. 6 Abs. 2 S. 2 UStR.[41]
Gemäß § 4 Nr. 8 UStG ist auch die Einbringung betrieblicher Wirtschaftsgüter in Form von Geld, Forderungen oder Wertpapieren von der Umsatzsteuert befreit. Seit 1980 sind weiterhin auch die von der Kapitalverkehrsteuer erfaßten Vorgänge mit Umsatzsteuer belastet, so daß auch die Einbringung in eine Kapitalgesellschaft der Umsatzsteuer unterliegt. Aufgrund des Vorsteuerabzuges ergeben sich jedoch keine negativen Auswirkungen.[42]
Ist die Einbringung nach § 4 UStG steuerbefreit und somit der Vorgang gemäß § 15 Abs. 2 Nr. 1 UStG vom Vorsteuerabzug ausgeschlossen, kann sich eine Option auf die Steuerpflicht nach § 9 UStG gegebenenfalls als vorteilhaft erweisen. Hierfür ist es jedoch erforderlich, daß die Gesellschafter ihrerseits Unternehmereigenschaft besitzen.[43] Der auf

38 Brönner, H., a.a.O., S. 819.

39 Vgl. Abschn. 6 Abs. 2 S. 5 UStR mit einem Hinweis auf das BFH-Urt. v. 18.12.1975, V R 131/73, BStBl. 1976 II, S. 265. Vgl. auch Endres, D., a.a.O., S. 33ff.

40 Vgl. Brönner, H., a.a.O., S. 819.

41 Es handelt sich dann um einen tauschähnlichen Vorgang nach § 3 Abs. 12 UStG.

42 Vgl. Brönner, H., a.a.O., S. 819.

43 Vgl. so ausdrücklich § 9 Abs. 1 UStG.

seiten der Kapitalgesellschaft erhobenen Umsatzsteuer entspricht dann die zum Abzug kommende Vorsteuer beim Anteilseigner.[44]

4.2. Kapitalverkehrsteuer

Nach § 2 Abs. 1 Nr. 1 KVStG unterliegt der Ersterwerb von Gesellschaftsrechten an einer inländischen Kapitalgesellschaft der Gesellschaftsteuer. Die Steuer bemißt sich dabei gemäß § 8 Nr. 1 Buchst. e KVStG nach dem Wert der Gegenleistung.[45] Wird also beim Ersterwerb die Einlage durch die Gesellschafter nicht voll geleistet, so ist auch nur auf die tatsächlich eingezahlte Einlage Gesellschaftsteuer zu entrichten.[46] Eine spätere Nachzahlung ist jedoch als Leistung aufgrund gesellschaftsrechtlicher Verpflichtungen ebenfalls steuerpflichtig.[47]
Problematisch erscheint die Bewertung der Gegenleistung jedoch für den Fall der Sacheinlage. Das Kapitalverkehrsteuergesetz selbst kennt keinen eigenen Wertmaßstab. Da im Katalog des § 17 BewG bezüglich besonderer Wertansätze das KVStG ebenfalls nicht aufgeführt ist, muß als grundsätzlicher Wertansatz der Gemeine Wert des § 9 BewG angenommen werden.[48]
Wird das entsprechende Betriebsvermögen nach erfolgter Bargründung gegen Rückgewährung der Einlage von der Gesellschaft erworben, so besteht die Gefahr der Annahme einer verschleierten Sachgründung. Als Indizien für eine solche unzulässige Sachübernahmegründung gelten insbesondere folgende Tatbestände:[49]

a) Die Einlage ist nicht voll eingezahlt.

b) Die Übernahme des Sachvermögens ist bereits zum Zeitpunkt der Bareinlage geplant.

---

44 Siehe auch Brönner, H., a.a.O., S. 819, sowie Endres, D., a.a.O., S. 35/36.

45 Erfolgt der Ersterwerb unentgeltlich, so dient der Wert der Anteile als Bemessungsgrundlage, vgl. § 8 Nr. 1 Buchst. b KVStG.

46 Vgl. Brönner, H., a.a.O., S. 821.

47 Vgl. § 2 Abs. 1 Nr. 2 KVStG

48 So auch Brönner, H., a.a.O., S. 821.

49 Vgl. zum folgenden insbesondere BFH-Urt. v. 2.2.1972, II R 10/67, BStBl. 1972 II, S. 578.

Soweit also die Bareinlage voll geleistet ist, kann eine verschleierte Sachgründung mithin nicht schon deshalb angenommen werden, weil die Sachübernahme dem Ziel der Gesellschaft dient.

5. Möglichkeiten der Nutzung des Mantelkaufmodells

5.1. Grundsätzliche Überlegungen

Als Mantelkauf wird im allgemeinen der Erwerb sämtlicher Anteile oder zumindest einer qualifizierten Mehrheit an einer Kapitalgesellschaft bezeichnet, "die ihren ürsprünglichen Geschäftsbetrieb meist eingestellt hat, im übrigen vermögenslos ist, zumindest über kein nennenswertes Vermögen mehr verfügt, und nunmehr einem neuen, vom bisherigen regelmäßig stark abweichenden, andersartigen Geschäftsbetrieb zugeführt werden soll."[50]

Neben grundsätzlichen betriebswirtschaftlichen Erwägungen[51] können die Motive für den Erwerb eines GmbH-Mantels insbesondere im steuerlichen Bereich liegen. Dann nämlich, wenn die sonst weitestgehend vermögenslose Gesellschaft über einen steuerlich verwertbaren Verlustvortrag verfügt.[52]

Dies ist auch der Ausgangspunkt für die Überlegung, inwieweit der Mantelkauf sich als vorteilhafte Gestaltungsalternative im Rahmen einer MBO-Strukturierung erweisen kann. Der Grundgedanke liegt dabei wiederum in der Schaffung eines möglichst hohen steuerfreien Cash flows, um die Tilgungsfähigkeit der Buy-Out-Gesellschaft zu erhöhen. Neben

50 Buyer, C., Mantelkauf: Das neuer Steuersparmodell? in: DB 1987, S. 1959

51 Durch den Erwerb eines GmbH-Mantels werden nicht nur die mit der Gründung einer Vorgesellschaft verbundenen Haftungsrisiken, die Leistung des Mindestkapitals sowie die Kosten der Gründung vermieden, der erworbene Mantel steht auch wesentlich schneller zur Aufnahme der neuen Geschäftstätigkeit zur Verfügung.

52 Vgl. Langel, H./de Schmidt, H., Die zivilrechtliche und steuerliche Beurteilung des Mantelkaufs mit Verlustabzugsrecht durch die Rechtsprechung, in: Wpg 1971, S. 526. Aufgrund dieses zielgerichteten Erwerbs von GmbH-Mänteln wird in der Literatur auch von Mantelverwertung bzw. -verwendung gesprochen. Vgl. Priester, H.-J., Mantelverwendung und Mantelgründung bei der GmbH, in: DB 1983, S. 2291, im folgenden zitiert als: Mantelverwertung, sowie Ihrig, C., Die Verwertung von GmbH-Mänteln, in: BB 1988, S. 1197.

der Bereitstellung eines möglichst hohen Abschreibungspotentials durch den Step up[53] können hierzu auch steuerlich vortragsfähige Verluste genutzt werden, die den Gewinn der Folgeperioden entsprechend mindern. Ebenso wie Abschreibungen mindern auch Verlustvorträge über eine Verringerung der Steuerbemessungsgrundlage[54] die absolute Steuerlast.[55]

5.2. *Steuerliche Behandlung*

In seiner Grundsatzentscheidung vom 29.10.1986[56] hatte der BFH seine restriktive Rechtsposition[57] zum Verlustabzug nach Mantelkauf aufgegeben und die Nutzung des Verlustvortrages auch bei weitgehender Vermögenslosigkeit der Gesellschaft und grundlegendem Gesellschafterwechsel nicht versagt. Der erkennende I. Senat begründete seine Urteile mit der selbständigen Körperschaftsteuersubjektfähigkeit einer Kapitalgesellschaft, die ausschließlich an deren Zivilrechtsfähigkeit anknüpfe. Solange also eine Kapitalgesellschaft zivilrechtlich nicht erlösche, könne demzufolge ihre Personenidentität nicht in Zweifel gezogen werden.[58] Eine andere Auslegung sei auch mit dem Wortlaut des § 10d EStG nicht zu vereinbaren.[59]
Im Rahmen des Steuerreform-Gesetzes 1990 (StRefG)[60] wurde diese Auffassung auf dem Wege der Gesetzesänderung revidiert. Durch Ein-

---

53 Vgl. die Ausführungen zum idealtypischen MBO im Ersten Teil, Abschn. C. dieser Arbeit.

54 Dies gilt sowohl für den Bereich der Körperschaft- als auch der Gerwerbesteuer.

55 Es kommt zu einer absoluten, dauerhaften Steuerersparnis in Höhe des Betrages: Verlustvortrag x Steuersatz. Der entsprechende Liquiditätsvorteil kann zur Erhöhung der Tilgungsfähigkeit der Buy-Out-Gesellschaft genutzt werden.

56 Insbesondere BFH-Urt. I R 202/82, BStBl. 1987 II, S. 308 und I R 318-319/83, BStBl. 1987 II, S. 310.

57 Vgl. BFH-Urt. v. 15.2.1966, I 112/63, BStBl. 1966 III, S. 289, sowie BFH-Urt. v. 17.5.1966, I 141/63, BStBl. 1966 III, S. 513.

58 Ein Verlustvortrag soll demnach erst mit Löschen der Gesellschaft im Handelsregister oder ihrer Nichtigkeit untergehen. Vgl. auch Krebs, H.-J., Auswirkungen der Steuerreform auf das Körperschaftsteuerrecht aus nationaler und internationaler Sicht, in: GmbHR 1988, S. 232.

59 Vgl. Änderung der Rechtsprechung, BFH-Urt. v. 29.10.1986, a.a.O., S. 310.

60 Vom 25 7.1988, BStBl. 1988 I, S. 224.

führung eines § 8 Abs.4 KStG[61] soll nunmehr sichergestellt werden, "daß eine Körperschaft einen nicht ausgeglichenen Verlust nur dann mit steuerlicher Wirkung vortragen kann, wenn sie nicht nur rechtlich, sondern auch wirtschaftlich mit derjenigen identisch ist, die den Verlust erlitten hat."[62] Diese Voraussetzung der wirtschaftlichen Identität soll gemäß § 8 Abs. 4 KStG n.F. insbesondere dann nicht gegeben sein, wenn:

a) mehr als drei Viertel der Anteile an einer Kapitalgesellschaft übertragen werden (personenbezogenes Surrogat),

b) die Gesellschaft ihren Geschäftsbetrieb anschließend wieder aufnimmt (sachliches Surrogat),

c) und die Aufnahme des neuen Geschäftsbetriebes mit überwiegend neuem Betriebsvermögen vollzogen wird (sachliches Surrogat).[63]

5.3. Anwendungsmöglichkeiten im Rahmen eines MBO

Die Zulässigkeit eines Mantelkauf-Modells im Zuge eines Management-Buy-Out, d.h. Erwerb eines GmbH-Mantels zur Etablierung der Erwerbsholding, ist anhand der durch den neuen § 8 Abs. 4 KStG geschaffenen Tatbestandmerkmale zu untersuchen.
Als Hauptanwendungsfall für den Verlust der wirtschaftlichen Identität nennt der Gesetzgeber, bei Vorliegen der übrigen Voraussetzungen, den Fall, daß drei Viertel der weitgehend vermögenslosen Mantelgesellschaft

---

61 Eine entsprechende Regelung wurde über die §§ 10a sowie 36 Abs.6 GewStG auch im Gewerbesteuerrecht verankert.

62 Singbartl, H./Dötsch, E./Hundt, F., Die Änderung des KStG durch das Steuerreformgesetz 1990, in: DB 1988, S. 1769. Begründet wurde dieser Schritt insbesondere mit einer notwendigen Beseitigung der Ungleichbehandlung von Personengesellschaften, die eine vergleichbare Verlustübernahmemöglichkeit nicht kennen, sowie mit einer Beseitigung der durch verstärkten Handel mit GmbH-Mänteln entstandenen Fehlleitung von Kapital. Vgl: Krebs, H.-J., a.a.O., S. 232.

63 Vgl. StRefG v. 25.7.1988, a.a.O., S. 245, sowie im einzelnen BMF-Schr. v. 11.6.1990, IV B7-S 2745-7/90, BStBl. 1990 I, S. 252.

auf neue Gesellschafter übertragen werden (personenbezogenes Merkmal).[64]

Es ist mithin die Frage zu stellen, inwieweit eine darunter liegende Beteiligung am Eigenkapital der Verlustgesellschaft bei der Durchführung eines Buy-Outs vertretbar ist bzw. die Grenze durch entsprechende Gestaltungsmaßnahmen umgangen werden kann. Werden weniger als 75% der Anteile an der Mantelgesellschaft erworben, ist zumindest zu klären, inwieweit die Rechte der verbleibenden Anteilseigner wirksam eingeschränkt werden können.[65] Da es sich bei den Vorschriften bezüglich der Rechte der Gesellschafter laut §§ 46-51 GmbHG im Grundsatz um dispositives Recht handelt, besteht die Möglichkeit, die Regelungen über die Gewinnverteilung entsprechend vertraglich auszugestalten. Nicht ausgeschlossen werden kann dagegen das Recht der Gesellschafter auf Auskunft und Einsicht gemäß § 51 Abs.3 GmbHG.

Die sachliche Tatbestandsvoraussetzung knüpft zum einen an die "Wiederaufnahme des Geschäftsbetriebes" an. Zum anderen muß für diesem Zweck "überwiegend neues Betriebsvermögen" zugeführt werden.

Das Merkmal der "Wiederaufnahme des Geschäftsbetriebes" bedingt im Umkehrschluß, daß die Mantelgesellschaft zuvor ihre Teilnahme am wirtschaftlichen Verkehr eingestellt haben muß.[66] Die neue Vorschrift geht insoweit über die frühere, bereits sehr restriktive Rechtsprechung hinaus, als es für die Versagung des Verlustvortrages unerheblich ist, inwieweit eine völlig neue Geschäftstätigkeit aufgenommen oder aber die bisherige weitergeführt wird.

Bei der Zuführung des neuen Betriebsvermögens ist es nach dem Wortlaut des § 8 Abs. 4 KStG nicht notwendig, daß die Verlustgesellschaft

---

64 Vgl. BMF-Schreiben vom 27.7.1988, a.a.O., S. 8. Als weitere Fälle sind darüber hinaus jedoch denkbar: eine Kapitalerhöhung, nach der die neu aufgenommenen Gesellschafter anschließend zu mindestens 75% beteiligt sind; eine Verschmelzung auf bzw. Einbringung in die Verlustgesellschaft, wenn die neuen Gesellschafter eine Beteiligung von 75% halten. Vgl. Singbartl, H./Dötsch, E./Hundt, F., a.a.O., S. 1769.

65 Vgl. Kudert, S./Saakel, K., Der Mantelkauf im Steuerrecht, in: BB 1988, S. 1231.

66 War die Mantelgesellschaft bis zur Übertragung der Anteile wirtschaftlich aktiv tätig, liegt ein typischer Sanierungsfall vor, der nicht von den Regelungen über die steuerliche Behandlung des Mantelkaufs erfaßt werden soll. Vgl. Singbartl, H./Dötsch, E./Hundt, F., a.a.O., S. 1769, sowie BMF-Schreiben v. 27.7.1988, a.a.O., S. 8.

völlig vermögenslos ist bzw. völlig vermögenslos war.[67] Auch soweit die Mantel-GmbH noch eigenes Vermögen besaß, geht ihre wirtschaftliche Identität dann verloren, wenn das neu zugeführte Betriebsvermögen das vorhandene Vermögen übersteigt.
Die Möglichkeiten der Nutzung des Mantelkaufmodells zur Gründung einer Newco im Rahmen eines Management-Buy-Out wurden mithin durch die neuen Regelungen des StRefG 1990 erheblich eingeschränkt.

a) Zum einen ist es zweifelhaft, inwieweit es sich langfristig vermeiden läßt, daß das Buy-Out-Team und die externen Investoren nicht zu mehr als 75% an der Newco beteiligt sind (Vermeidung der personellen Voraussetzung).[68]

b) Zum anderen wird sich die "Zuführung überwiegend neuen Betriebsvermögens" im Zuge der Übernahme der Zielgesellschaft nicht vermeiden lassen. Auch soweit bei enger Auslegung des Begriffs "Betriebsvermögen" die Ausstattung der Newco mit Kapital zur Finanzierung des Kaufpreises sowie der anschließende Erwerb der Anteile unschädlich sein sollte, ist spätestens bei Übernahme des Betriebsvermögens der Zielgesellschaft im Wege der Verschmelzung oder des internen "Asset deals"[69] die wirtschaftliche Identität zwischen Mantelgesellschaft und Newco nach § 8 Abs. 4 KStG nicht mehr gegeben. Dies gilt insbesondere auch schon deshalb, weil die Newco zwischenzeitlich einem völlig anderen Geschäftszweck, nämlich dem Erwerb eines anderen Unternehmens, zugeführt und mit den dafür notwendigen Mitteln ausgestattet wird.

Doch auch bei entsprechender Sachverhaltsgestaltung, d.h. Vermeidung sowohl der persönlichen als auch sachlichen Tatbestandsvoraussetzungen, kann die Gewährung des Verlustabzugs nach Mantelkauf nicht mit Bestimmtheit als gewährleistet angesehen werden. Durch die Formulierung des Abs. 4, nach dem wirtschaftliche Identität *insbesondere* bei ent-

---

67 Auch in diesem Punkt hat sich eine Verschärfung der ursprünglichen Rechtsprechung ergeben.

68 Insbesondere bei einer so risikoreichen Übernahme wie dem Buy-Out sollten fremde, nicht an der Transaktion beteiligte Gesellschafter möglichst ausgeschlossen werden.

69 Vgl. dazu Dritter Teil, Abschn. B.3. und B.4. dieser Arbeit.

sprechenden Merkmalen angenommen wird, hat der Gesetzgeber deutlich gemacht, daß er in Extremfällen durchaus auch andere Beurteilungsmaßstäbe anlegen und eine an den tatsächlichen wirtschaftlichen Verhältnissen orientierte Einzelfallbetrachtung vornehmen kann. Der Verlustvortrag kann somit auch dann versagt werden, wenn die Tatbestandmerkmale des § 8 Abs. 4 KStG nicht vollständig erfüllt sind.[70]
Gemessen an den Anforderungen an eine Buy-Out-Struktur stellt die Gründung der Newco im Wege des Mantelkaufs mithin nach wie vor eine insbesondere steuerlich vorteilhafte Gestaltungsmöglichkeit dar. Durch die restriktiven Gesetzesänderungen im Rahmen des Steuerreformgesetzes 1990 sind jedoch die Möglichkeiten einer Anwendung dieses Modells so entscheidend eingeschränkt worden, daß ohne gezielte Maßnahmen i.d.R. sowohl die persönlichen als auch die sachlichen Voraussetzungen einer Versagung des Verlustabzugs gegeben sind. Nicht zuletzt fehlt es bezüglich der Beurteilung des Kriteriums der wirtschaftlichen Identität an gesicherten, durch die Rechtsprechung entwickelten Grundsätzen.

B. STEUERLICHE GESTALTUNG DER KAUFPREIS-FINANZIERUNG

1. Die Finanzstruktur des Management-Buy-Out

Gegliedert nach der Kapitalherkunft,[71] läßt sich die Finanzstruktur eines Management-Buy-Outs in die Bereiche Eigen- und Fremdkapital gliedern. Unter Berücksichtigung der unterschiedlichen Haftungs- und Besicherungskriterien ist das extern zur Verfügung gestellte Kapital weiterhin in nachrangiges Eigenkapital und Fremdkapital zu unterscheiden.[72]

70 So auch Kudert, S./Saakel K.,a.a.O., S. 1233.

71 Vgl. Süchting, J., Finanzmanagement, a.a.O., S. 19.

72 Siehe auch Abb. 2 auf der folgenden Seite. Je nach Stellung der nachrangigen Gläubiger kann weiterhin zwischen junior subordinated debt und senior subordinated debt differenziert werden. Vgl. Litwin, M.J., Financing the Leveraged Buyout, in: Practising Law Institut (Hrsg.), Handbook No. 627, Leveraged Acquisitions and Buyouts 1989, New York 1989, S. 104f.

a) Eigenkapital

Das Nennkapital der Newco wird in der Regel von zwei Seiten bereitgestellt. In der Öffentlichkeit wird dabei irrtümlicherweise meist davon ausgegangen, daß das Buy-Out-Team 100%, oder zumindest die Mehrheit der Gesellschaftsanteile hält. Die typischen, aus dem anglo-amerikanischen Raum bekannten Buy-Outs weisen jedoch i.d.R. lediglich einen Managementanteil am Eigenkapital von 5-10%, in Ausnahmefällen bis maximal 20% auf.[73] Auch bei den bisher in Deutschland bekannt gewordenen Fällen liegt die Eigenkapitalquote des Buy-Out-Teams selten oberhalb dieser Grenze. Der Rest der Gesellschaftsanteile, d.h. der weitaus größte Teil des Eigenkapitals, wird von externen Investoren gezeichnet.

Abb. 2: Die Finanzstruktur des MBO[74]

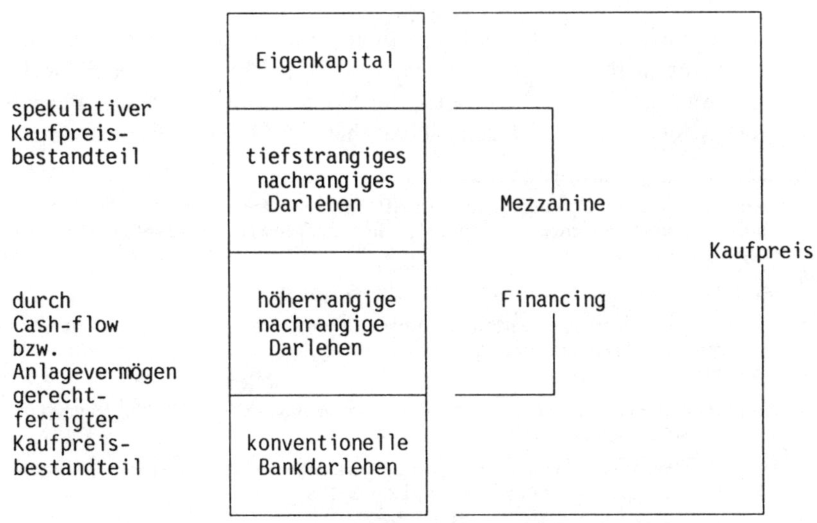

73 Vgl. Litwin, M.J., a.a.O., S. 105.

74 Vgl. auch Caytas, I.G./Mahari, J.I., a.a.O., S. 203.

Als potentielle Finanziers sind hier am deutschen Kapitalmarkt insbesondere Geschäftsbanken, Finanzierungsgesellschaften und andere Industrieunternehmen denkbar.[75] Als institutionelle Anleger haben sich in den letzten Jahren in der Bundesrepublik sogenannte Unternehmenbeteiligungsgesellschaften (UBG) sowie Kapitalanlagegesellschaften (KAG) etabliert.[76] Die Möglichkeiten, insbesondere von nicht börsennotierten Unternehmen, Eigenkapital am Markt aufzunehmen, sind sowohl durch gesellschafts- und handelsrechtliche Vorschriften als auch durch kapitalmarktbedingte Reglementierungen stark begrenzt.[77] Abgesehen von der Aktienemission als klassischer Eigenkapitalquelle für Aktiengesellschaften, kann der Newco haftendes Kapital lediglich als Beteiligungskapital über die Emission von Genußscheinen[78] oder in Form der stillen Gesellschaft zugeführt werden.[79]

b) Nachrangiges Haftkapital

Eine Vielzahl von Gründen bedingt jedoch, daß die externen Investoren sich nicht nur in Form von Eigenkapital an der Erwerbsholding beteiligen.[80] Um aber die Kreditwürdigkeit des Unternehmens nicht zu sehr zu schwächen, hat die Gewährung sogenannter

---

75 Ziel einer solchen Beteiligung können z.B. Synergieeffekte oder aber die Schaffung eines "window on technology" sein. Vgl. das Engagement von BMW bei der Loewe Opta Transaktion.

76 Vgl. hierzu Zweiter Teil, Abschn. B.2.2. dieser Arbeit.

77 Insbesondere durch die restriktiven Regelungen des BörsenZulG sowie die bisher mangelnde Akzeptanz des geregelten Freiverkehrs, vgl. auch Fünfter Teil, Abschn. C.1. dieser Arbeit..

78 Inwieweit es sich bei Genußscheinkapital auch in steuerlicher Sicht um Eigenkapital handelt, wird noch zu erörtern sein.

79 Vgl. Schalek, E., Eigenkapitalbeschaffung mittelständischer Unternehmen über den Kapitalmarkt, Bergisch Gladbach u.a., 1988, S. 108

80 Aus betriebswirtschaftlicher Sicht sprechen hauptsächlich eine größere Flexibilität des eingesetzten Kapitals, die Vermeidung der Aufnahme neuer Gesellschafter, die Maximierung der Eigenkapitalrentabilität (Leveraging) und die Haftungsbegrenzung für eine Zuführung von Fremdkapital, aus steuerlicher Sicht ist die mangelnde Finanzierungsneutralität der Besteuerung ausschlaggebend, vgl. hierzu statt vieler: Bierich, M., Der Einfluß der Besteuerung auf die Kapitalbeschaffung der Unternehmung, in: Bierich, M./Schmidt, R., Finanzierung deutscher Unternehmen heute, Stuttgart 1984, S. 29ff.

subordinated debentures bei der Strukturierung von Management-Buy-Outs eine große Bedeutung gewonnen. Diese nachrangigen Darlehen werden insbesondere von am Markt etablierten Kapitalbeteiligungs-gesellschaften und Investmentgesellschaften zur Verfügung gestellt, die sich ihrerseits über den Kapitalmarkt refinanzieren bzw. als Finanzintermediäre für Kapitalanleger fungieren, die bereit sind, sich in Form hochverzinslicher, nicht besicherter Schuldverschreibungen an der Erwerbsgesellschaft zu beteiligen.[81] Der Teil des Kaufpreises, der nicht zu diesen Konditionen finanziert werden kann, muß dann wohl oder übel in Form extrem hochverzinslicher Obligationen aufgenommen werden.[82] Diese von der Investmentgesellschaft Drexel Burnham Lambert kreierten sogenannten Junk-Bonds haben entscheidenden Anteil an der sprunghaften Zunahme von MBO's/LBO's in den Vereinigten Staaten.[83]

In Deutschland hat sich diese extreme Form der subordinated debt wohl hauptsächlich aufgrund rechtlicher - haftungstechnischer - Bedenken im Sinne des Gläubigerschutzes nicht durchsetzen können.[84] Die Vielfalt der Instrumente und Gestaltungsmöglichkeiten des nachrangigen Haftkapitals[85] bieten jedoch auch auf dem deutschen Kapitalmarkt interessante Kombinationsmöglichkeiten für entsprechende "Equity Kicker" auf das Stammkapital.

Eine häufige Form der Finanzierung mit nachrangigem Haftkapital ist auch das Verkäuferdarlehen. Es verbleibt als sogenannte "Sellers note" in der Zielgesellschaft, bis die vorrangigen Bankkredite getilgt

---

81 Eine bedeutende Anlegergruppe für solche Fonds stellen in den USA die Pensionskassen und große Versicherungsunternehmen dar.

82 Vgl. Caytas, I. G./Mahari, J. I., a.a.O., S. 208, sowie Milde, H., Übernahmefinanzierung und LBO-Transaktionen, in: ZfB 1990, S. 660, im folgenden zitiert als: Milde, H., Übernahmefinanzierung.

83 Als Anleger treten dabei insbesondere die finanzstarken amerikanischen Pensionsfonds auf. Zu deren Bedeutung für den dortigen Kapitalmarkt vgl. Weichert, R., Probleme des Risikokapitalmarktes in der Bundesrepublik, Tübingen 1987, S. 242

84 Darüberhinaus ist die Vereinbarkeit der Emission von Junk-Bonds mit der staatlichen Genehmigungspflicht des § 795 BGB fraglich.

85 Als gängige Formen haben sich etabliert: nachrangige Gesellschafterdarlehen, stille Beteiligungen, Verkäuferdarlehen, Genußscheine.

sind. Die Sellers note wird als stehengelassene Kaufpreisforderung des Verkäufers ausgestaltet.[86]

Eine besondere Rolle bei der Strukturierung der Finanzierung des Management-Buy-Outs spielt die Möglichkeit und Fähigkeit der Finanzierungsgesellschaft (Deal leader),[87] auf einheimischen und ausländischen Kapitalmärkten Mittel für die Transaktion zu beschaffen. Rahmenbedingungen und Flexibilität des Kapitalmarkes sind deshalb von entscheidender Bedeutung.[88]

c) Vorrangig besicherte Bankkredite

Vor allem bei den relativ konservativen Finanzierungspraktiken in der Bundesrepublik spielen die Banken immer noch eine tragende Rolle bei der Durchführung eines Management-Buy-Outs. Trotz des hohen Risikos beträgt der Anteil vorrangiger Bankkredite, des sogenannten "senior debt", häufig 60-80% am gesamten Finanzvolumen. Im Gegensatz zum unbesichert bereitgestellten subordinated debt handelt es sich hierbei um besicherte Darlehen. Die Besicherung erfolgt jedoch häufig über die Aktiva der Zielgesellschaft (secured transaction) oder lediglich über deren Cash-flow (unsecured transaction).[89]

---

86 Vgl. Sonntag, A., D, in: Tagungsunterlagen zum 2. MBO-Kongress am 1./2. März 1989 in Neuss, S. 115.

87 Diese Institution ist federführend bei der Koordinierung der Kapitalbeschaffung und verantwortlich für das "financial design".

88 Als eine im Ausland erfolgreich durchgeführte Praxis hat sich die Aktivierung von Investoren auf sog. "road shows" erwiesen. Das kapitalsuchende Unternehmen wird auf verschiedenen Werbeveranstaltungen vorgestellt; in einer Art financial marketing wird für die Bereitstellung von Kapital für die Transaktion geworben. Eine ähnliche Taktik wurde auch bei dem über den amerikanischen Kapitalmarkt finanzierten Memorex-Telex Buy-Out gewählt. Innerhalb von zwei Wochen wurden auf einer Akquisitionsrundreise durch die Vereinigten Staaten - unter Federführung von Drexel Burnham Lambert - insgesamt 627 Mio. Dollar durch amerikanische Investoren gezeichnet, wodurch nicht nur der Kaufpreis, sondern auch ein nicht unbeträchtliches Startkapital für die Anlaufphase finanziert wurden.

89 Vgl. Caytas, I. G./Mahari, J. I., a.a.O., S. 206.

2. Das Eigenkapital (Equity)

2.1. Die Einlage des Buy-Out-Teams

2.1.1. Wirtschaftliche Bedeutung

Das Management-Team wird i.d.R. nicht in der Lage sein, das gesamte Kapital für den Erwerb des Zielunternehmens aus eigenen Mitteln bereitzustellen. Trotzdem ist es i.d.R. notwendig, daß sich das Buy-Out-Team über die Zuführung von Eigenkapital zu einem gewissen Grad selbst an der Newco beteiligt.[90] Durch dieses finanzielle Engagement soll ein Vertrauens- und damit auch Kreditwürdigkeitspotential bei den externen Finanziers geschaffen werden.[91]

Es stellt sich somit die Frage, wie das Buy-Out-Team seinen Eigenkapitalanteil finanziert. Grundsätzlich bieten sich dabei zwei Kapitalquellen an: Die Einlage kann - soweit vorhanden - aus privatem Eigenkapital geleistet werden. In der Regel wird jedoch darüber hinaus die Aufnahme eines Bankdarlehens notwendig sein, d.h. eine Kreditfinanzierung des Anteils.

Bei der Fremdfinanzierung ist dabei zu unterscheiden, ob zur Besicherung des Darlehens das Privatvermögen des Buy-Out-Teams herangezogen wird, oder aber Gesellschaftsbürgschaften bzw. -darlehen durch die Erwerbsholding - wenn nicht gar durch die Zielgesellschaft selbst - als Sicherheit dienen.[92]

Bezüglich der steuerlichen Behandlung von Eigenkapital kann im einzelnen auf die Ausführungen zur Gründungsbesteuerung verwiesen werden.[93] Eine Einlage aus dem Privatvermögen bleibt grundsätzlich steu-

---

90 Als Ausnahme kann hier das Management-Buy-Out der Memorex-Telex GmbH gesehen werden, bei der die beteiligten Manager selbst kein finanzieles Risiko in Form von Kapitalbeteiligungen zu tragen hatten.

91 Dies wird von den externen Investoren nicht zuletzt deshalb erwartet, damit das Vorhaben für das Management selbst auch mit einem finanziellen Risiko verbunden ist. Vgl. Assmann, T., Buy-Out: Führungskräfte kaufen ihr Unternehmen, in: Blick durch die Wirtschaft v. 25.8.1987, Nr. 161, S. 1: "Es muß wehtun wenn's schiefgeht."

92 Die Regel wird hierbei eine Besicherung über das Privatvermögen sein. Die Problematik der Gesellschaftsdarlehen oder -bürgschaften tritt zumeist erst in Zusammenhang mit der Finanzierung des Kaufpreises auf, nicht aber bei der Gründungsfinanzierung. Zweiter Teil, Abschn. B.4. dieser Arbeit.

93 Vgl. Zweiter Teil, Abschn. B.1. dieser Arbeit.

erlich erfolgsneutral, soweit nicht die Vorschriften bezüglich der sonstigen Einkünfte berührt sind.[94]

2.1.2. Fremdfinanzierung der Einlage

Zum einen wird das Buy-Out-Team nicht in der Lage sein, seine Einlage in die Newco aus eigenen Mitteln zu finanzieren, zum anderen erscheint jedoch auch unter steuerlichen Vorteilhaftigkeitsüberlegungen eine Fremdfinanzierung des Anteils geboten. Entscheidendes Kriterium ist dabei, inwieweit bei einer Fremdfinanzierung des Anteilserwerbs die Finanzierungskosten steuerlich geltend gemacht werden können.
Nach ständiger Rechtsprechung des BFH[95] können Schuldzinsen und andere Kreditkosten als Werbungskosten bei den Einkünften aus Kapitalvermögen abgezogen werden, soweit sie mit dieser Einkunftsart auch tatsächlich in wirtschaftlichem Zusammenhang stehen.[96] Dieser ist bei dem Erwerb einer GmbH-Beteiligung gegeben, da es sich um eine Kapitalanlage i.S.d. § 20 Abs.1 Nr.1 EStG handelt.[97]
Es ist dabei unerheblich, ob der Gesellschafter die Einlage auch in seiner Eigenschaft als angestellter Gesellschafter-Geschäftsführer erworben hat. Im Vordergrund steht allein der wirtschaftliche Zusammenhang der Kreditkosten mit den Einkünften aus Kapitalvermögen und verdrängt somit die Beziehung zu den Einkünften aus nichtselbständiger Arbeit.[98]
Es ist in diesem Fall auch nicht schädlich, daß die Newco, an der die Beteiligung erworben wurde, keine Gewinnausschüttungen vornimmt. Werbungskosten können nicht nur dann geltend gemacht werden, wenn ihnen bereits konkrete Einkünfte gegenüberstehen, "sondern auch dann,

---

94 Vgl. § 23 EStG. So auch Tillmann, B. a.a.O., Teil III, Rdn. 331.

95 Vgl BFH-Urt. v. 8.10.1985, VIII R 234/84, BStBl. 1986 II, S. 597.

96 Vgl. §§ 9 Abs.1 S.3 Nr.1, sowie 20 EStG.

97 Der BFH folgt hierbei dem Veranlassungsprinzip, wonach sämtliche Aufwendungen als Werbungskosten abzugsfähig sind, die durch die Einkunftsart veranlaßt sind. So auch Apitz, W., Kapitalzinsen als vorweggenommene Werbungskosten bei den Einkünften aus Kapitalvermögen (§ 20 EStG), in: FR 1982, S. 275.

98 Vgl. BFH-Urt. v. 21.4.1961, VI 158/59 U, BStBl. 1961 III, S. 431. Ebenso unerheblich ist es, ob es sich um eine wesentliche Beteiligung i.S.d. § 17 EStG handelt, oder aber um einen geringwertigeren Anteil, bei dessen Veräußerung keine steuerpflichtigen Einkünfte entstehen. Vgl. BFH-Urt. v. 21.7.1981, VIII R 154/76, BStBl. 1982 II, S. 37.

wenn noch keine Einnahmen erzielt wurden."[99] Bei den Einkünften aus Kapitalvermögen ist hierbei entscheidend darauf abzustellen, "ob auf Dauer gesehen ein Überschuß der Einnahmen über die Ausgaben zu erwarten ist,"[100] wobei sich dieser Überschuß jedoch aus den Ausschüttungen und nicht ausschließlich aus dem Wertzuwachs der Anteile ergeben darf.

Dies kann insofern zu einer Verschärfung der Situation führen, als bei entsprechend gelagerten Fällen die Schuldzinsen überhaupt nicht, und nicht wenigstens bis zur Höhe der Einkünfte abzugsfähig sind. Eine entsprechende Gestaltung der Dividendenzahlungen ist somit auf lange Sicht geboten,[101] da sonst seitens der Finanzverwaltung angenommen werden könnte, das subjektive Element des Wertzuwachses stehe im Vordergrund.[102]

Es ist jedoch im Grundsatz davon auszugehen, daß sich das finanzielle Engagement des Buy-Out-Teams auf die Gründung der Erwerbsholding beschränkt. Die Finanzierung und Bereitstellung des Kaufpreises für die Zielgesellschaft wird in erster Linie durch die Zuführung von Fremdkapital durch externe Investoren dargestellt.[103]

---

99 BFH-Urt. v. 21.7.1981, a.a.O., BStBl. 1982 II, S. 38.

100 BFH-Urt. v. 21.7.1981, a.a.O., BStBl. 1982 II, S. 37. (Änderung der Rechtsprechung), Der Gehalt dieser Aussage muß jedoch differenziert werden. Ebenso wie bei den Einkünften aus Vermietung und Verpachtung gliedert sich die Einkunftserwartung in eine Ertrags- und eine Wertzuwachskomponente. Der BFH weist in seinem Urteil ausdrücklich darauf hin, daß ein alleiniges Abstellen auf den Wertzuwachs der Anteile nicht für die Begründung eines langfristigen Einnahmeüberschusses ausreicht. Ein Zusammenhang mit den Einkünften aus Kapitalvermögen ist in diesem Fall nicht hergestellt, und eine Veranlassung der Kreditkosten ist subjektiv lediglich in einer Wertzuwachserwartung begründet, vgl. ebenda, S. 40.

101 Vgl. Curtius-Hartung, R., Zur Abzugsfähigkeit von Schuldzinsen bei Einkünften aus Kapitalvermögen, in: StbJb 1983, S. 17f.

102 Bei einer gleichzeitigen Anstellung als Gesellschafter-(Mit)Geschäftsführer erscheint eine solcherart restriktive Auslegung jedoch eher unwahrscheinlich.

103 Vgl. zu den einzelnen Finanzierungsmöglichkeiten Dritter Teil, Abschn. A.II.3. und 4. dieser Arbeit.

2.2. Eigenkapitalfinanzierung durch externe Investoren

2.2.1. Rechtliche Strukturierung

Die Eigenkapitalfinanzierung solcher Transaktionen durch externe Finanziers geht im Grundsatz auf die Venture-Capital-Finanzierungsmodelle zurück. Im Rahmen dieser ebenfalls aus den Vereinigten Staaten importierten besonderen Gründungs- und Erweiterungsfinanzierung für junge und technologieorientierte Betriebe wurden erstmals in größerem Umfang entsprechende Beteiligungsmodelle geschaffen.[104]
Bei der rechtlichen Strukturierung dieser Beteiligungsfinanzierung ist grundsätzlich zu unterscheiden zwischen[105]

a) der direkten Beteiligung, bei der sich ein oder mehrere Investoren unmittelbar an der Newco beteiligen,

b) und der indirekten Beteiligung, in deren Rahmen das Eigenkapital über einen zwischengeschalteten Finanzintermediär in Form einer Beteiligungsgesellschaft zur Verfügung gestellt wird.

Aufgrund des hohen Kapitalbedarfs bei der Durchführung von Management-Buy-Outs ist davon auszugehen, daß die Finanzierung hauptsächlich von eigenständigen Beteiligungsgesellschaften vorgenommen wird, die als Kapitalsammelstellen die Bereitstellung des Kaufpreises übernehmen. Bezüglich der Konstruktion dieser Finanzintermediäre kann darüberhinaus zwischen dem projektorientierten und dem fondsorientierten Ansatz unterschieden werden.[106] Zwei Gründe sprechen allerdings dafür, daß sich bei der Buy-Out-Finanzierung die fondsorientierte Beteiligungsgesellschaft durchsetzen wird:

---

104 Vgl. statt anderer: Laub, U., Venture-Capital-Markt, München 1985, S. 68.

105 Vgl. zu dieser Systematisierung: Fischer, L., Problemfelder und Perspektiven der Finanzierung durch Venture Capital in der Bundesrepublik Deutschland, in: DBW 1987, S. 11, im folgenden zitiert als: Fischer, L., Venture Capital.

106 Vgl. Fischer, L., Venture Capital, a.a.O., S. 11.

a) Das bei der Realisierung einer Transaktion von der Komplexität eines MBO's erforderliche Know How kann nur durch Institutionen zur Verfügung gestellt werden, die über professionelle Erfahrungen auf diesem Gebiet verfügen.

b) Das Volumen der Transaktion in Verbindung mit dem überdurchschnittlichen Risiko gebietet geradezu eine Streuung des Risikopotentials durch die Bildung eines entsprechend strukturierten Beteiligungsportefolios.

Auch wenn die spezifischen Verhältnisse des Einzelfalls ein auf das jeweilige Projekt zugeschnittenes Finanzierungsmodell erfordern, wird die Bereitstellung des Kapitals deshalb in erster Linie über fondsorientierte Finanzierungsgesellschaften erfolgen.[107] Soweit das Beteiligungskapital hauptsächlich von Großgesellschaftern zur Verfügung gestellt wird, kann als Finanzintermediär auch die zu Holdingzwecken gegründete Newco selbst fungieren.
Als institutionelle Eigenkapitalgeber haben sich in der Bundesrepublik während der letzten Jahre als Typus die Unternehmensbeteiligungsgesellschaft und die Kapitalanlagegesellschaft herausgebildet.[108]
Daneben kann die Kaufpreisfinanzierung jedoch auch von anderen Investoren, hauptsächlich LBO/MBO-Investmentgesellschaften, Ventur Capital-Gesellschaften oder Geschäftsbanken, zur Verfügung gestellt werden.

---

107 Dies gilt selbst für den Fall, daß sich andere Industrieunternehmen zu einem hohen Anteil an der Finanzierung des Management-Buy-Outs beteiligen. So erfolgte auch das Engagement der BMW AG beim Buy-Out der Loewe-Opta GmbH über eine zwischengeschaltete Beteiligungsgesellschaft, an der auch die betroffenen Geschäftsbanken als Anteilseigner beteiligt waren.

108 Zu diesen beiden Formen und den diesbezüglichen Gesetzesinitiativen vgl. insbesondere Hesse, W.E., Neue gesetzliche Rahmenbedingungen für die Bereitstellung von Eigenkapital, in: DB 1987, Beil. Nr. 1. Ein Vergleich beider Organisationsformen findet sich auch bei Bilstein, J., Beteiligungssondervermögen und Unternehmensbeteiligungsgesellschaften, in: John, G. (Hrsg.), Unternehmenspolitik und Besteuerung, Festschrift für Günther Wöhe, München 1989, S. 49ff.

2.2.2. Potentieller Anlegerkreis

2.2.2.1. Unternehmensbeteiligungsgesellschaften

Bei der Unternehmensbeteiligungsgesellschaft (UBG) handelt es sich um einen Typusbegriff, der auf eine Gesetzesinitiative der Bundesregierung aus dem Jahre 1985 zurückgeht.[109] Ziel dieses Entwurfes sollte es sein, "nicht börsennotierten, mittelständischen Unternehmen den indirekten Zugang zu den organisierten Märkten für Eigenkapital zu eröffnen, und damit ihre Außenfinanzierungsmöglichkeit zu verbessern..."[110] Auch zuvor waren solche erwerbswirtschaftlichen Beteiligungsgesellschaften vor dem Hintergrund der schwierigen Eigenkapitalsituation deutscher Unternehmen hauptsächlich von großen Geschäftsbanken gegründet worden.[111] Durch die Verabschiedung des Gesetzes über Unternehmensbeteiligungsgesellschaften (UBGG)[112] haben sich die Rahmenbedingungen für die Eigenkapitalausstattung nicht börsenfähiger Unternehmen wesentlich verbessert.

Die UBG ist grundsätzlich in der Form der Aktiengesellschaft zu führen, hat ihren Sitz bzw. ihre Geschäftsleitung im Inland und verfügt über ein voll eingezahltes Stammkapital von mindestens DM 2 MIO.[113] Entsprechend den Anlagegrundsätzen[114] kann die UBG in Form von stillen Beteiligungen oder Kommanditbeteiligungen ausschließlich inländische Unternehmen unterstützen.[115] Die Beteiligung als stiller Gesellschafter darf dabei gemäß § 4 Abs. 2 UBGG 20 % des Eigenkapitals der UBG nicht überschreiten. Desweiteren soll durch die Anlagegrenzen gewährleistet werden, daß die Beteiligung nicht 49 %. der Stimmrechte der ge-

---

109 Vgl. Entwurf eines Gesetzes über Unternehmensbeteiligungsgesellschaften (UBGG), in: BT-Drucks. 10/4551, v. 12.12.1985.

110 Begründung des Gesetzentwurfes, in: BT-Drucks. 10/5441, a.a.O., S. 3.

111 Vgl. Schramm, B., Finanzierung nicht emissionsfähiger mittelständischer Unternehmen, in: Christians, F.W.(Hrsg.), Finanzierungshandbuch, 2., völlig überarb. u. erw. Aufl., Wiesbaden 1988, S. 573.

112 UBGG v. 17.12.1986, in: BGBl. 1986 I, S. 2488.

113 Vgl. § 2 Abs. 4 UBGG.

114 Vgl. hierzu auch ausführlich Menzel, H.-J., Das neue Gesetz über Unternehmensbeteiligungsgesellschaften, in: WM 1987, S. 706f.

115 Das Engagement ist dabei auf zumindest 10 verschiedene Gesellschaften zu verteilen.

förderten Unternehmung übersteigt.[116] Auch zur Gewährung von Gesellschafterdarlehen sind diese Beteiligungsgesellschaften berechtigt, soweit das Darlehen nicht den Buchwert der an dem Unternehmen gehaltenen Beteiligung übersteigt.[117]
Die Refinanzierung erfolgt ausschließlich über den amtlich notierten Kapitalmarkt. Die Kapitalbeschaffung über Schuldverschreibungen, die Ausgabe von Genußscheinen sowie die Aufnahme stiller Gesellschafter ist grundsätzlich unzulässig.[118]
Wird der Finanzintermediär als Unternehmensbeteiligungsgesellschaft anerkannt, ergeben sich hieraus auch steuerliche Vergünstigungen. Sind die jeweiligen Voraussetzungen gegeben, wird die UBG von der Vermögensteuer[119] und der Gewerbesteuer[120] befreit. Dies bezieht sich sowohl auf die Steuer vom Gewerbeertrag als auch auf die Gewerbekapitalsteuer.[121] Eine Befreiung von der Umsatzsteuer ergibt sich bei Vorliegen einer stillen Beteiligung einschließlich einer Unterbeteiligung.[122]
Eine weitere, sehr bedeutsame Veränderung ergibt sich für Veräußerungsvorgänge die nach dem 1.1.1990 vorgenommen werden. Gemäß § 6b Abs. 1 S. 2 Nr. 5 EStG können Gesellschaften, die unter die Bestimmungen des UBGG fallen, ihren Gewinn aus der Veräußerung von Anteilen an Kapitalgesellschaften auf andere Anteile übertragen.[123] Dies bedeutet insbesondere für die Desinvestition, d.h. die Realisierung des Wertzuwachses der Anteile durch die Investoren, eine entscheidende Verbesserung der Steuersituation.[124]

---

116 Vgl. § 4 Abs. 3 UBGG.

117 Vgl. § 4 Abs. 5 UBGG. Zur besonderen Problematik der Gesellschafterdarlehen vgl. den Zweiter Teil, Abschn. B.2.2.3. dieser Arbeit.

118 Vgl. § 7 UBGG.

119 Vgl. § 28 UBGG i.V.m. § 3 Abs. 1 Nr. 19 VStG.

120 Vgl. § 29 UBGG i.V.m. §§ 3 Nr. 23, 9 Nr. 2a und 12 Abs. 3 Nr. 2a GewStG.

121 Ziel dieser Regelungen ist es, den privaten Anleger steuerlich so zu stellen, als wenn er sich direkt, und ohne Zwischenschaltung einer Beteiligungsgesellschaft an einem nicht börsennotierten Unternehmen beteiligen würde. Vgl. Menzel, H.-J., a.a.O., S. 708.

122 Vgl. § 30 UBGG i.V.m. § 4 Nr. 8 Buchst. j UStG.

123 Vgl. zur Kritik an der ursprünglichen Regelung bereits Menzel. H.-J., a.a.O., S. 708.

124 Vgl. auch Fünfter Teil, Abschn. D. dieser Arbeit.

2.2.2.2. Kapitalanlagegesellschaften

Wesentlich verbessert haben sich auch die Bedingungen für die Beteiligungsfinanzierung der Investmentgesellschaften i.S.d. Gesetzes über Kapitalanlagegesellschaften.[125] Diese Kapitalanlagegesellschaften haben seit dem 1.1.1987 die Möglichkeit, neben den reinen Wertpapierfonds auch sogenannte Beteiligungssondervermögen zu bilden.[126] Im Gegensatz zu den bisher bekannten Typen der Investmentfonds ermöglicht dieses Sondervermögen auch das Halten von Beteiligungen an nicht börsennotierten mittelständischen Unternehmen.[127] In Höhe von 30 % des Wertes des Sonderbetriebsvermögens dürfen stille Beteiligungen und Schuldverschreibungen von inländischen Unternehmen gehalten werden.[128] Diese strikte Trennung zwischen dem Eigenvermögen der Investmentgesellschaft und den Einlagen der Anteilsinhaber gemäß § 6 KAGG dient insbesondere einem strikten Anlegerschutz.[129]
Auch KAG unterliegen hinsichtlich der Zusammensetzung ihres Beteiligungsportefolios vergleichbaren Anlagegrundsätzen wie die Unternehmensbeteiligungsgesellschaften, die durch entsprechende Streuung der Beteiligungstitel eine Aufteilung des Risikos im Sinne des Anlegerschutzes gewährleisten sollen.
So dürfen stille Beteiligungen nur erworben werden, soweit sie 5% des Wertes des Beteiligungssondervermögens nicht übersteigen.[130] Insgesamt darf der Anteil der stillen Beteiligungen am Wert des Sondervermögens nicht mehr als 30% betragen.[131] Um eine dauerhafte Streuung der Anlagen zu gewährleisten, schreibt § 25e KAGG vor, daß nach acht

---

125 Gesetz über Kapitalanlagegesellschaften (KAGG) i.d.F. v. 14.1.1970, BGBl. 1970 I, S. 127.

126 Vgl. Gesetz zur Verbesserung der Rahmenbedingungen für institutionelle Anleger (VAG/KAGG) v. 30.12.1986, BGBl. I, S. 2595.

127 Vgl. hierzu Hirche, W., Gesetzesinitiative zur Verbesserung der Rahmenbedingungen für institutionelle Anleger, in: Versicherungswirtschaft 1986, S. 1022.

128 Vgl §§ 25a, 25b KAGG.

129 Zur Organisation dieser KAG vgl. insbesondere Kerber, M./Hauptmann, K., Die Bereitstellung von privatem Anlagekapital durch Kapitalbeteiligungsgesellschaften, in: AG 1986, S. 246ff.

130 Vgl. § 25b Abs. 3 KAGG.

131 Vgl. § 25b Abs. 3 KAGG. Eine entsprechende Beschränkung gilt nach Abs. 4 auch für Schuldverschreibungen.

Jahren Beteiligungen an zumindest zehn Unternehmen gehalten werden müssen, deren jeweiliger Wert 10% des Wertes des Beteiligungssondervermögens nicht überschreiten darf.
Auch die Anerkennung einer Beteiligungsgesellschaft nach dem KAGG ist mit zum Teil bedeutsamen steuerlichen Vergünstigungen verbunden. Nach § 43a KAGG[132] gelten diese grundsätzlichen steuerlichen Sonderregelungen auch für das Beteiligungssondervermögen. Dieses ist somit von der Körperschaftsteuer, der Gewerbesteuer und der Vermögensteuer befreit.[133] Kapitalertragsteuer, die von steuerpflichtigen Kapitalerträgen erhoben wird, ist nach § 38 KAGG auf Antrag an die Depotbank zu erstatten. Dies gilt auch für die anrechenbare Körperschaftsteuer, soweit es sich um Anteile an einer inländischen, unbeschränkt steuerpflichtigen Kapitalgesellschaft handelt.
Die vermögensteuerliche Doppelbelastung, sowohl beim Anteilseigner und im Betriebsvermögen der Investmentgesellschaft, bleibt jedoch weiterhin bestehen.[134]
Eine insbesondere im Rahmen des Buy-Outs bedeutende steuerliche Besserstellung der Kapitalanlagegesellschaft ergibt sich im Veräußerungsfall. Werden beispielsweise Aktien aus dem Sonderbetriebsvermögen der KAG verkauft, können die Anteilsscheininhaber, soweit sie ihre Anteile im Privatvermögen gehalten haben, die sich aus dem Veräußerungsgewinn ergebende Ausschüttung steuerfrei vereinnahmen. Anders stellt sich der Sachverhalt bei der Unternehmensbeteiligungsgesellschaft dar. Durch die Zwischenschaltung der UBG entsteht bei dieser im Veräußerungsfall eine Körperschaftsteuerpflicht auf den Gewinn, die sich im Falle der Weiterausschüttung negativ auf den tatsächlichen Nettozufluß beim Aktionär auswirkt.[135]

132 Vgl. zweites Gesetz zur Förderung der Vermögensbeteiligung der Arbeitnehmer durch Kapitalbeteiligungen v. 19.12.1986, BGBl. 1986 I, S. 2595.

133 Vgl. §§ 38-43 KAGG v. 14.1.1970, a.a.O., S. 197. Zur grundsätzlichen ertragsteuerlichen Behandlung des Beteiligungssondervermögens siehe auch Scholz, R.-D., Das Anrechnungsverfahren bei Investmentgesellschaften, in: FR 1977, S. 105ff.

134 So auch Kerber, M./Hauptmann, K., a.a.O., S. 255.

135 Vgl. auch Bilstein, J., a.a.O., S. 69. Zu dieser Problematik im Rahmen der Desinvestition vgl. auch den Fünften Teil, Abschn. D.3. dieser Arbeit.

2.2.3. Zum Problem der Gesellschafterdarlehen

Spezielle handels- und steuerrechtliche Probleme können sich bei der Beteiligungsfinanzierung im Bereich der eigenkapitalersetzenden Gesellschafterdarlehen ergeben.[136] Ausgangspunkt ist dabei die Tatsache, daß auch Unternehmensbeteiligungsgesellschaften sich nicht bereits von Anfang an über den geregelten Markt finanzieren können. Als Gründungsfinanziers treten deshalb häufig Banken und Versicherungsunternehmen auf.[137] Soweit nun eine solche Geschäftsbank Darlehen an ein Unternehmen vergibt, an dem gleichzeitig die Finanzierungsgesellschaft beteiligt ist, besteht die latente Gefahr, daß die Fremdkapitalzuführung seitens des Kreditinstitutes als eigenkapitalersetzendes Gesellschafterdarlehen qualifiziert wird.[138]

Nach ständiger Rechtsprechung des BFH[139] ist dieser Tatbestand auch dann gegeben, wenn das zur Frage stehende Darlehen nicht durch einen Gesellschafter selbst, sondern durch eine ihm nahestehende Person gewährt wird.[140]

Wesentlich restriktiver sind daneben die gesetzlich verankerten Vorschriften zum verdeckten Nennkapital im Handelsrecht.[141]

Dieser besonderen Problematik wird in § 25 UBGG Rechnung getragen. Er sieht unter gewissen Voraussetzungen eine Ausnahme von der Anwendung der Vorschriften über die kapitalersetzenden Darlehen in Zusammenhang mit UBG vor. Diese Sonderregelung betrifft jedoch nur solche Darlehen, die zwar bei ihrer Gewährung kein fehlendes Nenn-

---

136 Zu einer ausführlichen Darstellung dieser Problematik im Bereich der Buy-Out-Finanzierung vgl. unten, Zweiter Teil. Abschn. B.3.2. dieser Arbeit.

137 Vgl. auch die Begründung des Gesetzentwurfes in: BT-Drucks. 10/4551, a.a.O., S. 30.

138 Vgl. auch Menzel, H.-J., a.a.O., S. 709.

139 Vgl. zuletzt das BFH-Urt. v. 10.12.1975, I R 135/74, BStBl. 1976 II, S. 226.

140 Vgl. auch BMF-Schr. v. 16.3.1987, IV B 7 -S 2742- 3/87, betr. Verdecktes Nennkapital, in: BStBl. 1987 I, S. 373.

141 Nach § 32a GmbHG ist ein von einem Gesellschafter oder einem Dritten gewährtes Darlehen als eigenkapitalersetzend anzusehen, soweit ein ordentlicher Kaufmann zum gleichen Zeitpunkt und unter vergleichbaren wirtschaftlichen Verhältnissen Eigenkapital zugeführt hätte. Vgl. auch ausführlich Zweiter Teil, Abschn. B.3.2.3.1. dieser Arbeit.

kapital ersetzt haben, jedoch zu einem Zeitpunkt in der Gesellschaft belassen wurden, da eine Eigenkapitalzuführung geboten gewesen wäre.[142] Darüber hinaus ist die Ausnahmevorschrift des § 25 UBGG auf die Anlaufphase des Beteiligungsverhältnisses beschränkt. Diese soll nach dem Willen des Gesetzgebers vier Jahre nach Erwerb der Beteiligung durch die Unternehmensbeteiligungsgesellschaft auslaufen.[143]
Im Gegensatz zum UBGG kennt das Gesetz betreffend die KAG eine solche Schutzvorschrift nicht.[144]

3. Der Bereich der Mezzanine-Finanzierung

3.1. Grundlegung

3.1.1. Begriff

Aufgrund der weiterhin bestehenden steuerlichen Diskriminierung der Eigenkapitalfinanzierung von Kapitalgesellschaften einerseits[145] sowie der besonderen Besicherungs- und Finanzierungsproblematik beim Management-Buy-Out andererseits sind im Rahmen solcher Transaktionen immer mehr Finanzierungsinstrumente in den Vordergrund getreten, die wirtschaftlich betrachtet - insbesondere gegenüber externen Gläubigern - eine Eigenkapitalfunktion übernehmen, steuerlich jedoch als Fremdkapital qualifiziert werden.[146] Unter dem Begriff der subordi-

---

142 "Bei Gewährung eines Darlehens soll sich das Kreditinstitut oder Versicherungsunternehmen hingegen über die Eigenkapitalausstattung der Gesellschaft informieren müssen." BT-Drucks. 10/4551, a.a.O., S. 31.

143 Neben den Interessen der zu fördernden Gesellschaft selbst liegen dieser Regelung wiederum Gesichtspunkte des Gläubigerschutzes zugrunde.

144 Ein Grund hierfür kann eventuell in dem unterschiedlichen Anlegerkreis gesehen werden. Bei den hauptsächlich privaten Anteilseignern der KAG ist die Gefahr einer Annahme von verdecktem Nennkapital wesentlich geringer.

145 Zu grundsätzlichen Überlegungen der steuerlichen Vorteilhaftigkeit verschiedener Finanzierungsalternativen vgl. Bierich, M., Der Einfluß der Besteuerung auf die Kapitalbeschaffung der Unternehmung, in: Bierich, M./Schmidt, R., Finanzierung deutscher Unternehmen heute, Stuttgart 1984, S. 29ff, Wöhe, G./Bilstein, J., Grundzüge der Unternehmensfinanzierung, 2., überarb. und erw. Aufl., München 1981, S. 312ff.

146 Vgl. so auch Knobbe-Keuk, B., Gewinnausschüttungen auf Genußrechte, in: BB 1987, S. 341, im folgenden zitiert als: Knobbe-Keuk, B., a.a.O., Gewinnausschüttungen.

nated debentures (nachrangige Verbindlichkeiten) hat diese Finanzierungsform entscheidend zur starken Entwicklung des MBO/LBO-Marktes in den Vereinigten Staaten beigetragen.[147] Unter dem Begriff der "Mezzanine-Finanzierung"[148] werden dabei solche Finanzierungsinstrumente zusammengefaßt, die der Newco eigenkapitalähnliche Mittel zur Verfügung stellen. Diesen sogenannten nachrangigen Verbindlichkeiten (bzw. nachrangigem Eigenkapital)[149] kommt eine Position zwischen Eigen- und Fremdkapital zu.[150] Es handelt sich um eine Form des langfristigen Fremdkapitals, "bei der die Gläubiger im Konkursfall der schuldenden Unternehmung mit ihren Ansprüchen hinter diejenigen anderer, (normaler, d.h. nicht bevorrechtigter) Fremdkapitalgeber zurücktreten, diesen gegenüber insoweit eine Haftungsfunktion übernehmen."[151] Lediglich gegenüber dem echten Eigenkapital sind die Forderungen aus nachrangigen Verbindlichkeiten bevorrechtigt.[152]
Insbesondere in den USA hat sich als weiteres charakteristisches Merkmal der subordinated debentures herausgebildet, daß sie unbesichert von den Gläubigern zur Verfügung gestellt werden.[153] Die Finanzierungs-

147 Zur Bedeutung der Mezzanine-Finanzierung vgl. auch: Lobell, Carl D./Applegate, Sharon B, Representing the Subordinated Lender in Leveraged Buyouts and Acquisitions, in: Practising Law Institut, Handbook Nr. 643, Financing Leveraged Buyouts and Acquisitions, New York 1989, S. 365.

148 Der Begriff "Mezzanine" bedeutet wörtlich übersetzt soviel wie "Zwischenetage" bzw. "halber Stock".

149 In der Literatur finden sich auch die Bezeichnungen Quasi- oder Ergänzungseigenkapital, vgl. Weiss, M., Finanzierungsfragen, in: Hölters, W. (Hrsg.), a.a.O., S. 176.

150 Vgl. Süchting, J., Nachrangige Verbindlichkeiten in der Kapitalstruktur deutscher Unternehmen, in: Bierich, M./Schmidt, R.(Hrsg.), Finanzierung deutscher Unternehmen, Stuttgart 1984, S. 109, im folgenden zitiert als: Süchting, J., Nachrangige Verbindlichkeiten. Es wird deshalb auch von einer sog. "Sandwichposition" dieser subordinated debentures zwischen equity und senior debentures gesprochen. Vgl. Gaytas, I.G./Mahari, J.I., a.a.O., S. 392.

151 Süchting, J., Nachrangige Verbindlichkeiten, a.a.O., S. 109.

152 Vgl. Wolf, H., Überlegungen zur Einführung von nachrangigen Verbindlichkeiten in die Kapitalstruktur von Unternehmen, in: Kontaktstudium der Ruhr Universität Bochum, SB Nr. 15, WS 1981/82, S. 44.

153 Vgl. Caytas, I.G./Mahari, J.I., a.a.O., S. 207. Als Gläubiger treten deshalb in den USA am häufigsten Unternehmen der Risikoklasse (Rating) B auf, vgl. Schmidt-Scheubner, T., Nachrangige Verbindlichkeiten als Eigenkapital in amerikanischen Industrieunternehmen, in: Kontaktstudium der Ruhr Universität Bochum, SB Nr. 13, WS 1980/81, S. 53.

instrumente im Mezzanine-Bereich bilden somit einen Puffer zwischen vorrangig besichertem Fremdkapital in Form konventioneller Bankdarlehen und dem risikobelasteten Eigenkapital. Es kommt mithin zu einer Verbesserung der Kapitalstruktur und über die erweiterte Haftungsfähigkeit auch zu einer höheren Kreditfähigkeit (Bonität) der Unternehmung.[154]

Inzwischen dient die Rechtsfigur des nachrangigen Haftkapital, insbesondere auch dazu, bisher wenig anerkannte Finanzierungsmethoden der Praxis rechtlich anzuerkennen und einzustufen.[155] Als gebräuchlichste Instrumente der Mezzanine Finanzierung zur Schaffung von nachrangigem Haftkapital stehen in der Bundesrepublik bei entsprechender Ausgestaltung zur Verfügung:[156]

- Gesellschafterdarlehen,
- Stille Beteiligungen,
- Verkäufer-Darlehen (Sellers note),
- Genußrechte,
- Zero Bonds.

Im folgenden sollen deshalb die rechtlichen Ausgestaltungen sowie die sich daraus ergebenden steuerlichen Konsequenzen dieser für das Management Buy-Out typischen und notwendigen Finanzierungstechnik untersucht werden.

155 Vgl. Wolf, H., a.a.O., S. 45.

156 Zur Möglichkeit der auf die Rechtsform der Aktiengesellschaft beschränkten Ausgabe von Vorzugsaktien als nachrangiges Haftkapital vgl. Fünfter Teil, Abschn. C. 3.3.1. dieser Arbeit.

3.1.2. Ausgestaltung der Nachrangigkeit

3.1.2.1. Begriff des Rangrücktritts

Die Bereitstellung von subordinated debentures erfolgt im deutschen Gesellschaftsrecht über das Institut der sogenannten Rangrücktrittserklärung.[157] Eine solche Erklärung seitens des Gläubigers bewirkt, daß seine Forderung im Rang - d.h. in der Einstufung der Rückzahlungspriorität - hinter sämtliche anderen Verbindlichkeiten zurücktritt,[158] wodurch aus der Gläubigerforderung im Verhältnis zu den übrigen Gläubigern haftendes Kapital wird.[159]
Eine der Hauptfunktionen solcher Rangrücktrittsvereinbarungen lag bisher in der Vermeidung, bzw. Beseitigung einer Überschuldung der Schuldnergesellschaft, da die handelsrechtliche Passivierung dieser Schuld bei entsprechender Ausgestaltung vermieden werden konnte.[160]
Grundsätzlich steht dieses Instrument zur "*freiwilligen Verstärkung* der Kapitalstruktur"[161] eines Unternehmens nicht nur dessen Gesellschaftern zur Verfügung. Auch Nichtgesellschafter haben die Möglichkeit, über die Abgabe einer solchen Rangrücktrittserklärung in ihrer Gläubigerposition hinter andere Kreditoren zurückzutreten und auf diese Weise nachrangiges Haftkapital zu schaffen.

---

157 Im folgenden auch als Rangrücktrittsvereinbarung oder Rangrücktritt bezeichnet.

158 Vgl. Priester, H.-J., Gläubigerrücktritt zur Vermeidung der Überschuldung, in: DB 1977, S. 2429, im folgenden zitiert als: Priester, H.J., Gläubigerrücktritt.

159 "Dieses haftende Gläubigerkapital ist für die übrigen Gläubiger so gut wie Eigenkapital." Knobbe-Keuk, B., Stille Beteiligungen und Verbindlichkeiten mit Rangrücktrittsvereinbarungen im Überschuldungsstatus und in der Handelsbilanz des Geschäftsinhabers, in: ZIP 1983, S. 128, im folgenden zitiert als: Knobbe-Keuk, B., Rangrücktrittsvereinbarungen.

160 Vgl. dazu Herget, R., Das Zurücktreten mit Forderungen bei Überschuldung der Aktiengesellschaft, in: AG 1974, S. 137ff, Knobbe-Keuk, B., Rangrücktrittsvereinbarungen, a.a.O., S. 127ff, Lutter, M.,/Hommelhoff, P/ Timm, W., Finanzierungsmaßnahmen zur Krisenabwehr in der Aktiengesellschaft, in: BB 1980, S. 737ff, Priester, H.-J., Gläubigerrücktritt, a.a.O., S. 2429ff, sowie Haug, W:/Letters, W., Möglichkeiten und Grenzen der Bilanzpolitik der Unternehmen in schwierigen Zeiten, in: JbFfSt 1983/84, S. 333 ff.

161 Lutter, M./Hommelhoff, P., a.a.O., S. 54.

3.1.2.2. Anforderungen an den Rangrücktritt

Die Wirksamkeit einer solchen Rangrücktrittsvereinbarung zwischen der Gesellschaft und ihren Gläubigern ist jedoch an das Vorliegen bestimmter Voraussetzungen gebunden. Die häufig anzutreffende Formulierung, der Gläubiger verpflichte sich, seine Forderung im Konkurs- oder Vergleichsfall nicht geltend zu machen, reicht hierzu nicht aus.[162] Vielmehr muß durch die Vereinbarung gewährleistet sein, daß der Gläubiger seine Forderung "nicht demnächst bei Fälligkeit einfordern wird und auf diese Weise - mit zeitlicher Verzögerung - der Zusammenbruch herbeigeführt wird."[163] Dies kann i.d.R. dann angenommen werden, wenn die Befriedigung der Verbindlichkeit ausschließlich aus künftigen Gewinnen, einem etwaigen Liquidationsüberschuß oder sonstigen, die Verbindlichkeiten des Unternehmens übersteigenden Vermögenswerten vorgenommen wird.[164]

Eine solche, mit einem wirksamen Rangrücktritt ausgestattete Verbindlichkeit, die im Verhältnis zu den übrigen Gläubigern als haftendes Kapital fungiert, ist nicht weiterhin als Verbindlichkeit auszuweisen, sondern verbessert als gesonderter Eigenkapitalposten die Kapitalstruktur der Unternehmung. Auch mit den strengen Anforderungen des Gläubigerschutzes läßt sich eine solche Behandlung vereinbaren.[165] Insbesondere bei einer personalistisch geprägten Kapitalgesellschaft wie der Newco, bei der sich der Gesellschafterkreis aus einigen wenigen Anteilseignern zusammensetzt, kann in der Rangrücktrittsvereinbarung ein realistisches Instrument zur Bereitstellung von "Quasi-Eigenkapital" gesehen werden.[166]

---

162 Vgl. Knobbe-Keuk, B., Rangrücktrittsvereinbarungen, a.a.O., S. 128. Entsprechendes gilt für die Formulierung:" ...erst nach Befriedigung aller Drittgläubiger", so Priester, H.-J., Rangrücktritt, a.a.O., S. 2430.

163 Knobbe-Keuk, B., Rangrücktrittsvereinbarungen, a.a.O., S. 128.

164 Vgl. dieselbe, Rangrücktrittsvereinbarungen, a.a.O., S. 128.

165 Vgl. Lutter, M./Hommelhoff, P./Timm, W., a.a.O., S. 742.

166 Im Gegensatz zu Kapitalgesellschaften mit Streubesitz, bei denen auch Klein-aktionäre in Anspruch genommen werden müßten, insbesondere da nach der Konsolidierung keine besondere Gewinnchance, sondern allenfalls eine Rückzahlung der eingesetzten Mittel erwartet werden kann. Vgl. Lutter, M./Hommelhoff, P./Timm, W., a.a.O., S. 742.

3.1.2.3. Auswirkungen auf die Handelsbilanz

In der Praxis werden die mit einer Rangrücktrittsvereinbarung ausgestatteten Verbindlichkeiten i.d.R. weiterhin passiviert.[167] Die eigentlichen Ziele einer solchen Erklärung - die Verkürzung der Passivseite der Bilanz, aber auch die eindeutige Kennzeichnung der Eigenkapitalfunktion gegenüber Drittgläubigern - werden dadurch nicht erreicht.
Es stellt sich somit die Frage, inwieweit durch die Abgabe einer entsprechenden wirksamen Erklärung die Vermeidung der Passivierung begründet werden kann. Nach herrschender Meinung im Schrifttum[168] als auch in der Rechtsprechung[169] dürfen Verbindlichkeiten, die ausschließlich aus zukünftigen Gewinnen oder Liquidationserlösen zu tilgen sind, nicht passiviert werden.[170] Ein Ausweis erfolgt für solche Fälle erst dann und nur insoweit, als wieder Gewinne anfallen, zu deren Lasten die Verbindlichkeiten getilgt werden können. Erst mit Eintritt einer auflösenden Bedingung - Gewinnerzielung, Liquidationserlös - wird der Tatbestand einer wirtschaftlichen Belastung erfüllt und somit auch das Gebot zur bilanzmäßigen Passivierung begründet.[171]
Es ist darüber hinaus darauf hinzuweisen, daß bei der Frage der Passivierung eines nachrangigen Gesellschafterdarlehens auch nicht auf die handelsrechtliche Qualifikation gemäß § 32a GmbHG abzustellen ist. Ob also ein eigenkapitalersetzendes Gesellschafterdarlehen nach den Vor-

---

167 Vgl. Priester, H.-J., Rangrücktritt, a.a.O., S. 2434. Teilweise wird jedoch zumindest eine Kennzeichnung solcher Verbindlichkeiten in der Bilanz gefordert. So z.B. Duss, M., Gedanken zu einem Rangrücktritt des Gläubigers bei Überschuldung einer Aktiengesellschaft nach schweizerischem Recht, in: AG 1974, S. 136.

168 Vgl. Goerdeler/Müller, in: Hachenburg, M., Gesetz betreffend die Gesellschaften mit beschränkter Haftung, 7., völlig neubearb. Aufl., Berlin/New York 1979, Anh. § 29, Rz. 18.

169 Vgl. BFH-Urt. v. 9.11.1965, I 264/62 U, BStBl. 1966 III, S. 383.

170 Entwickelt wurde dieser Grundsatz für den Fall der Genußrechte und Besserungsscheine, er ist jedoch auf jegliche nur aus zukünftigen Gewinnen zu tilgende Verbindlichkeit anzuwenden, vgl. Goerdeler/Müller, in: Hachenburg, M., a.a.O., Anh. § 29 Rz 18.

171 Vgl. Hüttemann, U., Grundsätze ordnungsmäßiger Bilanzierung für Verbindlichkeiten, 2., unveränderte Aufl., Düsseldorf 1976, S. 28. Zum gleichen Ergebnis kommen auch Lutter, M./Hommelhoff, P./Timm, W., a.a.O., S. 742, sowie Priester, H.-J., Rangrücktritt, a.a.O., S. 2432, der diesen Standpunkt darüber hinaus mit der rechtsdogmatischen Einordnung des Rangrücktritts als auflösend bedingten Erlaß begründet.

schriften des GmbHG vorliegt, ist unerheblich soweit das Darlehen mit einer wirksamen Rangrücktrittsvereinbarung ausgestattet ist.[172]
Dieser qualitative Unterschied zum eigenkapitalersetzenden Darlehen eines Anteilseigners drückt sich auch in der mangelnden Anwendbarkeit der Kapitalerhaltungsgrundsätze nach §§ 30, 31 GmbHG aus. Nachrangige Darlehen können demnach auch dann der Gesellschaft entzogen werden, wenn sich deren wirtschaftliche Lage dadurch erheblich verschärft.[173]

3.1.3. Überlegungen zur Überschuldung der Newco

Soweit die Erwerbsholding zur Durchführung des Buy-Outs in der Form der Kapitalgesellschaft geführt wird, kann sich durch den hohen Grad der Fremdfinanzierung die Gefahr der Überschuldung ergeben.[174] Für die Gesellschafter der Newco stellt sich damit das Problem der Konkursantragspflicht gem. § 207 Abs.1 KO für die AG, und gem. § 64 Abs.1 GmbHG für die GmbH.[175] Andernfalls besteht die Gefahr einer Konkursverschleppung.[176] Durch die Gewährung von im Rang zurückgetretenem Fremdkapital zur Finanzierung des für die Übernahme der Zielgesellschaft notwendigen Finanzierungsvolumens kann die Gefahr einer solchen Unterkapitalisierung zumindest verringert werden.[177]

---

172 Vgl. Heuser, P.J., Rechnungswesen, in: GmbH-Handbuch, a.a.O., Teil II, Rz 1609.

173 Vgl. Lutter, M./Hommelhoff, P., a.a.O., S. 55.

174 Vgl. grundsätzlich zu dieser Problematik auch Semler, F.-J., in Hölters, W. (Hrsg.), a.a.O., S. 446.

175 Eine Überschuldung - oder auch Unterbilanz ist nach herrschender Meinung gegeben, soweit das Vermögen einer Gesellschaft nicht mehr ausreicht, deren Verbindlichkeiten zu decken. Vgl. Wöhe, G.,Bilanzierung und Bilanzpolitik, 7., völlig überarb. u.erw. Aufl., München 1987, S. 34. Ausführlich auch Ulmer, der eine Kapitalgesellschaft als unterkapitalisiert bezeichnet, "wenn das Eigenkapital nicht ausreicht, um den nach Art und Umfang der angestrebten oder tatsächlichen Geschäftstätigkeit unter Berücksichtigung der Finanzierungsmethoden bestehenden, nicht durch Kredite Dritter zu deckenden mittel- und langfristigen Finanzbedarf zu befriedigen". Ulmer, in: Hachenburg, M., a.a.O., Anh. § 30 Anm. 17. Zur Differenzierung zwischen nomineller und materieller Unterkapitalisierung siehe Knobbe-Keuk, B., Die Verpachtung von Anlagevermögen des Gesellschafters an die GmbH und § 32a GmbH-Gesetz, in: BB 1984, S. 1, im folgenden zitiert als: Knobbe-Keuk, B., Verpachtung.

176 Vgl. § 64 GmbHG.

177 Vgl. insbesondere Lutter, M./Hommelhoff,P.Timm, W., a.a.O., S. 737 ff.

3.2. Gesellschafterdarlehen

3.2.1. Vorbemerkung

Aufgrund der selbständigen Steuerrechtsfähigkeit der Kapitalgesellschaft im deutschen Steuerrecht - als Ausfluß des sogenannten Trennungsprinzips[178] - kann der Gesellschafter seinem Unternehmen grundsätzlich auch als fremder Dritter gegenübertreten. Schuldrechtliche Verträge zwischen der Kapitalgesellschaft und ihren Anteilseignern sind für steuerliche Zwecke grundsätzlich anzuerkennen.[179] Die steuerliche Bedeutung dieser Form der Kapitalzuführung - neben der gesellschaftsrechtlichen und betriebswirtschaftlichen Funktion - hat im Zuge des körperschaftsteuerlichen Anrechnungsverfahrens und insbesondere im Zusammmenhang mit ausländischen Anteilseignern stark zugenommen.[180] Auch für die Finanzierungstechnik im Bereich des Management-Buy-Outs kommt dem Gesellschafterdarlehen deshalb eine große Bedeutung zu, vor allem, weil die Kaufpreisfinanzierung zur Übernahme der Zielgesellschaft in keinem Fall über das Eigenkapital der Newco abgewickelt wird. Als kreditgewährende Anteilseigner kommen dabei grundsätzlich alle an der Newco beteiligten externen Investoren in Betracht. Auch für Unternehmensbeteiligungs- und Kapitalanlagegesellschaften ist diese Form der Finanzierung explizit gestattet.[181] Über das Institut der Rangrücktrittserklärung kann auch das Gesellschafterdarlehen als nachrangiges Haftkapital ausgestaltet werden.

---

178 Vgl. Tipke, K./Lang, J., a.a.O., S. 316.

179 Vgl. Uelner, A., Steuerliche Probleme der Fremdfinanzierung von Kapitalgesellschaften, in: InstFSt, Brief 198, S. 3.

180 Vgl. hierzu Wrede, F., Aktuelle Fragen zur Besteuerung von Gewinnausschüttungen bei der Körperschaftsteuer, in: DB 1979, S. 1675.

181 Vgl. Zweiter Teil, Abschn. B.2.2.3. dieser Arbeit.

3.2.2. *Grundsätzliche steuerliche Behandlung*

3.2.2.1. *Ertragsteuern*

Zinsen auf betrieblich veranlaßte Dauerschulden und Verbindlichkeiten (Darlehen) sind gem. § 4 Abs.4 EStG als Betriebsausgaben bei der Ermittlung des steuerpflichtigen Gewinns abzuziehen; im Gegensatz zu Gewinnausschüttungen, die als Gewinnverwendung aus dem zu versteuernden verwendbaren Eigenkapital vorgenommen werden. Es ist demnach die Ausschüttungsbelastung des § 27 Abs.1 KStG von 36% herzustellen.
Auch für den Bereich der Gewerbeertragsteuer ergibt sich seit dem 1.1.1984[182] eine entsprechende Besserstellung der Fremdfinanzierung, da Entgelte[183] auf Dauerschulden dem Gewerbeertrag gem. § 8 Abs.1 GewStG nur noch hälftig wieder hinzugerechnet werden.

3.2.2.2. *Substanzsteuern*

Auf dem Gebiet der Substanzsteuern ergibt sich, im Gegensatz zur Ausstattung der Newco mit Eigenkapital, eine erhebliche Steuerminderbelastung aus der Zuführung von Gesellschafterdarlehen. Betriebsschulden werden gemäß § 103 i.V.m. § 98a BewG bei der Ermittlung des Einheitswertes des Betriebsvermögens von der Bemessungsgrundlage abgezogen.[184] Für die Ermittlung der Gewerbekapitalsteuer werden zudem lediglich 50% des Betrages der Dauerschulden gemäß § 12 Abs. 2 Nr.1 GewStG wieder hinzugerechnet.

---

182 Inkrafttreten des Gesetzes zur Wiederbelebung der Wirtschaft und der Beschäftigung und zur Entlastung des Bundeshaushaltes, BGBl. 1982 I, Art. 4, S. 1857,

183 Formulierung geändert durch das StRefG 1990, um nicht nur gewinnunabhängige, mit einem festen Zinssatz ausgestattete Bezüge, sondern auch gewinnabhängige Zahlungen durch die Hinzurechnungsvorschrift des § 8 GewStG zu erfassen.

184 Darüber hinaus ergibt sich der bekannte Effekt der vermögensteuerlichen Doppelbelastung, da das betriebliche Vermögen zum einen bei der Ermittlung des Einheitswertes der Newco der VSt unterliegt, und zum anderen in Form der Belastung der Gesellschaftsanteile bei den Gesellschaftern erfaßt wird. Auch die Nichtabzugsfähigkeit der VSt-Zahlung als Betriebsausgabe wirkt sich negativ auf die steuerliche Behandlung der der Eigenfinanzierung aus. Es ergibt sich eine zusätzliche KSt-Definitiv-Belastung von 1,079% auf das eingesetzte Kapital.

Gegenüber der Beteiligungsfinanzierung kann somit neben der typischen vermögensteuerlichen Doppelbelastung bei Kapitalgesellschaften auch die Belastung der Newco mit Gewerbekapitalsteuer halbiert werden.

3.2.2.3. Verkehrsteuern

Die Einlage von Gesellschaftskapital unterliegt ebenso wie der Erwerb von Genußrechten und sonstigen Forderungen, die eine Beteiligung am Liquidationserlös gewähren, der Kapitalverkehrsteuer gemäß §§ 2 Abs. 1, 6 Abs. 1 u.3 KVStG. Seit Aufhebung des § 3 KVStG im Jahr 1972[185] wird die Gewährung von Gesellschafterdarlehen - auch insoweit es sich um eigenkapitalersetzende Darlehen handelt - nicht mehr von der Kapitalverkehrsteuer erfaßt, so daß sich auch für diesen Bereich ein Steuervorteil für die externen Investoren ergibt.[186]

3.2.3. Entwicklung der Gesetzgebung

3.2.3.1. Handelsrechtliche Beurteilung

Für den Bereich des Gesellschaftsrechts ist die Behandlung sogenannter kapitalersetzender Gesellschafterdarlehen erstmals durch das GmbH-Reformgesetz vom 4.7.1980[187] in den §§ 32a, 32b GmbHG abschließend gesetzlich geregelt worden. Die Vorschrift zielt insbesondere auf solche Gestaltungen ab, bei denen durch Gesellschafter-Fremdfinanzierung "schutzwürdige Interessen der übrigen Gesellschaftsgläubiger tangiert werden."[188] Das Interesse der zivilrechtlichen Regelung liegt somit in

---

185 Gesetz zur Änderung des Kapitalverkehsteuergesetzes und anderer Gesetze vom 23.12.1971, BGBl. 1971 I, S. 2134.

186 Vgl. jedoch die Aufhebung der Börsenumsatzsteuer zum 1.1.1991 und der Kapitalverkehrsteuer zum 1.1.1992 durch das Finanzmarktentlastungsgesetz vom 22.2.1990, BStBl. 1990 I, S. 152.

187 BGBl. 1980 I, S. 836.

188 Kamprad, B., Bilanz- und steuerrechtliche Auswirkungen der haftungsrechtlichen Behandlung kapitalersetzender Gesellschafterkredite?, in: Fachinstitut der Steuerberater e.V.(Hrsg.), Beiträge zum Zivil-,Steuer- und Unternehmensrecht, Festschrift für Heinz Meilicke, Berlin, Heidelberg, u.a. 1985, S. 57, im folgenden zitiert als, Kamprad, B., Auswirkungen.

erster Linie auf dem Gesichtspunkt der Kapitalerhaltung und des Gläubigerschutzes.[189]

Die §§ 32a, 32b GmbHG regeln die zivilrechtliche Behandlung kapitalersetzender Gesellschafterdarlehen, die ein ordentlicher Kaufmann seiner Gesellschaft in Form von Eigenkapital zugeführt hätte. Solche Darlehen können nach den Vorschriften des GmbHG im Konkurs- oder Vergleichsfall nicht geltend gemacht werden.[190] Entsprechendes gilt für Bürgschaften, die zur Besicherung einer solchen Forderung von einem Gesellschafter gestellt werden.

In Folge des Verzichts auf eine detaillierte Regelung der Gesellschafterdarlehen sehen die §§ 32a, 32b GmbHG zwei Grundtatbestände sowie eine Generalklausel für wirtschaftlich vergleichbare Fallgestaltungen vor.[191]

Der erste Grundtatbestand erfaßt die Hingabe bzw. das Stehenlassen[192] eines Darlehens durch einen Anteilseigner an "seine" Gesellschaft zu einem Zeitpunkt, zu dem ein ordentlicher Kaufmann Eigenkapital zugeführt hätte.[193] Beurteilungskriterium ist dabei, ob ein außenstehender Kreditgeber zu diesem Zeitpunkt unter vergleichbaren wirtschaftlichen Bedingungen ein Darlehen zu ähnlichen Konditionen gewährt hätte.[194]

Der zweite Grundtatbestand regelt eine entsprechende Darlehensgewährung durch einen fremden Dritten, wobei jedoch das Rechtsgeschäft letzlich nur zustandekommt, weil ein Gesellschafter die Sicherungsbestellung bzw. Bürgschaft übernimmt.[195] Die Generalnorm des § 32a Abs.3 GmbHG verfügt die Anwendbarkeit der beiden ersten Ansätze analog für alle anderen Rechtsgeschäfte, die der Darlehensgewährung

---

189 Vgl. Kamprad, B., Auswirkungen, a.a.O., S. 58.

190 Vgl. Kamprad, B., Gesellschafterdarlehen an die GmbH und GmbH&CoKG, 2., völlig neubearb Aufl., Köln 1980, S. 30 ff, im folgenden zitiert als: Kamprad, B., GmbH.

191 Vgl. dazu Eder, K., Gesellschaftsrecht, in: GmbH-Handbuch, a.a.O., Teil I, Rz. 213.2.ff.

192 Vgl. zu dieser Problematik Hill, N./Schäfer, B., Das Stehenlassen von GmbH-Gesellschafterdarlehen bis zum Eintritt der Krise, in: BB 1989, S. 459 ff.

193 Vgl. § 32a Abs.1 GmbHG.

194 Vgl. BGH-Urt. v. 21.9.1981, II ZR 104/801, in: GmbHR 1982, S. 135. Vgl. auch Kamprad, B., Auswirkungen, a.a.O., S. 58.

195 Vgl. § 32a Abs. 2 GmbHG.

durch einen Gesellschafter (Abs.1) oder durch einen Dritten (Abs.2) wirtschaftlich entsprechen.[196]
In § 32b GmbHG schließlich werden die Rechtsfolgen einer Bestellung von Sicherheiten bzw. Bürgschaften für die Gesellschaft im Falle des Konkurses geregelt.
Im Ergebnis soll durch die Regelungen der §§ 32a, 32b GmbHG laut Begründung des Gesetzgebers verhindert werden, daß die Schutzvorschriften zur Kapitalerhaltung durch die Hingabe von Gesellschafterdarlehen anstelle fehlenden Eigenkapitals oder durch im wirtschaftlichen Ergebnis vergleichbare Handlungen umgangen werden.[197]

3.2.3.2. Steuerliche Auswirkungen

Die steuerbilanzielle Behandlung der Gesellschafterkredite folgt aufgrund des Maßgeblichkeitsprinzips[198] der Beurteilung in der Handelsbilanz. Das Gesellschafterdarlehen ist somit, soweit auch nur der geringste Rückzahlungsanspruch besteht, zum vollen Rückzahlungswert zu passivieren.[199]
Auf die ertragsteuerliche Behandlung hat die zivilrechtliche Beurteilung der Gesellschafterdarlehen dagegen keinen Einfluß. Die ursprünglich vom RFH angewandte "wirtschaftliche Betrachtungsweise", die gegebenenfalls eine Umqualifizierung von Gesellschafterdarlehen zur Folge gehabt hätte,[200] ist vom BFH aufgegeben worden. Nur soweit die Finanzbehörden den Nachweis erbringen können, daß in jedem Fall eine andere als die gewählte rechtliche Strukturierung zwingend gewesen wäre, kann eine Umqualifizierung erfolgen.[201]
Auch für den Bereich der Vermögensteuer ist die zivilrechtliche Beurteilung der Gesellschafterdarlehen nicht ausschlaggebend. Seit der VSt-

---

196 Als solche Rechtsgeschäfte gelten u.a. die Stundung von Forderungen durch die Gesellschafter oder auch die Vereinbarung einer Rangrücktrittserklärung. Vgl. dazu ausführlich Kamprad, B., GmbH, a.a.O., S. 39ff.

197 Vgl. Kamprad, B., Auswirkungen, a.a.O., S. 60, sowie zuletzt BGH-Urt. v. 16.10.1989. ZR 307/88, in: GmbHR 1990, S. 118.

198 Vgl. § 5 Abs. 1 EStG.

199 Vgl. Kamprad, B., Auswirkungen, a.a.O., S. 66.

200 Vgl. zuletzt RFH-Urt. v. 29.9.1942, I 129/42, RStBl. 1942, S. 1075.

201 Vgl. zuletzt BFH-Urt. v. 10.12.1975, a.a.O., BStBl. 1976 II, S. 226.

Senat seine ursprüngliche Rechtsprechung aufgegeben und sich derjenigen des Körperschaftsteuer-Senates angeschlossen hat,[202] sind Gesellschafterdarlehen in voller Höhe als Betriebsschulden gemäß § 103 BewG vom Einheitswert des Betriebsvermögens abzugsfähig.[203]
Konsequenzen auf dem Gebiet der Gesellschaftsteuer können sich insoweit ergeben, als Gesellschafterdarlehen, die in den Anwendungsbereich der §§ 32a, 32b GmbHG fallen, als Gesellschaftskapital bzw. als solche Leistungen umqualifiziert werden, die ihren Ursprung im Gesellschaftsverhältnis haben.[204]

3.2.3.3. Der geplante § 8a KStG

"Die gesetzliche Regelung der Gesellschafter-Fremdfinanzierung - besser gesagt der Versuch einer gesetzlichen Regelung - hat bereits eine lange Geschichte."[205] Bislang letztes Ergebnis dieser Bemühungen war ein erneuter Vorschlag der Bundesregierung zur gesetzlichen Regelung der Gesellschafter-Fremdfinanzierung im Rahmen des StRefG 1990.[206]
Gegenstand der Regelung sind Darlehen, die eine unbeschränkt steuerpflichtige Kapitalgesellschaft von einem Anteilseigner (gemeint sind wohl insbesondere nichtanrechnungsberechtigte Anteilseigner) erhält und deren Vergütungen nicht in einem Bruchteil des zur Verfügung gestellten Kapitals besteht. Es wird in der Begründung darauf hingewiesen, daß insbesondere dieses Fremdkapital in Bezug auf Chancen und Risiken sowie von der Belastung der Gesellschaft her mit dem eigentlichen Nennkapital vergleichbar ist.[207] Die Finanzierung gegen gewinn- bzw. umsatzunabhängige Vergütungen sollte durch den Anwendungsbereich

---

202 Vgl. BFH-Urt. v. 10.3.1972, III R 52/69, BStBl. 1972 II, S. 518.

203 So Kamprad, B., Auswirkungen, a.a.O., S. 67.

204 Vgl. Kamprad, B., Gesellschaftsteuer auf verdecktes Nennkapital und auf haftende Gesellschafterdarlehen i.S.d. §§ 32a und 32b GmbHG?, in: GmbHR 1989, S. 129, im folgenden zitiert als; Kamprad, B., Gesellschaftsteuer.

205 Singbartl, H./Dötsch, E./Hundt, F., Die Änderung des KStG durch das Steuerreformgesetz 1990, in: DB 1988, S. 1871, mit einer ausführlichen Darstellung der Entwicklung der Gesetzgebungsvorschläge zur Gesellschafter-Fremdfinanzierung.

206 Vgl. BT-Drucks. 11/2157, § 8a KStG, S. 25.

207 Vgl. Begründung des Gesetzentwurfes, in: BT-Drucks. 11/2157, a.a.O., S. 172.

des § 8a KStG vorerst nicht erfaßt werden.[208] Doch auch diese Gesetzgebungsvorlage ist nicht verabschiedet worden, sondern wurde vorzeitig aus dem Paket des StRefG 1990 herausgenommen. Der Deutsche Bundestag hatte dabei jedoch ausdrücklich darauf hingewiesen, daß eine gesetzliche Regelung der Gesellschafter-Fremdfinanzierung nicht endgültig abgelehnt worden sei. Der ursprüngliche Vorgschlag, eine sogenannte "Große Lösung" in das nächste Steuerreform-Gesetz aufzunehmen und damit doch noch zeitgleich mit dem StRefG 1990 Inkrafttretenzulassen wurde jedoch nicht umgesetzt.[209]
Bis zu einer abschließenden gesetzlichen Regelung ist mithin für die steuerliche Behandlung eigenkapitalersetzender Gesellschafterdarlehen bis auf weiteres das BMF-Schreiben vom 16.3.1987[210] maßgebend.[211]
Auch insoweit weicht also der BFH in seiner Rechtsprechung von der gesellschaftsrechtlichen Beurteilung eigenkapitalersetzender Gesellschafterdarlehen ab.[212]

3.2.3.4. Das BMF-Schreiben vom 16.3.1987

Fremdkapital, das einer Kapitalgesellschaft durch ihre Gesellschafter in Form von Darlehen zugeführt wird, soll als verdecktes Nennkapital betrachtet werden, "wenn aus rechtlichen und wirtschaftlichen Gründen die Zuführung von Gesellschaftskapital zwingend gewesen wäre oder wenn die Vertragsgestaltung als Gestaltungsmißbrauch i.S.d. § 42 AO angesehen werden muß."[213]

---

208 Die Bundesregierung hat sich jedoch vorbehalten, das Finanzierungsverhalten der Anteilseigner gegenüber ihren Kapitalgesellschaften weiter zu beobachten, um bei einem verstärkten Ausweichen auf diese Ausgestaltung entsprechend zu reagieren, und eine umfassendere sog. Große Lösung vorzuschlagen. Vgl. BT-Drucks. 11/2529, S. 8 h.

209 Vgl. Singbartl, H./Dötsch, E./Hundt, F., a.a.O., S. 373.

210 Schreiben des BMF v.16.3.1987, IV B7-S 2742 - 3/87 betr. Verdecktes Nennkapital, in: BStBl. 1987 I, S. 373.

211 Vg. BMF-Schreiben v. 27.7.1988 - IV B / -S 1901- 392/88 Steuerreformgesetz 1990 - Übersicht über die Änderungen, in: DB 1988, Beil. Nr. 13, S. 9.

212 Vgl. Sarrazin, V., a.a.O., S. 392, sowie BGH-Urt. v. 29.11.1971, II ZR 121/69, in: DB 1972, S. 331.

213 BMF-Schreiben v. 16.3.1987, a.a.O., S. 373.

Der Wortlaut orientiert sich somit an der Rechtsprechung des Bundesfinanzhofes,[214] nach der die Zuführung von Eigenkapital insbesondere dann zwingend gewesen wäre, wenn die Gesellschafter ihrem Unternehmen ein Darlehen zur Verfügung stellen, darüber hinaus jedoch das fehlende Eigenkapital durch Bürgschaften zu ersetzen suchen.[215]
Eine mißbräuchliche Gestaltung wird von der Finanzverwaltung insbesondere dann angenommen, wenn das Darlehen von einem nichtanrechnungsberechtigten Anteilseigner oder einer ihm nahestehenden Person gewährt und somit die "vom Gesetzgeber gewollte einmalige Belastung mit einer Steuer vom Einkommen" vermieden wird.[216] Eine solche Umqualifizierung von Gesellschafterdarlehen in Eigenkapital erscheint nach Auffassung der Finanzverwaltung dann geboten, wenn

1. in Zusammenhang mit einer Kapitalherabsetzung Fremdkapital ohne hinreichenden Grund zugeführt wird,

2. Fremdkapital zugeführt oder im Betrieb belassen wird, obwohl das Verhältnis von Eigen- und Fremdkapital wesentlich unter der branchenüblichen Kapitalausstattung liegt. Typisierend wird ein solches auffallendes Mißverhältnis grundsätzlich dann angenommen, wenn das Eigenkapital 10 v.H. des Aktivvermögens nicht übersteigt.

Die steuerliche Beurteilung eigenkapitalersetzender Gesellschafterdarlehen wird somit zunächst unter die Mißbrauchsaufsicht des § 42 AO gestellt; ergänzt durch zwei typisierende Regelungen, wonach verdecktes Nennkapital in jedem Fall anzunehmen ist, wenn es von einem nichtanrechnungsberechtigten Gesellschafter zugeführt wird oder der Eigenkapitalanteil unter das Verhältnis von 1:10 sinkt.
In letzter Zeit ist jedoch eine Tendenz in der BFH-Rechtsprechung zu beobachten, sich bei der Beurteilung eigenkapitalersetzender Darlehen an den zivilrechtlichen Grundsätzen[217] zu orientieren.[218]

---

214 Vgl. zuletzt BFH-Urt. v. 10.12.1975, a.a.O., BStBl. 1976 II, S. 226.

215 Vgl. BFH-Urt. v. 13.1.1959, I 44/57 U, BStBl. 1959 III, S. 197, sowie v. 2.10.1984, VIII R 36/83, BStBl. 1985 II, S. 320.

216 Vgl. BMF-Schreiben v. 16.3.1987. a.a.O., S. 373.

217 Vgl. die Ausführungen zu §§ 32a, 32b GmbHG im Zweiten Teil, Abschn. B.3.2.3.1. dieser Arbeit.

So hat sich der VIII. Senat in seinem Urteil vom 2.10.1984 nicht der Auffassung des I. Senates angeschlossen, das einer überschuldeten GmbH gewährte Gesellschafterdarlehen stelle grundsätzlich kein verdecktes Nennkapital dar, auch wenn dies nicht der handelsrechtlichen Beurteilung entspricht.[219] Nunmehr ist eine steuerliche Qualifikation als gesellschaftliches Nennkapital als zulässig anzusehen, soweit das Darlehen oder die Bürgschaft nach der Rechtsprechung des BGH oder den Vorschriften der §§ 32a, 32b GmbHG als Eigenkapitalersatz anzusehen sind. Auch bei steuerlichen Vorteilhaftigkeitsüberlegungen bezüglich der Kaufpreisfinanzierung über die Newco sind mithin die gesellschaftsrechtlichen Normen zum verdeckten Nennkapital zu berücksichtigen.
Wird das Gesellschafterdarlehen als verdecktes Nennkapital umqualifiziert, sind die Zahlungen als verdeckte Gewinnausschüttungen i.S.d. § 8 Abs. 3 KStG zu werten. Bei der Ermittlung des Einheitswertes des Betriebsvermögens ist das Darlehen entsprechend nicht mehr als betriebliche Schuld nach § 103 BewG abzuziehen.

3.2.4. Steuerliche Folgen der Rangrücktrittserklärung

3.2.4.1. Ausgangspunkt

Bei der Mezzanine-Finanzierung handelt es sich im Grundsatz um die Bereitstellung von Fremdkapital. Dies ist von den externen Kapitalgebern ausdrücklich beabsichtigt und hieran soll sich auch durch die Abgabe einer wirksamen Rangrücktrittserklärung nichts ändern.
Aufgrund der "Sandwichposition" dieser Subordinated debentures besteht jedoch auch für den Bereich des Steuerrechts die latente Gefahr einer Umqualifizierung des Mezzanine-Kapitals.[220] Obwohl das Steuerrecht bei der Beurteilung eigenkapitalersetzender Darlehen von den

218 Vgl. BFH-Urt. v. 2.10.1984, a.a.O., BStBl. 1985 II, S. 320. So auch Siegel, T., Gesellschafter-Fremdfinanzierung. Entwürfe eines § 8a KStG und steuersystematische Lösung, in: StuW 1989, S 343.

219 Vgl. BFH Urt. v. 10.12.1975, a.a.O., BStBl. 1976 II, S. 227.

220 Vgl. dazu Falkenhausen, J. Frh. v., Steuerliche Konsequenzen der Rangrücktrittserklärung für Gesellschafterdarlehen, in: BB 1982, S. 550, im folgenden zitiert als: Falkenhausen, J. Frh. v., Konsequenzen.

zivilrechtlichen Grundsätzen abweicht,[221] könnten bisher als Fremdkapital ausgewiesene Bilanzpositionen durch die Vereinbarung eines Rangrücktritts über das Institut der verdeckten Einlage auch für steuerliche Zwecke in Nennkapital umgewandelt werden.
Es stellt sich mithin im folgenden die Frage, inwieweit aus der ausdrücklichen und wirksamen Erklärung eines Rangrücktritts durch einen Kapitalgeber negative steuerliche Konsequenzen für das jeweilige Gesellschafter-Darlehen zu erwarten sind.
Auch die steuerliche Behandlung nachrangiger Verbindlichkeiten richtet sich nicht zwingend nach den Grundsätzen eigenkapitalersetzender Gesellschafterdarlehen. Der qualitative Unterschied liegt bereits darin begründet, daß es sich bei dem Rangrücktritt um eine freiwillige Handlung des Gläubigers handelt und nicht um die auf gesetzlicher Grundlage zwingend vorgeschriebene Umqualifizierung einer Bilanzposition.
Zur Frage steht also vielmehr, inwieweit das Darlehen durch die Abgabe der Rangrücktrittserklärung, auch wenn es ansonsten keinen eigenkapitalersetzenden Charakter hat, seine Eigenschaft als Verbindlichkeit und betriebliche Schuld verliert.

3.2.4.2. Behandlung der Zinsen

Insbesondere im Bereich der Körperschaftsteuer hätte die Umqualifizierung einer Fremdverbindlichkeit in haftendes und damit auch steuerliches Eigenkapital empfindliche negative Auswirkungen. Im Grundsatz stellen die Aufwendungen für betrieblich verursachte Fremdkapitalverbindlichkeiten Betriebsausgaben i.S.d. § 4 EStG dar und mindern als solche die Bemessungsgrundlage für den steuerpflichtigen Gewinn.[222] Bei einer Umqualifizierung in gesellschaftsrechtliches Eigenkapital wäre jedoch nach den Vorschriften der §§ 29, 30 KStG im Rahmen des verwendbaren Eigenkapitals zu berücksichtigen. Die Zinszahlungen würden in diesem Fall als Gewinnverwendung das körperschaftsteuerliche An-

221 Vgl. Heuser, P.J., Rechnungswesen, in: GmbH-Handbuch, a.a.O., Teil II, Tz 1609. Siehe jedoch im Gegensatz dazu das BFH-Urt. v. 2.10.1984, a.a.O., BStBl. 1985 II, S. 320, das sich bei der Beurteilung des verdeckten Nennkapitals sehr wohl an zivilrechtlichen Maßstäben orientiert und damit auch eine gewisse Rechtsunsicherheit ausgelößt hat. Vgl. dazu Eppler, G., Neue Tendenzen beim verdeckten Stammkapital?, in: DStR 1986, S. 741ff.

222 Vgl. §§ 7 Abs 2, 8 Abs 1 KStG.

rechnungsverfahren auslösen und somit zur Herstellung der Ausschüttungsbelastung nach § 27 KStG führen. Die steuerlichen Vorteile der Fremdkapitalzuführung gingen damit verloren.
Im Bereich der Gewerbesteuer ergeben sich die negativen Folgen als Auswirkungen der körperschaftsteuerlichen Gewinnermittlung gemäß § 7 GewStG. Die Zinsen würden als Gewerbeertrag die Bemessunggrundlage erhöhen, und es käme nicht wie bei Dauerschuldzinsen lediglich zur hälftigen Zurechnung gemäß § 9 Nr. 1 GewStG.
Ansätze für eine den handelsrechtlichen Vorschriften folgende[223] steuerliche Umqualifizierung des Gesellschafterdarlehens ergeben sich zum einen aus dem Institut der wirtschaftlichen Betrachtungsweise. Danach kann unter Berücksichtigung aller Umstände des Einzelfalls die Zuführung von Eigenkapital geboten gewesen sein.[224] Der BFH hat jedoch in besagtem Urteil eindeutig festgestellt, die Tatsache, daß ein Darlehen nach gesellschaftsrechtlichen Gesichtspunkten als haftendes Eigenkapital anzusehen ist, sei für die steuerliche Beurteilung unerheblich.[225] Auch in der Vereinbarung besonderer Rückzahlungsbedingungen oder dem Aufschub der Rückzahlungsverpflichtung[226] kann nicht die Umdeutung einer Darlehensverbindlichkeit in gesellschaftsrechtliches, haftendes Eigenkapital begründet werden.[227]
Zum anderen kann in dem im Rang zurückgenommenen Fremdkapital eine den wirtschaftlichen Vorgängen unangemessene rechtliche Mißbrauchsgestaltung i.S.d. § 42 AO gesehen werden. Da die Gesellschafter einer Kapitalgesellschaft jedoch in ihrer Entscheidung bezüglich der Ausstattung "ihrer Gesellschaft" mit Eigen- oder Fremdkapital grundsätzlich frei sind,[228] kommt die Vorschrift des § 42 AO nur in sel-

223 Vgl. § 32a GmbHG.

224 Vgl. BFH-Urt. v. 10.12.1975 I R 135/74, BStBl. 1976 II, S. 227.

225 Vgl. BFH-Urt. v. 10.12.1975, a.a.O., BStBl. 1976 II, S. 227

226 und als solches ist ein Rangrücktritt vorerst zu betrachten, da der Darlehensgeber nach Ansicht des BFH nicht bereits entgültig auf seine Kapitalforderung verzichtet hat, vgl. BFH-Urt. v. 10.12.1975, a.a.O., BStBl. 1976 II, S. 227.

227 Vgl. auch BFH-Urt. v. 30.4.1968, I 161/65, BStBl. 1968 II, S. 720.

228 Vgl. BFH-Urt. v. 10.12.1975, a.a.O., BStBl. 1976 II, S. 227.

tenen Ausnahmefällen zur Anwendung.[229] Da i.d.R. auch erhebliche wirtschaftliche Gründe für die Darlehensgewährung sprechen können, fehlt es zudem in den meisten Fällen bereits an der nachweisbaren subjektiven Erfordernis der Steuerumgehungsabsicht.
Aus der Rangrücktrittserklärung eines Gesellschafters bezüglich eines von ihm zur Verfügung gestellten Fremdkapitalpostens ergeben sich somit - trotz gesellschaftsrechtlicher Umqualifizierung - grundsätzlich keine ertragsteuerlichen Konsequenzen.[230]

3.2.4.3. Ausweis im Betriebsvermögen

Für den Bereich der Vermögensteuer stellt sich die Frage, inwieweit auch nach Erklärung eines Rangrücktritts durch Gesellschafter-Gläubiger im Fremdkapital noch eine passivierungsfähige Rückzahlungsverpflichtung gesehen werden kann, die damit auch als betriebliche Schuld i.S.d. § 103 Abs.1 BewG vom Einheitswert des Betriebsvermögens abzugsfähig ist.[231]
Da bei einer Kapitalgesellschaft das Betriebsvermögen gleichzeitig Gesamtvermögen ist, sind mithin i.d.R. sämtliche Schulden als betrieblich veranlaßt anzusehen.[232] Ein genauer Zeitpunkt der Einforderung durch die Gläubiger ist für die Abzugsfähigkeit nicht erforderlich. Trotzdem muß der Schuldner jedoch fest mit der Einforderung der Verbindlichkeit rechnen.[233] Auch wenn die Verbindlichkeit am Bilanzierungsstichtag keine ernstzunehmende Belastung des Unternehmens darstellt, ist sie als abzugsfähig anzusehen, soweit sie für den Betrieb eine ernstzunehmende wirtschaftliche Belastung darstellt.

---

229 Selbst bei einem Verhältnis zwischen EK und FK von 1:78 hat der BFH kein verdecktes Stammkapital angenommen. Vgl. BFH-Urt. v. 6.10.1959, I 136/59 U, BStBl. 1960 II, S. 10.

230 So im Ergebnis auch Falkenhausen, Frh. J. v., a.a.O., S. 551.

231 Es handelt sich dabei um Schulden, deren Entstehung ursächlich und unmittelbar auf Vorgänge zurückzuführen sind, die das Betriebsvermögen betreffen, vgl. Abschn. 26 Abs.1 VStR 1986 unter Hinweis auf das RFH-Urt. v. 14.11.1935, III A 134/34, RStBl. 1935, S. 1465.

232 Vgl. Rössler,R./Troll, M./Langner, J., Bewertungsgesetz und Vermögensteuergesetz, 14., völlig neubearb. Aufl., München 1987, § 103 BewG, Anm. 12.

233 Vgl. dieselben, § 103 BewG, Anm. 15, sowie BFH-Urt. v. 12.12.1975, III R 32/74, BStBl. 1976 II, S. 209..

In diesem Zusammenhang stellt sich jedoch die Frage, inwieweit die Rangrücktrittserklärung als aufschiebende Bedingung und somit als schädlich für die Passivierungsfähigkeit des Darlehens anzusehen ist.[234] Durch den Rangrücktritt würde die Verpflichtung zur Rückzahlung dann zumindest ungewiß befristet[235] - nämlich wenigstens bis zu dem Zeitpunkt, an dem eine Verbesserung der Vermögenslage der Unternehmung eintritt. Eine solche Verbindlichkeit würde keine abzugsfähige Betriebsschuld darstellen.

Der Rangrücktritt ist jedoch in Anwendung der Vorschriften des BGB[236] über den Begriff der "Bedingung" als eine sogenannte auflösende Bedingung anzusehen.[237] Der Gläubiger rechnet auch nach Abgabe einer Rangrücktrittserklärung weiterhin mit der Begleichung seiner Forderung.[238] Für den Schuldner stellt die Verbindlichkeit nach wie vor eine wirtschaftliche Belastung dar. Lasten, deren Fortdauer auflösend bedingt sind, werden wie unbedingte Lasten vom Einheitswert des Betriebsvermögens abgezogen.[239]

3.2.4.4. Verkehrsteuern

Auch für die Gesellschaftsteuer könnten sich aus der Umdeutung einer Darlehensverbindlichkeit in eine verdeckte Einlage infolge einer Rangrücktrittsvereinbarung steuerliche Auswirkungen ergeben.[240]

Gemäß § 2 Abs. 1 Nr. 1 KVStG kann nämlich in der Gewährung eines Gesellschafterdarlehens dann ein steuerpflichtiger Vorgang gesehen werden, wenn die Zuführung wirtschaftlich als Eigenkapitaleinlage zu

---

234 Entsprechend beurteilt die Rechtsprechung den Forderungsverzicht gegen Gewährung von Besserungsscheinen im Falle der Sanierung. Vgl. BFH-Urt. v. 9.11.1965 I 264/62 U, BStBl. 1966 III, S. 383.

235 Vgl. dazu Abschn. 29 VStR, danach sind Lasten, deren Entstehung von einer aufschiebenden Bedingung abhängt nicht zu berücksichtigen, im Gegensatz zu solchen Verpflichtungen, deren Fortdauer auflösend bedingt ist

236 §§ 158ff BGB.

237 Die Wirkung des Rechtsgeschäfts tritt sofort ein, endigt jedoch mit Eintritt der Bedingung für die Zukunft, vgl. Priester, H.J., Rangrücktritt, a.a.O., S. 2433.

238 Wenn auch erst nach Befriedigung der übrigen Gläubiger.

239 Vgl. Abschn. 29 Abs. 2 VStR.

240 Vgl. zu dieser Problematik bereits Priester, H.J., Rangrücktritt, a.a.O., S. 2430, Fn. 16.

werten ist[241] oder es sich um eine mißbräuchliche rechtliche Gestaltung gemäß § 42 AO handelt.[242] Wie bereits für den Bereich der Körperschaftsteuer dargestellt, sind jedoch diese Voraussetzungen durch die Abgabe einer Rangrücktrittserklärung nicht gegeben.[243]
Eine im Gesellschaftsverhältnis begründete Leistung des Gesellschafters an sein Unternehmen[244] wird in einer solchen Vereinbarung ebenfalls nicht begründet.[245]
Auch eine freiwillige Leistung des Gesellschafters an seine Gesellschaft ist nur insoweit steuerpflichtig, als sie den Wert der Anteile erhöht.[246] Das Darlehen nimmt jedoch lediglich vorübergehend eine eigenkapitalersetzende Funktion gegenüber den übrigen Gläubigern ein. Die Rangrücktrittserklärung hat mithin ausdrücklich nur eine haftungsrechtliche Bedeutung, ohne dabei jedoch den Wert des Anteils des jeweiligen Gesellschafters zu beeinflussen.[247]
Darüberhinaus ist jedoch abzugrenzen, ob der Rangrücktritt eventuell als Forderungsverzicht gesehen werden muß, der als eine Form der freiwilligen Leistung im Katalog der gesellschaftsteuerpflichtigen Vorgänge des § 2 Abs.1 Nr.4b KVStG ausdrücklich genannt ist.[248] Ein Forderungsverzicht i.S.d. genannten Vorschrift liegt jedoch nur dann vor, wenn der Gesellschafter endgültig und ohne Befristung auf eine bereits rechtlich

---

241 Bis zum 31.12.1971 unterlag die Gewährung von Gesellschafterdarlehen der Gesellschaftsteuer, soweit dadurch eine "nach der Sachlage gebotene Kapitalzuführung" i.S.d. § 3 KVStG 1959 umgangen wurde. Vgl. Hoyer, W., Das Gesellschafterdarlehen im Kapitalverkehrsteuerrecht, in: DB 1977, S. 973.

242 Vgl. Brönner, H./Kamprad, B., Kommentar zum Kapitalverkehrsteuergesetz, 4., völlig überarb. und erw. Aufl., Köln 1986, § 2, Rdn. 42. Im vorliegenden Fall war das Gesellschafterdarlehen zinslos gewährt worden, vgl. BFH-Urt. v 12.10.1983, II R 56/81, BStBl. 1984 II, S. 140.

243 Vgl. Falkenhausen, J. Frh. v., Konsequenzen, a.a.O., S. 551.

244 Vgl. § 2 Abs. 1 Nr. 2 KVStG

245 Vgl. Brönner, H./Kamprad, B., a.a.O., § 2 Rdn. 42.

246 Vgl. § 4 Abs. 1 Nr. 4a KVStG.

247 Vgl. so im Ergebnis auch Kamprad, B., Auswirkungen, a.a.O., S. 68, sowie Merkert, H., Kapitalverkehrsteuerpflichtige Gesellschaftereinlage in Liquidationsunternehmen, in: DB 1983, S. 2488.

248 Vgl. Hoyer, W., a.a.O., S. 976. Als maßgebendes Kriterium ist hierbei anzusehen, inwieweit sich der Wert der Gesellschaftsrechte durch den Rangrücktritt erhöht hat.

vorhandene Forderung verzichtet.[249] Abweichend von der zivilrechtlichen Beurteilung besteht jedoch wirtschaftlich zumindest eine "latente Belastung"[250] der Newco, mit der Verpflichtung, nach Befriedigung der vorrangigen Gläubiger auch nachrangige Verbindlichkeiten zu tilgen, soweit es die Ertragslage ermöglicht.
Von einem entgültigen Erlöschen der Forderung aus verkehrsteuerlicher Sicht ist mithin nicht auszugehen. Die Behandlung folgt insoweit den Grundsätzen des Ertragsteuerrechts.[251]

3.2.4.5. Ertragsbesteuerung bei der Newco

Neben der Anerkennung als subordinated debt ergibt sich bei der Ausstattung eines Gesellschafterdarlehens mit einer Rangrücktrittsvereinbarung ein weiteres Problem. Soweit das Finanzamt der Einstufung als Fremdkapital nicht folgt, hat dies nicht nur Auswirkungen auf die Anerkennung des Kapitaldienstes als Betriebsausgabe. Darüber hinaus besteht die Gefahr, daß in Höhe des nachrangigen Darlehens der Zufluß eines außerordentlichen Ertrages bei der Newco angenommen wird.[252]
In dem betreffenden Urteil, dessen Vollziehung durch den Beschluß des BFH nunmehr ausgesetzt wurde, hatte sich "das Finanzamt auf den Standpunkt gestellt, durch den Rangrücktritt habe die Antragstellerin (schuldende Gesellschaft, Anm. d. Verf.) einen außerordentlichen Ertrag ... erzielt".[253]
Aus zweierlei Gründen ergeben sich nach Auffassung des BFH "ernstliche Zweifel an der Rechtmäßigkeit" des Verwaltungsaktes. Zum einen existiert bislang noch keine vergleichbare höchstrichterliche Rechtsprechung zur ertragsteuerlichen Behandlung einer Rangrücktrittserklärung. Zum anderen vertreten namhafte Autoren im Fachschrifttum die Auffassung, die erfolgswirksame Auflösung einer Verbindlichkeit in Folge eines Rangrücktritts sei unzulässig.[254] Eine besondere Bedeutung kommt da-

249 Vgl. auch Brönner, H./Kamprad, B., a.a.O., § 2 Rdn. 54.
250 Hoyer, W., a.a.O., S. 977.
251 Vgl. Zweiter Teil, Abschn. B..3.2.4.2. dieser Arbeit.
252 Vgl. BFH-Beschluß v. 18.10.1989, IV B 149/88, in: DB 1990, S. 564.
253 Ebenda, S. 546.
254 Vgl. Knobbe-Keuk, B., Rangrücktrittsvereinbarung, a.a.O., S. 127ff, sowie Priester, H,-J., Rangrücktritt, a.a.O., S. 2429ff.

bei der Formulierung der Vereinbarung zu, die nachrangige Verbindlichkeit sei nicht nur aus zukünftigen Gewinnen, sondern auch aus einem etwaigen Liquidationserlös zu tilgen. Darlehen, die ausschließlich aus künftigen Erträgen zu tilgen sind, dürfen nach ständiger Rechtsprechung des BFH auch einkommensteuerrechtlich nicht passiviert werden.[255] Wie der nun anstehende Fall einer Einbeziehung des Liquidationserlöses entschieden wird, bleibt abzuwarten.
Für den konkreten Fall des Management-Buy-Outs werden für eine zukünftige Beurteilung folgende Kriterien von Bedeutung sein:

1. Die Höhe und Nachhaltigkeit des prognostizierten Cash-flows. Soweit es die Ertragslage der Newco als plausibel erscheinen läßt, daß die nachrangigen Verbindlichkeiten aus zukünftigen Gewinnen getilgt werden können, die Verbindlichkeit mithin eine tatsächliche wirtschaftliche Belastung für die Newco darstellt, erscheint eine steuerliche Passivierung zulässig.

2. Die Werthaltigkeit des Anspruchs auf den Liquidationserlös. Verfügt die Zielgesellschaft über ein entsprechend wertvolles Anlagevermögen, das nicht bereits durch den Zugriff der vorrangigen Gläubiger aufgezehrt würde, ist auch in diesem Zusammenhang eine Passivierung vertretbar.

3. Die Kapitalstruktur der Newco. Gerade wenn die Erwerbsholding mit nachrangigen Gesellschafterdarlehen ausgestattet wird, empfiehlt es sich, zumindest bei der Eigenkapitalquote das Verhältnis 1:10 auf keinen Fall zu unterschreiten. So kann zumindest die Gefahr einer Umdeutung der Darlehen über die Grundsätze des BMF-Schreibens vom 16.3.1987[256] vermieden werden.

255 So zuletzt BFH-Urt. v. 19.2.1981, IV R 112/78, BStBl. 1981 II, S. 654 sowie vom 10.10.1985, IV B 30/85, BStBl. 1986 II, S. 68. Die Frage der bilanziellen Behandlung nachrangiger Verbindlichkeiten wurde in dem letztgenannten Urteil ausdrücklich offengelassen. Vgl. ebenda, S. 70.

256 Vgl. a.a.O., BStBl. 1987 I, S. 373.

3.2.4.6. Inanspruchnahme des Rangrücktritts[257]

In den bisherigen Ausführungen konnte nachgewiesen werden, daß sich für die steuerliche Qualifizierung des Gesellschafter-Darlehens solange keine negativen Folgen aus dem Rangrücktritt ergeben, wie eine tatsächliche Inanspruchnahme des Gläubigers bezüglich der abgegebenen Erklärung nicht erforderlich ist. Gerade im Zusammenhang mit der hybriden Finanzstruktur eines Management-Buy-Outs ist jedoch die Frage zu stellen, welche steuerlichen Konsequenzen sich ergeben, wenn bei der Newco tatsächlich der Überschuldungsstatus eintritt.

Aufgrund seiner nachrangigen Stellung gegenüber anderen Verbindlichkeiten wird ein mit einer Rangrücktrittserklärung ausgestattetes Gesellschafter-Darlehen als erstes in verdecktes Nennkapital umzuqualifizieren um eine Überschuldung der Newco zu vermeiden.

Der BFH hatte in einem jüngeren Urteil exakt diesen Fall zu entscheiden.[258] Nach der Auffassung des erkennenden Senats erbringt der Gesellschafter mit "Eintritt der Krise" eine gesellschaftsrechtliche Einlage.[259] Da diese zum Zeitpunkt der Umqualifizierung das Eigenkapital der Newco erhöht wird entsprechend der Teilbetrag des EK 04 erhöht.[260] Die Besonderheit im zu entscheidenden Fall lag darin, daß die abgegebene Rangrücktrittserklärung mit einem Besserungsschein ausgestattet war. Nach Beendigung der Krise lebte somit der Charakter des Darlehens als Verbindlichkeit wieder auf. In der Gliederung des verwendbaren Eigenkapitals wurde diese Rückgewähr der Einlage durch eine entsprechende Minderung des Teilbetrags beim EK 04 berücksichtigt.

Obwohl diese Lösung auf den ersten Blick folgerichtig erscheint ist sie doch insoweit bemerkenswert, als der BFH mit diesem Urteil zum ersten Mal den Vorgang der Einlagenrückgewähr aus der Verwendungsfiktion des § 28 Abs. 3 KStG ausgeklammert hat, und den Teilbetrag des verwendbaren Eigenkapitals gem. § 30 Abs. 2 Nr. 4 KStG einem "Direktzu-

---

257 Vgl. hierzu insbesondere das jüngste BFH-Urt. v. 30.5.1990, I R 41/87, in: DB 1991, S. 1998.

258 Vgl. BFH-Urt. v. 30.5.1990, a.a.O., S. 1998.

259 Vgl. ebenda, S. 1998.

260 Vgl. § 30 Abs. 2 Nr. 4 KStG

griff"[261] ausgesetzt hat.[262] Eine solche Forderung war auch schon früher von Kritikern der gesetzlich festgeschriebenen Verwendungsreihenfolge des Körperschaftsteuergestzes erhoben worden,[263] wurde jedoch von Rechtsprechung und Gesetzgebung bisher nicht berücksichtigt. Die Besonderheit des vorliegenden Urteils ist allerdings darin zu sehen, daß die Rückgewähr der Einlage durch den Eintritt einer auflösenden Bedingung erfolgt, es somit an einer bewußten Handlung seitens der Organe der Kapitalgesellschaft fehlt. Inwieweit die Grundsätze dieser Entscheidung deshalb auch auf andere Fälle der Einlagenrückgewähr ausgedehnt werden können bleibt somit abzuwarten.

3.3. Die stille Beteiligung

3.3.1. Begriff und steuerliche Anerkennung

Die neben dem Gesellschafterdarlehen gängigste Form, die Newco mit dem für das Buy-Out notwendigen Kapital auszustatten, besteht darin, daß sich die externen Investoren und institutionellen Anleger als typische stille Gesellschafter[264] an der Erwerbsholding beteiligen. Die grundsätzliche Zulässigkeit der stillen Beteiligung eines Gesellschafters einer Kapitalgesellschaft an seinem Unternehmen wurde durch die Rechtspre-

---

261 Eppler, G., Das Quasi-Eigenkapital bei der GmbH als steuerrechtliches Problem, in: DB 1991, S. 195.

262 Nach bisheriger Auffassung mußte auch bei Auskehrung von Kapitalanteilen, die zuvor zu einer Erhöhung des EK 04 geführt hatten die Verwendungsfiktion des § 28 Abs. 3 KStG eingehalten werden und entsprechend zunächst auf die Teilbeträge des EK 50 bzw. EK 36 zurückgegriffen werden.

263 Kerssenbrock, Otto Graf v., Die Verwendungsfiktion des § 28 Abs. 3 KStG, in: DB 1987, S. 1658

264 Dieser ist für die steuerliche Behandlung strikt zu trennen vom atypischen stillen Gesellschafter, der als solcher Mitunternehmereigenschaft i.S.d. § 15 Abs. 1 Nr. 2 EStG besitzt, und entsprechend Einkünfte aus Gewerbebetrieb erzielt. Merkmale dabei sind insbesondere die Entwicklung von Unternehmerinitiative und die Übernahme von Unternehmerrisiko. Zum Typusbegiff des Mitunternehmers vgl. Abschn. 138 EStR. Aufgrund dieser gesellschafterähnlichen Stellung - im Gegensatz zur reinen Gläubigerstellung des typischen stillen Gesellschafters - soll diese Alternative nicht in die Untersuchung einbezogen werden. Zur Abgrenzung vgl. Post, M./Hoffmann, G.F., Die stille Beteiligung am Unternehmen der Kapitalgesellschaft, 2., überarb. Aufl., Bielefeld 1984, S. 83ff.

chung mehrfach anerkannt und ist heute unstrittig.[265] Die Leistung des typischen stillen Gesellschafters beschränkt sich dabei i.d.R. auf die Erbringung der Einlage,[266] die in das Vermögen der Gesellschaft übergeht.[267] Dafür ist der stille Gesellschafter - unabdingbar - am Gewinn der Gesellschaft zu beteiligen. Eine Teilnahme am Verlust der Unternehmung kann dagegen per Gesellschaftsvertrag ausgeschlossen werden.[268]

3.3.2. Stellung innerhalb der Kapitalstruktur

In einer Vielzahl von Beiträgen wird die stille Beteiligung als Finanzierungsalternative dargestellt, um die Eigenkapitalbasis einer Unternehmung zu verstärken, bzw. ihr gesellschaftsrechtliches Eigenkapital zuzuführen.[269]

Im Zuge einer korrekten Strukturierung der einzelnen Ausgestaltungsformen der MBO-Finanzierung stellt sich somit zuerst die Frage nach der bilanztheoretischen Einordnung der stillen Beteiligung.[270]

Im Bereich der Handelsbilanz wird die Einlage des Stillen in Höhe des tatsächlich geleisteten Betrages dem Konto "Stille Beteiligungen"[271] gutgeschrieben. Diese Einlage "hat Fremdkapitalcharakter und wird auf der Passivseite unter den Verbindlichkeiten - und nicht als Eigen-kapital -

265 Vgl. BFH-Urt. v. 6.2.1980, I R 50/76, BStBl. 1980 II, S. 477.

266 Vgl. § 230 HGB.

267 Zu diesem Zweck ist ein Gesellschaftsvertrag zwischen beiden Parteien zu schließen, nach dem das Ziel des Zusammenschlusses auf die Erreichung eines gemeinsamen Zweckes und den Abschluß von Handelsgeschäften für gemeinsame Rechnung gerichtet ist. Vgl. Post, M./Hoffmann, G.F., a.a.O., S. 22.

268 Vgl. § 231 Abs. 2 HGB.

269 Vgl. u.a. Schalek, P., a.a.O., S. 108, Schramm, B., Finanzierung nicht emissionsfähiger mittelständischer Unternehmen, in: Christians, F.W., Finanzierungshandbuch, a.a.O., S. 572.

270 Ex definitione handelt es sich beim Mezzanine nicht um Eigenkapital, sondern um Fremdkapital, das lediglich durch entsprechende Ausgestaltung gegenüber außenstehenden Drittgläubigern eine Quasi-Haftungsfunktion übernimmt.

271 Oder auch als "Verbindlichkeit gegenüber verbundenen Unternehmen".

ausgewiesen."[272] Die Zahlungen auf die stille Beteiligung, anteilig zum Jahresgewinn, werden entsprechend als Aufwand des betreffenden Geschäftsjahres verbucht.

Maßgebend für die steuerliche Behandlung sind die Vorschriften des Bewertungsgesetzes. Wird für die steuerliche Behandlung zunächst auf die Vermögensaufstellung abgestellt, so ergibt sich aus § 102 BewG ein Abzug der betrieblich veranlaßten Schuld vom Einheitswert des Betriebsvermögens.[273] Nach der Rechtsprechung des BFH handelt es sich bei der Einlage des typischen stillen Gesellschafters um eine besonders geartete Verbindlichkeit.[274] Trotz des gesellschaftsrechtlichen Charakters der Einlage soll die typische stille Beteiligung nach dem Willen des Dritten Senats als Kapitalforderung behandelt werden.[275]

Es ist somit im Ergebnis festzuhalten, daß die relevante Form der typischen stillen Beteiligung als Fremdfinanzierung zu beurteilen ist,[276] die Einlage des Stillen gehört als Fremdkapital nicht zum verwendbaren Eigenkapital und nicht zum Betriebsvermögen der Newco.[277]

---

272 Post, M./Hoffmann, G.F., a.a.O., S. 52, die sich auf Felix, G., Die stille Beteiligung, a.a.O., S. 40 berufen. Danach gilt dies selbst insoweit, als die stille Einlage im Innenverhältnis wie Gesellschaftsvermögen behandelt wird. Vgl. §§ 151 AktG, 43 GmbHG.

273 Eine betriebliche Veranlassung der Schuld - Finanzierung eines Unternehmenskaufs - soll im folgenden nicht in Frage gestellt werden.

274 Vgl. BFH-Urt. v. 2.2.1973, III R 134/70, BStBl. 1973 II, S. 473.

275 So auch Post, M./Hoffmann, G.F., a.a.O., S. 97, Fn. 87. Anders verhält es sich dagegen bei der atypischen stillen Beteiligung. Auch wenn sie mit einer Kapitalgesellschaft eingegangen wird, schließen sich beide Gesellschaften für steuerliche Zwecke zu einer Mitunternehmerschaft, d.h. zu einer Personengesellschaft, zusammen. Es kommt somit zur einheitlich gesonderten Feststellung des Betriebsvermögens gemäß § 180 Abs. 1 Nr. 3 AO.

276 So auch Sarrazin, V., Das Eigen- und Fremdkapital der Kapitalgesellschaft unter Beteiligung von Inländern, in: JbFfStR 1979/80, S. 400, im fogenden zitiert als: Sarrazin, V., Kapitalgesellschaften.

277 Trotzdem kann der Einlage die Funktion haftenden Kapitals zukommen. Soweit nämlich eine Teilnahme am Verlust nicht per Gesellschaftsvertrag ausgeschlossen wird, ist die Position des typischen Stillen noch schwächer als diejenige eines Gläubigers mit Rangrücktrittsvereinbarung einzustufen. Vgl. Knobbe-Keuk, B., Rangrücktrittsvereinbarungen, a.a.O., S. 129.

3.3.3. Steuerliche Behandlung

3.3.3.1. Qualifizierung der Gewinnanteile

Soweit die stille Beteiligung vom institutionellen Anleger im Betriebsvermögen gehalten wird, unterliegt dieser als stiller Gesellschafter mit seinen Gewinnanteilen der unbeschränkten Körperschaftsteuerpflicht. Diese sind ebenso wie andere Entgelte oder Veräußerungsgewinne als Betriebseinnahmen steuerpflichtig.[278] Ein Veräußerungsverlust mindert entsprechend den steuerpflichtigen Gewinn.

Auf der Ebene der Newco stellen die Gewinnanteile, die an die Kapitalgeber ausgeschüttet werden, Betriebsausgaben i.S.d. § 4 Abs. 4 EStG i.V.m. § 8 Abs. 1 KStG dar. Das zu versteuernde Einkommen wird entsprechend gemindert.[279] Desweiteren hat die Erwerbsholding als Geschäftsinhaberin nach § 20 Abs. 1 Nr. 4 EStG i.V.m. § 43 Abs. 1 Nr. 3 EStG und § 43a Abs. 1 Nr. 1 EStG Kapitalertragsteuer in Höhe von 25% des Gewinnanteils durch Abzug an der Quelle einzubehalten und an das zuständige Finanzamt abzuführen.[280]

Für die Zwecke der Gewerbesteuer sind die Gewinnanteile des stillen Gesellschafters dem Gewerbeertrag der Newco insoweit nicht gemäß § 8 Abs. 3 GewStG hinzuzurechnen, als die Beteiligung von den externen Investoren im Betriebsvermögen gehalten wird. Die Belastung mit Gewerbeertragsteuer erfolgt somit nicht bei der Erwerbsholding, sondern bei den Beteiligungsgesellschaften selbst.[281]

Verlustanteile aus der stillen Beteiligung können nur insoweit steuerlich berücksichtigt werden, als sie aufgrund gesellschaftsrechtlicher Verpflichtungen übernommen werden.[282] Wird die Beteiligung im Betriebs-

---

278 Vgl. Post, M./Hoffmann, G.F., a.a.O., S. 102.

279 Vgl. Post, M./Hoffmann, G.F., a.a.O., S. 91. Wobei die Gewinnminderung bereits im Jahr der Entstehung bei der Newco zu passivieren ist, auch wenn die Ausschüttung erst in der folgenden Periode beim stillen Gesellschafter als zugeflossen gilt, vgl. § 11 EStG.

280 Vgl. Post, M./Hoffmann, G.F., a.a.O., S. 91.

281 Vgl. § 7 GewStG i.V.m. § 7 KStG. Hält der stille Gesellschafter die Beteiligung dagegen im Privatvermögen, erfolgt bei der Newco eine Hinzurechnung der Beteiligungsentgelte

282 Vgl. Paulick, H., Handbuch der stillen Gesellschaft, 4., völlig überarb. u. erw. Aufl. von Uwe Blaurock, Köln 1988, S. 415.

vermögen gehalten, erfolgt eine Verrechnung über die Abschreibung des Buchwertes der Beteiligung auf den niedrigeren Teilwert.[283] Über den Betriebsvermögensvergleich[284] findet der Verlust Eingang in die steuerliche Gewinnermittlung.

3.3.3.2. Bilanzierung der Einlage

Für die Ermittlung des Gewerbekapitals kann auf die gewerbeertragsteuerlichen Vorschriften verwiesen werden. Soweit die Beteiligung vom stillen Gesellschafter im Betriebsvermögen gehalten wird, unterbleiben eine Hinzurechnung und steuerliche Erfassung bei der Newco.[285]

Bezüglich der vermögensteuerlichen Behandlung der typischen stillen Gesellschaft kann insoweit auf die Ausführungen zur Stellung innerhalb der Kapitalstruktur der Unternehmung verwiesen werden.[286] Nach ständiger Rechtsprechung des BFH[287] handelt es sich bei der typischen stillen Gesellschaft demzufolge um eine Verbindlichkeit, die "bei der Ermittlung des Betriebsvermögens der Kapitalgesellschaft mit ihrem Teilwert abgezogen" wird.[288]

Zuletzt könnte der Annahme einer abziehbaren Schuld entgegenstehen, daß die stille Einlage des Gesellschafters unter bestimmten Umständen als verdecktes Nennkapital angesehen werden könnte.[289] In der ursprünglich differierenden Auffassung zwischen I. Senat und III. Senat vertrat der Bewertungssenat die wesentlich restriktivere Auffassung, daß verdecktes Stammkapital anzunehmen war, wenn ein fremder Dritter unter den gegebenen wirtschaftlichen Umständen ein vergleichbares Darlehen nicht gewährt hätte, die Zuführung von Stammkapital somit geboten war.[290] Diese Rechtsprechung hat der III. Senat jedoch aufge-

---

283 Vgl. § 6 Abs. 1 Nr. 1 EStG

284 Vgl. §§ 4 Abs. 1, 5 EStG.

285 Die Vorschrift des § 12 Abs. 2 Nr. 1 GewStG nimmt insofern Bezug auf die ertragsteuerliche Hinzurechnungsvorschrift des § 8 Nr. 1-3 GewStG. Vgl. Fleischer, E./Thierfeld, R., Stille Gesellschaft im Steuerrecht, 4. Aufl., Achim 1984.

286 Vgl. Zweiter Teil, Abschn. B.3.3.2. dieser Arbeit.

287 Vgl. BFH-Urt. v. 2.2.1973, a.a.O., BStBl 1973 II, S. 473.

288 Absch. 30 VStR.

289 Vgl. Paulick, H., a.a.O., S. 489.

290 Vgl. BFH-Urt. v. 31.3.1969, III R 18/68, BStBl. 1969 II, S. 430.

geben und sich ohne Angabe von Gründen dem I. Senat angeschlossen,[291] so daß verdecktes Stammkapital nunmehr nur noch in Extremfällen anzunehmen sein wird.[292]
Beim stillen Gesellschafter selbst gehört die Beteiligung als Kapitalforderung gemäß § 110 Abs. 1 Nr. 1 BewG zum Betriebsvermögen.[293] Sie ist als sonstiges Vermögen im Einheitswert enthalten.[294] Eine vermögensteuerliche Doppelbelastung wie bei gesellschaftsrechtlichen Anteilen an Kapitalgesellschaften kann somit vermieden werden.

3.3.3.3. Verkehrsteuern

Einlagen in eine Kapitalgesellschaft unterliegen ebenso wie der Erwerb von Genußrechten und sonstigen Forderungen, die eine Beteiligung am Liquidationserlöß gewährleisten, der Kapitalverkehrsteuer nach § 2 Abs. 1, § 6 Abs. 1 Nr. 2 und 3 KapVStG.[295]
Die Differenzierung zwischen typischer und atypischer stiller Gesellschaft ist hierbei unerheblich, auch wenn die atypische stille Gesellschaft steuerrechtlich keine Forderungen mit Gewinnbeteiligung, sondern lediglich eine Mitunternehmerschaft darstellt. Für die Zwecke der Gesellschaftsteuer kommt es aber ausschließlich auf den zivilrechtlichen Tatbestand und nicht auf die steuerliche Betrachtungsweise an.[296]

---

291 Vgl. BFH-Urt. v. 10.3.1972, III R 52/69, BStBl. 1972 II, S. 518.

292 Selbst bei einer Eigenkapitalquote von 1:78 hat der Körperschaftsteuersenat kein verdecktes Nennkapital angenommen, vgl. BFH-Urt. v. 6.10.1959, I 136/59, BStBl. 1960 III, S. 10.

293 Da der stille Gesellschafter nicht am Betriebsvermögen, sondern nur am Ergebnis der Kapitalgesellschaft beteiligt ist, stellt sich die stille Gesellschaft bewertungsrechtlich als verzinsliche Kapitalforderung dar. Vgl. BFH-Urt. v. 7.5.1971, III R 7/69, BStBl. 1971 II, S. 642.

294 Vgl. Post, M./Hoffmann, G.F., a.a.O., S. 105.

295 Steuerpflichtig ist der Erwerb von Gesellschaftsrechten an einer inländischen Kapitalgesellschaft durch den ersten Erwerber (§ 2 Abs. 1 KVStG). Als Gesellschaftsrechte gelten dabei Aktien, Kuxen, Genußrechte und andere Forderungen, die eine Beteiligung am Gewinn oder am Liquidationserlöß der Gesellschaft gewähren (§ 6 KVStG).

296 Vgl. BFH-Urt. v. 14.7.1972, II R 116/69, BStBl. 1972 II, S. 734, sowie v. 7.2.1973, II R 60/72, BStBl. 1973 II, S. 507.

3.3.3.4. Beendigung der stillen Gesellschaft

Bei der Beendigung des Gesellschaftsverhältnisses[297] wird nicht zwischen Auflösung und Abwicklung unterschieden. Da die typische stille Gesellschaft über kein Gesellschaftsvermögen verfügt, kann eine Abwicklung im gesellschaftsrechtlichen Sinn nicht stattfinden.[298] Bestehen keine abweichenden vertraglichen Vereinbarungen, erhält der Stille bei der Auflösung nur den Buchwert seiner Einlage zuzüglich des bis zur Auflösung entstandenen Gewinnanteils.[299]

Soweit es sich dabei um Beträge handelt, die über den Buchwert hinausgehen, stellen diese beim Gesellschafter Einkünfte aus laufender Beteiligung dar. Auch besondere Vorteile, z.B. aufgrund von Wertsicherungsklauseln, oder Entschädigungen für vorzeitiges Ausscheiden sind nicht als steuerlich unbeachtliche Vermögensmehrungen anzusehen, sondern unterliegen ebenso der Ertragsbesteuerung wie die eigentlichen Beteiligungsgewinne.[300]

Entsprechendes gilt für den Fall, daß der stille Gesellschafter seine im Betriebsvermögen gehaltene Beteiligung an der Newco veräußert. Ein über den Nennbetrag hinausgehender Veräußerungsgewinn unterliegt der körperschaftsteuerlichen Tarifbelastung.[301] Ein etwaiger Veräußerungsverlust kann über die Gewinn- und Verlustrechnung regelmäßig steuerlich berücksichtigt werden, auch soweit der stille Gesellschafter im übrigen eine Teilnahme am Verlust ausgeschlossen hat.[302]

---

297 Z.B. nach Ablauf eines fest vereinbarten Zeitraumes, Erreichen des Gesellschaftszweckes oder Kündigung. Siehe auch § 339 HGB.

298 Die §§ 145ff HGB über die Liquidation sind nicht anwendbar. Vgl. Post, M./Hoffmann, G.F., a.a.O., S. 68.

299 Vgl. Fleischer, E./Thierfeld, R., a.a.O., S. 137.

300 Vgl. BFH-Urt. v. 1.6.1978, IV 139/73, BStBl. 1978 II, S. 570.

301 Vgl. Paulick, H., a.a.O., S. 413.

302 Vgl. Fleischer, E./Thierfeld, R., a.a.O., S. 81. Bei einer Veräußerung aus dem Privatvermögen dagegen handelt es sich um eine Wertminderung, die nicht im Gesellschaftsvertrag begründet liegt, und somit auch keine Berücksichtigung über den Werbungskostenabzug findet. Vgl. ausführlich Sterner, F., Steuerfragen beim Ausscheiden eines typischen stillen Gesellschafters, in: DB 1985, S. 2317.

3.3.4. Die stille Beteiligung als nachrangiges Haftkapital

3.3.4.1. Ausgestaltung der Nachrangigkeit

Aus den obigen Ausführungen zur bilanziellen Behandlung der typischen stillen Beteiligung nach Handels- und Steuerrecht sowie ihrer Haftungsfunktion ergibt sich die Frage, inwieweit es überhaupt einer besonderen Ausgestaltung dieser Finanzierungsform bedarf. Erfüllt die stille Beteiligung nicht schon in sich selbst die an ein Instrument der Mezzanine-Finanzierung gestellten Anforderungen?[303]

Die Stellung des stillen Gesellschafters soll zur Verdeutlichung anhand eines Konkursfalles mit "hinreichender Masse" untersucht werden.[304] Soweit nach der Befriedigung der Konkursgläubiger noch Vermögen zur Verteilung verbleibt, werden hiervon zunächst diejenigen Gläubiger ausgezahlt, deren Forderungen nicht mit einem Rangrücktritt ausgestattet sind. Erst das danach verbleibende Restvermögen ist unter den Gesellschaftern zu verteilen. Der RGH hat die stille Beteiligung mit Verlustteilnahme deshalb auch als "verantwortliches Kapital" bezeichnet.[305] Auch ohne ausdrückliche Rangrücktrittserklärung tritt der stille Gesellschafter mit Verlustbeteiligung mit seiner Forderung hinter die anderen "normalen" Gläubiger zurück. Im Verhältnis zu diesen nimmt die stille Beteiligung haftungstechnisch den Charakter von nachrangigem Haftkapital.

3.3.4.2. Bilanzausweis

Bezüglich des bilanziellen Ausweises einer stillen Beteiligung mit Verlustteilnahme kann auf die Ausführungen bezüglich der grundsätzlichen

---

303 Als da sind insbesondere Nachrangigkeit gegenüber außenstehenden Drittgläubigern und gleichzeitige steuerliche Anerkennung als Betriebsschuld. Zur Ausgestaltung der stillen Beteiligung als "eigenkapitalähnliches Fremdkapital" vgl. auch Post, M./Hoffmann, G.F., a.a.O., S. 187. Sie nehmen eine solche eigenkapitalähnliche Beteiligung - im Gegensatz zur kommanditistischen Beteiligung - für den Fall an, daß die stille Beteiligung langfristig besteht, der stille Gesellschafter am Verlust beteiligt ist, vom Inhaber keine Sicherheiten verlangt werden und eine gläubigerähnliche Behandlung des Stillen ausgeschlossen ist.

304 Vgl. dazu Knobbe-Keuk, B., Rangrücktrittsvereinbarungen, a.a.O., S. 130.

305 Vgl. RGH-Urt. RGZ 168, S. 286.

Qualifizierung der stillen Beteiligung verwiesen werden.[306] Es ist auch bei abweichender Gestaltung grundsätzlich davon auszugehen, daß das Konto "Stille Beteiligung" auf der Passivseite der Bilanz mit der tatsächlich geleisteten Einlage zu verbuchen ist und Fremdkapitalcharakter hat.[307]
Sowohl nach dem Steuergesetz[308] als auch nach der Rechtsprechung des BFH[309] handelt es sich bei der Einlage des typischen stillen Gesellschafters um Fremdkapital. "Die Verpflichtung des Unternehmers ist eine besonders geartete Verbindlichkeit, die als Betriebsschuld gemäß § 98a, 103 BewG vom Einheitswert des Betriebsvermögens abzuziehen ist."[310]

3.3.5. Anwendung im Rahmen des Buy-Outs

Wie dargestellt werden konnte, läßt sich die stille Beteiligung mit Verlustteilnahme ohne besondere Gestaltungsmaßnahmen als Mezzanine-Kapital in die Finanzstruktur eines Buy-Outs einbeziehen. Trotz des Fremdkapitalcharakters der typischen stillen Beteiligung in steuerlicher Sicht wird ein Rangrücktritt der Verbindlichkeit hinter andere Drittgläubiger erreicht.
Bezüglich der steuerlichen Behandlung ist die stille Beteiligung weitgehend dem partiarischen Gesellschafterdarlehen gleichgestellt. Die Zahlungen auf das eingelegte Kapital orientieren sich an der Gewinnsituation der Gesellschaft, so daß es nicht zu substanzaufzehrenden Gewinnausschüttungen kommt.
Entscheidend ist, daß nach steuerrechtlicher Auffassung der Fremdkapitalcharakter der stillen Beteiligung unbestritten ist. Der Abzug als Betriebsschuld vom Einheitswert des Betriebsvermögens ist mithin gewährleistet.

---

306 Vgl. Zweiter Teil, Abschn. B.3.3.2. dieser Arbeit.

307 Vgl. auch Post, M./Hoffmann, G.F., a.a.O., S. 51/52, mit einer Darstellung der diesbezüglichen Diskussion.

308 Vgl. Abschn. 30 VStR.

309 Vgl. BFH-Urt. v. 2.2.1973, a.a.O., BStBl. 1972 II, S. 473.

310 So ausdrücklich das BFH-Urt. v. 10.10.1985, IV B 30/85, BStBl. 1986 II, S. 70.

Ebenso stellen die Beteiligungsentgelte bei der Newco abzugsfähige Betriebsausgaben dar, die somit den steuerpflichtigen Gewinn im Bereich der Ertragsteuern mindern.

Als vorteilhaft gegenüber dem Gesellschafterdarlehen ist jedoch insbesondere anzumerken, daß die stille Beteiligung an der eigenen Kapitalgesellschaft nicht von den gleichen rechtlichen Restriktionen betroffen ist wie die Gewährung von Gesellschafterdarlehen. Eine unverhältnismäßig hohe Zuführung von Fremdkapital in Form einer typischen stillen Beteiligung unterliegt nicht der latenten Gefahr einer Umqualifizierung in verdecktes Nennkapital.[311] Erst im Falle der Überschuldung bzw. des Konkurses kann eine Umdeutung i.S.d. Gläubigerschutzes akut werden.[312]

Ein weiterer entscheidender Vorteil gegenüber dem reinen Gesellschafterdarlehen liegt in der Möglichkeit der Vereinbarung einer Verlustbeteiligung gemäß § 231 Abs. 2 HGB. Über diesen Weg können somit steuerlich wirksame Verluste auch auf die externen Kapitalgeber und Investoren transferiert werden, ein Gesichtspunkt, der inbesondere in der Anlaufphase des Buy-Outs mit hohem Kapitaldienst und Umstrukturierungsmaßnahmen von Bedeutung ist.

Darüberhinaus ist im Gegensatz zum Gesellschafterdarlehen die Abgabe einer expliziten Rangrücktrittserklärung nicht erforderlich, um eine dem Mezzanine-Kapital entsprechende Haftungsfunktion zu gewährleisten. Durch die Ausgestaltung als typische stille Beteiligung mit Verlustteilnahme werden die an nachrangiges Haftkapital gestellten Anforderungen erfüllt.

3.4. Finanzierung über die Zielgesellschaft

3.4.1. Begriff der Sellers note

Die typische Finanzierungsstruktur des Management-Buy-Out mit dem hohen Anteil unbesicherten Fremdkapitals macht es notwendig, die

311 Vgl. hierzu die Ausführungen im Zweiter Teil, Abschn. B.2.3. dieser Arbeit.

312 Entsprechend unterliegt die stille Beteiligung im Vergleichs- oder Konkursfall den Vorschriften der §§ 32a, 32b GmbHG sowie den Normen bezüglich der Kapitalerhaltung §§ 30, 31 GmbHG.

Zielgesellschaft nicht nur über die Bestellung von Kreditsicherheiten[313] an der Transaktion zu beteiligen. Soweit aufgrund der besonderen Besicherungsproblematik nicht ausreichend Fremdkapital durch externe Gläubiger zur Verfügung gestellt wird, muß nicht selten die Zielgesellschaft selbst in die Fremdfinanzierung der Transaktion mit einbezogen werden. Die Objektgesellschaft fungiert somit nicht nur als Sicherungsgeber für externe Gläubiger, sondern übernimmt selbst in Form eines Verkäuferdarlehens, der sogenannten "Sellers note", einen Teil der Kaufpreisfinanzierung.[314]

Die Sellers note wird dabei in Form einer noch ausstehenden Kaufpreisforderung durch die Zielgesellschaft bzw. deren Gesellschafter gestundet, oder die Modalitäten der Kaufpreiszahlung werden derartig gestaltet, daß die Liquiditätsbelastung der Newco gemindert wird.

Neben dem reinen Verkäuferdarlehen bietet sich dabei insbesondere die Aufteilung des Gesamtkaufpreises in einzelne Raten an.[315]

Die Anwendbarkeit dieser Finanzierungkonzepte hängt in erster Linie von der Person des Veräußerers ab. Wird die Zielgesellschaft durch ein Buy-Out aus einem Konzern heraus übernommen,[316] kann die Muttergesellschaft sich unter Umständen zur Gewährung eines Verkäuferdarlehens bereiterklären, soweit sie selbst über ein entsprechendes finanzielles Potential verfügt.

Darüber hinaus wird es erforderlich sein, daß die Gesellschafter der Zielgesellschaft ihr Verkäuferdarlehen unbesichert zur Verfügung stellen[317] und eine Befriedigung dieser Verpflichtung erst nach Tilgung der vorrangigen Kreditverbindlichkeiten erfolgt. Nur so kann der Mezzanine-

---

313 Vgl. hierzu ausführlich Zweiter Teil, Abschn. B.4.2. dieser Arbeit.

314 Vgl. grundlegend auch Holzapfel, H.-J./Pöllath, R., a.a.O., S. 351.

315 Eine Veräußerung der Zielgesellschaft gegen eine Leibrente soll im Rahmen der vorliegenden Arbeit nicht erörtert werden.

Abzugrenzen ist die Form der Vereinbarung von Kaufpreisraten von einem variablen Kaufpreis (-bestandteil). Dieser stellt i.d.R. lediglich eine über den Mindestkaufpreis hinausgehende Sonderzahlung dar, zu der sich der Erwerber jedoch nicht vertraglich verpflichtet. Vgl. Holzapfel, H.-J./Pöllath, R., a.a.O., S. 334.

316 Die Anteile wurden somit im Betriebsvermögen der Muttergesellschaft gehalten.

317 Auch hier wird eine Besicherung nur über den zukünftigen Cash-flow der Buy-Out-Gesellschaft möglich sein. Eine Sicherheitsleistung über die Assets der gerade veräußerten Zielgesellschaft erscheint dagegen sehr zweifelhaft.

Charakter der Sellers note gewährleistet und die Finanzstruktur der Newco wirksam verstärkt werden.
Den folgenden Ausführungen zur Sellers note liegt deshalb die Annahme zugrunde, daß es sich bei der Zielgesellschaft um eine Tochtergesellschaft handelt, die zunächst im Wege des sog. "Share deals" aus einem Konzernverbund ausgekauft wird.

3.4.2. Kaufpreisraten

3.4.2.1. Zufluß- oder Sofortbesteuerung

Der Vorteil einer Verteilung des Gesamtkaufpreises auf mehrere Perioden liegt bei der Newco in einer erheblichen Entschärfung der Liquiditätsbelastung im Übernahmezeitpunkt.
Kriterium für eine Beurteilung ist jedoch auch, welche - insbesondere auch steuerlichen Konsequenzen - sich aus einer solchen Gestaltung für die Gesellschafter der Zielgesellschaft ergeben. Entscheidende Frage wird deshalb sein, welcher steuerlichen Behandlung die einzelnen Kaufpreisraten unterliegen.
Nach ständiger Rechtsprechung des Bundesfinanzhofes ist ein Veräußerungsgewinn grundsätzlich in dem Veranlagungszeitraum zu versteuern, in den die tatsächliche Übertragung des wirtschaftlichen Eigentums fällt. Dabei ist es unerheblich, "ob der Veräußerungspreis ganz oder teilweise langfristig gestundet ist und wann der Veräußerungspreis dem Verkäufer tatsächlich zufließt."[318]
Von dieser starren Auffassung weicht der BFH jedoch in bestimmten Fällen ab und unterscheidet dann zwischen der Sofortbesteuerung und der Besteuerung des Veräußerungsgewinns nach dem Zuflußprinzip.[319]
Nach dem Zuflußprinzip werden die jährlich vereinnahmten Kaufpreisraten bei der Zielgesellschaft oder ihren Anteilseignern als nachträgliche gewerbliche Einkünfte i.S.d. § 24 Nr. 2 EStG erfaßt. Eine Besteuerung erfolgt demnach erst, soweit die gezahlten Raten den Buchwert des übertragenen Betriebsvermögens bzw. der Gesellschaftsanteile überstei-

318 BFH-Urt. v. 26.7.1984, IV R 137/82, BStBl. 1984 II, S. 830.

319 Vgl. hierzu grundlegend bereits das RFH-Urt. v. 14.5.1930, VI A 706/28, RStBl. 1930, S. 580.

gen. Im anderen Falle der Sofortbesteuerung unterstellt die Finanzverwaltung einen sofortigen Zufluß des Gesamtkaufpreises unter Berücksichtigung eines entsprechenden Abzinsungsfaktors.[320]

Gegen die ursprünglich zwingende Annahme des Zuflußprinzips durch den RFH spricht nach heutigem Stand des Steuerrechts, daß bei einer Sofortbesteuerung gegebenenfalls steuerliche Vergünstigungen in Anspruch genommen werden können.[321] Der BFH hat dem Veräußerer deshalb unter bestimmten Voraussetzungen ein Wahlrecht zwischen Zufluß- und Sofortbesteuerung zugestanden.[322] Nach ständiger Rechtsprechung des BFH sind es insbesondere zwei Merkmale, die für Gewährung des Wahlrechts gegeben sein müssen:[323]

1) Der Veräußerungspreis wird in langfristig wiederkehrenden Bezügen getilgt, die wagnisbehaftet sind.

2) Die Vereinbarung der langfristig wiederkehrenden Bezüge liegt hauptsächlich im Interesse des Veräußerers und dient in erster Linie der Sicherung seiner finanziellen Versorgung.[324]

Welche der beiden Alternativen, Sofort- oder Zuflußbesteuerung, im Einzelfall vorteilhaft ist, hängt entscheidend von der Person des Veräußerers ab und kann nur unter Berücksichtigung aller steuerlich relevanten Faktoren beurteilt werden.[325]

Eine grundsätzliche Aussage läßt sich jedoch bezüglich der Ausübung des Wahlrechts machen, soweit zwischen privaten und juristisch geprägten Anteilseignern der Zielgesellschaft zu unterscheiden ist. Während sich für natürliche Personen aus einer Sofortbesteuerung die Anwendung

---

320 Vgl. Wollny, P., a.a.O., S. 369/ 370.

321 Vgl. insbesondere die Regelungen der §§ 16, 34 EStG. Siehe hierzu auch Dirrigl, H., Unternehmensveräußerung gegen wiederkehrende Bezüge, in: DB 1988, S. 453.

322 So BFH-Urt. v. 30.1.1974, IV R 80/70, BStBl. 1974 II, S. 452, sowie v. 29.10.1974, VIII R 131/70, BStBl. 1975 II, S. 173. Zur Behandlung von Leib- bzw.Zeitrenten vgl. auch Abschn. 139 Abs. 12 EStR.

323 Vgl. zuletzt BFH-Urt. v. 26.7.1984, a.a.O., BStBl. 1984 II,S. 830.

324 Vgl. insbesondere BFH-Urt. v. 12.6.1968, IV 254/62, BStBl. 1968 II, S. 653.

325 Zur Ausübung des Wahlrechts als betriebswirtschaftliches Entscheidungsproblem vgl. Dirrigl, H., a.a.O.,S. 455ff.

steuerlicher Sondervergünstigungen ergeben kann,[326] kommt für juristische Person als Gesellschafter nur eine Besteuerung nach dem Zuflußprinzip in Frage:

1) Aufgrund der körperschaftsteuerlichen Tarifbelastung von 50% ergeben sich aus der Annahme eines einheitlichen Veräußerungspreises keinerlei Steuerlastminderungen.

2) Durch das Auseinanderfallen von tatsächlicher Vereinahmung des Veräußerungsgewinns und dessen sofortiger steuerlicher Erfassung im Übertragungszeitpunkt ergibt sich ein erheblicher Zins- und Liquiditätsnachteil für die Konzernmuttergesellschaft.

   Ein entsprechender Liquiditätsvorteil folgt dagegen aus der Zuflußbesteuerung. Nach den Grundsätzen der Rechtsprechung erfolgt eine Besteuerung in diesem Fall erst, sobald die Ratenzahlungen den Buchwert der veräußerten Anteilsrechte übersteigen.

Soweit die Zahlung des Kaufpreises durch wiederkehrende Bezüge über einen längeren Betrachtungszeitraum verteilt wird, muß es mithin Ziel der Vertragspartner sein, eine Besteuerung nach dem Zuflußprinzip zu erreichen.

3.4.2.2. Anwendbarkeit im Rahmen des MBO

Es stellt sich nunmehr die Frage, inwieweit das vorgegebene Ziel der Zuflußbesteuerung im Rahmen des Unternehmenskaufs durch Management-Buy-Out realisiert werden kann, wenn der Kaufpreis in Form von wiederkehrenden Bezügen von der Newco an die Konzernmutter der Objektgesellschaft geleistet wird.
Die Bedingungen und Ausgestaltungsmerkmale der Kaufpreisraten sind somit an den von der Rechtsprechung entwickelten Grundsätzen über die Zulässigkeit der Besteuerung nach dem Zuflußprinzip zu messen:[327]

---

326 Freibetrag nach § 16 Abs. 4 EStG, halber durchschnittlicher Steuersatz nach § 34 Abs. 1 EStG.

327 Vgl. BFH-Urt. v. 26.7.1984, a.a.O., BStBl. 1984 II, S. 830.

1) Eine Wagnisbehaftung der wiederkehrenden Bezüge wird vom BFH angenommen, soweit eine Umsatz- oder Gewinnbeteiligungsrente sowie eine Leibrente vereinbart wurde.[328] In jedem Fall muß also die Höhe des tatsächlichen Kaufpreises von in der Zukunft liegenden Faktoren abhängig sein, die insbesondere vom Veräußerer nicht mit Sicherheit vorauszubestimmen sind.[329]

Als ein solcher Unsicherheitsfaktor kann jedoch nicht ein "allgemeines Ausfallrisiko" bezüglich der noch ausstehenden Kaufpreisforderung angesehen werden.[330] Wird andererseits die Gefahr eines Forderungsausfalls durch ein Ereignis bedingt, das erst nach der Veräußerung eintritt, so ist dieses als ein neuer Vorgang zu werten, der entsprechend auch steuerrechtlich einem späteren Veranlagungszeitraum zuzuordnen ist.

Nur soweit der Veräußerer von vornherein ein spezielles Ausfallrisiko nachweisen kann, ist hierin ein Wagnisfaktor zu sehen. Auch bei einer relativ risikoträchtigen Transaktion wie dem Management-Buy-Out wird jedoch ein solches spezielles Ausfallrisiko nach den Grundsätzen des BFH bereits dann zu verneinen sein, wenn für die Zielgesellschaft gleichzeitig mehrere Übernahmeinteressenten existierten und sich die Anteilseigner in freier Entscheidung zu einer Veräußerung an das Buy-Out-Team entschlossen haben.

Die einzige Möglichkeit einer Wagnisbehaftung besteht somit in einer tatsächlichen Vereinbarung gewinn- oder umsatzabhängiger Kaufpreisraten. Inwieweit sich jedoch die Anteilseigner der Zielgesellschaft bei einem Buy-Out hierzu bereiterklären, erscheint zumindest fraglich.

---

328 Im letzteren Fall liegt der Wagnischarakter in der "durch die Bindung an die Lebensdauer einer Person bedingten Ungewißheit" BFH-Urt. v. 12.6.1968, a.a.O, BStBl. 1968 II, S. 654.

329 Vgl. so später das BFH-Urt. v. 30.1.1974, IV R 80/70, BStBl. 1974 II, S. 453.

330 Es ist im jeweiligen Fall davon auszugehen, daß der Veräußerer sein Unternehmen nicht an einen Erwerber verkaufen wird, dessen Zahlungsfähigkeit er von vornherein als zweifelhaft ansieht. Vgl. BFH-Urt. v. 30.1.1974, a.a.O., BStBl. 1974 II, S. 453.

2) Zweites Kriterium für die Zulässigkeit der Zuflußbesteuerung ist die Interessenlage, die tatsächlich zu der Vereinbarung der Zahlungsmodalitäten geführt hat. Der Hauptzweck für die besondere Vertragsgestaltung muß dabei in der Person des Veräußerers liegen und insbesondere der finanziellen Absicherung seiner Zukunft dienen.[331] Die Vereinbarung von Kaufpreisraten darf ihren Ursprung also gerade nicht in einer Stundung der Kaufpreisschuld an die Newco haben.

Lediglich in Ausnahmefällen kann in der Versorgung des Veräußerers nur der Nebenzweck der Vertragsgestaltung liegen. Soweit das Kriterium der Wagisverhaftung gegeben ist, hält der BFH beide Komponenten für "in gewissem Umfange kompensierbar".[332]

Da in der Ausgangssituation, die schließlich zu einem Management-Buy-Out führt, ein Eigentumswechsel bei der betreffenden Unternehmenseinheit in jedem Fall herbeigeführt werden soll,[333] wird im Einzelfall der Nachweis schwerfallen, die Versorgung des Veräußerers stünde bei der Transaktion im Vordergrund.[334] Soweit es sich um die Übernahme aus einer Konzerntochtergesellschaft handelt, erscheinen im übrigen die Grundsätze des BFH bezüglich der Versorgungssicherung schlechterdings nicht anwendbar.[335]

Die Begleichung der Kaufpreisschuld in Form wiederkehrender Bezüger unter gleichzeitiger Anwendung der Zuflußbesteuerung ist mithin im Rahmen eines Management-Buy-Out kaum zu realisieren. Aus den oben genannten Zins- und Liquiditätsnachteilen einer Kaufpreisstundung bei gleichzeitiger Sofortbesteuerung des Veräußerungsgewinns auf der Ebene des Veräußerers stellt sich diese Alternative als für die Anteils-

---

331 Deshalb müssen sich die vereinbarten wiederkehrenden Bezüge auch über einen Zeitraum von mehr als zehn Jahren erstrecken, vgl. BFH-Urt. v. 12.6.1968, a.a.O., BStBl. 1968 II, S. 654.

332 BFH-Urt. v. 26.7.1984, a.a.O., BStBl. 1984 II, S. 831.

333 Zu den Motiven für eine Desinvestition vgl. Erster Teil, Abschn. B.3.2.1. dieser Arbeit.

334 Als Ausnahme ist hier der Fall des MBO's bei Familiengesellschaften zu nennen, soweit sich der Familienunternehmer aus der Firma zurückziehen will.

335 Ein Konzern als solches besitzt als juristische Person keinen Versorgungsanspruch.

eigner der Zielgesellschaft wenig vorteilhafte Alternative dar und kann im Rahmen der Mezzanine-Finanzierung kaum Berücksichtigung finden.

3.4.3. Das Verkäuferdarlehen

Die steuerliche Beurteilung der Sellers note in Form eines Verkäuferdarlehens hängt im wesentlichen davon ab, ob die Zielgesellschaft vollständig aus dem Konzern ausgekauft wird oder noch eine Restbeteiligung an der ehemaligen Konzerntochtergesellschaft hält.
Ist letzteres der Fall, so unterliegt die Sellers note gegebenenfalls den einschlägigen Grundsätzen über eigenkapitalersetzende Gesellschafterdarlehen. Bei hybrider Kapitalstruktur der Newco besteht mithin die Gefahr einer Umqualifizierung der Kaufpreisschuld in verdecktes Nennkapital.[336]
Soweit die Newco dagegen eine 100%ige Beteiligung an der Zielgesellschaft erworben hat, ist zu prüfen, inwieweit die ehemaligen Anteilseigner der Objektgesellschaft als sogenannte "nahestehende Personen" i.S.d. BMF-Schreibens vom 16.3.1987 anzusehen sind.[337]
Die Subsumtion des Veräußerers unter das Institut der nahestehenden Person macht jedoch im vorliegenden Fall aus zweierlei Gründen erhebliche Mühe:

1) Das BMF-Schreiben gebraucht die Formulierung der "nahestehenen Person" ausschließlich im Zusammenhang mit dem nichtanrechnungsberechtigten Anteilseigner. Bei der allgemeinen Darstellung des Mißbrauchstatbestandes i.S.d. § 42 AO dagegen ist lediglich von "den Gesellschaftern der Kapitalgesellschaft"[338] die Rede.

2) Es erscheint zweifelhaft, ob der Veräußerer als eine der Newco nahestehende Person anzusehen ist. Im Grundsatz ist vielmehr davon auszugehen, daß zwischen Veräußerer und Erwerber ein natürlicher

336 Vgl. die Grundsätze des BMF-Schr. v. 16.3.1987, a.a.O., S. 373, sowie die entsprechenden Ausführungen im Zweiten Teil, Abschn. B.3.2.3.4. dieser Arbeit.

337 Nach dem Wortlaut des BMF-Schreibens kommt ein Gestaltungsmißbrauch "vorallem in Betracht, wenn ein nichtanrechnungsberechtigter Anteilseigner oder eine ihm nahestehende Person der Kapialgesellschaft..." in mißbräuchlicher Form Kapital zugeführt hat.

338 Ebenda, S. 373.

Interessengegensatz gegeben ist, der allein schon gewährleistet, daß zwischen ihnen ausschließlich Bedingungen ausgehandelt werden, wie sie auch unter fremden Dritten üblich sind.

Soweit also zwischen der veräußernden Muttergesellschaft und der übernommenen Zielgesellschaft keine gesellschaftsrechtlichen Beteiligungsverhältnisse mehr bestehen, erscheint die Annahme einer rechtlich mißbräuchlichen Gestaltung i.S.d. § 42 AO bzw. einer ungerechtfertigten Vorteilszuwendung an die Newco kaum begründbar.

3.5. Genußrechte

3.5.1. Begriff

Nachdem die Ausgabe von Genußscheinen lange Zeit kaum eine Rolle auf dem Kapitalmarkt in der Bundesrepublik Deutschland gespielt hat, sind Genußrechte insbesondere auch als industrielle Finanzierungsinstrumente in den letzten Jahren wieder verstärkt in den Blickpunkt gerückt.[339] Im Zuge der Diskussion um die Eigenkapitalausstattung bundesdeutscher Unternehmen ist das Genußrechtskapital als Mittel zur Kapitalbeschaffung immer mehr als Finanzierungsinstrument zur Verbesserung der Bonität der Unternehmen in den Vordergrund getreten.[340] Für mittelständische Unternehmen liegt der Grund wohl insbe-

339 Vgl. u.a. Vollmer, L., Genußscheine - ein Instrument für mittelstandische Unternehmen zur Eigenkapitalbeschaffung an der Börse, in: ZGR 1983, S. 446, im folgenden zitiert als: Vollmer, Genußscheine, Sarrazin, V., Genußscheine und Gesellschafterdarlehen, steuerlich günstige Finanzierungen?, in: StBJb 1985/86, S. 143, im folgenden zitiert als: Sarrazin, V., Finanzierung, sowie Hedrich, C.-C./Stedler, H., Die Renaissance des Genußrechtskapitals, in: ZgK 1987, S. 192.

340 Vgl. Emde, A., Die handels- und steuerbilanzielle Behandlung einer Emission von Genußrechten, in: BB 1988, S. 1214 mit entsprechenden Beispielen in Fn. 5, sowie Ziebe, J., Der Genußschein - ein kapitalmarktpolitisches Instrument zur Verbesserung der Eigenkapitalausstattung von Unternehmen, in: BB 1984, S. 2210, im folgenden zitiert als: Ziebe, J., Genußschein.

sondere darin, daß Genußrechtskapital auch von nicht emissionsfähigen Kapitalgesellschaften ausgegeben werden kann.[341]
Hierin ist dementsprechend auch die Bedeutung des Genußrechtskapitals für die Kapitalstruktur des Management-Buy-Outs begründet. Es eröffnet der Newco als emittierendem Unternehmen den Zugang zu einem breiten Anlegerpublikum, trotz fehlender Notierung am ordentlichen Kapitalmarkt.
Sowohl Handels- als auch Steuerrecht erwähnen zwar den Begriff des Genußrechts oder Genußscheins,[342] eine gesetzliche Definition findet sich jedoch nicht.[343] Darauf wurde seitens des Gesetzgebers bewußt verzichtet, da Genußrechte ein in ihrer Ausgestaltung und Zweckbestimmung äußerst vielseitiges Instrument sind und damit der Praxis ein Rechtsinstitut erhalten bleiben sollte, das sich künftigen Entwicklungen flexibel anpassen läßt.[344]
Hauptmerkmal von Genußrechten[345] ist, daß sie ihren Inhabern Vermögensrechte verschaffen, wie sie typischerweise Aktionären zustehen Sie beinhalten einen Anteil am Gewinn, am Liquidationserlös oder an beidem; die Inhaber besitzen jedoch keine mitgliedschaftlichen Verwaltungsrechte, d.h. insbesondere kein Stimmrecht. Der Genußrechtsinhaber ist somit mangels Beteiligung am Grund- oder Stammkapital seiner Gesellschaft nicht deren Mitglied, er steht der Gesellschaft lediglich als forderungsberechtigter (fremder) Dritter gegenüber.[346]
Als Abgrenzungskriterium gegenüber der stillen Gesellschaft und dem partiarischen Darlehen ist der Charakter der Kapitalrückzahlungsforde-

341 Vgl. Süchting, J., Finanzmanagement, a.a.O., S. 106, Fn. 49. Als Börsensegmente kommen dabei der Geregelte Markt sowie der Geregelte Freiverkehr in Betracht, vgl. auch Fünfter Teil, Abschn. C. dieser Arbeit.

342 Vgl. §§ 160 Abs. 1 Nr. 6, sowie 221 Abs. 3 und 4 AktG sowie im Steuerrecht §§ 8 Nr. 3 KStG, 6 Abs. 1 Nr. 2 KVStG, 19a Abs. 3 EStG (Genußscheine), 19 Abs. 2 KVStG.

343 Vgl. Sontheimer, J., Die steuerliche Behandlung von Genußrechten, in: BB 1984, Beil. 19, S. 1.

344 Vgl. Sontheimer, J., a.a.O., S. 2.

345 Vgl. hierzu zuletzt Rid-Niebler, E.-M., Genußrechte als Instrument zur Eigenkapitalbeschaffung über den organisierten Kapitalmarkt für die GmbH, Köln 1989, S. 3.

346 Vgl. Ziebe, J., Kapitalbeschaffung durch Genußscheine, in: BB 1988, S. 228, im folgenden zitiert als Ziebe, J., Kapitalbeschaffung. So auch der BFH in seinem Urt. v. 12.6.1987, I 204/64, BStBl. 1987 II, S. 782, nach dem Genußscheine lediglich Forderungs-, und keine Mitgliedschaftsrechte verkörpern.

rung anzusehen. Im Gegensatz zu den beiden vorgenannten Finanzierungsformen ist bei Genußrechten eine Rückzahlung des Kapitals vor Liquidation des Unternehmens nicht vorgesehen.[347]
Durch den Gestaltungsspielraum bei der Ausgabe von Genußscheinen eröffnet sich die Möglichkeit, das Genußkapital wirtschaftlich als haftendes Eigenkapital zuzuführen. Es kommt bei der Qualifizierung von Gesellschaftskapital entscheidend darauf an, ob es vor dem Fremdkapital von Verlusten aus dem Eintritt von Risiken getroffen wird, und den Gläubigern nicht willkürlich als Haftungsgrundlage entzogen werden kann.[348] In diesem Punkt folgt die steuerliche Beurteilung im Grundsatz den zivilrechtlichen Gegebenheiten.[349]
Die Vorteile der Genußrechtsfinanzierung lassen sich somit wie folgt begründen:

a) Bei Verbriefung als Order- oder Inhaberschuldverschreibungen besitzen Genußrechte eine hohe Fungibilität.

b) Sie ermöglichen auch nicht börsennotierten Unternehmen den Zugang zum Kapitalmarkt.[350]

c) Durch ihre Eigenschaft als reines Gläubigerrecht, kann eine Überfremdung der Unternehmung vermieden werden.[351]

---

347 Bei vorheriger Rückzahlungsmöglichkeit liegt vielmehr kein Genußrecht, sondern ein Darlehen, bzw. eine stille Gesellschaft vor, vgl. Haarmann, W., Finanzierung von Kapitalgesellschaften, in: JbFfStR 1985/86, S. 411, im folgenden zitiert als: Haarmann, W., Finanzierung.

348 Ob es sich um mitgliedschaftrechtliche oder gläubigerrechtliche Beteiligungen handelt ist hingegen nicht von Bedeutung, vgl. Sontheimer, J., a.a.O., S. 2.

349 Vgl. Hoffmann, W.D., Die inländische Steuerbelastung der Genußrechtsfinanzierung, insbesondere für ausländische Kapitalgeber, in: RIW 1985, S. 390.

350 Vgl. Haarmann, W., Finanzierung, a.a.O., S. 410.

351 Vgl. Ziebe, J., Kapitalbeschaffung, a.a.O., S. 227. Für den Anlager vermindert sich darüberhinaus das Anlagerisiko durch die Möglichkeit der Vereinbarung einer Mindestverzinsung.

3.5.2. Steuerliche Behandlung

3.5.2.1. Qualifizierung der Gewinnanteile

Die für die steuerliche Behandlung von Genußrechten entscheidende Frage richtet sich auf den Umfang bzw. die Voraussetzungen, unter denen Ausschüttungen auf solche Inhaberrechte bei Kapitalgesellschaften als Betriebsausgaben geltend gemacht werden können und somit den steuerlichen Gewinn mindern.[352]

Die maßgebende Vorschrift ist § 8 Abs. 3 S. 2 KStG, nach dem "...Ausschüttungen jeder Art auf Genußrechte, mit denen das Recht auf Beteiligung am Gewinn und am Liquidationserlöß der Kapitalgesellschaft verbunden ist...", das Einkommen der Gesellschaft nicht mindern. Aus dieser eindeutigen Formulierung wird im Umkehrschluß abgeleitet, daß Vergütungen auf solche Genußrechte, die entweder nur eine Beteiligung am Gewinn oder Liquidationserlöß gewähren, für den Bereich der Körperschaftsteuer als Betriebsausgaben den steuerpflichtigen Gewinn mindern.[353]

Da die steuerliche Vorteilhaftigkeit der Genußscheine in einer derartigen Ausgestaltung liegt, sollen im folgenden lediglich die beiden o.g. Varianten auf ihre Eignung als Finanzierungsinstrument im Rahmen eines Buy-Outs untersucht werden.

Soweit es sich bei dem Zufluß an den Genußrechtsinhaber nicht um eine Gewinnausschüttung i.S.d. § 8 Abs. 3 S. 2 KStG handelt, gehören die Gewinnanteile und sonstigen Bezüge aus derartigen Genußrechten zu den Einkünften aus Kapitalvermögen i.S.d. § 20 Abs. 1 Nr. 2 EStG.

Für den Bereich der Gewerbesteuer ergibt sich in Verbindung mit § 8 GewStG ab dem Veranlagungszeitraum 1990 eine veränderte Rechtslage. Durch das StRefG 1990[354] wurde das Wort "Zinsen" in § 8 Nr. 1 GewStG durch die Formulierung "Entgelte" ersetzt. Durch diese Änderung der Hinzurechnungsbesteuerung ist das Gewerbesteuergesetz bei der Erfassung der Vergütungen für Dauerschulden nicht mehr an den

---

352 Vgl. Sontheimer, J., a.a.O., S. 2.

353 Vgl. Hoffmann, W.D., a.a.O., S. 391, sowie Sontheimer, J., a.a.O., S. 6.

354 Vgl. BStBl. 1988 I, S. 224.

engen bürgerlich-rechtlichen Begriff der Zinsen gebunden.[355] Es können nunmehr alle für die Überlassung von Kapital gezahlten "Entgelte" unter die Bestimmungen des § 8 Nr. 1 GewStG subsumiert werden.[356] Ab dem Veranlagungszeitraum 1990 sind somit auch Ausschüttungen und Gewinnanteile auf Genußrechte der Bemessungsgrundlage für die Ermittlung des Gewerbeertrages hälftig hinzuzurechnen.[357]

3.5.2.2. Charakter als Betriebsschuld

Die Einlagen zum Erwerb von Genußrechten sind bei der emittierenden Erwerbsholding als Einlage i.S.d. § 30 Abs. 2 Nr. 4 KStG zu behandeln und dem EK04 zuzuordnen.[358]
Handelt es sich bei den Genußrechten um Genußkapital gemäß § 8 Abs. 3 Nr. 2 KStG, das seiner materiellen Funktion nach aktienrechtliches Eigenkapital darstellt und als solches in der Bilanz auszuweisen ist, so mindern die Ausschüttungen auf dieses Kapital nicht den körperschaftsteuerlichen Gewinn.[359] Solche Ausschüttungen unterliegen gemäß § 20 Abs. 1 Nr. 1 EStG der Kapitalertragsteuer. Bei den Genußrechtsinhabern gehören die Gewinnanteile zu den Einkünften aus Kapitalvermögen.[360]
Obwohl auch Genußkapital i.S.d. § 8 Abs. 2 KStG kein Eigenkapital (Nennkapital) in steuerrechtlicher Sicht ist, ergibt sich hieraus noch nicht zwingend die Zulässgkeit eines Abzuges als Betriebsschuld gemäß §§ 98a, 103 BewG. Die betriebswirtschaftliche Qualifikation als Eigen-

---

355 Auch nach der Auffassung des BFH handelt es sich bei Zinsen um die Vergütung für die Nutzungsüberlassung von Kapital die lediglich nach der Höhe und der Nutzungsdauer bemessen wird, nicht jedoch nach dem Unternehmensergebnis. Vgl. BFH-Urt. v. 8.3.1984, I R 31/80, BStBl. 1984 II, S. 625.

356 So auch Pauka, D., Änderungen des Gewerbesteuerrechts durch das StRefG 1990, in: DB 1988, S. 2226.

357 Zur Problematik der Vereinbarung einer Mindestverzinsung, um die gewerbesteuerliche Erfassung der Vergütungen auf Genußrechtskapital zu vermeiden, vgl. Absch.3.5.3.1. dieses Kapitels.

358 Vgl. Sarrazin, V., Finanzierungen, a.a.O., S. 146.

359 Der Genußscheininhaber wird somit steuerlich wie ein Gesellschafter behandelt, so daß die Ausschüttungen dem körperschaftsteuerlichen Anrechnungsverfahren unterliegen. Vgl. Vollmer, L., a.a.O., S. 454, Sarrazin, V., Finanzierungen, a.a.O., S. 146.

360 Vgl. § 20 Abs. 1 Nr. 1 EStG.

kapital hängt in erster Linie davon ab, inwieweit es geeignet ist, den übrigen Gläubigern als Sicherheit zu dienen. Die rechtliche Beurteilung dagegen orientiert sich wesentlich mehr an formalen Kriterien.[361]

Für den Bereich der Vermögensteuer stellt sich die Frage, ob das Genußrechtskapital als Eigenkapital zu qualifizieren ist oder als Betriebsschuld vom Einheitswert des Betriebsvermögens abgezogen werden kann.[362]

Im Sinne der Einheit der Rechtsordnung wird in der Literatur vorgeschlagen, Genußrechtskapital, das eine Beteiligung sowohl am Gewinn als auch am Liquidationserlös gewährt und dessen Gewinnanteile körperschaftsteuerlich als Ausschüttung behandelt werden, auch in bewertungsrechtlicher Hinsicht als Eigenkapital anzusehen.[363]

Da es sich bei Genußrechten, die entweder nur eine Beteiligung am Gewinn oder am Liquidationserlöß gewähren, im Grundsatz um reine Gläubigerrechte handelt, bei denen die Genußberechtigten der Kapitalgesellschaft wie fremde Dritte und nicht wie Anteilseigner gegenübestehen, handelt es sich im Grunde um eine abzugsfähige Betriebsschuld.[364]

Diese Auffassung wird auch vom Gesetzgeber bestätigt. Genußrechtskapital ist dann als Betriebsschuld i.S.d. § 103 VStG anzusehen, soweit nach körperschaftsteuerlichen Kriterien die Ausschüttungen als Betriebsausgaben abzugsfähig sind.[365]

Analog zur Neufassung des § 8 Nr. 1 GewStG wurde auch die Vorschrift betreffend die Hinzurechnung von Dauerschulden bei der Gewerbekapitalsteuer dem abgewandelten Zinsbegriff angepaßt. In § 12 Abs. 2

---

361 Vgl. Sontheimer, J., Genußscheine, a.a.O., S. 6.

362 Nach §§ 98a, 103 BewG. Vgl. Sarrazin, V., Finanzierungen, a.a.O., S. 149.

363 Vgl. Sarrazin, V., Finanzierungen, a.a.O., S. 146, Hoffmann, W.D., a.a.O., S. 392. In ähnlicher Weise auch das BMF-Schreiben v. 8.12.1986 - IV B 7 - S 2742 - 26/86, BB 1987, S. 668. Es wird hier im Umkehrschluß von einem vermögensteuerlichen Abzug als Schuldposition gesprochen, soweit die Ausschüttungen Betriebsausgaben darstellen. Friedländer spricht in diesem Zusammenhang von einem "inneren Gesetzeszusammenhang" von ESt, KSt und BewG. Vgl. Friedländer, K., Genußrechte in steuerlicher Sicht - eine Grundsatzbetrachtung, in: DStZ/A 1966, S. 245.

364 Vgl. Sontheimer, J., a.a.O., S. 6, sowie den Vorschlag von Sarrazin, V., Finanzierungen, a.a.O., S. 149.

365 Vgl. BMF-Schreiben v. 8.12.1986, a.a.O., S. 668. Ziebe, J., Kapitalbeschaffung, a.a.O., S. 228, vertritt sogar die Auffassung, daß auch als haftendes Eigenkapital qualifiziertes Genußrechtskapital vermögensteuerrechtlich eine abzugsfähige Betriebsschuld darstellt.

Nr.1 GewStG wurde das Wort Schuldzinsen ebenfalls durch den Begriff "Entgelte" ersetzt.[366] Eine Auswirkung auf das materielle Steuerrecht ergibt sich jedoch dadurch insofern nicht, als auch vor Inkrafttreten des StRefG 1990 gewinn- oder umsatzabhängige Vergütungen für die Ermittlung des Gewerbekapitals dem Einheitswert des Betriebsvermögens hinzurechnen waren.[367]

3.5.2.3. Verkehrsteuern

Nach § 6 Abs. 1 Nr. 2 KVStG gelten Genußrechte als Gesellschaftsrechte i.S.d. Kapitalverkehrsteuergesetzes. Die Vorschrift unterscheidet dabei nicht, in welcher Weise die Genußrechte ausgestaltet sind. Ob also eine Beteiligung am Gewinn, am Liquidationserlös oder beide Merkmale gegeben sind, ist unerheblich. Somit unterliegt der Ersterwerb von Genußrechten jeglicher Art nach § 2 Abs. 1 Nr. 1 KVStG der Gesellschaftsteuer.[368]
Darüberhinaus gelten Genußrechte auch als Dividendenwerte nach dem Börsenumsatzsteuergesetz.[369] Steuerpflicht besteht jedoch lediglich bei Anschaffungsgeschäften über Wertpapiere. Als solche gelten aber nur verbriefte Genußrechte.[370]

3.5.2.4. Vorzeitige Veräußerung

Aufgrund der hohen Fungibilität auf dem geregelten Kapitalmarkt sind gerade in diesem Zusammenhang die steuerlichen Konsequenzen einer vorzeitigen Veräußerung zu beachten.
Da Genußrechte als Anteile an Kapitalgesellschaften i.S.d. § 17 EStG gelten, ergibt sich die steuerliche Erfassung eines Veräußerungsgewinns aus dieser Vorschrift.[371] Auch in diesem Fall ist es unerheblich, inwieweit die Anteilsrechte nur eine Beteiligung am Gewinn bzw. Liquida-

---

366 Vgl. Art. 3 Nr. 2 StRefG 1990.

367 Vgl. BFH-Urt. v. 8.3.1984, I R 31/80, BStBl. 1984 II, S. 1709.

368 Die Steuer beträgt gemäß §§ 9 i.V.m. 8 Nr. 1 KVStG 1% der Gegenleistung.

369 Vgl. § 19 Abs. 2 KVStG.

370 Vgl. so auch Sontheimer, J., a.a.O., S. 7.

371 Soweit die Genußrechte im Privatvermögen gehalten werden.

tionserlös oder an beiden Rechten gewähren.[372] Demnach unterbleibt eine steuerliche Erfassung des Veräußerungsgewinns, soweit die Genußrechte keine wesentliche Beteiligung am Nennkapital der Newco repräsentieren und im Privatvermögen gehalten werden.
Streitig ist hingegen, ob es dem Rechtsgedanken des § 17 EStG tatsächlich entspricht, auch solche Genußrechte in den Anwendungsbereich miteinzubeziehen, die nur eines der relevanten Rechte verbriefen. Nach herrschender Meinung[373] sollte § 17 EStG auf solche Genußrechte begrenzt werden, die eine Beteiligung am Liquidationserlös gewähren. Denn nur bei solchen Anteilscheinen wird, wie auch "bei der Beteiligung am Nennkapital selbst, bei der Veräußerung der Genußscheine die Beteiligung an dem bei der Gesellschaft angesammelten Gewinnen realisiert."[374]
Ebenso ungeklärt ist die Frage, inwieweit ein bei vorzeitiger Veräußerung realisierter Verlust beim Genußscheininhaber steuerlich berücksichtigt werden kann.[375] Meilicke begründet seine Auffassung, Verluste seien steuerlich verrechnungsfähig, indem er ein entsprechend ausgestaltetes Genußrecht dem rechtlichen Gebilde der stillen Beteiligung gleichstellt.[376] Die Zulässigkeit dieser Analogie erscheint zumindest zweifelhaft, kann jedoch letztlich dahingestellt bleiben, da es sich bei den zur Frage stehenden Verlusten aus Genußscheinen nicht um laufende, sondern um einmalige Veräußerungsverluste handelt. Denn nur so, über die Herabsetzung des Genußkapitals mit anschließender Realisierung der Wertminderung, kann für den Genußscheininhaber ein Verlust zum

372 Vgl. Sontheimer, J., a.a.O., S. 7.

373 Vgl. Sontheimer, J., a.a.O., S. 7.

374 Sontheimer, J., a.a.O., S. 7. Zu den verfassungsrechtlichen Bedenken siehe Beschluß des Zweiten Senats v. 7.10.1969, -2 BvL 3/66, 2 BvR 701/64-, BStBl. 1970 II, S. 165.

375 Für eine Verlustberücksichtigung: Meilicke, H., Inwieweit können Verluste aus Genußscheinen steuerlich geltend gemacht werden?, in: BB 1989, S. 465. Gegen eine solche Abzugsfähigkeit: Fichtelmann, H., Steuerliche Abzugsfähigkeit von Verlusten der Genußscheininhaber, in: BB 1989, S. 1461. Akut wurde diese Frage im Zusammenhang mit der Kapitalherabsetzung bei der Klöckner&CoKG im Jahr 1988 aufgrund der Verluste aus Rohöltermin-Kontrakten. Bei diesem Anlaß wurde auch das Genußkapital herabgesetzt.

376 Bei der stillen Beteiligung können nach ständiger Rechtsprechung des BFH laufende Verluste als Werbungskosten bei den Einkünften aus Kapitalvermögen gem. § 20 Abs. 1 Ziff. 4 S. 2 EStG bis zur Höhe der Einlage geltend gemacht werden. Vgl. bereits RFH-Urt. v. 23.5.1933, VI A 422/33, RStBl. 1933, S. 1078.

tragen kommen. Dieser ist zwar die Folge anhaltender negativer Erfolgsabschlüsse, die jedoch erst durch Veräußerung beim Gläubiger realisiert werden.[377]
Der Verlust vollzieht sich mithin lediglich in der Vermögenssphäre des Genußrechtsinhabers. Ein solcher Verlust der Beteiligung selbst kann jedoch auch im Rahmen der stillen Gesellschaft nicht steuerlich geltend gemacht werden.[378]

3.5.3. Ausgestaltung als nachrangiges Haftkapital

3.5.3.1. Beteiligung am Gewinn

Entscheidend für die Konstruktion der Genußrechte ist neben der Gewährleistung der Haftungsfunktion[379] die Sicherstellung der steuerlichen Qualifizierung als Fremdkapital.
Maßgebend hierfür ist der Regelungsgehalt des § 8 Abs. 3 S. 2 KStG, nach dessen Wortlaut Ausschüttungen jeder Art auf Genußrechte, mit denen das Recht auf Beteiligung am Gewinn und am Liquidationserlös der Kapitalgesellschaft verbunden ist, das Einkommen der Gesellschaft nicht mindern. Aus dieser eindeutigen Formulierung, die trotz mehrfacher Gelegenheit weder durch den Gesetzgeber noch durch die Rechtsprechung korrigiert wurde, kann im Umkehrschluß abgeleitet werden, daß Vergütungen aus Genußrechten, die entweder

- nur eine Beteiligung am Gewinn oder
- nur eine Beteiligung am Liquidationserlös gewähren,

den Gewinn der Gesellschaft mindern, also für die Zwecke der KSt als Betriebsausgaben abzugsfähig sind.[380]

---

377 Vgl. Fichtelmann, .,a.a.O., S. 1462f.

378 Vgl. Zweiter Teil, Abschn. B.3.3.3.4. dieser Arbeit, sowie Sterner, F. a.a.O., S. 2316ff.

379 Obwohl es sich zivilrechtlich um ein gläubigerrechtliches Verhältnis handelt, kann das Genußkapital haftungstechnisch auch Eigenkapitalcharakter annehmen, Vgl. Vollmer, L., Genußscheine, a.a.O., S. 451.

380 Vgl. u.a. Hoffmann, W.D., a.a.O., S. 391, sowie Sontheimer, J., a.a.O., S. 6.

Die Abgrenzung, ob das Genußkapital gegen eine feste Verzinsung oder aber eine Gewinnbeteiligung gewährt wurde, bereitet aufgrund der vielfältigen Gestaltungsmöglichkeiten von Genußrechten erhebliche Schwierigkeiten. Dies gilt insbesondere für jene Fälle, "in denen die Genußscheine eine feste Verzinsung gewähren, die sich aber entsprechend erhöht, wenn das Unternehmen Gewinne erwirtschaftet, die zu einer über der Mindestverzinsung liegenden Dividende für die Aktionäre führen."[381]

Entscheidendes Kriterium für die Qualifizierung einer Gewinnbeteiligung ist, inwieweit die Ausschüttung auf Genußrechte die Gesellschaft stärker belastet, als dies bei Aktionärsrechten der Fall ist.[382] Auch nach Auffassung des BFH ist eine Beteiligung am Gewinn i.S.d. § 8 Abs. 3 S. 2 KStG nur dann gegeben, wenn ein so niedriger Festzins vereinbart wurde, daß er unterhalb jener Grenze liegt, die nach den wirtschaftlichen Verhältnissen des Unternehmens als Reingewinn erzielt werden kann.[383] Auch ein noch so niedriger Festzins belastet ein Unternehmen in Verlustjahren jedoch stärker, als dies in einer vergleichbaren Situation Aktionärsrechte tun. Dividendenzahlungen können bei entsprechender Ertragslage ausgesetzt werden. Es ist deshalb für den Einzelfall genau zu prüfen, inwieweit mit Rücksicht auf die langfristige Ertragsentwicklung der Gesellschaft damit zu rechnen ist, daß auf die Genußrechte auch Ausschüttungen geleistet werden, die nicht die Substanz der Gesellschaft angreifen und nur, genau wie Dividenden, aus dem laufenden Gewinn gezahlt werden können.[384]

3.5.3.2. Beteiligung am Liquidationserlös

Auch im Fall einer Beteiligung am Liquidationserlös, den das Genußrecht gewährt, ist nach dem Grundgedanken des § 8 Abs. 3 S. 2 KStG auf einen Belastungsvergleich mit der Aktie abzustellen. Der grundsätzliche Unterschied zwischen beiden Papieren ist darin zu sehen, daß der Gegenwert der Schuldverschreibung bei Fälligkeit zurückzuzahlen ist; der Aktionär dagegen erhält sein Kapital nur im Falle der Liquidation zu-

381 Sontheimer, J., a.a.O., s. 4.

382 Vgl. Sontheimer, J., a.a.O., S. 4

383 Vgl. Ziebe, J., Kapitalbeschaffung, a.a.O., S. 227.

384 Vgl. Sontheimer, J., a.a.O., S. 4.

rück und auch dann nur, wenn nach Berücksichtigung der übrigen Verbindlichkeiten noch Gesellschaftsvermögen verblieben ist.[385]
Als entscheidendes Kriterium ist hierbei vom Gesetzgeber der Grundsatz entwickelt worden, daß eine Beteiligung am Liquidationserlös so lange nicht vorliegt, wie "das Genußrechtskapital ohne stille Reserven zurückgezahlt wird."[386] Aus dem Begriff des "Liquidationserlöses"[387] ergibt sich jedoch darüber hinaus, daß eine entsprechend schädliche Gestaltung auch dann gegeben ist, wenn eine Rückzahlung des Genußrechts nicht vor Liquidation der Gesellschaft verlangt werden kann, der Rückzahlungsanspruch somit wirtschaftlich tatsächlich bedeutungslos ist.[388]
Bei befristeten[389] sowie unbefristeten, aber durch den Gläubiger kündbaren Genußrechten ergeben sich somit keine Bedenken bezüglich einer steuerlichen Umqualifizierung in Eigenkapital.[390]

3.5.3.3. Gewährleistung der Haftungsfunktion

"Zur Sicherung der Eigenkapitalfunktion des Genußrechtskapitals ist die Verlustbeteiligung und die Nachrangigkeit gegenüber den anderen Gesellschaftsgläubigern erforderlich."[391]
Trotz seines nur gläubigerrechtlichen Charakters kann das Genußrechtskapital bei entsprechender Ausgestaltung die Funktion von Haftungskapital ausfüllen, soweit es auf Dauer an die Gesellschaft gebunden ist

---

385 Vgl. Sontheimer, J., a.a.O., S. 5.

386 BT-Drucks. 10/2510, S. 7. Zuletzt bestätigt durch das BMF-Schreiben v. 8.12.1986 - IV B 7 - S 2742 - 26/86, in: BB 1987, S. 667.

387 Abzugrenzen vom Liquidationsüberschuß: Eine Beteiligung am Liquidationserlös ist demnach immer dann auszuschließen, wenn dem Genußrechtinhaber bei der Abwicklung ein Betrag zukommt,der sich unabhängig von der Höhe des Gesellschaftsvermögens ergibt, das nach Befriedigung der außenstehenden Gläubiger noch verblieben ist. Vgl. so Sontheimer, J., a.a.O., S. 5.

388 Vgl. BMF-Schreiben v. 8.12.1986, a.a.O., S. 667.

389 Unbedenklich ist lediglich eine Laufzeit von mindestens 30 Jahren.

390 Vgl. BMF-Schreiben v. 8.12.1986, a.a.O., S. 667.

391 Knobbe-Keuk, B., Gewinnausschüttungen, a.a.O., S. 341. Nach ihrer Auffassung ist das Genußkapital in diesem Fall als haftendes Kapital zwischen dem herkömmlichen Eigenkapital und dem Fremdkapital zu bilanzieren, wie etwa auch sille Beteiligungen mit Verlustberücksichtigung oder Verbindlichkeiten mit Rangrücktrittsvereinbarungen.

und - wie Aktienkapital - vor dem Fremdkapital von Verlusten getroffen wird.[392]
Die Voraussetzungen für die Anerkennung von Genußrechten als Eigenkapital sind deshalb wie folgt zu definieren:

a) Das Genußrecht muß eine Beteiligung sowohl am Verlust als auch am Liquidationserlös gewähren. Eine darüber hinausgehend vereinbarte Mindestverzinsung, die nicht aus dem langfristig zu erwartenden ausschüttungsfähigen Gewinn zu zahlen ist, läßt sich mit dem Eigenkapitalcharakter dagegen nicht vereinbaren. Entsprechendes gilt für einen unabhängig vom Liquidationserlös bestehenden Rückzahlungsanspruch des Genußrechtsinhabers zum Nennwert.[393]

b) Das Genußkapital kann nur als Eigenkapital qualifiziert werden, wenn es als solches in der Bilanz ausgewiesen ist und somit auch der Stammkapitalbindung der §§ 30, 31 GmbHG unterliegt. Nur wenn Drittgläubiger über den Anwendungsbereich dieser Vorschrift vor einem "willkürlichen oder ersatzlosen Kapitalentzug"[394] geschützt sind, kann von echtem Eigenkapital bzw. vollwertigem Eigenkapitalersatz gesprochen werden.

Wird jedoch das Genußrechtskapital in der oben dargelegten Form ausgestaltet, d.h. Ausweis in der Bilanz, Beteiligung am Gewinn und Liquidationserlös, so wird dies entsprechende Auswirkungen auf die steuerliche Behandlung haben. Solcherart konstruierte Genußrechte, die das Kapital einer Gesellschaft nicht stärker belasten als dies bei Aktien der Fall ist, werden auch für die Zwecke der steuerlichen Behandlung als Eigenkapital eingestuft.[395] Die Ausschüttungen mindern entsprechend nicht mehr als Betriebsausgaben den steuerlichen Gewinn, sondern nehmen am körperschaftsteuerlichen Ausschüttungsverfahren teil.

---

392 Vgl. Vollmer, L., Genußscheine, a.a.O., S. 451.

393 Vgl. Vollmer, L., Genußscheine, a.a.O., S. 452.

394 Vollmer, L., Genußscheine, a.a.O., S. 452.

395 Nicht so eindeutig sieht dies wohl Knobbe-Keuk, B, Gewinnausschüttungen auf Genußrechte, in: BB 1987, S. 341, im folgenden zitiert als: Gewinnausschüttungen. Sie sieht keinen zwingenden Zusammenhang zwischen Handelsbilanzausweis und steuerlicher Behandlung, sondern stellt ausschließlich auf den Wortlaut des § 8 Abs. 3 KStG ab.

3.5.3.4. Bilanzausweis

Spezielle Vorschriften für die bilanzielle Behandlung von Genußrechten existieren nicht.[396] Entscheidendes Kriterium ist die tatsächliche Verpflichtung, die dem emittierenden Unternehmen aus der Ausgabe der Genußrechte erwächst. Die Verbindlichkeit konkretisiert sich in einem Rückzahlungsanspruch der Genußrechtsinhaber. Ansprüche dagegen, die aus zukünftigen Erträgen oder Liquidationserlösen zu befriedigen sind, stellen keine passivierungsfähige Schuld dar.[397]

Weitgehend zweifelsfrei ist der Ausweis in der Handelsbilanz. Erfüllt das Genußkapital die Anforderungen des § 10 Abs. 5 des Kreditwesengesetzes (KWG),[398] so ist es handelsrechtlich als Eigenkapital zu qualifizieren.[399]

Es ist jedoch zu untersuchen, ob die Annahme zulässig ist, daß Genußrechte, die handelsrechtlich und auch betriebswirtschaftlich als haftendes Eigenkapital angesehen werden, auch in der Steuerbilanz entsprechend auszuweisen sind.[400] Gewähren die Genußrechte eine Beteiligung sowohl am Gewinn als auch am Liquidationserlös, ergibt sich die Antwort aus dem Wortlaut des § 8 KStG. Da Vergütungen auf solches Genußrechtskapital den steuerlichen Gewinn als Ausschüttungen nicht mindern, der Genußrechtsinhaber somit dem Anteilseigner gleichgestellt ist, handelt es sich auch für den Bereich der Körperschaftsteuer um Eigenkapital und ist dementsprechend in der Steuerbilanz auszuweisen.[401]

Im Umkehrschluß sind Genußrechte, deren Vergütungen als Betriebsausgaben i.S.d Körperschaftsteuergesetzes abzugsfähige Betriebsausgaben sind, nicht als Eigen-, sondern als Fremdkapital zu bilanzieren,

---

396 Vgl. Ziebe, J., Kapitalbeschaffung, a.a.O., S. 227.

397 Vgl. ausführlich zu dieser Thematik: Emde, A., Die handels- und steuerbilanzielle Behandlung einer Emission von Genußrechten, in: BB 1988, S. 1214ff.

398 Nachrangigkeit, Dauerhaftigkeit, Verlustteilnahme.

399 Vgl. Knobbe-Keuk, B., Gewinnausschüttungen, a.a.O., S. 341.

400 Für die steuerliche Behandlung ist allein § 8 Abs. 3 S. 2 KStG maßgebend. Vgl. Knobbe-Keuk, B., Gewinnausschüttungen, a.a.O., S. 341.

401 Vgl. Emde, A., a.a.O., S. 1215.

zumal solches Genußrechtskapital auch im Bereich der Vermögensteuer als Betriebsschuld gilt.[402]
Eine Zuführung reinen Eigenkapitals unter Ausnutzung der steuerlichen Vorteile der Fremdfinanzierung kann somit durch die Ausgabe von Genußrechten nicht realisiert werden.[403]

3.5.4. Anwendung im Rahmen des MBO

Ziel der Ausgestaltung von Genußrechten bei einer Emission durch die Newco muß es sein, daß die Schuldverschreibungen trotz steuerlicher Qualifizierung als Fremdkapital gegenüber anderen Gesellschaftsgläubigern eine eigenkapitalähnliche Haftungsfunktion gewährleisten.[404]
Die Nachrangigkeit der Verbindlichkeit soll jedoch erreicht werden, ohne daß sowohl der Betriebsausgabenabzug nach § 4 EStG, sowie die Passivierung des Genußkapitals als betriebliche Schuld gemäß § 103 BewG untersagt werden.
Hieraus ergeben sich im einzelnen folgende Gestaltungskonsequenzen:

1. Keine Ausgabe eigenkapitalähnlicher Genußrechte i.S.d. § 10 Abs. 5 KWG, da Verlustbeteiligung und Dauerhaftigkeit auch steuertechnisch die Einstufung als Eigenkapital nach sich ziehen,

2. Vermeidung einer reinen Gewinnbeteiligung durch Gewährung einer Mindestverzinsung,

3. Beteiligung der Gläubiger am Liquidationserlös ist in diesem Fall zulässig, kann jedoch durch die Begrenzung der Laufzeit - bis zu 30 Jahren - vermieden werden,

---

402 Vgl. BMF-Schreiben v. 8.12.1986, a.a.O., S. 668, der gleichen Auffassung auch Emde, A., a.a.O., S. 1217.

403 Vgl. Vollmer, L., Genußscheine, a.a.O., S. 445.

404 Zur Ausgestaltung der Nachrangigkeit vgl. Zweiter Teil, Abschn. B.3.1.2. dieser Arbeit.

4. Abgabe einer Rangrücktrittserklärung durch die Genußrechtinhaber zur Sicherung der Haftungsfunktion gegenüber Drittgläubigern. Fraglich ist, inwieweit die Nachrangigkeit eine Beteiligung am Liquidationserlös i.S.d. § 8 Abs. 3 S. 2 KStG impliziert.[405]

Können diese Vereinbarungen in die Genußscheinbedingungen mit aufgenommen werden, bietet die Emission von Genußrechten der Newco die Möglichkeit, selbst einen Teil des Mezzanine-Kapitals bei einem breiteren Anlegerpublikum über den geregelten Kapitalmarkt zu finanzieren

3.6. Zero-Bonds

3.6.1. Grundlegung

Als eine weitere Form der langfristigen Fremdfinanzierung im Mezzanine-Bereich besteht für die Newco die Möglichkeit der Emission sogenannter Zero-Bonds. Auch diese Anleiheform ermöglicht der Erwerbsholding den Zugang zu einem breiten Anlegerpublikum, ohne daß für sie selbst eine Börsennotierung erforderlich wird. Zum anderen können Zero-Bonds sowohl von Körperschaften im Betriebsvermögen erworben werden, jedoch auch im Privatvermögen der Anleger gehalten werden.
Die Ausgabe von Zero-Bonds kann dabei sowohl durch die Newco selbst im Wege der Selbstemission, wie auch über die Einschaltung eines Bankinstituts als Fremdemission erfolgen.[406] Es handelt sich, bedingt durch vielfältige Ausgestaltungsmöglichkeiten, um ein äußerst flexibles Finanzierungsinstrument, das sich insbesondere bezüglich der Liquiditätsbelastung der emittierenden Newco als vorteilhaft erweisen kann.

---

405 Vgl. zur Nachrangigkeit auch Meilicke, H., Welchen Genuß gewährt der Genußschein, in: BB 1987, S. 1609ff.

406 Vgl. Zehner, K., Zero-Bonds im Emissionsrecht, Steuerrecht und Bilanzrecht, München 1987, S. 6.

Zero-Bonds[407] wurden erstmals in der Hochzinsphase des Sommers 1981[408] in den USA emittiert.[409] Im Gegensatz zu anderen festverzinslichen Wertpapieren,[410] deren Emittenten sich zu regelmäßigen, festvereinbarten Zinszahlungen verpflichten, wird die Nominalverzinsung beim Zero-Bond mit 0% angesetzt.[411] Die Verzinsung des Bonds wird allein über die Vereinbarung eines beträchtlichen Abschlages (Disagios) beim Ausgabebetrag erzielt, der erst bei Rückzahlung der Anleihe am Ende der Laufzeit realisiert wird.[412]
Seit der sogenannten Restliberalisierung des deutschen Kapitalmarktes können auch deutsche Investoren Zero-Bonds ohne Fremdwährungsrisiko erwerben bzw. ausgeben.[413]

3.6.2. Handelsrechtliche Einordnung und Abgrenzung

Es handelt sich bei Zero-Bonds um Inhaberschuldverschreibungen i.S.d. § 795 BGB mit Zinsansammlung, die entsprechend nur mit staatlicher Genehmigung ausgeben werden dürfen [414] und mit einer festen, teilweise

---

407 Die korrekte Bezeichnung muß lauten Zero Coupon Bonds (Null-Koupon-Bonds).

408 Bedingt durch die damalige restriktive Geldpolitik des Federal Reserve Board, vgl. Steuer, J.-H., Neue Formen von Kapitalanlagen, Frankfurt a.M. 1985, S. 11.

409 Vgl. Scheidl, K./Scholz, R., Zur Rendite von Zero-Bonds nach Steuern, in: Die Bank 1986, S. 572. Die erste Emission erfolgte durch das amerikanische Unternehmen Martin Marietta Corporation, vgl Kessler, R. E., Festverzinsliche Wertpapiere mit hohem Emissionsdiskont, in: DB 1982, S. 1525, in folgenden zitiert als: Kessler, R. E., Wertpapiere.

410 Z.B. Schuldverschreibungen, Anleihen.

411 Vgl. Neyer, W., Zero Bonds in ausländischer Währung, in: RIW 1983, S. 36.

412 Vgl. Kessler, R.E., Probleme bei der Einkommensbesteuerung sog. Zero (Coupon-) Bonds, in: FR 1982, S. 194, im folgenden zitiert als: Kessler, R.E., Zero-Bonds. Ebenfalls, Seipp, W., Finanzinnovationen - Neue Instrumente zur Unternehmensfinanzierung, in: Christians, F.W. (Hrsg.), Finanzierungshandbuch, 2. Aufl., Wiesbaden 1988, S. 308. Zur Variante der sog. "Stripped-Bonds", vgl. Pöllath, R., Kapitalanlagen in Schuldverschreibungen unter Trennung von Stammrecht und Zinsschein, in: BB 1983, S. 1271f.

413 Vgl. Scheidl, K./Scholz,R., a.a.O., S. 512. Sowie Verfügung der Deutschen Bundesbank v. 12.4.1985 zur Begebung von DM-Auslandsanleihen, wirksam geworden am 1.5.1985, in: Bundesanzeiger v. 19.4.1985, S. 3958. Vgl. auch Büschgen, H.E., Finanzinnovationen, Neuerungen und Entwicklungen an nationalen und internationalen Finanzmärkten, in: ZfB 1986, S. 30.

414 Vgl.Ulmer, P./Ihrig, C., Ein neuer Anleihetyp: Zero-Bonds, in: ZIP 1985, S. 169.

sehr langen Laufzeit ausgestattet sind. Sie sind als solche den festverzinslichen Wertpapieren zuzuordnen.[415]
Der Vorteil dieser Anleiheform liegt für den Anleger in der langfristigen Sicherung der Rendite,[416] so daß sich für ihn kein Wiederanlagerisiko aus Zinseinkünften ergibt.[417] Die hohe Kursreagibilität der Papiereauf dem Markt führt zudem bei zwischenzeitlicher Veräußerung zu Kursgewinnen, die in dieser Höhe von anderen Schuldverschreibungen nicht erreicht werden.[418] Im Gegenzug ermöglichen diese Vorzüge dem emittierenden Unternehmen, einen Zins zu bieten, der bis zu 1% unterhalb des vergleichbaren Kapitalmarktzinses liegt und somit die Zinskosten über den Betrachtungszeitraum senkt. Neben der absoluten Minimierung der Zinskosten kann es sich für den Emittenten darüber hinaus vorteilhaft auswirken, daß er - im Gegensatz zu anderen Anleiheformen - über die Laufzeit keine wiederkehrenden Zinszahlungen zu leisten hat.[419]
Insbesondere bei Zero-Bonds mit langen Laufzeiten muß sich der Anleger jedoch ernsthaft mit der Frage der Bonität und langfristigen Zahlungsfähigkeit des Emittenten befassen. Da laufende Zinszahlungen als Indikator für die Ertragskraft fehlen, stellt sich daß Risiko des Untergangs der Forderung erst am Ende der Laufzeit der Null-Kupon-Anleihe, wenn sich herausstellt, ob der Schuldner in der Lage ist, den Nominalbetrag zuzüglich Agio zu finanzieren.[420]

3.6.3. Steuerliche Behandlung bei der Newco

3.6.3.1. Bilanzierung

Die Behandlung von Zero-Bonds in der Bilanz des emittierenden Unternehmens war lange Zeit nicht abschließend gesetzlich geregelt.[421]

---

415 Vgl. BMF-Schreiben v.24.1.1985, IV B 4 - S 2252 - 4/85, BStBl. 1985 I, S. 77ff, sowie Bordewin, A., Bilanzierung von Zero-Bonds, in: Wpg 1986, S. 264, im folgenden zitiert als: Bordewin, A., a.a.O., Bilanzierung.

416 Zero-Bond werden mit einer Laufzeit von 10-35 Jahren ausgestattet.

417 Vgl. Süchting, J., a.a.O., S. 132, sowie Büschgen, H.E., a.a.O., S. 307.

418 Vgl. Scheidl, K./Scholz, R., a.a.O., S. 572.

419 Vgl. Büschgen, H.E., a.a.O., S. 315.

420 Vgl. Büschgen, H.E., a.a.O., S. 313.

421 Vgl. Büschgen, H.E., a.a.O., S. 314.

Durch die Ausgabe von Zero-Bonds fließen der Erwerbsholding Barmittel in Höhe des - niedrigeren - Ausgabebetrages zu. Zugleich ergibt sich eine Verpflichtung gegenüber den Gläubigern, am Ende der Laufzeit den höheren Nennbetrag zurückzuzahlen.[422]
Es besteht somit grundsätzlich die Möglichkeit, entweder die am Ende der Laufzeit fällige Verbindlichkeit zu passivieren - Bruttomethode - oder aber im Emissionsjahr den niedrigeren Ausgabebetrag auszuweisen (Nettomethode).[423]
Ausgangspunkt für die handelsrechtliche Beurteilung ist § 253 Abs. 1 S. 2 HGB, wonach Verbindlichkeiten mit ihrem Rückzahlungsbetrag anzusetzen sind.[424] Strittig ist jedoch bereits, was als Rückzahlungsbetrag im Rahmen der Ausgabe von Null-Kupon-Anleihen zu gelten hat. Wird als Rückzahlungsbetrag der Einlösebetrag des Bonds am Ende der Laufzeit angenommen, ergibt sich eine Passivierung beim emittierenden Unternehmen nach der Bruttomethode.[425] Die Differenz zwischen Ausgabe- und Rückzahlungsbetrag wäre dann als Disagio aufzufassen, das gemäß § 253 Abs.3 HGB zur sofortigen Aufwandsverrechnung zugelassen wäre.[426]
Der Rückgewährungsanspruch läßt sich jedoch auch aus § 607 Abs.1 BGB ableiten, nachdem der Sinn der Darlehenshingabe nicht die dauernde Vermögensstärkung des Empfängers, sondern lediglich eine vorübergehende Nutzungsüberlassung darstellt.[427] Bei verzinslichen Darlehen tritt somit neben die Hauptschuld der Verbindlichkeit eine selbständige Nebenschuld der Zinsverpflichtung. Diese Nebenverpflichtung wird nicht im eigentlichen Sinne *zurück*gezahlt, sondern ist als Entgelt für die

---

422 Vgl. Bordewin, A., Bilanzierung, a.a.O., S. 264.

423 Vgl. im einzlnen Ulmer, P./Ihrig, C., a.a.O., S. 1174.

424 Eine Vorschrift, mit der insbesondere dem Vorsichtprinzip des ordentlichen Kaufmannes Rechnung getragen wird.

425 Vgl. Bordewin, A., Bilanzierung, a.a.O., S. 265.

426 Mit dieser sofortigen Verrechnung würde jedoch insbesondere im Jahr der Ausgabe die Darstellung der Vermögens- und Ertragslage gemäß GOB verfälscht.

427 Vgl. dazu, sowie zu einer ausführlichen Darstellung und Begründung der Nettomethode, Böcking, H.J., Der Grundsatz der Nettobilanzierung von Zero-Bonds, in: ZfbF 1986, S. 932.

Kapitalnutzung zu verstehen.[428] Ein den GOB genügender Ausweis von Null-Kupon-Anleihen läßt sich dementsprechend nach herrschender Meinung darstellen, indem die Nettoverbindlichkeit um ein zusätzliches, periodengerechtes Kapitalnutzungsentgelt für die Kapitalüberlassung zum jeweiligen Abschlußstichtag erhöht wird.[429]
Aus dem handelsrechtlichen Verständnis der Passivierung von Zero-Bonds nach dem Nettoprinzip ergibt sich über den Grundsatz der Maßgeblichkeit eine entsprechende Behandlung in der Steuerbilanz.[430]
Sowohl nach der Rechtsprechung des BFH, als auch nach Abschn. 37 Abs. 3 EStR ist allerdings als Anschaffungspreis einer Darlehensverbindlichkeit der Rückzahlungsbetrag gemäß § 6 Abs. 1 Nr. 3 EStG anzusetzen.[431] Eine analoge Anwendung der dort entwickelten Grundsätze erscheint jedoch aufgrund der relevanten zur Entscheidung stehenden Sachverhalte zweifelhaft.[432]
Rechtssicherheit bezüglich der steuerlichen Behandlung von Null-Kupon-Anleihen wurde durch das BMF-Schreiben vom 5.3.1987 geschaffen.[433] Danach stimmt der Begriff des Rückzahlungsbegriffes gemäß Abschn. 37 Abs. 3 S. 1 EStR nicht mit demjenigen des Einlösungsbetrages bei Rückzahlung von Zero-Bonds am Ende der Laufzeit über-

---

428 Vgl. Bordewin, A., Bilanzierung, a.a.O., S. 265, mit weiteren Nachweisen. Doch auch ein solcher Ausweis nach der reinen Nettomethode würde dem Grundsatz des True and Fair View gem. § 264 Abs.2 HGB aufgrund der Unterbewertung der Verbindlichkeit und der kumulierten Zinsen nicht genügen.

429 Vgl. Bordewin, A., Bilanzierung, a.a.O., S. 266, sowie Ulmer, P./Ihrig, C., a.a.O., S. 1177. Da die Zinsverpflichtung des Emittenten erst durch die Kapitalnutzung entsteht, ist sie entsprechend periodengerecht zum Ablauf des jeweiligen Geschäftsjahres dem ursprünglichen Ausgabebetrag zuzuschreiben, vgl. Bordewin, A., Bilanzierung, a.a.O., S. 266.

430 Vgl. Bordewin, A., Bilanzierung, a.a.O., S. 266.

431 Vgl. BFH-Urt. v. 4.3.1976, IV R 78/72, BStBl. 1977 II, S. 380, sowie v. 4.5.1977, I R 27/74, BStBl. 1977 II, S. 802, v. 19.1.1978, IV R 153/72, BStBl. 1978 II, S. 262. Gemäß Abschn. 37 Abs.3 S.1 EStR sind Darlehensschulden, bei denen der Ausgabebetrag niedriger ist als der Rückzahlungsbetrag, mit dem Rückzahlungsbetrag anzusetzen. Der Unterschiedsbetrag ist als Rechnungsabgrenzung auf die Laufzeit zu verteilen.

432 Gegenstand der Urteile waren Bürgschaften, bzw. Zahlungen der Darlehensgeber an Dritte. So im Ergebnis auch Bordewin, A., Bilanzierung, a.a.O., S. 266.

433 Vgl. BMF-Schreiben v. 5.3.1987, IV B 2 - S 2133-1/87, Betr. Bilanzierung von Zerobonds (Null-Kupon-Anleihen), BStBl. 1987 I, S. 394.

ein.[434] In Anlehnung an § 6 Abs. 1 Nr. 2,3 EStG sind Zero-Bonds mit dem Anschaffungswert der Verbindlichkeit anzusetzen, d.h. mit dem Ausgabekurs. Ein Unterschiedsbetrag[435] ist in die Rechnungsabgrenzung mit einzubeziehen und über die Laufzeit der Anleihe abzuschreiben.[436] Ein Verstoß gegen den Grundsatz der Maßgeblichkeit kann in dieser abweichenden steuerlichen Behandlung nicht gesehen werden, da eine solche Durchbrechung der Maßgeblichkeit dann nicht vorliegt, wenn handelsrechtliche Wahlrechte steuerlich eingeschränkt werden, indem eine Passivierungs- Aktivierungspflicht festgelegt wird.[437]

3.6.3.2. *Vermögensaufstellung*

Gemäß §§ 98a,103 Abs.1 BewG sind betrieblich veranlaßte Schulden vom Einheitswert des Betriebsvermögens abzuziehen. Da - insbesondere bei Kapitalgesellschaften - sämtliche Vorgänge der betrieblichen Sphäre zuzuordnen sind und davon auszugehen ist, daß die Ausgabe von Zero-Bonds der Finanzierung betrieblich benötigten Fremdkapitals dient, sind die mit der Emission in Verbindung stehenden Verbindlichkeiten als Betriebsschulden bei der Newco abzugsfähig.
Der Ansatz erfolgt im Grundsatz zum Nennwert,[438] soweit nicht besondere Umstände einen anderen Wertansatz begründen. Als Wertansatz ist dabei nach Abschn. 74a Abs. 4 VStR der Rückzahlungswert maßgebend.[439] Dieser ergibt sich aus dem Ausgabebetrag zuzüglich der bis zum Bilanzierungsstichtag aufgelaufenen Zinsen.[440] Der hohe Differenzbetrag zwischen Ausgabe- und Einlösungskurs stellt in diesem Zu-

---

434 Vgl. ebenda, S. 394.

435 In Form eines Agios oder Disagios.

436 Die Darlehensverbindlichkeit des Emittenten erhöht sich zum jeweiligen Abschlußstichtag, so daß erst dann ein anteiliger Erhöhungsbetrag als zusätzlicher Nennwert der Verbindlichkeit zuzuschreiben ist, vgl. Bordewin, A., Bilanzierung, a.a.O., S. 266.

437 Vgl. Biergans, E., Einkommensteuer und Steuerbilanz, 4., stark erw. und völlig überarb. Aufl., München 1988, S. 148.

438 Vgl. § 12 Abs.1 BewG.

439 Vgl. auch Christoffel, H.-G., Bewertungsrechtliche Behandlung von Zero-Bonds nach Abschn. 74a VStR 1989, in: INF 1989, S. 313.

440 Zur Berechnung vgl. Abschn. 74a Abs. 2 VStR.

sammenhang mithin keinen besonderen Umstand dar, der einen niedrigeren Wertansatz rechtfertigen könnte.

3.6.3.3. Ertragsteuerliche Konsequenzen

Eine Besonderheit ergibt sich bei der ertragsteuerlichen Behandlung von Zero-Bonds insoweit, als der betrieblichen Schuld aus der Ausgabe dieser Schuldverschreibungen während der Laufzeit keine abzugsfähigen Betriebsausgaben gegenüberstehen. Die Verrechnung des Kapitaldienstes ergibt sich demzufolge aus den Grundsätzen über die Behandlung in der Steuerbilanz. Danach wird, ausgehend vom Ausgabebetrag im Jahr der Emission, der anteilige Zinsaufwand des Wirtschaftsjahres passivisch erfaßt und führt damit zu einer laufenden Minderung der ertragsteuerlichen Belastung der Newco,ohne daß dieser ein tatsächlicher Liquiditätsabfluß in Form von Zinszahlungen gegenüberstünde.[441] Entsprechendes gilt auch für die Behandlung nach dem Gewerbesteuergesetz. Der anteilige Zinsbetrag, der im Veranlagungszeitraum zusätzlich zu passivieren ist, wird als Entgelt für Dauerschulden dem Gewerbeertrag nach § 8 Nr. 1 GewStG hälftig hinzugerechnet.[442]

3.6.4. Steuerrechtliche Behandlung beim Gläubiger

Insbesondere die ertragsteuerliche Behandlung der Erträge aus im Privatvermögen gehaltenen Null-Kupon-Anleihen war ebenfalls lange Zeit strittig.[443] Die Bestrebungen der Anleger zielten darauf ab, den Unterschiedsbetrag zwischen Ausgabe- und Rückzahlungsbetrag als Disagio zu qualifizieren, und somit der für die Besteuerung nicht relevanten privaten Vermögenssphäre zuzuordnen.[444] Da jedoch der Gesamtertrag der

441 Eine einmalige, hohe Aufwandsverrechnung zum Zeitpunkt der tatsächlichen Rückzahlung des Anleihebetrages findet somit nicht statt. Vgl. auch Neufang, B./Horn, M., Zero-Bonds als Element der Steuerplanung im mittelständischen Unternehmen, in: INF 1988, S. 444.

442 Entsprechend ist "die aufgrund der Einlösungsverpflichtung der ausgegebenen Zero-Bonds bestehende Schuld des Emittenten gleichfalls als Dauerschuld i.S. von § 12 Abs. 2 Nr 1 GewStG zu behandeln." Neufang, B./Horn, M., a.a.O., S. 446.

443 Vgl. hierzu insbesondere die Ausführungen bei Kessler, R.E., a.a.O., S. 194.

444 Soweit es sich nicht um Spekulationsgewinne i.S.d. §§ 22 Nr.2 i.V.m. 23 Abs.1 und 4 EStG handelt.

Anleihe, einschließlich einer entsprechenden Verzinsung und Rendite, allein durch den Diskont repräsentiert wird, erscheint es unzweifelhaft, daß es sich hierbei um Einkünfte aus Kapitalvermögen handeln muß.[445] Dieser Grundgedanke wurde auch im BMF-Schreiben v. 24.1.1985 festgeschrieben.[446] Nach dieser Regelung ist der Unterschiedsbetrag zwischen Emissions- und Einlösepreis (Diskont) bei Einlösung als Kapitalertrag gemäß § 20 Abs.1 Nr.8 EStG zu versteuern.[447] Soweit ein Anleger das Papier vor Ablauf der Laufzeit veräußert, errechnet sich der einkommensteuerpflichtige Betrag aus dem Zinsertrag, der rechnerisch auf den Zeitraum entfällt, in dem das Papier gehalten wurde.[448]
Wird jedoch bei vorzeitiger Veräußerung des Bonds ein Preis erzielt, der über dem Wert liegt, der sich rechnerisch aus dem Verhältnis von Emissionspreis und Veräußerungszeitpunkt ergibt, so ist diese Differenz als steuerfreie Vereinnahmung von Kursgewinnen einzuordnen.[449]
Im Gegensatz zu anderen Anleiheformen erfolgt die Ertragsbesteuerung jedoch in jedem Fall erst im Jahr der Fälligkeit, d.h. am Ende der Laufzeit des Bonds, bzw. zum Zeitpunkt einer etwaigen vorzeitigen Veräußerung. Für den privaten Anleger ergibt sich somit in jedem Fall der Vorteil einer zinslosen Steuerstundung.[450]

3.6.5. Beurteilung der Emission von Zero-Bonds im Rahmen des MBO

Die Ausgabe von Null-Kupon-Anleihen gestaltet sich bei der Newco erfolgsneutral, da dem Zufluß an Barmitteln eine entsprechender Ver-

---

445 Vgl. Kessler, R.E., a.a.O., S. 194.

446 Vgl. BMF-Schreiben v.24.1.1985, IV B 4 - S 2252 - 4/85, Betrifft: Ermittlung des einkommensteuerpflichtigen Kapitalertrages aus Zero Coupon Bonds, die zu einem Privatvermögen gehören, in: BStBl. 1985 I, S. 77ff.

447 Vgl. ebenda, S. 77.

448 Vgl. BMF-Schreiben v. 24.1.1985, a.a.O., S. 78.

449 Vgl. Büschgen, H.E., a.a.O., S. 308.

450 Diese Steuerstundung kann zu einer endgültigen Steuerersparnis werden, wenn durch den Aufschub der steuerlichen Erfassung in zukünftige Perioden mit geringerem Einkommen ein Progressionsvorteil erlangt wird, vgl. Büschgen, H.E., a.a.O., S. 308f. Ein Progressionsnachteil kann sich jedoch durch das kumulierte Anfallen des Ertrages in einer einzigen Periode und einen damit verbundenen Anstieg der Tarifbelastung ergeben.

bindlichkeit gegenübersteht. Als vorteilhaft ist es zu beurteilen, daß dem Zufluß an Kapital keine laufenden, festgelegten Zahlungen für dessen Nutzung gegenüberstehen, woraus sich eine, insbesondere in den ersten Jahren bedeutsame, Liquiditätsentlastung der Erwerbsholding ergibt. Darüberhinaus mindern die jährlich zu passivierenden kumulierten Zinsen den steuerpflichtigen Gewinn der Newco, ohne daß diesen während der Laufzeit der Anleihen tatsächliche Auszahlungen gegenüberstehen.[451] Diese zusätzlichen Abschreibungen ermöglichen eine Erhöhung des steuerfreien, anderweitig für Kapitaldienst und die Tilgung vorrangiger Verbindlichkeiten verwendbaren Cash-flows.

Der nachrangige Charakter dieser Verbindlichkeiten ergibt sich in erster Linie aus den dargestellten Rückzahlungsmodalitäten. Die Emission der Schuldverschreibungen begründet zwar eine betriebliche Schuld in Form einer Rückzahlungsverpflichtung, die jedoch erst nach Ablauf der vergleichsweise langen Laufzeit konkret wird. Bis zu diesem Termin erfolgt ohne Berücksichtigung der sich ergebenden Verpflichtung eine Befriedigung der vorrangigen senior dentures.

3.7. Möglichkeiten der Finanzierung durch Junk-Bonds

3.7.1. Begriff

Bei den sogenannten Junk-Bonds[452] handelt es sich um ein für den amerikanischen Kapitalmarkt typisches Finanzierungsinstrument privater

---

451 Vgl. Zehner, K., a.a.O., S. 214.

452 Der Begriff des Junk-Bond (Junk = Abfall) ist auf die Klassifizierung von amerikanischen Unternehmen nach ihrem finanziellen "Standing", dem sog. rating zurückzuführen. Verantwortlich für diese Einstufung sind Agenturen wie Moodys, oder Standard Poors, die anhand bestimmter Unternehmenskennzahlen eine Bewertung der jeweiligen Gesellschaft vornehmen. Die Beurteilung reicht dabei von AAA (höchster Bonitätsgrad) bis C. Junk-Bonds werden demzufolge von Gesellschaften mit einem unterdurchschnittlichen rating ausgegeben, die nicht mindestens ein rating von BB aufweisen, vgl. ausführlich zur Bildung dieser Risikoklassen: Süchting, J., Finanzmanagement, a.a.O., S. 369, sowie Milde, H., Übernahmfinanzierung, a.a.O., S. 660. Aufgrund der durch höhere Anlagerisiken bedingten überdurchschnittlichen Verzinsung werden sie korrekterweise auch als high yield bonds bezeichnet, vgl. Sünner, E., a.a.O., S. 278, Fn. 11.

Investmentgesellschaften.[453] Diese extrem spekulativen Obligationen, die häufig lediglich mit den Cash flow der Zielgesellschaft besichert sind, zeichnen sich durch eine extrem hohe Verzinsung aus, die i.d.R. 3-5% über dem offiziellen Zinssatz liegt. Mit der Emission dieser Schuldverschreibungen finanzieren die Beteiligungsgesellschaften in den USA inzwischen einen Großteil des für die Übernahme notwendigen Kapitals.[454]

Auf das Instrument der Junk-Bonds wurde dementsprechend hauptsächlich dann zurückgegriffen, wenn externe Kapitalgeber aufgrund der Finanz- und Ertragslage (rating) nicht bereit waren, nachrangige Darlehen unbesichert und zu marktüblichen Konditionen zur Verfügung zu stellen. Insofern kommt diesem Instrument der Junk-Bonds eine bedeutende Rolle bei der sprunghaften Entwicklung von LBO's in den Vereinigten Staaten zu.[455] Während das Volumen der LBO-Transaktionen auch in den USA bis 1984 noch stagnierte, scheint es nunmehr kein Unternehmen mehr zu geben, das allein aufgrund seiner Größe vor eine Übernahme geschützt ist.[456]

3.7.2. Beurteilung nach deutschem Gesellschaftsrecht

Die Zulässigkeit von Junk-Bonds nach amerikanischem Recht erklärt sich aus der besonderen Ausgestaltung des Gläubigerschutzes, der die Investitionsentscheidung in letzter Instanz dem Anleger (Gläubiger) selbst überläßt.[457]

---

453 Kreiert wurde diese Anleiheform von dem "Junk-Bond-König" Michael Milkem (Drexel, Burnham, Lambert) zu Beginn der 70er Jahre, vgl. Mahari, J.I., Rückkehr zu Aktionärsherrschaft als unternehmerische Chance und rechtspolitischer Impuls, in: SAG 1988, S. 14.

454 Vgl. Lutter, M./Wahlers, H.W., a.a.O., S. 2.

455 Nicht zuletzt deshalb, weil LBO-Anleihen innerhalb der Junk-Bonds die mit Abstand rentierlichsten Papiere darstellten.

456 Vgl. nur die Übernahme von RJR Nabisco. Siehe hierzu Lobell, C.D./Applegate, S.B., Representing the Subordinated Lender in Leveraged Buyouts and Acquisitions, in: Practising Law Institutr (Hrsg.), Handbook No. 643, Financing Leverages Buyouts and Acquisitions, New York 1989, S. 393.

457 Es muß nach amerikanischem Recht lediglich gewährleistet sein, daß sich der Anleger anhand vollständiger, wahrheitsgemäßer Berichterstattung der Unternehmen auf der Grundlage der SEC-Regelungen ein objektives, tatsächliches Urteil bilden kann, vgl. Sünner, E., a.a.O., S. 278.

In der Bundesrepublik dagegen unterliegt die Ausgabe von Junk Bonds, ähnlich wie bei Zero-Bonds und anderen Anleihen, bisher der staatlichen Genehmigungspflicht des § 795 BGB.[458]
Die Entscheidung über die Zulässigkeit der Begebung trifft somit der Bundesminister für Wirtschaft im Einvernehmen mit der Wirtschaftbehörde des jeweiligen Bundeslandes.[459]
Nach der Begründung des Gesetzgebers[460] sowie der herrschenden Meinung in der Literatur liegen die Motive für die Gesetzesvorschrift hauptsächlich in der Gewährleistung eines wirkungsvollen Gläubigerschutzes.[461] Dem Antrag auf Erteilung der Emissionsgenehmigung sind demzufolge neben detaillierten Angaben über die Ausgestaltung der Anleihebedingungen insbesondere Daten über die Bonität der betreffenden Gesellschaft beizufügen.[462]
Aufgrund einer solchen Ausgestaltung des Gläubigerschutzes im deutschen Gesellschaftsrecht, der mithin den Anleger von vornherein vor unsoliden Emittenten schützt bzw. unseriösen Emittenten den Zugang zum Kapitalmarkt von vornherein untersagt, erscheint der Einsatz von Junk-Bonds gerade im Rahmen stark fremdfinanzierter LBO/MBO-Transaktionen zur Zeit in Deutschland nicht denkbar.[463]
Ähnliche vorsichtig wird zur Zeit auch die Möglichkeit der Finanzierung von Buy-Outs über sogenannte Going Public-Optionsanleihen beurteilt. Dieses 1988 entwickelte Finanzierungsinstrument "richtet sich an bör-

---

458 Da diese Papiere besonders leicht umlauf- und verkehrsfähig sind, und somit als geldähnliche Zahlungsmittel angesehen werden müssen, ist die Allgemeinheit vor einer Emission durch unseriöse und zahlungsunfähige Kreditnehmer zu schützen. Bei der Kreditbeschaffung durch solche Inhaberobligationen ist dem Staat Vorrang einzuräumen. Der Gläubigerschutz ist nach diesen Vorschriften wesentlich mehr daran orientiert, den Anleger vor risikoreichen Investments zu schützen. Vgl. auch ausführlich zu § 795 BGB: Zehner, K., a.a.O., S. 72ff.

459 Vgl. Süchting, J., Finanzmanagement, a.a.O:, S. 126.

460 Vgl. BT-Drucks. 11/277.

461 Vgl. auch Zehner, K., a.a.O., S. 77.

462 Vgl. Diel, R., Langfristige Fremdfinanzierung durch Emission von Industrieobligationen, in: Christians, F.W. (Hrsg.), Finanzierungshandbuch, 1. Aufl., Wiesbaden 1980, S. 178f.

463 Vgl. Peltzer, M., Rechtliche Problematik, a.a.O., S. 976, der jedoch die Begebung von Inhabergenußrechten - ähnlich den Inhaberschuldverschreibungen - für möglich hält. Weniger pessimistisch Lutter, M./Wahlers, H.W., a.a.O., S. 3, die Zweifel an der Unzulässigkeit der Emission von Junk-Bonds für angebracht halten.

senfähige Unternehmen, die aller Voraussicht nach während der Laufzeit der Anleihe an die Börse zu gehen wünschen".[464] Auch hier ergeben sich insbesondere bei einem entsprechenden Leverage der Transaktion erhebliche Bedenken im Zusammenhang mit § 795 BGB.[465]
In den diesbezüglichen Restriktionen des deutschen Kapitalmarktes ist auch einer der Gründe zu sehen, warum die Finanzierung inländischer Buy-Outs häufig über eine im Ausland plazierte Newco als Finanzierungsgesellschaft vorgenommen wird.[466]
Eine Umgehung der staatlichen Genehmigungspflicht für hochverzinsliche, unbesicherte Anleihen ergibt sich höchstens aus der Emission von besonders ausgestalteten Inhabergenußscheinen.[467] Die Regelungen der §§ 795, 808a BGB erstrecken sich lediglich auf festverzinsliche Wertpapiere. Sind die Genußscheine jedoch nur aus bestimmten zukünftigen Einkünften der emittierenden Gesellschaft zu bedienen, kann die Erfordernis der staatlichen Genehmigung vermieden werden. Soweit es sich um Namensgenußscheine handelt, die zudem in geringen Stückzahlen ausgegeben werden, ist auch die Vereinbarung eines festen Zinssatzes nicht schädlich.[468] In jedem Fall erfordert aber eine solche Ausgestaltung eine erhöhte Sorgfalts- und Informationspflicht gegenüber dem Publikum bei der Prospekterstellung.[469]
In letzter Zeit konnte jedoch eine verstärkt einsetzende Diskussion über die Abschaffung der staatlichen Genehmigungspflicht nach § 795 BGB beobachtet werden.[470] Inwieweit sich jedoch durch eine solche Maßnahme tatsächlich positive Effekte für die Ausgabe unbesicherter, mit hohem Risiko behafteter Schuldverschreibungen in der Bundesrepublik Deutschland ergeben, muß allerdings, insbesondere im Hinblick auf die

---

464 Schwenkedel, S., Finanzierung von Management Buyouts durch Going Public-Optionsanleihen, in: Die Bank 1989, S. 604.

465 Vgl. ebenda, S. 606.

466 So im Ansatz, Jonas, B., Steuerliche Vorteilhaftigkeit einer niederländischen Finanzierungsgesellschaft, in: RIW 1987, S. 289f.

467 Vgl. auch Peltzer, M., Rechtliche Problematik, a.a.O., S. 976.

468 Vgl. § 808a BGB. Zu den Ausgestaltungsmöglichkeiten vgl. Rid-Niebler, E.-M. a.a.O., S. 8f.

469 Vgl. auch Otto, H.-J., MBO, a.a.O., S. 845.

470 Vgl. beispielsweise o.V., Genossenschaftsbanken und Industrie unterstützen den Bonner Gesetzentwurf, in: HBl. Nr. 166, v. 29.8.1989, S. 8.

negativen Erfahrungen in den USA und den Zusammenbruch des dortigen Bondmarktes, ernsthaft bezweifelt werden.

4. Vorrangig besichertes Fremdkapital (senior debt)

4.1. Wirtschaftliche Bedeutung

Auch wenn der Bereich der sog. Mezzanine-Finanzierung als typisches Merkmal des Management-Buy-Out zu bezeichnen ist und die Realisierung kreditfinanzierter Übernahmen in entsprechendem Volumen erst möglich gemacht hat, ist auch ein Buy-Out ohne konventionelle Bankdarlehen kaum zu realisieren. Häufig stellen vorrangig besicherte Bankdarlehen sogar den größten Posten in der Fremdkapitalstruktur der Newco.[471] Aus dieser Tatsache ergibt sich auch die maßgebende Rolle, die Geschäftsbanken bei der Durchführung eines Buy-Outs in der Bundesrepublik nach wie vor spielen. Sie gewährleisten zum einen die Restfinanzierung über vorrangig besicherte Kredite, soweit nicht ausreichend Mezzanine-Kapital bereitgestellt werden kann; zum anderen sind sie bei einem späteren "Going public" der Newco maßgeblich beteiligt.
Die steuerliche Beurteilung des senior debt ist vergleichsweise unproblematisch. Da die Bankdarlehen nicht mit einer Rangrücktrittserklärung ausgestattet sind und somit sowohl im Rahmen des laufenden Kapitaldienstes als auch im Konkursfall vorrangig bedient werden, ist grundsätzlich vom Charakter einer abzugsfähigen Betriebsschuld auszugehen. Hierfür spricht weiterhin, daß

a) diese Darlehen i.d.R. mit festen Zins- und Tilgungsvereinbarungen ausgestattet sind, so daß eine Rückzahlung nicht nur aus zukünftigen Einnahmeüberschüssen erfolgt,[472]

---

471 I.d.R. wird ein Anteil des Senior debt von 40-60% angenommen. Vgl. die Ausführungen von: Litwin, M.J., Financing the Leveraged Buyout, in: Practising Law Institut (Hrsg.), Handbook No. 627, Leveraged Acquisitions and Buyouts 1989, New York 1989, S. 103ff. Siehe auch a.a.O., Zweiter Teil, Abschn.B.1. dieser Arbeit.

472 Vgl. die Unterscheidung zur Mezzanine-Finanzierung im Zweiter Teil, Abschn. B.3. dieser Arbeit.

b) zur Besicherung des Senior debt vorrangig das Betriebsvermögen der Zielgesellschaft bzw. die von der Newco gehaltenen Geschäftsanteile herangezogen werden. Es wird mithin ein tatsächlicher, auf den Sachwerten der Zielgesellschaft begründeter Rückzahlungsanspruch geschaffen und nicht nur eine Tilgungsverpflichtung aus in der Zukunft liegenden Gewinnen,

Die Zinsen auf das senior debt mindern somit als abzugsfähige Betriebsausgaben nach § 4 EStG den steuerpflichtigen Gewinn der Newco sowohl im Bereich der Körperschaftsteuer als auch bei der Gewerbeertragsteuer.[473] Bei den Substanzsteuern stellt das vorrangig besicherte Senior debt eine betrieblich veranlaßte Dauerschuld dar, die nach § 103 i.V.m. 98a BewG vom Einheitswert des Betriebsvermögens abzuziehen ist.[474]
Die Problematik dieses senior debts liegt vielmehr auf dem gesellschaftsrechtlichen Gebiet der Besicherung dieser Darlehen durch das Vermögen der Zielgesellschaft selbst und der damit verbundenen Gefahr einer verbotenen Rückgewähr von Nennkapital.

4.2. Besicherung der Kaufpreisfinanzierung

4.2.1. Besicherungspraxis beim MBO

Wie bereits dargestellt, erfolgt die Besicherung der Darlehen zur Finanzierung des Erwerbs der Zielgesellschaft über die Aktiva, zumindest jedoch über den zukünftigen Cash-flow der Objektgesellschaft.[475]
In dieser "Besicherung der Transaktion über das Vermögen der Zielgesellschaft" ist eines der charakteristischen Merkmale der Strukturierung von LBO/MBO-Übernahmen zu sehen.[476]

---

473 Die mit Dauerschulden in Zusammenhang stehenden Zinsen sind jedoch nach § 8 Nr. 1 GewStG dem Gewerbeertrag zur Hälfte wieder hinzuzurechnen.

474 Für die Ermittlung der Bemessungsgrundlage der Gewerbekapitalsteuer erfolgt eine hälftige Hinzurechnung der Verbindlichkeit nach § 12 Abs. 2 Nr. 1 GewStG.

475 Man spricht in diesem Fall von einer "Secured transaction". Dient jedoch lediglich der zukünftige Cash-flow der Objektgesellschaft zur Besicherung der Verbindlichkeiten, handelt es sich um eine "unsecured transaction"

476 Vgl. Pöllath, R., LBO/MBO, a.a.O., S. 113, sowie Luttern M./Wahlers, .W., a.a.O., S. 1 und Lerbinger, P., a.a.O., S. 133f, sowie Kerber, M., Übernahme, a.a.O., S. 474.

Dabei kommt es zu einer dreifachen faktischen Inanspruchnahme der Zielgesellschaft als Sicherungsgeber:[477]

a) Besicherung der senior debentures der Kreditinstitute durch das Anlagevermögen.

b) Gewährung eines Verkäuferdarlehens in Form einer Stundung des Kaufpreises an die Newco.

c) Gewährleistung der Rückzahlung gesellschaftsrechtlicher Verbindlichkeiten an die externen Investoren.

Zu prüfen ist, inwieweit es sich dabei um eine verbotene Auszahlung und Gefährdung der Erhaltung des Stammkapitals i.S.d. § 30ff GmbHG handelt. Darüber hinaus kann durch die extreme Finanzstruktur der Newco die Gefahr einer Überschuldung gegeben sein.

---

477 Vgl. auch Abb. 3 auf der folgenden Seite.

Abb. 3: Finanzierungs- und Besicherungskonstellation beim MBO

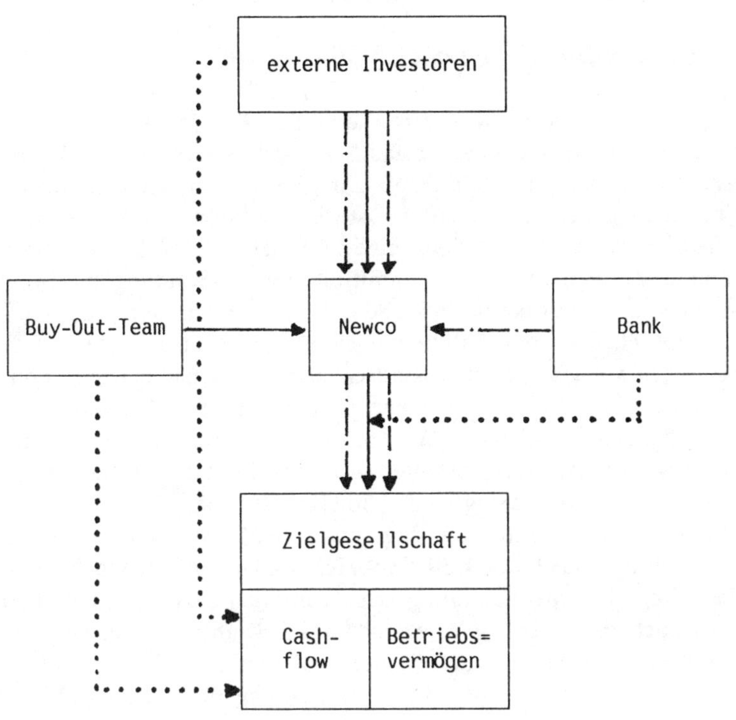

Erläuterungen:
——— Gesellschaftsrechtliche Beteiligung
—·—·— senior debt
— — — Mezzanine-Kapital
········ Besicherung

4.2.2. Gesetzliche Normen in der Bundesrepublik

Vor dem Hintergrund dieser Besicherungspraxis bei der Übernahme von Gesellschaften im Wege des Buy-Out stellt sich die Frage nach der grundsätzlichen rechtlichen Zulässigkeit solcher Gesellschaftsdarlehen bzw. -bürgschaften sowie deren Grenzen nach deutschem Gesellschaftsrecht.[478] Weder im GmbH-Gesetz noch in den aktienrechtlichen Vorschriften findet sich eine allgemeine Regelung der Kreditgewährung durch eine Gesellschaft an ihre Gesellschafter.[479]

4.2.2.1. Gesellschaftsdarlehen nach § 30 GmbHG

Ein Ansatz für eine gesetzliche Erfassung des Problems der Gesellschaftsdarlehen ergibt sich zunächst aus § 30 GmbHG. Nach dem Wortlaut dieser Vorschrift sind Zahlungen der Gesellschaft an die Gesellschafter unzulässig, wenn sie zu einer Unterbilanz führen oder diese verstärken. Solche, die Überschuldung einer GmbH verursachenden oder verstärkenden Zahlungen sind in unmittelbarer Anwendung des § 30 GmbHG verboten.[480] Von entscheidender Bedeutung ist dabei die Auffassung des BGH, nach der Zahlungen nicht nur in tatsächlichen Vorgängen, sondern auch in einem Austauschvertrag begründet liegen können, soweit Leistung und versprochene Gegenleistung sich dabei nicht gleichwertig gegenüberstehen.[481] Wird also eine Unterbilanz durch ein nicht angemessen verzinstes Darlehen heibeigeführt oder verschärft, so liegt eine verbotene Auszahlung i.S.d. § 30 GmbHG vor.[482]
Für die Stellung von Krediten im Zuge eines MBO ist jedoch noch ein weiterer Regelungsgehalt des § 30 GmbHG maßgebend. Danach kann eine Minderung des zur Erhaltung des Stammkapitals erforderlichen Vermögens auch dann vorliegen, wenn der Rückzahlungsanspruch der Gesellschaft an ihren Gesellschafter nicht vollwertig ist.[483] Zu berücksichtigen ist dabei insbesondere die Verschuldung des Gesellschafters

---

478 Vgl. zu dieser Problematik im Zusammenhang mit MBO's insbesondere Peltzer, M., Rechtliche Problematik, a.a.O., S. 976, sowie Schneider, H.U., "Kapitalmindernde Darlehen" der GmbH an ihre Gesellschafter, in: Knobbe-Keuk, B./Klein, F./Moxter, A. (Hrsg.), Handelsrecht und Steuerrecht, Festschrift für Georg Döllerer, Düsseldorf 1988, S. 541, im folgenden zitiert als: Schneider, U.H., Darlehen.

479 § 43a GmbHG als einschlägige Vorschrift bezieht sich ausschließlich auf Kredite an Geschäftsführer, §§ 89 und 115 AktG betreffen Kredite an Organmitglieder.

480 Vgl. Schmidt, K., Gesellschaftsrecht, 1.Aufl., Köln, u.a. 1986, S. 844.

481 Vgl. BGH-Urt. v. 1.12.1986, II ZR 306/85, in: WM 1987, S. 348.

482 Vgl. Schneider, U.H., Darlehen, a.a.O., S. 543.

483 Einkommens- und Vermögensverhältnisse des Gesellschafters gewährleisten bei gebotener Kreditwürdigkeitsprüfung nicht die Rückzahlungsvaluta bei Fälligkeit.

und seine zukünftige Schuldentilgungskraft.[484] Diese begründet sich jedoch im Falle des LBO/MBO in erster Linie auf den zu erwartenden Cash-flow der Objektgesellschaft. Es ist somit zu prüfen, inwieweit die prognostizierten Gewinne in zukünftigen Perioden als Gewährleistung für einen vollwertigen Rückzahlungsanspruch gelten können.

4.2.2.2. Stellung von Kreditsicherheiten

Ein der Gewährung von Gesellschaftsdarlehen vergleichbarer wirtschaftlicher Vorgang ergibt sich, wenn die Zielgesellschaft die Darlehen zwar nicht selbst zur Verfügung stellt, sich jedoch für Kredite, die Dritte den Gesellschaftern zur Finanzierung der Übernahme gewähren, verbürgt bzw. die erforderlichen Sicherheiten bestellt.[485] Fraglich ist jedoch in diesem Zusammenhang, inwieweit die Stellung von Sicherheiten zugunsten eines Gesellschafters als Kapitalrückzahlung i.S.d. § 30 GmbHG zu sehen ist.

Bei der Stellung von Sicherheiten durch die Gesellschaft für Darlehensverbindlichkeiten der Gesellschafter gegenüber Dritten handelt es sich um sogenannte Drittgeschäfte.[486] Solche Drittgeschäfte sind jedoch dem Anwendungsbereich des § 30 GmbHG - gemäß Wortlaut - endgültig entzogen und von der Gesellschaft auch dann zu erfüllen, wenn diese ihr Stammkapital mindern.[487] Es kommt somit entscheidend auf die Auslegung des Begriffes "Auszahlung" sowie auf die Festlegung des auszahlungswirksamen Zeitpunktes an. Nach herrschender Meinung ist in der Stellung von Sicherheiten bereits eine Vermögensdisposition zu sehen, "welche die zur Sicherheit verwandten Vermögenswerte dem Zugriff der

484 Vgl. Schneider, U.H., Darlehen, a.a.O., S. 543.

485 Vgl. Schneider, U.H., Darlehen, a.a.O., S. 545.

486 Im Gegensatz zu Gesellschaftergeschäften, die ihre Prägung aus dem Verhältnis des Gesellschafters zu seiner Gesellschaft erhalten.

487 Vgl. Meister, B.W., Die Sicherheitsleistung der GmbH für Gesellschafterverbindlichkeiten, in: WM 1980, S. 390.

übrigen Gläubiger tatsächlich entzieht."[488] Es kann nicht erst der Zeitpunkt der Auszahlung maßgebend sein.
Nach anderer Auffassung wird auch die Leistung der GmbH an Nichtgesellschafter vom Auszahlungsverbot des § 30 GmbHG ausnahmsweise dann erfaßt, wenn die Leistung wirtschaftlich einem Gesellschafter zugute kommt.[489] In diesem Zusammenhang ist auch die Bestellung von Sicherheiten durch die Gesellschaft in Form von Grundpfandrechten und Bürgschaften zu sehen. Eine solche Sicherheitsleistung bedeutet im Ergebnis eine Leistung an denjenigen, der ohne diese Sicherheit den Kredit nicht erhalten hätte. Im wirtschaftlichen Ergebnis kommt die Bürgschaft mithin dem Gesellschafter selbst zugute.[490] Es ist deshalb davon auszugehen, daß auch eine solche Bestellung von Sicherheiten durch die Zielgesellschaft selbst bzw. durch die Newco zugunsten eines ihrer Gesellschafter "vom Tatbestand des § 30 GmbHG erfaßt wird."[491]
Deshalb ist bereits die Bestellung von Sicherheiten unzulässig, sofern dadurch eine Unterbilanz verursacht oder verschärft wird.[492]

4.2.3. Konsequenzen für die Finanzstruktur eines MBO

Die Besicherung der Fremdfinanzierung des Kaufpreises stellt bei der Übernahme durch ein Buy-Out eines der schwerwiegendsten gesell-

488 Meister, B.W., a.a.O., S. 393. A.A.: Sonnenhol, J./Stützle, R., Bestellung von Sicherheiten durch eine GmbH und der Grundsatz der Erhaltung des Stammkapitals (§ 30 GmbHG), in: DB 1979, S. 926, die in der Bestellung von Sicherheiten zwar eine Gefährdung, nicht jedoch eine tatsächliche Auszahlung von Vermögenswerten sehen, im folgenden zitiert als: Sonnehol, J./Stützle, Bestellung. Auch Schneider, U.H., Darlehen, a.a.O., S. 546, sieht in einer Bürgschaft oder Hypothek, die den Kaufpreis für die Übernahme der Zielgesellschaft sichern soll, keine verbotene Zahlung i.S.d. § 30 GmbHG, soweit die begründete Erwartung besteht, daß die zukünftigen Gewinne ausreichen, den Kaufpreis zu zahlen.

489 Vgl. Baumbach, A./Hueck, A., Gesetz betreffend die Gesellschaften mit beschränkter Haftung, 15., erw. und völlig überarb. Aufl., München 1988, § 30 Anm. 17, sowie Sonnenhol, J./Stützle, R., Bestellung, a.a.O., S. 925.

490 Vgl. Barth, P./Gelsen, H., Die Sicherheitsleistung der GmbH für Kredite, die Dritte den Gesellschafter der GmbH gewährt haben, in: DB 1981, S. 2265.

491 Sonnenhol, J./Stützle, R., Auswirkungen des Verbots der Einlagenrückgewähr auf Nichtgesellschafter, in: WM 1983, S. 2, im folgenden zitiert als: Sonnenhol, J./Stützle, R., Auswirkungen, sowie Barth, P./Gelsen, H., a.a.O., S. 2265.

492 Vgl. Meister, B.W., a.a.O., S. 394.

schaftsrechtlichen Probleme dar.[493] Eine grundsätzliche zivilrechtliche Unzulässigkeit dieser MBO-Struktur ergibt sich aus den entsprechenden Vorschriften jedoch nicht. Trotzdem werden durch die genannten Kapitalerhaltungsgrundsätze des § 30 GmbHG auch einer aus steuerlichen Gründen gewählten hybriden Finanzstruktur der Newco Grenzen gesetzt. Als relevante Größen bei der Besicherung der Kaufpreisfinanzierung ergeben sich:

a) Die Kapitalstruktur der Zielgesellschaft: Soweit durch die Inanspruchnahme des Vermögens der Objektgesellschaft zur Stellung von Kreditsicherheiten - faktische Auszahlung - keine Unterbilanz entsteht, ist der Tatbestand des § 30 GmbHG nicht gegeben.

b) Der Cash-flow der Zielgesellschaft: Wurde er bei der Aufstellung des Finanzplans und der Vereinbarung der Darlehensverträge angemessen vorherbestimmt und läßt sich somit aus den zukünftig zu erwartenden Erträgen der Newco ein tatsächlicher Rückzahlungsanspruch der Gläubiger herleiten, kann eine verbotene Kapitalrückgewährung ebenfalls nicht angenommen werden.

In jedem Fall liegt es in der Person des Buy-Out-Teams, sich mit der Sorgfalt des gewissenhaften Geschäftsmannes[494] über die Konsequenzen einer Stellung von Bürgschaften bzw. einer mangelnden Werthaltigkeit der Sicherheitsleistungen bewußt zu sein.

---

493 In diesem Zusammenhang ist auch ein weiterer Problemkreis zu sehen, der sich auf eine eventuelle Durchgriffshaftung beim Zusammenbruch der gesamten Transaktion bezieht. Möglichkeiten ergeben sich einmal über die Durchgriffshaftung nach § 13 Abs. 2 GmbHG sowie über die Fiktion des faktischen Konzerns. Eine ausführliche Erörterung dieses rein gesellschaftsrechtlichen Aspekts muß jedoch im Rahmen dieser Arbeit unterbleiben. Vgl. hierzu ausführlich Nirk, R., Zur Rechtsfolgenseite der Durchgriffshaftung, in: Lutter, M., u.a. (Hrsg.), Festschrift für Walter Stimpel zum 68. Geburtstag, Berlin/New York 1985, S. 443ff, sowie Kerber, M., Übernahme, a.a.O., S. 516ff.

494 Vgl. § 43 Abs. 1 GmbHG.

5. Steuerliche Beurteilung der Finanzierungsmöglichkeiten

Die Auswahl der steuerlich vorteilhaften Kapitalstruktur der Newco ergibt sich sich aus einem Vergleich der Belastung des zugeführten Kapitals, gegliedert nach den relevanten Steuerarten. In der folgenden Übersicht wird dabei beispielhaft von einem zusätzlichen Kapitalbedarf der Newco von DM 1 Mio. ausgegangen und einem Investor, der eine Rendite vor Steuern von 10% erwartet.

Abb. 4: Finanzierung im Steuerbelastungsvergleich

			Mezzanine			
	Equity	Senior Debt	Darlehen	Stille Bet.	Genußrechte	Bonds
Zins oder Dividende	100.000	100.000	100.000	100.000	100.000	100.000
VSt	10.790[1)]	-	-	-	-	-
KSt	-[2)]	-	-	-	-	-[3)]
GewErtrSt	20.000[4)]	10.000[5)]	10.000	-	10.000	10.000
GewKapSt	8.000[6)]	4.000[7)]	4.000	-	4.000	4.000
	138.790	114.000	114.000	100.000	114.000	114.000

Erläuterungen:

1) Eine Steuerbelastung von 0,6% auf 75% des EW ergibt einen Steuersatz von 0,45%. Unter Berücksichtigung der Definitivbelastung der VSt als nichtabziehbare BA ergibt sich eine Gesamtbelastung von 1,079 des Eigenkapitals.

2) Steuerneutralität aufgrund des Anrechnungsverfahrens.

3) Es wird von einer Passivierung des Rückzahlungsbetrages nach Abschn. 74a VStR ausgegangen.

4) GE = m x h (E-GE) bei: m 0 5%, H = 400.

5) Hälftige Hinzurechnung der Entgelte für Dauerschulden nach § 8 Nr. 2 GewStG

6) m x H = 2%% auf einen Hebesatz von 400, d.h.: 0,8% auf 1 Mio.

7) Hälftige Hinzurechnung der den Entgelten für Dauerschulden entsprechenden Verbindlichkeiten nach § 12 Abs. 2 Nr. 1 GewStG.

Vergleicht man die steuerliche Belastung der verschiedenen Finanzierungsalternativen, so wird deutlich, warum das Mezzanine-Kapital eine so bedeutende Rolle bei der Realisierung des Management-Buy-Outs spielt.
Das Beteiligungskapital stellt nicht nur die mit dem höchsten wirtschaftlichen Risiko belastete, sondern auch steuerlich unvorteilhafteste Finanzierungsalternative dar. Um dem Investor, der sich in Form von Gesellschaftsanteilen an der Newco beteiligt, eine Dividende in Höhe von 10% ausschütten zu können, muß die Newco aus dem eingesetzten Kapital von DM 1 Mio einen Betrag von DM 138.790 erwirtschaften.
Das senior debt ist zwar aus dem Blickwinkel der Besteuerung indifferent gegenüber dem Mezzanine-Kapital, weist im Vergleich dazu jedoch andere erhebliche Nachteile auf. Zum einen sind die Anforderungen an die Besicherung dieses vorrangigen Fremdkapitals von seiten der Kreditgeber wesentlich höher. Dabei bildet i.d.R. das Anlagevermögen der Zielgesellschaft die Obergrenze des Besicherungspotentials und bestimmt somit den Kreditspielraum. Zum anderen verlangt das senior debt einen laufenden, die Ertragslage der Newco nicht berücksichtigenden Kapitaldienst. Die Folge ist eine erhebliche, die Substanz der Objektgesellschaft gefährdende Liquiditätsbelastung in den ersten Wirtschaftsjahren nach der Übernahme.
Die ideale rechtliche Struktur im Rahmen der Mezzanine-Finanzierung bildet, auch unter steuerlichen Gesichtspunkten, die typische stille Beteiligung. Wie bereits dargestellt werden konnte, erfüllt gerade das Engagement als stiller Gesellschafter in klassischer Weise die Anforderungen des Mezzanine-Kapitals. Durch die Erfolgsabängigkeit der Beteiligungsentgelte, die Möglicheit der Zuweisung gewerblicher Verluste und die Nachrangigkeit gegenüber anderen Gesellschaftsgläubigern sind die Kriterien einer subordinated debenture erfüllt. Die Anerkennung der stillen Beteiligung als betriebliche Dauerschuld in der Steuerbilanz steht trotzdem nicht in Frage, womit auch die Abzugsfähigkeit der erfolgsabhängigen Vergütungen gewährleistet ist.
Die absolute steuerliche Vorteilhaftigkeit dieser Finanzierungsform im Steuerbelastungsvergleich resultiert aus der Annahme, daß die typische stille Beteiligung bei den externen Investoren im Betriebsvermögen gehalten wird. Bei dieser Konstellation erfolgt die steuerliche Belastung sowohl der Beteiligungserträge mit Körperschaft- und Gewerbeertragsteuer als auch der Beteiligungssubstanz mit Vermögen- und Gewerbe-

kapitalsteuer auf der Ebene der Finanzierungsgesellschaft. Es kommt mithin zu einer Überwälzung der Steuerlast von der Newco auf die externen Investoren.
Ein weiterer bedeutsamer Vorteil der stillen Beteiligung ist insbesondere in der Anlaufphase die Möglichkeit der Verlustteilnahme. Den Beteiligungsgesellschaften wird damit die Möglichkeit eröffnet, etwaige negative Ergebnisse der Anfangsjahre mit anderen, positiven Einkünften aus ihrem Portefeuille zu verrechnen. Das Verlustverrechnungspotential der Gesamttransaktion kann damit bedeutend erhöht werden.
Die Vorziehenswürdigkeit der Gesellschafterdarlehen gegenüber dem senior debt ergibt sich, abgesehen von den niedrigeren Besicherungsanforderungen, insbesondere bei partiarischer Ausgestaltung des Gesellschafterdarlehens. Durch den erfolgsabhängigen Charakter der Vergütungen kommt es wiederum zu einer erheblichen Entlastung der Liquidität auf der Ebene der Newco.[495]
Diesen Vorteilen steht jedoch gerade bei partiarischen Darlehen die latente Gefahr einer Qualifizierung des Mezzanine-Kapitals als verdeckte Einlage über einen zukünftigen § 8a KStG bzw. eine vergleichbare Regelung gegenüber. Bei der Ausstattung der Newco mit Gesellschafterdarlehen sollten deshalb regelmäßig die Grundsätze des BMF-Schreibens betreffend verdecktes Nennkapital berücksichtigt werden.[496]
Dies gilt insbesondere deshalb, weil eine drohende Umqualifizierung in Eigenkapital selbst durch die Abgabe einer Rangrücktrittserklärung seitens der Gesellschafter nicht abgewendet werden kann. Der Rangrücktritt bewirkt zwar eine Stärkung der gesellschaftsrechtlichen Haftungsfunktion, nach steuerrechtlichen Grundsätzen liegt jedoch weiterhin Fremdkapital vor. Stellt nun die Darlehensgewährung einen Mißbrauch nach § 42 AO dar oder wäre aus wirtschaftlichen und rechtlichen Gründen die Zuführung von Eigenkapital zwingend gewesen, so kann auch die Vereinbarung eines Rangrücktritts dieser Verbindlichkeit eine Einstufung als verdecktes Nennkapital nicht verhindern.
Eine besondere Gefahr aus dieser Umqualifizierung kann sich für Geschäftsbanken ergeben, wenn das notwendige Kapital "aus einer Hand"

495 Eine Möglichkeit der Verlustteilnahme, wie sie die stille Beteiligung ermöglicht, besteht bei einem Gesellschafterdarlehen auch bei partiarischer Ausgestaltung nicht.

496 Vgl. BMF-Schreiben v. 16.3.1987, a.a.O., BStBl. 1987 I, S. 373, sowie Zweiter Teil, Abschn. B.3.2. dieser Arbeit.

bereitgestellt wurde und der durch die Newco geleistete Schuldendienst hinter dem Tilgungsplan zurückbleibt. Kommt es nach der Übernahme der Zielgesellschaft aufgrund der hybriden Kapitalstruktur zu einer Umwandlung des Gesellschafter-Fremdkapitals, ist die kreditgewährende Bank unversehens mit einer gesellschaftsrechtlichen Eigenkapitaleinlage von beträchtlicher Höhe an der Transaktion beteiligt. Um ihre finanziellen Interessen zu wahren ist das Kreditinstitut als Deal-leader nunmehr gezwungen, die Newco bis zur erfolgreichen Desinvestition, bzw. einem erneuten "Turn around" zu begleiten.
Weiterhin erhebliche Rechtsunsicherheit besteht auch in Hinblick auf die ertragsteuerlichen Folgen bei der Abgabe einer Rangrücktrittserklärung. Die Annahme der Finanzverwaltung, die Newco realisiere in diesem Fall einen außerordentlichen Ertrag, ist zwar vom BFH zunächst aufgehoben worden, ein abschließendes Urteil liegt jedoch bislang noch nicht vor. Unerläßlich erscheint jedoch in jedem Fall eine Rangrücktrittserklärung die eine Beteiligung der zurückgetretenen Gläubiger an einem etwaigen Liquidationserlös gewährt.[497]
Sowohl die Ausgabe von Genußrechten als auch von Zero-Bonds stellt ein Instrument dar, mit dem sich die Newco selbst über den Kapitalmarkt finanzieren kann. Entscheidendes Kriterium für die Beurteilung beider Alternativen muß dabei zu allererst die Akzeptanz dieser Papiere beim breiten Anlegerpublikum sein. Dieses wird die Bonität der Newco in Anbetracht der ohnehin hybriden Kapitalstruktur und des grundsätzlichen Risikos eines Management-Buy-Outs eher zurückhaltend beurteilen. Das höchste Ausfallrisiko ergibt sich für den Gläubiger bei der Zeichnung von Zero-Bonds, da die Rückzahlung des Anleihebetrages einschließlich der Verzinsung erst am Ende der Laufzeit erfolgt.
In Hinblick auf die steuerliche Belastung sind beide Instrumente der stillen Beteiligung vergleichbar. Die Gewährleistung des Abzugs der Vergütungen auf Genußscheine vom körperschaftsteuerpflichtigen Gewinn sowie vom Einheitswert des Betriebsvermögens verlangt jedoch eine sorgfältige Gestaltung der Genußscheinbedingungen.[498]
Eine Kapitalertragsteuerpflicht nach § 43 Abs. 1 EStG ergibt sich in jedem Fall. Diese mindert zwar, soweit sie von der schuldenden Newco einbehalten wird, die Ausschüttung auf die Verbindlichkeit, sie kann je-

---

497 Vgl. Zweiter Teil, Abschn. B.3.2.4.5. dieser Arbeit.

498 Vgl. Zweiter Teil, Abschn. B.3.5.3. dieser Arbeit.

doch auf die Steuerschuld der Gläubiger angerechnet werden. Dieser Charakter einer bloßen Steuervorauszahlung bleibt auch insoweit erhalten, als es sich bei dem Gläubiger ebenfalls um eine Kapitalgesellschaft handelt.[499]

Ein Vorteil gegenüber den beiden anderen Finanzierungsformen ergibt sich bei der Emission von Zero-Bonds durch den Wegfall der einmaligen steuerlichen Belastung im Rahmen der Gesellschaftsteuer. Nach § 12 Abs. 1 KVStG unterliegen Zero-Bonds als Schuldverschreibungen nicht der Kapitalverkehrsteuer.

Ein anderer entscheidender Vorteil bei der Ausgabe von Zero-Bonds liegt in einer wirksamen Liquiditätsentlastung der Newco. Sowohl Rückzahlungsbetrag als auch Zinsanteil werden erst am Ende der Laufzeit der Schuldverschreibung fällig; trotzdem mindern die anteiligen Zinskosten den steuerpflichtigen Gewinn des jeweiligen Wirtschaftsjahres. Auch auf der Ebene der Newco-Gläubiger ergibt sich ein Vorteil in Form eines zinslosen Steuerkredites, da der einkommensteuerpflichtige Kapitalertrag ebenfalls erst bei Rückzahlung als zugeflossen gilt.[500]

Unproblematischer gestaltet sich auch die Gewährleistung des Mezzanine-Charakters des emittierten Bond-Kapitals, da eine Befriedigung der Forderungen erst nach Ende der Laufzeit der Schuldverschreibungen erfolgt. Bis zu diesem Zeitpunkt sind insbesondere die Verpflichtungen aus dem senior debt vorrangig zu tilgen. Die Vereinbarung der Genußrechtsbedingungen dagegen erfordert eine sorgfältige Berücksichtigung der entsprechenden steuergesetzlichen Vorschriften. Insbesondere das gleichzeitige Vorliegen einer Beteiligung am Gewinn und am Liquidationserlös sowie der Gewährung einer Mindestverzinsung können sich für eine Qualifizierung als Fremdkapital schädlich erweisen.

Die Finanzierung von Management-Buy-Outs über extrem risikobehaftete Junk-Bonds erscheint dagegen als eine in der Bundesrepublik wenig praktikable Alternative. Dies gilt umsomehr, als der Zusammenbruch des us-amerikanischen Bondmarktes die negativen Auswirkungen auf

---

499 Wie beispielsweise im Falle der stillen Beteiligung. Vgl auch Post, M./Hoffmann, G.F., a.a.O., S. 102.

500 Nicht berücksichtigt wurde in dem Steuerbelastungsvergleich der i.d.R. geringfügig niegrigere Zinssatz, der bei der Emission von Zero-Bonds in Hinblick auf das geringere Wiederanlagerisiko aus Zinseinkünften erzielt werden kann. Vgl. dazu Zweiter Teil, Abschn. B.3.6.4. dieser Arbeit.

den gesamten Bereich der Finanzdienstleistungen nachhaltig demonstriert hat.

Dritter Teil

Steuerliche Gestaltung der Buy-Out-Phase

Die Kernphase bei der Durchführung des Management-Buy-Outs soll die eigentliche Übernahme der Zielgesellschaft durch die Newco sein. In dieser "Buy-Out-Phase" fällt die grundsätzliche Entscheidung, ob die Transaktion als Share deal oder als Asset deal ausgestaltet wird. Bei der Abwägung dürfen jedoch nicht nur die Zielsetzungen des Buy-Out-Teams und der externen Kapitalgeber berücksichtigt werden. Gerade die "freundliche Übernahme durch das Management" ermöglicht - und verlangt - es, auch die Interessen und steuerlichen Konsequenzen auf der Ebene der Zielgesellschaft und deren Anteilseigner zu untersuchen und die steuerliche Situation der Objektgesellschaft in die Planung mit einzubeziehen.
Ziel der Buy-Out-Phase ist es, bei möglichst steueroptimaler Gestaltung die Objektgesellschaft unter die vollständige Beherrschung des Buy-Out-Teams bzw. der Newco zu stellen. Neben dem reinen Erwerb der mehrheitlichen Beteiligung ist dafür i.d.R. die Überführung des relevanten Betriebsvermögens der Zielgesellschaft auf die Newco erforderlich.

A. DIE ERWERBSPHASE

1. Vorbemerkung

Eines der Hauptmerkmale des Buy-Outs, insbesondere bei der Strukturierung als Leveraged Management-Buy-Out, ist die Übertragung der wirtschaftlichen Lasten und Funktionen auf die Zielgesellschaft selbst.[1] Der Objektgesellschaft kommt bei der Realisierung der Transaktion eine essentielle Mehrfachfunktion zu, die für die erfolgreiche Durchführung des Buy-Outs unverzichtbar ist.[2]

---

1 Vgl. Holzapfel, H.-J./Pöllath, R., a.a.O., S. 127.

2 Entscheidender Faktor bei der Übernahme sind somit die potentiellen Stärken des Übernahmekandidaten selbst und weniger die finanzielle Kraft des Erwerbers.

Diese Funktionen sind wie folgt zu beschreiben:

a) Das Betriebsvermögen der Objektgesellschaft wird zur Bestellung von Sicherheiten für die Finanzierung des Kaufpreises herangezogen.[3]

b) Der Cash-flow der Objektgesellschaft wird zur Bedienung des extrem hohen Kapitaldienstes und zur Rückführung des hohen Verschuldungsgrades benötigt.

c) Darüber hinaus können bei der Zielgesellschaft vorhandene offene Rücklagen oder Gewinnvorträge ebenfalls zur beschleunigten Tilgung der Fremdverbindlichkeiten der Newco herangezogen werden.

d) Kernpunkt der Übernahme ist jedoch die Aufstockung der Buchwerte des Betriebsvermögens der Zielgesellschaft, um auf diese Weise ein möglichst hohes Abschreibungsvolumen für zukünftige Perioden zu schaffen (Step up). Mit diesem erhöhten Aufwandsverrechnungspotential soll zusätzlicher, steuerfreier Cash-flow für den Abbau der Fremdverbindlichkeiten geschaffen werden.[4]

Bezüglich dieser Zielvorgaben sind auch die grundsätzlich zur Verfügung stehenden Alternativen der Übernahmestrukturierung des Buy-Outs zu beurteilen.[5]
Die Erwerbsholding hat die Möglichkeit, das Betriebsvermögen der Zielgesellschaft als solches durch die Übernahme der Einzelwirtschaftsgüter zu erwerben (Asset deal).[6]
Im Gegensatz dazu erwirbt die Newco beim Share deal eine (100%ige) Beteiligung an der Objektgesellschaft von deren Anteilseignern.[7] Da diese Form der Übernahme sich zwar in diesem ersten Schritt formal als

---

3 Vgl Zweiter Teil, Abschn B.4.2. dieser Arbeit.

4 Vgl. zur Bedeutung des Step up auch Holzapfel, H.-J./Pöllath, R., a.a.O., S. 152.

5 Vgl. zum folgenden grundsätzlich auch Herzig, N., Steuerorientierte Grundmodelle des Unternehmenskaufs, in: DB 1990, S. 133, im folgenden zitiert als: Herzig, N., Unternehmenskauf.

6 Vgl. Erster Teil, Abschn. B.2.1.1. Arbeit.

7 Vgl. hierzu Erster Teil, Abschn. B.2.1.2. dieser Arbeit.

vergleichsweise unkompliziert darstellt, die für das Buy-Out erforderlichen Ziele jedoch nicht erreicht, haben sich in der Praxis des Unternehmenskaufs weitergehende, sogenannte kombinierte oder auch mehrstufige Modelle entwickelt.[8]

2. Grundsätzliche Möglichkeiten der Strukturierung

2.1. Der Asset deal

Beim Unternehmenskauf in Form des Sachkaufs erwirbt die Newco das Betriebsvermögen der Zielgesellschaft durch Übernahme der Einzelwirtschaftsgüter. Es wird dabei von der Fiktion ausgegangen, daß die einzelnen Vermögensgegenstände als neu angeschafft gelten.[9] Dies hat zur Konsequenz, daß die Wirtschaftsgüter zum Teilwert übertragen werden.[10] Durch diese Fiktion ergeben sich für den Erwerber insbesondere folgende steuerpolitische Möglichkeiten:

a) Es ist festzustellen, welche der materiellen und immateriellen Wirtschaftsgüter im Zuge der Transaktion übernommen werden.

b) Es sind die Teilwerte der einzelnen Vermögensgegenstände auf den Zeitpunkt der Übernahme zu bestimmen und im Rahmen des Gesamtkaufpreises aufzuteilen.

c) Es ist die Restnutzungsdauer der einzelnen Wirtschaftsgüter neu zu bemessen.

Dabei ist es unerheblich, ob die relevanten Wirtschaftsgüter in der Bilanz der Objektgesellschaft aufgeführt waren, soweit es sich überhaupt um bilanzierungsfähige Wirtschaftsgüter handelt. Gerade deshalb ist eine vollständige und detaillierte Aufstellung im Kaufvertrag unbedingt

---

8 Vgl. grundsätzlich auch Otto, H.-J., Leveraged Buy-Out, a.a.O., S. 1392.

9 Der Erwerber tritt somit bezüglich des erworbenen Betriebsvermögens nicht in die Rechtsstellung des Veräußerers ein, es kommt nicht zu einer Gesamtrechtsnachfolge.

10 Der angestrebte Step up vollzieht sich beim Asset deal somit automatisch

notwendig.[11] Ein sich bei der Verteilung des Gesamtkaufpreises auf die einzelnen Wirtschaftsgüter ergebender Differenzbetrag ist als Geschäftswert gesondert zu aktivieren.[12]
Die größere vertragliche Flexibilität des Asset deals bezüglich der tatsächlich zu übertragenden Vermögensgegenstände kann darüber hinaus auch in anderen Fällen von Bedeutung sein:

a) Bei bestimmten Wirtschaftsgütern der Zielgesellschaft kann eine längere Verweildauer im Betrieb erforderlich sein, um die Verbleibungsvoraussetzungen für gewährte Sonderabschreibung erfüllen zu können.[13]

b) Die Übertragung von Grund und Boden unterliegt hohen Transaktionskosten, ohne daß sich dadurch das Abschreibungspotential der Newco erhöhen läßt. Hier bieten sich Gestaltungen in Form von Pachtverträgen an.

Trotz der Vorteile der auf direktem Wege erreichbaren Buchwertaufstockung des Asset deals müssen bei der Übernahme im Wege der Einzelrechtsnachfolge insbesondere folgende Punkte beachtet werden:
Ein bei der Objektgesellschaft vorhandener Verlustvortrag kann bei dieser Übernahmeform von der Erwerbsholding nicht steuerlich genutzt werden.[14] Eine Berücksichtigung kann lediglich über eine Verrechnung mit dem Gewinn aus der Überführung des Betriebsvermögens erfolgen.
Soweit die Übernahme der Vermögensgegenstände unter Buchwert erfolgt, ergibt sich die Notwendigkeit einer Buchwertabschreibung.

---

11 In dieser Gewährleistung des vollständigen Überganges sämtlicher materieller und immaterieller Vermögensgegenstände liegt eines der Hauptprobleme des Asset deal in der Praxis. Zu den zivilrechtlichen. Problemen vgl. den Ersten Teil, Abschn. B.2.1. dieser Arbeit.

12 Geschäftswert ist der Betrag," um den bei der Übernahme eines Unternehmens der Kaufpreis die einzelnen Vermögensgegenstände übersteigt." BFH-Urt. v. 5.8.1970, I R 180/66, BStBl. 1970 II, S. 804. Aus bilanzpolitischen Überlegungen heraus kann es sich jedoch als vorteilhaft erweisen, diesen Differenzbetrag möglichst gering zu halten, um so die lange Nutzungsdauer und die damit verbundenen geringen Abschreibungssätze für den derivativen Firmenwert zu vermeiden. Vgl. § 7 Abs. 1 S. 3 EStG.

13 Vgl. §§ 7d Abs. 6, 7g Abs. 2 EStG.

14 Es wird nicht der Rechtsträger überführt, sondern lediglich dessen Betriebsvermögen verkauft. Vgl. auch Holzapfel,H.-J./Pöllath, R., a.a.O., S. 54.

Bei einem entsprechend hohen Bestand an immateriellen Wirtschaftsgütern und stillen Reserven kommt es zur Aktivierung eines derivativen Firmenwertes, der durch die lange Nutzungsdauer nur in entsprechend niedrigen Jahresbeträgen abgeschrieben werden kann.
Nicht zuletzt erfordert der effektive zivilrechtliche Übergang von Einzelwirtschaftsgütern - und hierzu zählen auch Forderungen - durch die Objektgesellschaft die Zustimmung der Gläubiger.[15]
Daß die Übernahme der Zielgesellschaft letztendlich in den seltensten Fällen in der Form des Asset deals durchgeführt wird, liegt jedoch vor allem an den ungünstigen steuerlichen Folgen für den Veräußerer. Soweit nämlich die Teilwerte der einzelnen Wirtschaftsgüter den Buchwert übersteigen, kommt es bei der Objektgesellschaft zu einer Erhöhung des laufenden Gewinns aus Gewerbebetrieb durch den Veräußerungserlös. Dieser unterliegt bei einer Kapitalgesellschaft der vollen Körperschaftsteuertarifbelastung von 50%, ohne daß außerordentliche Vergünstigungen in Anspruch genommen werden können.

2.2. *Share deal*

Aus den oben genannten Gründen werden die Anteilseigner der Zielgesellschaft deshalb i.d.R. daran interessiert sein, die Transaktion im Wege eines Anteilsverkaufs abzuwickeln.[16]
Bei einem Rechtskauf[17] können die für die Übernahme im Wege des Management-Buy-Out erforderlichen Ziele jedoch nicht auf Anhieb erreicht werden.[18]
Zum einen kann das Vermögen der Objektgesellschaft nicht zur Besicherung der Fremdfinanzierung des Kaufpreises durch die Newco herangezogen werden, da die Vorschriften hinsichtlich der Übertragbar-

---

15 Ohne Zustimmung der Gläubiger können Forderungen aufgrund der Genehmigungserfordernis der §§ 415,414 BGB nicht auf die Newco übergehen. Bei Zuwiderhandlung dient der an die Objektgesellschaft gezahlte Kaufpreis als Sicherheit und kann entsprechend nicht vorzeitig wieder an die Newco ausgeschüttet werden. Vgl Otto, H.-J., Leveraged Buy-Out, a.a.O., S. 1392.

16 Vgl zu diesem typischen steuerlichen Interessengegensatz auch Rädler, A./Pöllath, R., a.a.O., S. 268.

17 Bis auf weiteres wird im folgenden vom Erwerb einer 100%igen Beteiligung an der Zielgesellschaft ausgegangen.

18 Vgl. auch Otto, H.-J., Leveraged Buy-Out, a.a.O., S. 1392.

keit von Anteilen gemäß § 1274 BGB zu berücksichtigen sind. Die Fremdfinanzierung kann entsprechend nur über einen Dritten vorgenommen werden, indem eine externe Finanzierungsgesellschaft das Fremdkapital auf der Basis einer Bürgschaft bzw. dinglichen Sicherheit der Objektgesellschaft bereitstellt.[19] Außerdem ist eine Nutzung des Cash flows der Zielgesellschaft zur Bedienung des Kapitaldienstes nicht möglich, es sei denn auf dem steuerlich wenig attraktiven Weg der ordentlichen Gewinnausschüttung nach §§ 27ff KStG.
Zudem kommt es durch den Erwerb der Beteiligung zu einem Wechsel des Rechtsträgers,[20] d.h. die Newco tritt im Wege der Gesamtrechtsnachfolge in die Rechtsstellung der Objektgesellschaft ein. Als Konsequenz wird bei der Zielgesellschaft keine Aufstockung der Buchwerte des Betriebsvermögens realisiert, und eine Erhöhung des Aufwandsverrechnungspotentials entfällt.
Als vorteilhaft kann es sich lediglich erweisen, daß ein bei der Objektgesellschaft vorhandener Verlustvortrag durch die Newco genutzt werden kann. Dadurch ist eine endgültige Steuerersparnis erreichbar, soweit die Buy-Out-Gesellschaft in den Folgeperioden ausreichende Gewinne erzielt, um die Verlustverrechnungsmöglichkeiten zu nutzen.

2.3. Die kombinierten Modelle

Aus dem obengenannten klassischen Interessengegensatz zwischen Zielgesellschaft und Newco bezüglich der Strukturierung der Übernahme[21] haben sich sogenannte kombinierte Modelle des Unternehmenskaufs entwickelt.[22] Diese sind bei der Abwicklung von Buy-Outs insofern von besonderer Bedeutung, als sich der notwendige Step up im Wege des Share deals nicht erreichen läßt, der reine Asset deal aufgrund der Interessenlage des Verkäufers jedoch i.d.R. nicht realisierbar ist.[23]

---

19 Vgl. Holzapfel, H.-J./Pöllath, R., a.a.O., S. 133.

20 Es gehen somit auch sämtliche Verbindlichkeiten und Steuerrisiken auf die Newco über. Zum Problem der Steuerhaftung vgl. Dritter Teil, Abschn. A.4.2. dieser Arbeit.

21 Vgl. die grundlegenden Darstellungen in der Literatur von Rädler, A./Pöllath, R., a.a.O., S. 268, Herzig, N., Unternehmenskauf, a.a.O., S. 134, Jung, W., a.a.O., S. 141, Purwins, H., a.a.O., S. 223.

22 Vgl. Holzapfel, H.-J./Pöllath, R., a.a.O., S. 98.

23 Vgl. Otto, H.-J., Leveraged Buy-Out, a.a.O., S. 1393.

Bei einem solchen mehrstufigen Modell wird die Zielgesellschaft zunächst in Form des Rechtskaufs erworben. In einem zweiten Schritt wird dann das eigentliche Betriebsvermögen der Objektgesellschaft unter Aufstockung der Buchwerte in die Newco überführt bzw. eingegliedert.[24] Diese Übertragung des Anlagevermögens kann zum einen grundsätzlich im Wege der Verschmelzung von Zielgesellschaft und Newco durchgeführt werden.[25] Zum anderen ist jedoch auch eine anschließende Einzelübertragung der Wirtschaftsgüter aus der Zielgesellschaft in die Newco im Wege des Sachkaufs denkbar. Diese abschließende Überführung des Betriebsvermögens der Objektgesellschaft im Wege der Einzelrechtsnachfolge durch Sachkauf wird auch als "interner Asset deal" bezeichnet.[26] Bei diesem Modell können somit die für den Buy-Out positiven Rechtsfolgen des Asset deals im zweiten Schritt nachgeholt werden.

3. Besteuerung bei der Zielgesellschaft

3.1. Gesellschaftsebene

Im Falle des Share deals vollzieht sich der gesamte Vorgang der Anteilsübertragung auf die Newco bei der Zielgesellschaft steuerlich erfolgsneutral. Der Erwerber tritt im Falle des Erwerbs einer 100%igen Beteiligung in die Rechtsstellung des Veräußerers ein, am Steuersubjekt selbst ergeben sich jedoch keine Veränderungen. Es kommt beim Share deal auf der Ebene der Zielgesellschaft zu keinem Gewinnrealisierungstatbestand.

Im Gegensatz dazu ergeben sich beim Asset deal insoweit erfolgswirksame Konsequenzen, als die Einzelveräußerungspreise der einzelnen Wirtschaftsgüter aus dem Betriebsvermögen der Zielgesellschaft über dem jeweiligen Buchwertansatz liegen. Der Veräußerungsgewinn fällt bei der Objektgesellschaft selbst an und erhöht damit das steuerliche Ergebnis des laufenden Wirtschaftsjahres. Soweit es sich bei der Zielgesell-

---

24 Eine Technik, die auch in den Vereinigten Staaten als Anteilserwerb mit anschließender Verteilung des Mehrkaufpreises auf das Anlagevermögen genutzt wird. Vgl. Pohle, K., Die Kapitalstrukturpolitik bei Unternehmensakquisitionen in den USA, in: ZfbF 1986, S. 339.

25 Vgl. für die GmbH §§ 19ff KapErhStG, sowie §§ 14-16 UmwStG.

26 Vgl. u.a. Holt, J. (Hrsg.), Handbuch des internationalen Unternehmenskaufs, London 1989, S. 62.

schaft um eine Kapitalgesellschaft handelt, unterliegt der Veräußerungsgewinn ungemildert der Körperschaftsteuertarifbelastung von 50%. Über § 7 GewStG erhöht sich entsprechend auch die Bemessungsgrundlage für den Gewerbeertrag.[27] Beim Asset deal bleibt die Zielgesellschaft als Rechtsträger und Steuersubjekt weiterhin bestehen.[28]

3.2. Besteuerung auf der Gesellschafterebene

3.2.1. Ertragsteuerliche Fragen

3.2.1.1. Körperschaftsteuer

Als Veräußerungsgewinn i.S.d. § 16 Abs. 1 EStG ergibt sich der Betrag, um den der Veräußerungspreis nach Abzug der Veräußerungskosten[29] den Wert des Betriebsvermögens (§ 16 Abs. 1 Nr. 1 EStG) oder den Wert der Anteile am Betriebsvermögen (§ 16 Abs. 1 Nr. 2 EStG) übersteigt.[30] Wurde die Beteiligung im Betriebsvermögen einer Kapitalgesellschaft gehalten, ergibt sich in Höhe des Differenzbetrages zwischen Buchwert und Veräußerungspreis ein laufender Gewinn aus Gewerbebetrieb , der als solcher der Körperschaftsteuertarifbelastung von 50% unterliegt.[31] Eine Tarifermäßigung auf den halben durchschnittlichen Steuersatz kann für den Bereich der KSt nicht in Anspruch genommen werden. Lediglich der Freibetrag des § 16 Abs. 4 EStG kann genutzt werden, soweit der Veräußerungsgewinn den Betrag von 100.000 DM übersteigt.[32]

---

27 Vgl. Abschn. 41 Abs. 2 GewStR. Im Gegensatz dazu gehört die Veräußerung eines Betriebes oder Teilbetriebes bei der Personengesellschaft nicht zu den laufenden, nachhaltigen Einkünften aus Gewerbebetrieb, vgl. Abschn. 40 Abs. 1 GewStR.

28 Ziel einer vorteilhaften Steuergestaltung muß es demnach sein, diesen Veräußerungsgewinn bei der Zielgesellschaft steuerfrei zu stellen.

29 Als solche gelten Aufwendungen, die in unmittelbarem Zusammenhang zum Veräußerungsgeschäft stehen, wie beispielsweise Notariatskosten, Grundbuchgebühren, Provisionen sowie Kosten für etwaige Rechtsstreitigkeiten.

30 Vgl. Wollny, P., a.a.O., S. 391.

31 Vgl. Tillmann, B., Steuerrecht, Teil III, Rz. 662.

32 Vgl. Schwarz, S., Die GmbH als Konzerntochtergesellschaft, Bielefeld 1988, S. 121.

3.2.1.2. *Gewerbesteuer*

Die Veräußerung einer 100%igen Beteiligung an einer Kapitalgesellschaft gilt zwar gemäß der steuerlichen Fiktion des § 16 Abs. 4 EStG als Teilbetriebsveräußerung, der Gewinn aus einem solchen Vorgang ist jedoch als laufender Gewerbeertrag der Gesellschaft nach § 7 GewStG gewerbesteuerpflichtig.[33] Im Gegensatz zu einer Teilbetriebsveräußerung kann der Verkauf einer 100%igen Beteiligung nicht als eine ganze oder teilweise Einstellung der betrieblichen Tätigkeit des veräußernden Unternehmens gesehen bzw. einer solchen gleichgestellt werden.[34] Eine Ausnahme kann nur insoweit gelten, als die Veräußerung der Beteiligung in engem Zusammenhang mit der Aufgabe des gesamten Betriebes steht.[35] Unterliegt der Veräußerungsgewinn der Gewerbesteuer, so mindert diese jedoch als abzugsfähige Betriebsausgabe den körperschaftsteuerpflichtigen Gewinn.

3.2.1.3. *Einkommensteuer*

Wurde die Beteiligung in einem Privatvermögen gehalten, sind bezüglich der steuerlichen Behandlung der Anteilsübertragung drei verschiedene Fallgruppen zu unterscheiden:[36]

a) Der Verkauf einer 100%igen Beteiligung an einer Kapitalgesellschaft gilt für steuerliche Zwecke als Teilbetriebsveräußerung.[37] Die Vergünstigungen des § 34 EStG[38] sowie der Freibetrag des § 16 Abs. 4 EStG können in Anspruch genommen werden.

---

33 Vgl. BFH-Urt. v. 7.12.1971, VIII R 3/70, BStBl. 1972 II, S. 468, sowie v. 27.10.1977, IV R 60/74, BStBl. 1978 II, S. 100.

34 Vgl. Hermmann, C./Heuer, G./Raupach, A., a.a.O., § 16 EStG, Anm. 117. Anderer Ansicht Herzig, N., Steuerbilanzpolitik, wonach der Gewerbeertrag unter die Kürzungsvorschrift des § 9 Nr. 2a GewStG beim Anteilseigner fällt.

35 Vgl. Abschn. 40 Abs. 1 GewSt.

36 Vgl. hierzu im einzelnen auch Schoor, H.W., a.a.O., S. 3ff.

37 Vgl. § 16 Abs. 1 Nr. 1 EStG.

38 Anwendung des halben durchschnittlichen Steuersatzes für außerordentliche Einkünfte nach § 34 Abs. 1 EStG.

b) Eine im Privatvermögen gehaltene wesentliche Beteiligung i.S.d. § 17 EStG unterliegt als Gewinn aus Gewerbebetrieb der Einkommensteuertarifbelastung.

c) Die Veräußerung von Streubesitz[39] ist im Grundsatz steuerfreier Vermögenszuwachs der Privatsphäre.[40]

Aus Sicht der Zielgesellschaft bzw. deren Anteilseigner ist eine Strukturierung des Buy-Outs als Share deal bei erster Betrachtung die steuerlich vorteilhaftere Alternative. Dies gilt insbesondere dann, wenn die Anteile von den Gesellschaftern als nicht wesentliche Beteiligung im Privatvermögen gehalten werden und somit ein Veräußerungsgewinn in die nicht steuerrelevante Privatsphäre fällt.
Beim Asset deal dagegen ergeben sich grundsätzlich keine Möglichkeiten zur Nutzung von Steuervergünstigungen. Die Veräußerung des Betriebsvermögens unterliegt bei der Zielgesellschaft als Gewinn aus laufendem Geschäftsbetrieb der Körperschaftsteuertarifbelastung von 50%. Die einzige Möglichkeit der steuerlichen Neutralisierung des Veräußerungsgewinns besteht in der Nutzung eines noch vorhandenen oder künstlich geschaffenen Verlustverrechnungspotentials bei der Objektgesellschaft.

3.2.1.4. Veräußerungsverlust

Insbesondere im Falle eines sogenannten Sanierungs-Buy-Outs wird für die Zielgesellschaft häufig ein Kaufpreis gezahlt, der aufgrund der nachhaltig schlechten Ertragslage niedriger ist, als der Buchwert des Anlagevermögens bzw. der Anteile.[41] Für die Höhe des realisierten Veräußerungsverlustes ist wiederum zwischen Asset- und Share deal zu differenzieren. Während beim ersteren der Unterschied zwischen dem tatsächlich gezahlten Kaufpreis und dem Buchwert des übernommenen Be-

---

39 Weniger als 25 % Anteile am Nennkapital der Gesellschaft.

40 Es sei denn, es handelt sich um einen steuerpflichtigen Spekulationsgewinn i.S.d. § 23 Abs. 1 Nr. 1b EStG i.V.m. § 22 EStG.

41 Vgl. z.B. den Fall des Buy-Outs des Werkzeugmaschinenherstellers Pittler AG, in: o.V., Industriemagazin, a.a.O., S. 30. Ähnlich gelagert war wohl auch der Fall des Auskaufs der Batic-Tochtergesellschaften Hüppe und Pegulan.

triebsvermögens entscheidend ist, wird beim Beteiligungskauf auf den Wert der Beteiligung beim bisherigen Gesellschafter abgestellt.[42]
Ergibt sich ein Veräußerungsverlust, so kann dieser von der Zielgesellschaft bzw. ihren Anteilseignern bei der laufenden Gewinnermittlung im Rahmen des § 10d EStG, i.V.m. § 8 Abs. 5 KStG abgezogen bzw. auf unbestimmte Zeit vorgetragen werden.[43] Zu den Verlusten i.S.d. § 10d EStG gehören ausdrücklich auch solche, die aus einer Betriebsveräußerung oder -aufgabe resultieren.[44] Über § 8 Abs. 5 KStG gelten diese Regelungen des Einkommensteuergesetzes auch für den Bereich der Körperschaftsteuer.[45]
Im Zusammenhang mit den steuerlichen Auswirkungen eines Veräußerungsverlustes ist zuletzt auf unterschiedliche Verlustverrechnungspotentiale beim Asset- und beim Share deal hinzuweisen.
Beim Asset deal bleibt der Rechtsträger der Zielgesellschaft als solches erhalten. Die Objektgesellschaft veräußert zwar ihre wesentlichen Betriebsgrundlagen, das rechtliche Gebilde bleibt jedoch erhalten, so daß auch eine mögliche Verlustverrechnung über die fortbestehende Zielgesellschaft erfolgen kann. Die Möglichkeit, einen Verlustvortrag zu nutzen, ist somit konkret davon abhängig, inwieweit der fortbestehende Rechtsträger in den Folgeperioden entsprechenden gewerbliche Gewinn erwirtschaftet. Ist davon nicht auszugehen und steht des weiteren kein Gewinnvortrag zur Verfügung, geht der Verlust steuerunwirksam unter.
Beim Share deal dagegen wird der Veräußerungsgewinn bei den bisherigen Anteilseignern der Zielgesellschaft realisiert, die diesen mit ihren sonstigen Einkünften verrechnen können.

3.2.2. Verkehrsteuern

Als eine der bedeutenden Verkehrsteuern im Rahmen des Management-Buy-Out fällt die Grunderwerbsteuer sowohl beim Asset deal als auch

---

42 Dieser kann jedoch z.B. durch eine im Vorfeld des Buy-Outs vorgenommene Abschreibung auf den niedrigeren Teilwert der Beteiligung beeinflußt werden.

43 Abschaffung der zeitlichen Begrenzung des Verlustvortrages durch das StRefG 1990, a.a.O., vgl. auch BMF-Schr. v. 27.7.1988, -IV B 7 - S 1909-392/88, BStBl. 1988 I, S. 224.

44 Vgl. Hermann, C./Heuer, G./Raupach, A., a.a.O., § 10 EStG, Anm. 28.

45 Vgl. Hermann, C./Heuer, G./Raupach, A., a.a.O., Erläuterungen zu § 8 Abs. 4 KStG.

beim Share deal an. Beim Sachkauf ergibt sich die Steuerpflicht im Zuge der Singularsukzession aus § 1 Abs. 1 GrEStG.[46] Wird die Zielgesellschaft durch Rechtskauf erworben, besteht Steuerpflicht nach § 1 Abs. 3 Nr. 3 GrEStG. Durch diese Vorschrift wird auch die Übertragung eines Grundstückes im Rahmen des Share deals durch den Tatbestand der "Anteilsvereinigung in einer Hand" erfaßt. Die Steuerpflicht kann dabei auch durch das Zurückbehalten eines Restanteils nicht vermieden werden. Solche, in der anderen Hand zurückbehaltenen Gesellschaftsrechte sind als sogenannte "Zwerganteile" wirtschaftlich bedeutungslos.[47] Auch ein schrittweiser Vollzug des Beteiligungskaufs führt letztendlich zu einer Vereinigung der Anteile und damit zur Steuerpflicht der Gesamttransaktion. Zudem besteht in diesem Zusammenhang die Gefahr der Annahme eines Gestaltungsmißbrauchs nach § 42 AO.[48]
Darüber hinaus unterlag die Veräußerung von Anteilen an Kapitalgesellschaften bisher der Börsenumsatzsteuer.[49] Nach § 17 i.V.m. § 19 KVStG waren Anschaffungsgeschäfte über Wertpapiere an Kapitalgesellschaften steuerpflichtig, soweit die Geschäfte im Inland oder unter Beteiligung wenigstens eines Inländers abgeschlossen wurden.[50] Steuermaßstab im Rahmen einer Übernahme war dabei der vereinbarte Preis nach § 23 KVStG.

---

46 Die Steuer bemißt sich dabei auf 2% der bewirkten Gegenleistung nach § 8 i.V.m. § 11 GrEStG.

47 Vgl. BFH-Urt. v. 16.3.1966, II 70/63, BStBl. 1966 III, S. 378. Siehe auch Boruttau, E.P./Egly, H./Sigloch, H., Grunderwerbsteuergesetz, 12., völlig neubearb. Aufl., München 1986, § 1, Rn. 711.

48 Vgl. auch Holzapfel, H.-J./Pöllath, R., a.a.O., S. 363, sowie Purwins, H., in: Hölters, W. (Hrsg.), a.a.O., S. 281.

49 Mit Wirkung vom 1.1.1991 aufgehoben durch das Finanzmarktförderungsgesetz vom 22 2 1990, BGBl. 1990 I, S. 266.

50 Im letztgenannten Fall halbiert sich der Regelsteuersatz von 0,25% nach § 24 Abs. 1 Nr. 3 KVStG auf die Hälfte. Vgl. § 24 Abs. 2 KVStG.

3.3. *Grundsätzliche Überlegungen zur Steuerminderung*

3.3.1. *Inanspruchnahme des § 6b EStG*

Die Standardvorschrift bezüglich einer Steuerminderung auf Veräußerungsgewinne im deutschen Steuerrecht ist der § 6b EStG.[51] Das Wesen dieser Vorschrift liegt in einem Verzicht auf die sofortige Besteuerung aufgedeckter stiller Reserven im Zuge der Veräußerung von Wirtschaftsgütern.[52] Innerhalb des Anwendungsbereichs des § 6b EStG können die durch Veräußerung[53] realisierten stillen Rücklagen zu einem bestimmten Prozentsatz entweder auf ein sogenanntes Reinvestitionswirtschaftsgut übertragen werden[54] oder aber, soweit eine Anschlußinvestition nicht vorgesehen ist, in eine steuerfreie Rücklage überführt werden.[55] Eine konkrete Reinvestitionsabsicht ist für die Inanspruchnahme dieser Rücklage nicht erforderlich, sie kann somit allein aus Gründen der Steuerstundung gebildet werden.[56]
In beiden Fällen handelt es sich jedoch lediglich um eine Steuerstundung,[57] da die Besteuerung in den Folgeperioden nachgeholt wird. Im Falle der der 6b-Rücklage erfolgt dies durch eine erfolgswirksame Auflösung nach spätestens zwei Jahren.[58] Bei der Übertragung der stillen Rücklagen auf ein Ersatzwirtschaftsgut mindern diese die Anschaffungskosten des Reinvestitionsobjektes und damit die Abschreibungsbasis für die Folgeperioden. Durch diese Verminderung des Aufwandsverrech-

---

51 Eingeführt durch das Steueränderungsgesetz 1964, BStBl. 1964 I, S. 553.

52 Vgl. BFH-Urt. v. 10.7.1980, IV R 136/77, BStBl. 1981 II, S. 84.

53 Als Veräußerungsgeschäfte i.S.d. § 6b EStG gelten auch der Tausch, die Umwandlung oder die Entnahme, d.h. also die entgeltliche Übertragung des wirtschaftlichen Eigentums, vgl. Veigel. G., Die 6b-Rücklage in der Steuerbilanz, in: INF 1988, S. 145.

54 Vgl. § 6b Abs. 1 EStG.

55 Vgl. § 6b Abs. 3 EStG.

56 Vgl. Veigel, G., a.a.O., S. 145.

57 Im Fall der Rücklagenbildung um eine verzinsliche Stundung der Steuerschuld nach § 6b Abs. 6 EStG, da bei der Auflösung der Rücklagen von einer internen Verzinsung von 6% ausgegangen wird.

58 Eine Ausnahme gilt für solche Rücklagen, die aus der Veräußerung von Grund und Boden gebildet wurden; für sie gilt eine Frist von 4 Jahren. Vgl. § 6b Abs. 3 S. 2 EStG.

nungspotentials wird die Steuerstundung, verteilt über die Nutzungsdauer des Ersatzwirtschaftsgutes, schrittweise wieder zurückgenommen.[59]
Es handelt sich mithin um einen befristeten Aufschub der steuerlichen Erfassung von bei der Veräußerung bestimmter Wirtschaftsgüter aufgedeckten stillen Reserven, die beim Steuerpflichtigen zu einem temporären Liquiditätsvorteil führen.
Sowohl der grundlegende Anwendungsbereich als auch die einzelnen Steuerwirkungen des § 6b EStG sind im Zuge des StRefG 1990[60] zum Teil erheblich eingeschränkt worden. Die Änderungen beziehen sich dabei im einzelnen auf folgende Punkte:

a) Die Übertragung der aufgedeckten stillen Rücklagen auf ein Ersatzwirtschaftsgut ist - mit Ausnahme der Übertragung von Grund und Boden - auf 50% des bei der Veräußerung entstandenen Gewinns begrenzt worden.[61]

b) Die Übertragung von Rücklagen auf Anteile an Kapitalgesellschaft als Reinvestitionsobjekt ist nach Inkrafttreten des StRefG 1990 nicht mehr möglich.[62]

Durch die auch vorher schon bestehende Eingrenzung der Anwendbarkeit des § 6b EStG auf bestimmte begünstigte Wirtschaftsgüter[63] im Sinne dieser Vorschrift kann ein Aufschub der Besteuerung durch die Anwendung des § 6b EStG im Zuge der Durchführung eines Manage-

---

59 Vgl. hierzu grundsätzlich auch Thiel, J., Aufschub der Gewinnrealisierung durch §§ 6b,6c EStG sowie durch das Auslandsinvestitionsgesetz und das Entwicklungsländersteuergesetz, in: Ruppe, S., (Hrsg.), Gewinnrealisierung im Steuerrecht, Köln 1981, S. 185ff.

60 StRefG v. 25.7.1988, BStBl. 1988 I, S. 224.

61 Bisher konnten i.d.R. 80% der aufgedeckten stillen Reserven übertragen werden.

62 Die Nr. 5 des § 6b Abs. 1 S. 2 EStG, nach der auch Anteile an Kapitalgesellschaften als Reinvestitionsobjekt anerkannt wurden, ist ersatzlos gestrichen worden.

63 Nach § 6b Abs. 1 EStG sind dies im einzelnen Grund und Boden, Aufwuchs oder Anlagen eines land- und forstwirtschaftlichen Betriebsvermögens, Gebäude, abnutzbare bewegliche Wirtschaftsgüter mit einer betriebsgewöhnlichen Nutzungsdauer von mindestens 25 Jahren und Anteile an Kapitalgesellschaften. Vgl. hierzu auch die ausführliche Darstellung bei Veigl, G., a.a.O., S. 145.

ment-Buy-Outs auch bei entsprechender Gestaltung nur in eingeschränktem Umfang erreicht werden.
In vollem Maße berücksichtigungsfähig ist lediglich die Veräußerung im Wege des Share deals, unter der Voraussetzung, daß die Anteile an der Zielgesellschaft seit sechs Jahren in einem inländischen Betriebsvermögen gehalten wurden.[64] Auch in diesem Fall bleibt jedoch lediglich die Möglichkeit der Einstellung in eine auf zwei Jahre befristete steuerfreie Rücklage sowie die Übertragung auf abnutzbare bewegliche Wirtschaftsgüter oder Gebäude.[65] Die Einstellung in eine steuerfreie Rücklage ist zudem auf 50% des realisierten Veräußerungsgewinns begrenzt.
Wird das Buy-Out als Asset deal strukturiert, scheidet eine Anwendung des § 6b EStG sogar fast gänzlich aus.
Als begünstigte Veräußerungsgegenstände des Anlagevermögens kommen lediglich Wirtschaftsgüter mit einer Nutzungsdauer von mindesten 25 Jahren in Frage. Ebenfalls von der Regelung erfaßt ist die Veräußerung von Grund und Boden. Aufgrund der hohen Transaktionskosten, die mit der Überführung auf die Newco verbunden sind, ist jedoch grundsätzlich fraglich, ob diese Vermögensgegenstände im Zuge des Management-Buy-Outs überhaupt übertragen werden sollten.[66]
Eine Anwendung der Vorschriften des § 6b EStG auf den konkreten Fall des Management-Buy-Outs zeigt mithin, daß eine Inanspruchnahme der erwähnten steuerlichen Vergünstigungen nur in Ausnahmefällen möglich ist. Insbesondere bei der Gestaltung des Buy-Outs als Asset deal kann eine Minderung der Steuerbelastung auf den Veräußerungsgewinn kaum erwartet werden. Auch in diesem Punkt ist also ein Asset deal für die Zielgesellschaft bzw. ihre Anteilseigner die weniger vorteilhafte Alternative.

---

64 Vgl. § 6b Abs. 4 Nr. 2 EStG.

65 Andere Reinvestitionsmöglichkeiten kommen bei der Veräußerung von Anteilen an Kapitalgesellschaften nach § 6b Abs. 1 S. 2 EStG nicht in Betracht.

66 Vgl. Dritter Teil, Abschn. B.II.4.5.2. dieser Arbeit.

3.3.2. Zur Anwendbarkeit des Tauschgutachtens

3.3.2.1. Ausgangspunkt

Soweit der Buy-Out entsprechend strukturiert wird, kann sich der erste Schritt des Share deals als Tausch von Gesellschaftsrechten darstellen.[67] Dies ist insofern von Bedeutung, als der BFH beim Tausch von Gesellschaftsanteilen an Kapitalgesellschaften in ständiger Rechtsprechung von seiner Auffassung abweicht, daß Tauschvorgänge als steuerliche Veräußerungsvorgänge anzusehen sind und eine Aufdeckung der stillen Reserven mithin zwingend ist.[68] Nach dem sogenannten Tauschgutachten des Bundesfinanzhofes aus dem Jahre 1958[69] gilt eine Ausnahme von diesem Grundsatz der Gewinnrealisierung in den Fällen, "in denen bei wirtschaftlicher Betrachtung wegen der Wert-, Art- und Funktionsgleichheit der getauschten Anteile die Nämlichkeit der hingegebenen und der erhaltenen Anteile bejaht werden kann."[70] Trotz dieses Grundsatzes ist die Rechtsprechung bei der Verneinung der Gewinnrealisierung im Zuge eines Anteilstausches auch weiterhin äußerst zurückhaltend geblieben.[71] Die Beurteilung, wann die Nämlichkeit der hingegebenen und der eingetauschten Anteile tatsächlich gewährleistet ist, erfolgt nach sehr restriktiven Grundsätzen.

---

67 Die Newco erwirbt z.B. Anteile an der Zielgesellschaft gegen Gewährung eigener Anteile, die anschließend eingezogen werden.

68 "Da beim Tausch als Anschaffungskosten des eingetauschten Wirtschaftsguts steuerlich grundsätzlich der gemeine Wert des hingegebenen Gegenstandes anzusetzen ist, tritt hinsichtlich des hingegebenen Gegenstandes eine Gewinnrealisierung in Höhe der Differenz zwischen Buchwert und dem gemeinen Wert ein." Knobbe-Keuk, B., Bilanz- und Unternehmenssteuerrecht, 7., völlig überarb. und. erw. Aufl., Köln 1989, S. 238, im folgenden zitiert als: Knobbe-Keuk, B., Steuerrecht.

69 Vgl. BFH-Urt. v. 16.12.1958, I D 1/57 S, BStBl. 1959 III, S. 30.

70 Ebenda, S. 30. Zuletzt bestätigt im BFH-Urt. v. 4.7.1968. IV 13/65, BStBl. 1968 II, S. 682. Diese für im Betriebsvermögen gehaltene Anteile entwickelten Grundsätze sind im übrigen auch auf Gesellschaftsrechte übertragbar, die im Privatvermögen gehalten werden, vgl. BFH-Urt. v. 17.10.1974, IV R 223/72, BStBl. 1975 II, S. 58.

71 Vgl. Herrmann, C./Heuer, G./Raupach, A., a.a.O., § 6 EStG, Anm. 341ff.

3.3.2.2. Anwendungsmöglichkeiten im Rahmen des MBO

Als ideal würde sich eine Konstruktion darstellen, bei der zunächst die Anteile an der Zielgesellschaft durch Tausch auf die Newco erfolgsneutral übertragen werden, und in einem zweiten Schritt die Erwerbsholding das Betriebsvermögen der Zielgesellschaft im Wege des Sachkaufs erwirbt. Die so erzielte Aufstockung der Buchwerte des Betriebsvermögens würde sich dadurch auf der Ebene der Newco steuerlich gewinneutral durchführen lassen.

Inwieweit das Rechtsinstitut des erfolgsneutralen Anteilstauschs bei der Durchführung eines Management-Buy-Outs angesichts der engen Auslegung durch die Rechtsprechung genutzt werden kann, muß somit zumindest fraglich erscheinen.

Erfüllt ist i.d.R. lediglich das Kriterium der Wertgleichheit, da "sich bei einem gegenseitigen Vertrag Leistung und Gegenleistung auszugleichen pflegen."[72]

Insbesondere die Gewährleistung der Funktionsgleichheit der getauschten Anteile erscheint jedoch zweifelhaft, da im Zuge eines Buy-Outs die Anteilsrechte an einem gewerblichen Unternehmen (Zielgesellschaft) gegen solche an einer zunächst verwaltenden Holding (Newco) eingetauscht werden.

Zwar steht es der Nämlichkeit der Anteile grundsätzlich nicht entgegen, wenn die eingetauschten Anteile an unterschiedlichen Kapitalgesellschaften gehalten werden,[73] vom BFH wird eine Funktionsgleichheit jedoch nur dann bejaht, "wenn die eingetauschten Anteile bei objektiver Betrachtung die gleiche betriebliche Funktion erfüllen wie die hingegebenen Anteile..."[74]

Hinzu kommt, daß an dieser Erwerbsholding noch weitere Gesellschafter in Form externer Investoren beteiligt sind und sich mithin bedeutsame Veränderungen bezüglich der Herrschafts- und Beteiligungsverhältnisse ergeben. Eine Funktionsgleichheit ist somit zu verneinen.

Außerdem wird die Beteiligung an der Zielgesellschaft numehr nur noch mittelbar über die Newco gehalten.

---

72 BFH-Urt. v. 16.12.1958, a.a.O., BStBl. 1959 III, S. 32.

73 Vgl. BFH-Urt. v. 2.11.1965, I 169/63 U, BStBl. 1966 III, S. 127.

74 Vgl. BFH-Urt. v. 16.12.1958, a.a.O., BStBl. 1959 III, S. 32.

Den Anwendungsmöglichkeiten für einen erfolgsneutralen Anteilstausch im Rahmen eines Management-Buy-Outs sind mithin enge Grenzen gesteckt.

3.3.3. Natürliche Personen als Anteilseigner

3.3.3.1. Regelungsgehalt des § 34 EStG

Soweit die Anteile an der Zielgesellschaft von den Anteilseignern im Privatvermögen gehalten werden, ist der Veräußerungsvorgang nur insoweit steuerlich relevant, als eine wesentliche Beteiligung i.S.d. § 17 EStG vorliegt.[75] Gemäß § 34 Abs. 2 EStG handelt es sich dabei jedoch um begünstigte Einkünfte, die lediglich dem halben durchschnittlichen Steuersatz unterliegen. Diese Vorschrift über die Besteuerung außerordentlicher Einkünfte wurde jedoch im Rahmen des StRefG 1990 geändert.[76] In seiner ursprünglichen Fassung sollte der neue § 34 EStG in ein sogenanntes Drei-Zonen-Modell gegliedert werden, daß einen schrittweisen Anstieg des anzuwendenden Steuersatzes bei steigenden außerordentlichen Einkünften vorsah.[77] Die mit dieser Gesetzesänderung verbundene Verschärfung der Steuerbelastung insbesondere mittelständischer Betriebe führte zu scharfer Kritik und zahlreichen Gestaltungsüberlegungen in

---

75 Danach liegen Einkünfte aus Gewerbebetrieb vor , wenn der Anteilseigner innerhalb der letzten fünf Jahre zu mehr als einem Viertel mittelbar oder unmittelbar am Stammkapital der Gesellschaft beteiligt war, und die innerhalb des Veranlagungszeitraumes veräußerten Anteile 1 vom Hundert des Kapitals der Gesellschaft übersteigen.

76 Vgl. StRefG v. 25.7.1988, BStBl. 1988 I, S. 224, hier S. 233.

77 Nach diesem Entwurf sollten lediglich außerordentliche Einkünfte bis zu einer Höhe von DM 2 Mio. noch mit dem halben durchschnittlichen Steuersatz belastet werden (1. Zone). Einnahmen mit einem Betrag von DM 2-5 Mio. unterlagen danach 2/3 des durchschnittlichen Steuersatzes (2. Zone), und auf den DM 5 Mio. übersteigenden Teil war der tarifliche ESt-Satz anzuwenden. Vgl. hierzu Herzig, N., Die Neuordnung der Besteuerung außerordentlicher Einkünfte: Gestaltungsmaßnahmen bei Beteiligungen und Veräußerungen, in: Bericht über die Steuerfachtagung 1988 des Inst. d. WP in Deutschland e.V., am 9.6.1988 in Düsseldorf, Düsseldorf 1988, S. 43, im folgenden zitiert als: Herzig, N., Neuordnung.

der Literatur.[78] Nicht zuletzt wurde auch eine steigende Zahl "vorgezogener" Unternehmensverkäufe mit der Änderung des § 34 EStG begründet.[79]
Das Gesetzesvorhaben wurde dann auch im Rahmen des Änderungsgesetzes zum StRefG 1990 zurückgenommen und in ein stark vereinfachtes, gemildertes Zwei-Zonen-Modell überführt. Danach werden Veräußerungsgewinne i.S.d. § 17 EStG und andere außerordentliche Einkünfte nach § 34 EStG n.F. bis zu einer Höhe von DM 30 Mio. unverändert mit dem halben durchschnittlichen Steuersatz veranlagt. Lediglich der darüber hinausgehende Betrag unterliegt dem Tarifsteuersatz nach dem Einkommensteuergesetz.
Trotz dieser Nachbesserung können Gestaltungsüberlegungen geboten sein, soweit bei einzelnen Anteileignern der Zielgesellschaft bei einer Veräußerung die kritische Grenze von 30 Mio. überschritten wird. Die diesbezüglichen Steuerminimierungsmodelle konzentrieren sich dabei weitestgehend auf eine schrittweise Veräußerung der Beteiligung.[80]

3.3.3.2.. Schrittweise Anteilsveräußerung

"Die Personen- und Abschnittsbezogenheit des Zonenmodells führt nahezu zwangsläufig zu der Überlegung, eine geplante Veräußerung in mehrere selbständige Veräußerungsvorgänge aufzuteilen und diese in verschiedenen Veranlagungszeiträumen vorzunehmen."[81] Im Rahmen der Begünstigungsvoraussetzungen der §§ 16,17 i.V.m. § 34 EStG kann es sich dabei nur um einen Share deal handeln. Die schrittweise Übertragung von Einzelwirtschaftsgütern ist regelmäßig nur dann steuerlich begünstigt, wenn der gesamte Betrieb in einem einheitlichen Vorgang

---

78 Vgl. u.a. Blumers, W., Schrittweise Unternehmens- und Anteilsveräußerung, in: DB 1988, S. 2317, Gail, W., Maßnahmen zur Anpassung an die geänderte Besteuerung von Veräußerungsgewinnen, in: StbJb 1988/89, S. 67, sowie Herzig, N., Neuordnung, a.a.O., S. 39.

79 Vgl. o.V., Verkaufswelle mittelständischer Unternehmen soll gestoppt werden, in: HBl. Nr. 82, v. 27.4.1989, S. 1.

80 Eine vorgezogene, und damit vollständig begünstigte "Entstrickung" der stillen Reserven ist in den nach dem 1.1.1990 beginnenden Wirtschaftsjahren nicht mehr möglich. Vgl. hierzu insbesondere Gail, W., a.a.O., S. 73ff.

81 Herzig, N., Neuordnung, a.a.O., S. 54.

veräußert wird.[82] Eine solche Sequenzbildung mit dem Ziel, den Veräußerungsgewinn auf verschiedene Veranlagungszeiträume zu verteilen, kann grundsätzlich auf verschiedene Weise erfolgen:

1. Gestaltung als schrittweise Anteilsveräußerung, wobei die einzelnen Anteilspakete in mehreren aufeinanderfolgenden Veranlagungszeiträumen übertragen werden.

2. Veräußerung des Geschäftsbetriebes zu unterschiedlichen Zeitpunkten im Rahmen des Asset deals, indem zunächst die wesentlichen Betriebsgrundlagen in Form eines Teilbetriebes auf die Newco überführt und die zurückbehaltenen Wirtschaftsgüter zu einem späteren Zeitpunkt an einen fremden Dritten verkauft werden.[83]

3.3.3.3. Rechtliche Grenzen der Gestaltungsmaßnahmen

Die rechtlichen Beschränkungen einer schrittweisen Veräußerung der Zielgesellschaft zum Zwecke der Steuerminimierung ergeben sich in erster Linie aus § 41 AO. Danach sind gemäß Abs. 2 solche Rechtsgeschäfte unwirksam, bei denen das tatsächliche Rechtsgeschäft durch Scheingeschäfte oder Scheinhandlungen verdeckt wird. Solche Scheingeschäfte sind für die Besteuerung unerheblich.[84] Maßgeblich ist dabei die zivilrechtliche Ausgestaltung der einzelnen Veräußerungsgeschäfte.[85]
Es kommt somit darauf an, inwieweit die tatsächliche zivilrechtliche Gestaltung dazu Anlaß gibt, den gesamten Vorgang der Einzelveräußerungen als Scheingeschäft i.S.d. § 41 AO zu betrachten und nach den tatsächlichen wirschaftlichen Verhältnissen ein einheitliches Veräußerungsgeschäft anzunehmen ist.
Nach ständiger Rechtsprechung des BFH wird das Vorliegen eines einheitlichen Vorganges immer dann angenommen, wenn ein ausdrücklicher kausaler Zusammenhang zwischen dem ersten Teilgeschäft und den Folgegeschäften besteht. Wird also das Folgegeschäft ausdrücklich von der Wirksamkeit des ersten Rechtsgeschäftes abhängig gemacht oder

---

82 Vgl. § 16 Abs. 1 Nr. 1, i.V.m. § 34 EStG, siehe auch Blumers, W., a.a.O., S. 2317.

83 Vgl. hierzu Gail, W., a.a.O., S. 86.

84 Vgl. Tipke, K./Lang, J., a.a.O., S. 116.

85 Vgl. Blumers, W., a.a.O., S. 2317.

sind die sich ergebenden Handlungsfolgen im Erstgeschäft bereits festgelegt, ist i.d.R. ein Scheingeschäft nach § 41 AO anzunehmen.[86] Vermieden werden kann ein solcher direkter Kausalzusammenhang jedoch bereits dadurch, daß den Gesellschaftern der Newco im Erstvertrag über den Erwerb eines Teils der Zielgesellschaft lediglich ein Optionsrecht für weitere Erwerbsvorgänge eingeräumt wird.[87]

Neben der Qualifizierung als steuerlich nichtiges Scheingeschäfts kann in der schrittweisen Veräußerung der Zielgesellschaft darüberhinaus ein Mißbrauch von rechtlichen Gestaltungsmöglichkeiten gemäß § 42 AO gegeben sein. Nach dem Regelungsgehalt dieser Vorschrift besteht der Mißbrauch in der Wahl einer den wirtschaftlichen Vorgängen unangemessenen rechtlichen Gestaltung zum Zwecke der Umgehung eines Steuergesetzes.[88] Die rechtliche Gestaltung ist somit nicht schon deshalb unangemessen, weil sie aus steuerlichen Beweggründen gewählt wurde. Ein Mißbrauch wird deshalb auch erst dann angenommen, wenn erhebliche außersteuerliche Gründe für die Gestaltungsform fehlen und mithin das Element der Steuervermeidung in der Vordergrund tritt.[89]

Im konkreten Fall des Management-Buy-Outs wird jedoch die Vermeidung der Annahme eines steuerlichen Gestaltungsmißbrauchs schwerfallen. Einerseits müssen in der jeweiligen Veräußerungssequenz die hohen Anforderungen der Rechtsprechung an das Vorliegen eines Teilbetriebes erfüllt werden.[90] Andererseits wird der Verdacht auf ein einheitliches Rechtsgeschäft immer dann naheliegen, wenn bei den einzelnen Vorgängen jeweils dieselbe Person als Erwerber auftritt.[91] Soweit also einer solchen "Sequenzbildung" die steuerliche Anerkennung nicht von vornherein versagt werden soll, ist zumindest ein erheblicher Gestaltungsaufwand erforderlich.

---

86 Vgl. BFH-Urt. v. 28.1.1972, VIII R 4/66, BStBl. 1972 II, S. 322.

87 Vgl. Blumers, W., a.a.O., S. 2318.

88 Vgl. Tipke, K./Lang, J., a.a.O., S. 128.

89 Vgl. BFH-Urt. v. 27.1.1977, IV R 46/76, BStBl. 1977 II, S. 756 mit weiteren Nachweisen.

90 Vgl. BFH-Urt. v. 3.10.1984, I R 119/81, BStBl. 1985 II, S. 245.

91 Soweit z.B. einzelne zurückgebliebene Wirtschaftsgüter im Zuge einer Betriebsveräußerung an verschieden Käufer veräußert werden, sieht der BFH darin keinen einheitlichen Vorgang, vgl. BFH-Urt. v. 9.5.1957, IV 186/56 U, BStBl. 1957 III, S. 246.

4. Steuerliche Fragen beim Erwerber

4.1. Im Kaufpreis enthaltenen Vorteilsgewährungen

4.1.1. Grundlegung

Im Zuge der Erwerbsphase kann es bezüglich des tatsächlich zu zahlenden Kaufpreises[92] und seiner Angemessenheit zum Problem der Annahme einer steuerpflichtigen Vorteilsgewährung des Verkäufers an den Käufer kommen. Aus der Praxis bekannte typische Konstellationen sind insbesondere:

1. Der tatsächliche Kaufpreis liegt unter dem kumulierten Börsenwert der Unternehmung, soweit es sich um eine amtlich notierte Gesellschaft handelt.[93]

2. Bei der Übernahme mittelständischer Unternehmen ist der Veräußerer häufig bereit, einen Preisnachlaß zu gewähren um sicherzustellen, daß ein Management-Buy-Out realisiert werden kann, um so z.B. die Übernahme durch einen internationalen Konzern zu vermeiden.[94]

3. Beim Erwerb der Anteile an der Erwerbsholding wird dem Buy-Out-Team ein Vorzugspreis beispielsweise in der Form gewährt, daß die Gesellschaftsanteile zum Nennwert erworben werden können. Auf diese Weise soll darüberhinaus sichergestellt werden, daß das Management zumindest eine qualifizierte Minderheit der An-

---

92 Kaufpreis ist beim Share deal der gemeine Wert der Anteile gem. § 11 Abs. 2, i.V.m. § 9 Abs. 2 BewG. Beim Erwerb des Betriebsvermögens ist der Teilwert der einzelnen Wirtschaftsgüter gem. § 10 BewG maßgebend.

93 So der Fall beim Buy-Out der Pittler AG. Eine Versteuerung des Differenzbetrages zwischen Börsenwert und Kaufpreis der Anteile als verdeckte Gewinnausschüttung konnte in diesem Fall durch die Vornahme einer unabhängigen Unternehmensbewertung seitens des Finanzamtes vermieden werden.

94 Vgl. das Buy-Out des Motarradzubehör-Herstellers und Händlers Hein Gericke, vgl. auch Erster Teil, Abschn. B.3.2. dieser Arbeit.

teile hält.[95] Zur Realisierung eines sogenannten "Equity Kickers" wird auch den Beteiligungsfinanziers in einem bestimmten Maß die Möglichkeit des Erwerbs von Anteilen zum Nennwert gegeben. Auch in dieser Nichtverpflichtung zur Leistung des entsprechenden Agios kann ein steuerpflichtiger Vorgang begründet liegen.[96]

Eine steuerlich relevante Vorteilszuwendung ist demnach insbesondere dann anzunehmen, wenn Grund zu der Annahme besteht, daß die notwendigen Voraussetzungen für eine realistische Kaufpreisfindung nicht gegeben waren. Hierbei wird geprüft, inwieweit sich die Veräußerung im Rahmen eines gewöhnlichen Geschäftsverkehrs, d.h. nach marktwirtschaftlichen Grundsätzen, vollzogen hat. Darüberhinaus ist zu untersuchen, ob die Objektivität der Kaufpreisermittlung durch Heranziehung aller Wertmaßstäbe gewahrt wurde.[97]
Es ist somit zunächst zu prüfen, ob im speziellen Einzelfall des Management-Buy-Outs der Verkauf nach den Gepflogenheiten des gewöhnlichen Geschäftsverkehrs vollzogen wurde.[98] Da es sich bei dem erwerbenden Buy-Out-Team nicht um eine dem Unternehmen als fremde Dritte gegenüberstehende Partei handelt, kann darüber hinaus auch die Objektivität des vereinbarten Preises in Zweifel gezogen werden. So könnte ein günstigerer Kaufpreis z.B. in der Person des Managers begründet sein; gemäß § 9 Abs. 2 S. 2 BewG sind jedoch persönliche oder ungewöhnliche Verhältnisse bei der Ermittlung des gemeinen Wertes ausdrücklich unberücksichtigt zu lassen. Nur so läßt sich ein nach

---

95 Eine Forderung, deren Erfüllung insbesondere für deutsche Manager eine wichtige Voraussetzung für die Durchführung des Buy-Outs sein kann.

96 Vgl. Haarmann, W., Steuerliche und finanztechnische Gestaltungsmöglichkeiten vor und nach der Steuerreform. Vorstellung alternativer Modelle, in: Dokumentation zum 2. MBO-Kongress am 1./2. März 1989 in Neuss, S. 163, im folgenden zitiert als: Haarmann, W. Gestaltungsmöglichkeiten.

97 Zu den Kriterien vgl. Pingel, K., Die Anerkennung von erzielten Verkaufspreisen für nicht an der Börse notierte Anteile an Kapitalgesellschaften, in: BB 1987, S. 656, der explizit die Veräußerung von Geschäftsanteilen an leitende Angestellte des Unternehmens anspricht.

98 Vgl. §§ 9 Abs. 2 S. 2,11 Abs. 2 BewG. Dieser ist nur dann gegeben, wenn der Handel sich nach den wirtschaftlichen Grundsätzen von Angebot und Nachfrage vollzieht, "bei dem die Vetragsparteien ohne Zwang und nicht aus Not, sondern in Wahrung ihrer eigenen Interessen handeln." BFH-Urt. v. 5.3.1986, II R 232/82, BStBl. 1986 II, S. 513.

marktwirtschaftlichen Faktoren bestimmter, objektiver Kaufpreis ermitteln.[99]

4.1.2. Steuerliche Behandlung eines Minderkaufpreises

4.1.2.1. Begründung im Angestelltenverhältnis

Es ist zu untersuchen, ob die Vereinbarung eines unter dem tatsächlichen Marktwert liegenden Kaufpreises die Gewährung eines lohnsteuerpflichtigen, "geldwerten" Vorteils an das Buy-Out-Team bedeuten kann. Zur Erfüllung dieses Tatbestandes muß es sich um eine vom Verkäufer bewirkte Be- oder Entlohnung des Buy-Out-Teams handeln, die im Angestelltenverhältnis begründet liegt. Ist dies der Fall, so handelt es sich um Einkünfte aus nichtselbständiger Arbeit i.S.d. § 19 Abs.1 Nr.1 EStG, die entsprechend zur Einkommensteuer herangezogen werden.[100]
Inwieweit dem Buy-Out-Team steuerpflichtige Einkünfte zugeflossen sind, ist mithin zunächst anhand des Tatbestandsmerkmals der "Einnahme" zu prüfen.
Einnahmen müssen dem Steuerpflichtigen im Rahmen einer der Einkunftsarten des § 2 Abs.1 Nr. 4-7 EStG zufließen.
Die Einnahme muß durch eine Tätigkeit oder Leistung des Steuerpflichtigen ausgelöst sein. Hierbei muß zwischen den Einnahmen einerseits und der Tätigkeit bzw. Leistung des Steuerpflichtigen andererseits ein unmittelbarer Zusammenhang dergestalt bestehen, daß der Vermögenszufluß durch eine Tätigkeit bzw. Leistung i.S.d. §§ 19-23 EStG veranlaßt ist.[101] Dabei ist weniger auf den rechtlichen, als auf den tatsächlichen wirtschaftlichen Zusammenhang abzustellen.[102] Die Veranlassung durch

---

[99] Vgl. auch BFH-Urt. v. 14.2.1969, III 88/65, BStBl. 1969 II, S. 397.

[100] Vgl. auch § 2 Abs. 2 LohnStDV: Arbeitslohn sind alle Einnahmen, die dem Arbeitnehmer aus dem Dienstverhältnis zufließen. Einnahmen sind alle Güter, die in Geld oder Geldeswert bestehen.

[101] Vgl. Lademann/Söffing/Brockhoff, § 8 EStG, Anm. 7. Herrmann, C./Heuer, G./Raupach, A. gehen sogar soweit, den mittelbaren Zusammenhang dergestalt für ausreichend zu halten, daß der Vermögenszufluß durch eine Leistung bzw. Tätigkeit gem. §§ 19-23 EStG veranlaßt wurde, ebenda, § 8 Rdn. 8.

[102] Vgl. BFH.-Urt. v. 19.7.1974, VI R 114/71, BStBl. 1975 II, S. 181, v. 28.2.1975, VI 229/72, BStBl. 1975 II, S. 520, v.17.7.1981, VI R 205/78, BStBl. 1981 II, S. 773.

das Diensverhältnis bedingt jedoch darüberhinaus, daß der Arbeitgeber dem Arbeitnehmer bewußt und gewollt etwas zugewendet hat.[103]
In diesem Sinne ist auch der Erlaß einer Forderung durch den Arbeitnehmer als ein geldwerter Vorteil zu werten.[104]
Als nächstes stellt sich damit die Frage, ob dieser geldwerte Vorteil dem Buy-Out-Team im Rahmen des Dienstverhältnisses zugeflossen ist.
Der steuerrechtliche Begriff des Dienstverhältnisses ist grundsätzlich eigenständiger Art, und geht über die bürgerlich-rechtliche Definition des Dienst- oder Werkvertrages hinaus.[105] Es wird entscheidend darauf abgestellt, ob die tätige Person in der Betätigung ihres geschäflichen Willens unter der Leitung eines anderen steht und dessen Weisungen zu folgen verpflichtet ist.[106] Bei Vorliegen einer laufenden, gleichmäßigen Vergütung sowie eines Arbeitsvertrages dürfte jedoch i.d.R. ein Dienstverhältnis bei den einzelnen Mitgliedern des Buy-Out-Teams gegeben sein.[107]
Im Zusammenhang mit Vorteilsgewährungen an die Erwerbsholding stellen sich somit konkret folgende steuerliche Probleme:

a) Erfolgt die Vorteilsgewährung an das Buy-Out-Team noch innerhalb des Dienstverhältnisses?

   Da die einzelnen Mitglieder des Buy-Out-Teams i.d.R. auch in ihrer Funktion als Gesellschafter der Newco weiterhin als angestellte Manager die Zielgesellschaft leiten werden, ist von dem Bestehen eines Dienstverhältnisses auszugehen.[108]

---

103 Vgl. BFH.-Urt. v. 18.10.1974, VI R 249/71, BStBl. 1975 II, S. 182. Zum Problem der Veranlassung durch das Arbeitsverhältnis vgl. auch: Offerhaus, K., Was gehört zum Arbeitslohn, in: BB 1982, S. 1062f.

104 Vgl. RFH.-Urt. v. 7.2.1934, VI A 102/34, RStBl. 1934, S. 605. Vgl. auch Lademann/Söffing/Brockhoff, a.a.O., § 19 Anm. 106.

105 Vgl. Lademann/Söffing/Brockhoff, a.a.O., § 19 EStG, Anm. 28.

106 Vgl. § 1 Abs.2 LStDV.

107 Vgl. Lademann/Söffing/Brockhoff, a.a.O., § 19 EStG, Anm. 28.

108 Es könnte lediglich die Möglichkeit erwogen werden, das Beschäftigungsverhältnis für einen gewissen Zeitraum zu unterbrechen. Fraglich ist dann nur, wer in diesem Fall die Geschäftsführung der Zielgesellschaft übernimmt.

b) Wie ist es zu beurteilen, daß die Vorteilsgewährung tatsächlich an die Erwerbsholding als juristische Person und wirtschaftlichen Käufer erfolgt?

Da die Vorteilsgewährung indirekt auch dem Buy-Out-Team als einem der Hauptgesellschafter der Newco und damit auch Nutznießer der Rechtskonstruktion zugutekommt, und die Vorteilsgewährung darüber hinaus auch in der Person des Buy-Out-Teams begründet liegt, muß die mangelnde Identität als nicht erheblich angesehen werden.[109]

c) Handelt es sich schließlich bei der Festlegung eines niedrigeren Kaufpreises um die Gewährung eines geldwerten lohnsteuerpflichtigen Vorteils?

Entscheidend ist in diesem Fall die Tatsache, inwieweit es sich um eine gewollte Be- oder Entlohnung durch den Verkäufer handelt. Liegt es in seinem ureigenen Interesse, das Unternehmen an das Buy-Out-Team zu verkaufen[110] und ist eine solche Transaktion nur bei einem geringeren Kaufpreis zu realisieren, so ist im Kaufpreisnachlaß keine Vorteilsgewährung zu sehen.[111] Ein höheres Angebot, z.B. durch einen "Industrial buyer", kann insofern nicht uneingeschränkt als vergleichbarer tatsächlicher Marktpreis nach dem Arms-length-Grundsatz herangezogen werden. Soweit also die geringere Kaufpreissumme als "Preis" dafür anzusehen ist, daß die Zielgesellschaft vom eigenen Management erworben wird, und es nicht zu einer Übernahme durch einen internationalen Konzern kommt, muß in dem niedrigeren Kaufpreis keine steuerpflichtige Vorteilszuwendung gesehen werden.

---

109 So auch Haarmann, W., Gestaltungsmöglichkeiten, a.a.O., S. 165.

110 Gründe können in einer Abneigung gegen die Übernahme durch einen Großkonzern oder die Sicherung der Unternehmenskontinuität sowie in der Erhaltung von Arbeitsplätze liegen. Vgl. den Fall Hein Gericke, bei o.V., a.a.O., in: Industriemagazin, Juli 1988, S. 28.

111 So im Ergebnis auch Haarmann, W., Gestaltungsmöglichkeiten, a.a.O., S. 165.

4.1.2.2. Begründung im Gesellschafterverhältnis

Neben der lohnsteuerlichen Problematik besteht jedoch auch die Möglichkeit, daß im vergünstigten Erwerb von Gesellschaftsanteilen durch das Buy-Out-Team ein gesellschaftsrechtlicher Vorgang zu sehen ist, der somit die Annahme einer verdeckten Gewinnausschüttung begründen würde.[112] Die vermögensmindernde Vorteilsgewährung wäre in diesem Fall im verminderten Kaufpreises zu sehen, wobei eine verdeckte Gewinnausschüttung auf zwei Ebenen angenommen werden kann:[113]

a) Eine verdeckte Gewinnausschütung von der Zielgesellschaft an die Newco durch die Kaufpreisminderung.

b) Eine verdeckte Gewinnausschüttung von der Newco an das Buy-Out-Team, indem dieses zu einem späteren Zeitpunkt Anteile an der Erwerbsholding zum Buchwert erwerben kann.[114]

Ein Problem des Nachweises einer verdeckten Gewinnausschüttung wird haupsächlich in dem Tatbestand liegen, ob die Vorteilsempfänger (Newco oder Buy-Out-Team) zum Zeitpunkt der Vorteilsgewährung bereits Gesellschaftereigenschaft besaßen, oder aber erst durch die gewährten Anteile, also durch den relevanten Vorgang selbst, die Gesellschaftereigenschaft erworben haben.
Nach bisher geltender Rechtsprechung setzte eine verdeckte Gewinnausschüttung voraus, daß der Vorteil einem Gesellschafter selbst oder einer ihm nahestehenden Person zufließt.[115] Dieser Beurteilung liegt der Ge-

112 "Nach der Rechtsprechung des BFH, die auch Eingang in die Köperschaftsteuerrichtlinien gefunden hat (Abschn. 31 Abs. 3 KStR) liegt eine verdeckte Gewinnausschüttung vor, wenn eine Kapitalgesellschaft ihrem Gesellschafter Vermögensvorteile zuwendet, und diese Zuwendung ihre Ursache im Gesellschaftsverhältnis hat." Döllerer, G., Verdeckte Gewinnausschüttungen und verdeckte Einlagen bei Kapitalgesellschaften, 2. Aufl., Heidelberg 1990, S. 28, im folgenden zitiert als: Döllerer, G., vGA.

113 Erwerb der Anteile bzw. des Betriebsvermögens zum Buchwert.

114 D.h. es wird auf ein entsprechendes Agio verzichtet.

115 Vgl. BFH-Urt. v. 25.10.1963, I 325/61 S, BStBl. 1964 III, S. 17. Danach können Zuwendungen an einen Nichtgesellschafter grundsätzlich nur dann eine verdeckte Gewinnausschüttung rechtfertigen, wenn die Person des Empfängers dem Gesellschafter nahesteht.

danke zugrunde, daß Ausschüttungen einer Kapitalgesellschaft nicht jemandem zugerechnet werden können, der nicht an dieser Kapitalgesellschaft beteiligt ist.[116]
In seinem Urteil vom 24.1.1989[117] ist der Bundesfinanzhof jedoch von dieser bisherigen Auffassung abgewichen. Danach hält der erkennende Senat eine verdeckte Gewinnausschüttung nunmehr auch dann für möglich, wenn im konkreten Fall die Leistung zwar vor Begründung des Gesellschaftsverhältnisses bewirkt wurde, ihren Grund jedoch in dem späteren Gesellschaftsverhältnis hat. "Das gilt jedenfalls dann, wenn die Leistung in engem zeitlichen Zusammenhang mit der Begründung des Gesellschaftsverhältnisses steht und der Empfänger dann auch tatsächlich Gesellschafter wird."[118]
Der BFH stellt in der Urteilsbegründung somit weniger auf die konkrete Gesellschafterstellung des Vorteilsempfängers, als vielmehr auf die Tatsache ab, daß die Zuwendung ihre *Ursache* in einem - wenn auch zukünftigen - Gesellschaftsverhältnis hat.[119] In dieser mittelbaren Zuwendung ist eine Ausdehnung der bisher anerkannten Tatbestandsmerkmale einer verdeckten Gewinnauschüttung zu sehen. Es muß in diesem Zusammenhang zwar erwähnt werden, daß es sich auch insoweit um eine außergewöhnliche Fallkonstruktion handelt, als der zum Vergleich heranzuziehende gewissenhafte Geschäftsleiter solche Zahlungen auch an fremde Dritte kaum geleistet hätte. Trotzdem weicht der Bundesfinanzhof insoweit von seiner bisherigen Rechtsprechung ab, als er schon ein zukünftiges Gesellschafterverhältnis als Motiv für eine verdeckte Gewinnausschüttung anerkennt.[120]
Als weiteres Indiz wird die Tatsache aufgeführt, daß ein Interesse der vorteilsgewährenden Unternehmung nicht erkennbar war.[121]

---

116 So auch BFH-Urt. v. 3.7.1968, I 83/65, BStBl. 1969 II, S. 14.

117 Aktenzeichen VIII R 74/84, BStBl. 1989 II, S. 419.

118 Ebenda, S. 419.

119 Die Urteilsbegründung verweist in diesem Zusammenhang auf Fälle, in denen auch bei einem ehemaligen Gesellschafter eine verdeckte Gewinnausschüttung angenommen wurde. So zuletzt BFH-Urt. v. 22.6.1977, I R 171/74, BStBl. 1978 II, S. 33.

120 Vgl. auch Lange, J., Verdeckte Gewinnausschüttungen an (noch) Nichtgesellschafter, in: NWB, Fach 4, S. 3610, im folgenden zitiert als: Lange, J., vGA.

121 Vgl. BFH-Urt. v. 24.1.1989, a.a.O., BStBl. 1989 II, S. 421.

Trotzdem muß befürchtet werden, daß Vereinbarung und Zahlung eines verminderten Kaufpreises für die Anteile an der Zielgesellschaft unter Berücksichtigung der neuesten BFH-Rechtsprechung als vedeckte Gewinnausschüttung der Zielgesellschaft an die Newco eingestuft werden. Die Erwerbsholding hat dementsprechend die Differenz zwischen Marktpreis und tatsächlichem Kaufpreis als ordentliche Gewinnausschüttung durch die Zielgesellschaft zu versteuern.

4.1.2.3. Gestaltungsmöglichkeiten

Um die Gefahr der Annahme einer verdeckten Gewinnausschüttung bzw. einer lohnsteuerpflichtigen Zuwendung auf der Ebene der Gesellschafter zu vermeiden, bietet sich als Gestaltungsalternative das sogenannte "Nachschußmodell" an. Die Erwerbsholding wird dabei zu 100% mit Fremdkapital- sowohl vom Buy-Out-Team als auch von externen Finanziers - ausgestattet. Anschließend wird die Zielgesellschaft erworben. Der ausstehende Eigenkapitalanteil wird dann der Gesellschaft in Form von Nachschüssen zugeführt. Die Annahme einer ungerechtfertigten Vorteilsgewährung kann in diesem Fall nicht mehr begründet werden.[122]

Steuerlich sind Vermögensmehrungen, die auf gesellschaftsrechtlichen Vorgängen beruhen und der Gesellschaft von ihren Anteilseignern ohne jede Gegenleistung zur Verfügung gestellt werden, als erfolgsneutral zu behandeln.

Solche Nachschüsse oder Einlagen der Gesellschafter werden grundsätzlich als zusätzliche Anschaffungskosten der Beteiligung aktiviert.[123]

Da eine verdeckte Gewinnausschüttung sich immer auf Geschäftsvorfälle zwischen der Gesellschaft und ihren Anteilseignern begründet, finden Vorgänge oder schuldrechtliche Verträge zwischen den Gesellschaftern selbst keine Berücksichtigung im Rahmen der Vorschrift des § 8 Abs.3

---

122 Vgl. Pöllath, R., MBO in mittelständischen Unternehmen, in Anlagen zur Dokumentation zum 2. MBO-Kongress am 1./2. März 1989 in Neuss, im folgenden zitiert als: Pöllath, R., MBO.

123 Und als solches sind Nachschüsse anzusehen, vgl. Tillmann, B., Steuerrecht, a.a.O., Teil III, Rz. 176.

KStG.[124] Um die Annahme einer verdeckten Gewinnausschüttung der Zielgesellschaft an das Buy-Out-Team zu vermeiden, bietet sich somit eine Konstruktion an, bei der die Newco die Anteile an der Zielgesellschaft zum Marktwert (gemeinen Wert) erwirbt und anschließend dem Buy-Out-Team zu einem Vorzugspreis überträgt.[125]

4.1.3. Agio für externe Investoren

Um das fehlende Eigenkapital des Buy-Out-Teams auszugleichen und dabei trotzdem die angestrebte Beteiligungskonstellation zu realisieren, wird häufig bei der Planung der Transaktion vereinbart, daß die externen Kapitalgeber für ihre Anteile ein Aufgeld zahlen. Im Gegensatz dazu erhält das Buy-Out-Team die Gelegenheit, die Anteile an der Newco zum Buchwert zu erwerben.

Während diese Konstruktion zivilrechtlich unproblematisch ist, kann sich daraus lohnsteuerlich ein Risiko für beide Seiten ergeben.[126] Zum einen kann in der Zahlung des Aufgeldes durch die externen Investoren der Transfer stiller Reserven gesehen werden, des weiteren könnte ein geldwerter Vorteil in der Gewährung eines niedrigeren Kaufpreises für die Anteile des Buy-Out-Teams liegen.

Das Problem kann in der Weise umgangen werden, daß das Management per Gesellschaftsvertrag dazu verpflichtet wird, zum Ausgleich für die Entbindung vom Agio ein dem Wert nach gleiches Know how in die Newco einzubringen.[127]

Nach inzwischen gefestigter Rechtsprechung des Bundesfinanzhofes kann es sich auch bei nicht patentrechtlich oder über Lizenzen ge-

---

124 Vgl. bereits BFH-Urt. v. 1.4.1952, I 2/52 U, BStBl. 1952 III, S. 148. Es kommt entscheidend darauf an, daß das Vermögen der Gesellschaft durch eine schuldrechtliche Beziehung mit einem Gesellschafter gemindert wird. Dies beruht auf der rechtlichen Trennung von Gesellschafts- und Gesellschaftersphäre und der damit verbundenen steuerlichen Selbständigkeit der Körperschaft. Vgl auch Döllerer, G., vGA, a.a.O., S. 41.

125 Bei dieser Konstruktion ist jedoch das "Holding-Urteil" des RFH v.11.1.1929, IV 1121/28, RStBl. 1929, S. 325 zu beachten. Danach ist eine verdeckte Gewinnausschüttung auch dann anzunehmen, "wenn eine Holding AG ihr gehörende Anteile an einer anderen Gesellschaft ihren Gesellschaftern zum Buchwert überläßt".

126 Vgl. Holzapfel, H.-J./Pöllath, R., a.a.O., S. 191.

127 Eine entsprechende Regelung ist gesellschaftsrechtlich nach § 5 Abs. 4 GmbHG unproblematisch.

schütztem Spezialwissen um ein vom Geschäftswert abzugrenzendes immaterielles Wirtschaftsgut des Betriebsvermögens handeln.[128] Danach kann Know how in Form besonderen Spezialwissens auch in Erfahrungen bestehen, wie sie jeder andere auf diesem Gebiet machen könnte.[129] Der Wert dieses Erfahrungswissens besteht jedoch darin, einem Dritten, dem es vermittelt wird, Kosten und Zeit zu ersparen, ihm somit einen betrieblich relevanten Vorteil zu verschaffen.[130]
Eine Einlage von Management-Know how bei gleichzeitiger Zahlung eines entsprechenden Agios durch die Beteiligungsfinanziers erscheint somit auch steuerlich unproblematisch.[131]

4.1.4. Verdeckte Gewinnausschüttung durch "Equity kicker"

Zur Stärkung der Eigenkapitalstruktur der Newco erhalten auch die externen Investoren gegebenenfalls die Möglichkeit, Anteile an der Erwerbsholding zum Nominalwert zu erwerben. Auch in dieser Gewährung eines vergünstigten Beteiligungserwerbs, dem sogenannten "Equity kicker", kann der Tatbestand der verdeckten Gewinnausschüttung nach § 8 Abs. 3 KStG erfüllt sein.
Verzichtet nämlich eine Körperschaft ohne betriebliche Veranlassung auf Forderungen gegenüber Dritten, so kann darin eine verdeckte Gewinnausschüttung liegen, soweit sich aus diesem Verzicht mittelbar ein Vorteil für ihre Gesellschafter ergibt.[132] Erfolgt die Veräußerung zu einem Vorzugspreis jedoch an einen Dritten, der erst durch diesen Vorgang seine Gesellschaftereigenschaft gewinnt, so konnte dadurch nur bis zur Entscheidung des BFH vom 24.1.1989 die Annahme einer verdeckten Gewinnausschüttung vermieden werden. Nunmehr kann eine verdeckte Gewinnausschüttung auch an einen (noch) Nichtgesellschafter erfol-

---

128 Vgl. BFH-Urt. v. 15.7.1987, II R 249/83, BStBl. 1987 II, S. 809, sowie v. 23.11.1988, II R 209/82, BStBl. 1989 II, S. 82.

129 Ausdruck einer nicht erforderlichen Patent- oder Lizenzfähigkeit.

130 Vgl. BFH-Urt. v. 13.2.1970, III R 156/65, BStBl. 1970 II, S. 375, sowie v. 18.12.1970, I R 99/67, BStBl. 1971 II, S. 237.

131 In Bezug auf die bewertungsrechtliche Beurteilung vgl. § 95 BewG.

132 Vgl. BFH-Urt. v. 18.11.1980, VIII R 8/78, BStBl. 1981 II, S. 261. Sowie Dötsch, E./Eversberg, H./Jost, W./Witt, G., a.a.O., § 8, Anm. 102, Stichwort Forderungsverzicht.

gen.[133] Für eine im Gesellschaftsverhältnis begründete Vorteilszuwendung spricht außerdem die Auffassung des BFH, nach der auch eine Körperschaft, die zuungunsten ihrer Gesellschafter auf ein günstigeres Kaufangebot verzichtet, ohne hierfür einen Ausgleich zu schaffen oder zu erhalten, ebenfalls eine verdeckte Gewinnausschüttung vornimmt.[134]

4.2. Auswirkungen auf die Steuerhaftung der Newco

4.2.1. Die Steuerhaftung beim Asset deal

4.2.1.1. Der Tatbestand des § 75 AO

Neben den zivilrechtlichen Fragen der Haftung beim Unternehmenskauf[135] stellt sich bei der Übernahme der Zielgesellschaft das Problem, inwieweit die Newco für noch ausstehende Steuerschulden der Objektgesellschaft in Anspruch genommen werden kann. Neben dem grundsätzlichen Umfang dieser Steuerhaftung ist deshalb auch entscheidend, ob sich unterschiedliche Haftungstatbestände ergeben, je nach dem ob die Übernahme in Form des Asset deal oder des Share deal mit anschließender Verschmelzung erfolgt.

Der Grundsatz, daß für Schulden bei der Einzelrechtsnachfolge ein gesonderter Übernahmeakt erforderlich ist, gilt in diesem Zusammenhang auch für Steuerschulden. Der Erwerber, in diesem Fall die Newco, wird also nicht automatisch Schuldner für die betrieblichen Steuern der Zielgesellschaft.[136]

Es ergibt sich jedoch beim Asset deal eine Haftungsverpflichtung der Newco aus der Vorschrift des § 75 AO.[137] Danach hat der Erwerber eines ganzen Unternehmens oder eines in der Gliederung des Unternehmens gesondert geführten Betriebes für diejenigen Steuern zu haften, bei denen sich die Steuerpflicht auf den Betrieb des Unternehmens

---

133 Vgl. a.a.O., BStBl. 1989 II, S. 419.

134 Vgl. BFH-Urt. v. 3.11.1971, I R 68/70, BStBl. 1972 II, S. 227.

135 Vgl. hierzu die §§ 419 BGB, 25 HGB. Siehe ausführlich zu diesem Fragenkreis: Hommelhoff, P., a.a.O., S. 366ff, sowie Mössle, K., Leistungsstörungen beim Unternehmenskauf - neue Tendenzen, in: BB 1983, S. 2146ff.

136 Vgl. Ritzer, H., Rechtsnachfolge im Steuerrecht, in: INF 1977, S. 251.

137 Ehemals § 116 RAO.

selbst gründet.[138] Als Unternehmen ist im Sinne dieser Vorschrift jede organisatorische Zusammenfassung persönlicher und sachlicher Mittel zur Verfolgung eines wirtschaftlichen oder ideellen Zwecks anzusehen.[139] Die Vorschrift des § 75 AO lehnt sich somit für den Fall des Übergangs eines Unternehmens an den Unternehmensbegriff des § 2 Abs. 1 UStG an.[140] Wird nicht das Unternehmen als Ganzes, sondern lediglich ein gesondert geführter Betrieb erworben, kann bezüglich der Abgrenzungskriterien auf den Begriff des Teilbetriebs zurückgegriffen werden.[141]

Der Haftungstatbestand des § 75 AO verlangt darüber hinaus die Übertragung eines lebenden Betriebes.[142] Der BFH geht in seiner ständigen Rechtsprechung somit über den Regelungsgehalt des § 419 BGB hinaus, der auf den bloßen Übergang des Vermögens abstellt. Das Steuerrecht knüpft dagegen an die wirtschaftliche Kraft des Unternehmens an. Der Begründung des Haftungstatbestandes liegt dabei die Überlegung zugrunde, daß in dem Unternehmen als solches eine Sicherung für die Steuern gegeben ist, die sich auf der Tätigkeit des Betriebes selbst begründet und auch durch den Übergang in andere Hände nicht verloren gehen soll.[143]

Der Terminus der Übereignung des Unternehmens als Ganzes ist auslegungsbedürftig. Da ein Unternehmen im bürgerlich-rechtlichen Sinn gar nicht im ganzen übereignet werden kann,[144] ist diesbezüglich auf eine wirtschaftliche Betrachtungsweise des tatsächlichen Ergebnisses des

---

138 Vgl. § 75 Abs. 1 AO. Eine Haftung kommt nach dieser Vorschrift lediglich dann nicht in Frage, wenn der Erwerb aus einer Konkursmasse, aus dem Vermögen eines Vergleichsschuldners nach § 7 Abs. 4 VglO oder nach einem Vollstreckungsverfahren erfolgt. Vgl. § 75 Abs. 2 AO.

139 Vgl. BFH-Urt. v. 28.11.1973, I R 129/71, BStBl. 1974 II, S. 145.

140 Vgl. BFH-Urt. v. 14.5.1970, V R 117/66, BStBl. 1970 II, S. 676.

141 Vgl. BFH-Urt. v. 19.2.1976, IV R 179/72, BStBl. 1976 II, S. 416. Es muß sich somit um einen mit einer gewissen Selbständigkeit ausgestatteten, für sich lebensfähigen Unternehmensteil handeln, den der Erwerber ohne nennenswerte finanzielle Aufwendungen fortführen kann. Siehe auch BFH-Urt. v. 27.5.1986, VII R 183/83, BStBl. 1986 II, S. 655.

142 Kritisch gegenüber dieser Teleologie: Tipke, K./Lang, J., a.a.O., S. 148.

143 Vgl. Wollny, P., a.a.O., S. 502. Ebenso bereits das RFH-Urt. v. 26.9.1933, V A 107/33, RStBl. 1933, S. 1157.

144 Siehe hierzu auch Erster Teil, Abschn. B.2.1. dieser Arbeit.

Vorganges abzustellen.[145] Danach ist von einer Übereignung im Ergebnis dann auszugehen, wenn der Erwerber wirtschaftlich an die Stelle des Veräußerers getreten ist.[146]

4.2.1.2. Umfang der Haftung

Ziel der Vorschrift des § 75 AO ist es, "die in dem Unternehmen als solches liegende Sicherung für die sich auf seinen Betrieb gründenden Steuerschulden durch den Übergang des Unternehmens in andere Hände nicht verlorengehen zu lassen."[147] Aus diesem Sinngehalt ergibt sich bereits, daß die Vorschrift des § 75 AO keinen allumfassenden Haftungstatbestand begründet.[148] Bei der Beschränkung der Steuerhaftung sind im folgenden drei Ebenen zu unterscheiden.[149]

1. Nach der sachlichen Beschränkung umfaßt der Haftungstatbestand nicht alle Steuern, die in Zusammenhang mit dem erworbenen Unternehmen stehen. Er ist vielmehr nur dann gegeben, "wenn die Steuerpflicht durch bestimmte, in den einzelnen Steuergesetzen selbst bezeichnete Tatbestände an den Betrieb angeknüpft ist."[150] Solche Anknüpfungspunkte sind hauptsächlich gegeben bei:

   - Gewerbesteuer,

   - Umsatzsteuer,

   - besonderen Verbrauchsteuern.[151]

---

145 Vgl. Mösbauer, H., Die Haftung des Erwerbers eines Unternehmens für Betriebsteuern, in: BB 1983, S. 589.ff

146 Vgl. BFH-Urt. v. 20 7 1967, V 240/64, BStBl. 1967 III, S. 684.

147 BFH-Urt. v. 27.5.1986, a.a.O., BStBl. 1986 II, S. 655.

148 Vgl. Mösbauer, H., a.a.O., S. 590.

149 Zu den Einschränkungen der Haftung nach § 75 AO vgl. insbesondere Heinke, H.M., Der Umfang der Haftung des Erwerbers in § 75 AO, in: DStZ/A 1980, S. 208.

150 Heinke, H.M., a.a.O., S. 209.

151 Insbesondere bei Herstellungsbetrieben.

2. Darüber hinaus erstreckt sich die Haftung auf Steuerabzugsbeträge.[152] Die Frage der Kenntnis des Erwerbers über das Ausmaß der Steuerschulden ist dabei nicht relevant.[153]

3. Die zeitliche Beschränkung der Haftung ergibt sich aus dem Wortlaut des § 75 Abs. 1 S. 1 AO. Danach müssen die Steuern seit dem Beginn des letzten vor der Übereignung liegenden Kalenderjahres entstanden und bis zum Ablauf von einem Jahr nach Anmeldung des Betriebs durch den Erwerber festgesetzt oder angemeldet worden sein. Maßgebender Stichtag, sowohl für den Entstehung- als auch für den Festsetzungs- bzw. Anmeldungszeitraum, ist somit der Übereignungszeitpunkt.[154] Dieser richtet sich jedoch weder nach dem Tag des Vertragsabschlusses noch nach dem Vollzug des dinglichen Rechtsgeschäfts.

Relevant ist allein der Zeitpunkt, der sich aus den Tatbestandsmerkmalen ergibt, die auch für die Übertragung des ganzen Betriebes maßgeblich sind. Stichtag für die Bemessung der zeitlichen Beschränkung ist somit der Zeitpunkt, an dem der Erwerber erstmals wirtschaftlich in die Position des Veräußerers treten kann bzw. ihm die für die Fortführung des Unternehmens entscheidenden Gegenstände wirtschaftlich übereignet sind.[155] Ob die Steuern innerhalb des ermittelten Zeitraumes entstanden sind, bestimmt sich nach den Vorschriften der jeweiligen Einzelsteuergesetze.[156]
Bezüglich dieser zeitlichen Beschränkung wird im Vergleich zum Share deal die Frage zu stellen sein, inwieweit der relevante Stichtag beider Alternativen variiert, und sich daraus eventuell Konsequenzen auf das Ausmaß der Steuerhaftung ergeben.
Die gegenständliche Beschränkung ergibt sich aus dem Satz 2 des § 75 Abs. 1 AO. Danach reduziert sich die Steuerhaftung des Erwerbers auf

152 Hauptsächlich LohnSt, KapErtrSt, und ESt nach § 50a EStG. Vgl. Mösbauer, H., a.a.O., S. 590.

153 Vgl. Wollny, P., a.a.O., S. 504.

154 Vgl. Mösbauer, H., a.a.O., S. 591.

155 Vgl. Heinke, H.M., a.a.O., S. 209.

156 Vgl. § 38 AO.

den Bestand des übernommenen Vermögens.[157] Der Wortlaut des Gesetzes ist dabei so eng auszulegen, daß der Käufer nicht in Höhe des Gegenwertes des Vermögens haftet, sondern nur mit diesem selbst.[158] Reicht dieser Bestand des übernommenen Betriebsvermögens zum Zeitpunkt der haftungsmäßigen Inanspruchnahme nicht aus, besteht ein darüber hinausgehender Anspruch gegen den Erwerber nicht.[159]
Im Falle der Einzelrechtsnachfolge sieht das Steuerrecht mithin keinen Übergang der Steuerschuld, sondern lediglich eine im Umfang begrenzte Haftung für Steuerschulden des Rechtsvorgängers vor.[160] Die Newco muß für diese Fremdverbindlichkeiten bis zum Gegenwert des übernommenen Vermögens einstehen und haftet zusammen mit dem Veräußerer als Gesamtschuldner.[161]

4.2.2. Steuerhaftung beim Share deal

Im Gegensatz zum Asset deal erfolgt die Übernahme der Zielgesellschaft beim Share deal zunächst durch Gesamtrechtsnachfolge. Anschließend erfolgt eine Übertragung der Zielgesellschaft durch Verschmelzung.[162] "Bei *Gesamtrechtsnachfolge* gehen die Rechte und Pflichten aus dem Steuer*rechts*verhältnis auf den Rechtsnachfolger über."[163] Dies bezieht sich auch auf etwaige Schulden des Rechtsvorgängers, ohne daß es einer gesonderten Schuldübernahme bedarf. Gemäß § 45 AO gehen im Rahmen der Gesamtrechtsnachfolge auch Forderungen und Schulden aus dem Steuerschuldverhältnis auf den Rechtsnachfolger über.
Die Newco wird somit selbst zum Steuerschuldner und nicht nur zum Haftungsschuldner für Fremdverbindlichkeiten wie beim Asset deal

---

157 Insoweit stimmt § 75 AO mit der Vorschrift des § 419 Abs. 1 BGB überein.

158 Es wird nicht der gezahlte Gegenwert als Haftungsgrundlage herangezogen. Dies liegt hauptsächlich darin begründet, daß der Kaufpreis auch immaterielle WG repräsentiert; auf diese jedoch hätten auch andere etwaige Gläubiger nicht zurückgreifen können. Vgl. auch Heinke, H.M., a.a.O., S. 210.

159 Vgl. Mösbauer, H., a.a.O., S. 592.

160 Vgl. Ritzer, H., a.a.O., S. 251.

161 Vgl. § 44 Abs. 1 AO.

162 Vgl. Dritter Teil, Abschn. B.3. dieser Arbeit.

163 Tipke, K./Lang, J., a.a.O., S. 136.

durch Einzelrechtsnachfolge.[164] Die Erwerbsholding selbst löst mithin die Zielgesellschaft als Steuersubjekt ab.[165] Die sich daraus ergebende Steuerschuld der Newco beschränkt sich auch nicht nur auf diejenigen Steuern, die sich auf den Betrieb des Unternehmens selbst gründen.[166] Das tatsächliche wirtschaftliche Risiko in Bezug auf die Steuerhaftung ist mithin beim Share deal für die Newco wesentlich höher anzusetzen, da sie die Zielgesellschaft als Steuerschuldner ersetzt und somit alle bestehenden, auch unbekannten Steuerschulden übernimmt. Gerade in diesem Fall erscheint die Erstellung eines unabhängigen Gutachtens im Vorfeld der Übernahme unerläßlich.[167]

B. STRUKTURIERUNG UND BESTEUERUNG DER ÜBERNAHMEPHASE

I. Grundsätzliche Vorbemerkung

Je nach Ausgangssituation und Strukturierung des Buy-Outs sind unterschiedliche Abläufe der Transaktion denkbar.

1. Handelt es sich bei der Zielgesellschaft um ein rechtlich selbständiges, einheitliches Unternehmen oder soll lediglich ein bestimmter Geschäftsbereich bzw. Teilbetrieb aus einem bestehenden Konzern ausgekauft werden?

2. Bei Übernahme eines Teilbetriebs stellt sich die Frage, wie das Buy-Out abzuwickeln ist. Im Falle des Asset deals, bei dem das zu übernehmende relevante Betriebsvermögen im Wege der Einzelrechtsnachfolge erworben wird, ist die Abgrenzung der relevanten Kaufgegenstände sowie die Bestimmung und Zuordnung des Kaufpreises weniger problematisch. Wird jedoch auf dem Wege des Share deals die Gesamtrechtsnachfolge angestrebt, so stellt sich die Frage, in-

164 Vgl. Ritzer, H., a.a.O., S. 253.

165 Vom Eintritt des die Gesamtrechtsnachfolge auslösenden Ereignisses an ist die Newco das neue Steuersubjekt. Vgl. auch Ritzer, H., a.a.O., S. 254.

166 Vgl. dazu obern Abschn. B.I.4.2.1.2. dieses Kapitels.

167 Vgl. auch Rädler, A./Pöllath, R., a.a.O., S. 303.

wieweit es notwendig oder vorteilhafter sein kann, den relevanten Unternehmensteil in einem vorausgestellten Schritt auszugliedern und rechtlich zu verselbständigen.[168]

3. Ist die Ausgliederung vollzogen oder handelt es sich bei der Zielgesellschaft von vornherein um eine rechtlich selbständige Unternehmenseinheit, ergibt sich als zweites Problem die Eingliederung der Objektgesellschaft in die Newco. Dies ist insofern unerläßlich, als nur bei Vereinigung beider Gesellschaften der Cash-flow des Zielunternehmens zur Rückführung des hohen Fremdkapitalanteils genutzt werden kann.[169]

2. Exkurs: Die Ausgliederung der Zielgesellschaft

Soll im Zuge des Buy-Outs nicht die gesamte Zielgesellschaft übernommen, sondern ein bisher nicht rechtlich selbständiger Unternehmensteil im Wege des Share deals auf die Newco übertragen werden, ergeben sich spezielle Probleme bezüglich der Abgrenzung des relevanten Betriebsvermögens und der Bemessung und Zuordnung des Wertes der erworbenen Anteile.

1. Welche Wirtschaftsgüter sollen überführt werden?

2. Ergibt sich der Gesamtwert der Anteile tatsächlich aus der Summe der Teilwerte der übernommenen Wirtschaftsgüter?

3. Auf welche Weise wird das Betriebsvermögen in die Erwerbsgesellschaft überführt?

---

168 Dies kann sich schon deshalb als notwendig erweisen, weil die vom deutschen Gesetzgeber zur Verfügung gestellten Rechtsinstitute zur anschließenden Eingliederung der Objektgesellschaft (Verschmelzung zweier Kapitalgesellschaften gem. §§ 339ff AktG bzw. §§ 19ff KapErhG) sowie die übertragende Umwandlung i.S.d. zweiten Teils des UmwStG jeweils auf die Übertragung des gesamten Gesellschaftsvermögens auf einen anderen Rechtsträger ausgerichtet sind. Vgl. Hauber, B., Dezentralisation von Unternehmen bei Kapitalgesellschaften und Personengesellschaften, in: JbFfSt, 1983/84, S. 436.

169 Vgl. Jung, W., a.a.O., S. 156

Sowohl im Handels- als auch im Steuerrecht besteht nicht die Möglichkeit, die Ausgliederung eines Unternehmensteils aus einer Kapitalgesellschaft im Wege der Gesamtrechtsnachfolge und somit erfolgsneutral durchzuführen. Das Institut der Spaltung von Kapitalgesellschaften ist weder durch gesetzliche Vorschriften noch durch eine entsprechend gefestigte Rechtsprechung abschließend geregelt.

2.1. Zum Begriff der Spaltung[170]

Als Spaltung wird i.d.R. ein Vorgang bezeichnet, "bei dem das Vermögen einer Kapitalgesellschaft ganz oder teilweise auf eine oder mehrere neu gegründete Kapitalgesellschaften verteilt wird, an der die Gesellschafter bzw. ehemaligen Gesellschafter der gespaltenen Kapitalgesellschaft beteiligt sind."[171] Voraussetzung für eine echte Spaltung ist dabei, daß bei der Transaktion das Vermögen der Urgesellschaft dergestalt auf einen oder mehrere Anteilseigner übertragen wird, daß es bei der Zielgesellschaft zu einer echten Verringerung des Gesellschaftsvermögens kommt.[172]

Diese Umgestaltung einer Kapitalgesellschaft in mehrere kleinere Einheiten durch Ausgliederung eines oder mehrerer Unternehmensteile ist im deutschen Gesellschaftsrecht nicht ausdrücklich geregelt.[173]

Von den gesetzlich geregelten Konzentrationsvorgängen der Verschmelzung[174] und der übertragenden Umwandlung[175] unterscheidet sich der

---

170 In der Literatur finden sich auch die Bezeichnungen "Ausgliederung". Vgl. Kropff,B., Über die "Ausgliederung", in: Ballerstedt,K./Hefermehl,W., (Hrsg) Festschrift für Geßler, München 1971, S.111, sowie "Ausgründung", vgl. Brezing, K., Umstrukturierung im Konzern, in: Schulze-Osterloh, J., (Hrsg.), Rechtsnachfolge im Steuerrecht, Köln 1987, S. 200.

171 Widmann, S./Mayer, R., Umwandlungsrecht, Losebl.ausg., Bonn, Stand vom 2.9.1988, Rz. 6551. Nach herrschender Meinung ist es dabei unerheblich, ob die Kapitalgesellschaft auf mehrere neue oder auf bereits bestehende Gesellschaften aufgespalten wird.

172 Vgl. Brenner, D., Steuerrechtliche Folgen der Unternehmensspaltung, in: Schulze-Osterloh, J., (Hrsg.), Rechtsnachfolge im Steuerrecht, Köln 1987, S. 186.

173 Somit ist auch die 6. Richtlinie des Rates der Europäischen Gemeinschaft vom 17.12.1982, betreffend die Spaltung von Aktiengesellschaften für die Bundesregierung zunächst nicht von unmittelbarer Bedeutung, da das deutsche Gesellschaftsrecht keine diesbezüglichen Vorschriften zur Verfügung stellt

174 Siehe §§ 339ff AktG sowie §§ 19ff KapErhG.

Vorgang der Spaltung dadurch, daß die Spaltung gerade nicht auf die Übertragung des Gesellschaftsvermögens als Ganzes ausgerichtet ist.[176]
Von der aus dem Steuerrecht bekannten dispositiven Rechtsform der Betriebsaufspaltung ist die Realteilung insofern abzugrenzen, als die typischen Elemente der Betriebsaufspaltung, nämlich mehrheitliche kapitalmäßige Beteiligung und einheitlicher geschäftlicher Betätigungswille,[177] bei der Realteilung fehlen, bzw. gerade vermieden werden sollen.[178]

In Ermangelung einer befriedigenden, verbindlichen rechtlichen Grundlage wird von der Literatur häufig der Versuch unternommen, die Spaltung von Kapitalgesellschaften unter den Tatbestand vergleichbarer steuergesetzlicher Vorschriften zu subsumieren. Hierbei wird zunächst auf die Grundsätze zur erfolgsneutralen Realteilung von Pesonengesellschaften[179] verwiesen.[180] Darüber hinaus wird eine analoge Anwendung der Vorschriften über die Verschmelzung zweier Kapitalgesellschaften erwogen.[181]

Unterstützt wird die Zulässigkeit einer solchen Analogie von der Rechtsprechung des Bundesfinanzhofes zur erfolgsneutralen Realteilung bei Personengesellschaften.[182] Auch die in dem entsprechenden Urteil entwickelten Grundsätze beruhen auf einer solchen analogen Anwendung der Vorschriften über die Einbringung eines Betriebes oder Teilbetriebes in eine Personengesellschaft.[183]

---

175 Zweiter Abschnitt des UmwStG.

176 Vgl. Hauber, B., a.a.O., S. 436.

177 I.d.R. gewährleistet durch Gesellschafteridentität. Vgl. auch BFH-Urt. v. 8.11.1971, GrS. 2/71, BStBl. 1972 II, S. 63.

178 Vgl. Hauschka, C.E., a.a.O., S. 2173, Fn. 48.

179 Vgl. hierzu BFH-Urt. v. 19.1.1982, VIII R 21/77, BStBL. 1982 II, S. 456.

180 Zum Modell einer teleologischen Reduktion vgl. Herzig, N., Die Realteilung von Kapitalgesellschaften im Ertragsteuerrecht, in: DB 1986, S. 140. Im folgenden zitiert als: Herzig, N., Realteilung.

181 Vgl. Brenner, D., a.a.O., S. 186, sowie Strohm, G., Die ertragsteuerliche Behandlung der Realteilung von Personen- und Kapitalgesellschaften, in: DStR 1989, S. 485. Vgl. zur Verschmelzung zweier Kapitalgesellschaften auch Dritter Teil, Abschn. B.II.3. dieser Arbeit

182 Vgl. BFH-Urt. v. 19.1.1982, VIII R 21/77, BStBl. 1982 II, S. 456.

183 Siehe auch Strohm, G., a.a.O., S. 487.

2.2. *Formen der Spaltung im Gesellschaftsrecht*

Da weder Zivil- noch Steuerrecht die Spaltung einer Kapitalgesellschaft als einheitlichen Vorgang im Wege der Gesamtrechtsnachfolge vorsehen,[184] haben sich in der Praxis insbesondere zwei Grundmodelle entwickelt, die im Rahmen der geltenden handelsrechtlichen Normen in mehreren Einzelschritten das Ergebnis der Spaltung einer Kapitalgesellschaft herbeiführen.[185]

a) Beim Aufspaltungsmodell bringt die zu spaltende Gesellschaft in einem ersten Schritt ihr gesamtes Vermögen gegen Gewährung von Gesellschaftsrechten in zwei oder mehrere Nachfolgegesellschaften ein. Anschließend wird das Vermögen des gespaltenen Unternehmens - es handelt sich um die im Gegenzug erhaltenen Geschäftsanteile an der Nachfolgegesellschaft - im Wege der Sachauskehrung an die Gesellschafter des Altunternehmens ausgekehrt. Da dieses Modell schließlich zum Untergang der gespaltenen Kapitalgesellschaft führt, kann auch von einer Spaltung mit Liquidation gesprochen werden.[186]

b) Im Gegensatz dazu wird beim Abspaltungsmodell während der ersten Phase lediglich ein Teil des Vermögens der Ursprungsgesellschaft - zumindest jedoch ein Teilbetrieb - auf ein oder mehrere Nachfolgegesellschaften übertragen.[187] Im Gegenzug erhält die abgespaltene Kapitalgesellschaft wiederum Geschäftsanteile an dem oder den ausgegliederten Gliedbetrieb(en). Diese werden abschließend wiederum an die Gesellschafter der Ursprungsgesellschaft übertragen.

Für diese Auskehrung der Gesellschaftsrechte existieren im Grundsatz zwei verschiedene Varianten:

---

184 Vgl. Brenner, D., a.a.O., S. 178.

185 Vgl. dazu vor allem Herzig, N., Realteilung, a.a.O., S. 1402, sowie Kottmann, B., Die Spaltung einer Aktiengesellschaft, München 1986, S. 1ff.

186 Vgl. Kottmann, B., a.a.O., S. 17, sowie im einzelnen S. 78ff.

187 Es können diesbezüglich die Grundsätze zur Sacheinlage nach § 20 UmwStG angewendet werden.

1. Die Gesellschafter der Ursprungs-GmbH übertragen ihre Anteile an der Altgesellschaft und erhalten dafür Anteile an der Nachfolgegesellschaft. Es kommt somit zu einem Anteilstausch. Die gespaltene Gesellschaft kommt mithin in den Besitz eigener Anteile, die anschließend eingezogen werden.

2. Da der Möglichkeit des Erwerbs eigener Anteile bei Aktiengesellschaften enge Grenzen gesteckt sind, bietet sich in diesem Fall der Weg über eine Kapitalherabsetzung gem. § 222 AktG an. Die Rückzahlungsansprüche der Aktionäre werden durch die in Form von Sacheinlagen erhaltenen Anteile an der Nachfolgegesellschaft befriedigt.

   Da in jedem Fall die gespaltene Kapitalgesellschaft weiterhin existiert, wird diese Alternative auch als Spaltung ohne Liquidation bezeichnet.[188]

Die Spaltung in der oben dargestellten Form regelt also den im deutschen Gesellschaftsrecht bisher nicht vorgesehenen Fall einer Verselbständigung von Unternehmensteilen und zwar mit dem Ergebnis, "daß die Anteilsinhaber der Ursprungsgesellschaft Aktionäre der abgespaltenen werden, beide Gesellschaften also, von der Sonderproblematik des Gleichordnungskonzerns abgesehen, im Grundsatz nicht mehr miteinander verbunden sind."[189] Ein Ziel, das auch bei den gesellschaftsrechtlichen Umstrukturierungsmaßnahmen im Zuge eines Management-Buy-Outs angestrebt wird.

---

188 Vgl. Herzig, N., Realteilung, a.a.O., S. 1402 sowie Kottmann, B., a.a.O., S. 20ff.

189 Teichmann, A., Die Spaltung einer Aktiengesellschaft als gesetzgeberische Aufgabe, in: AG 1980, S. 85. Auch Kropff sieht erst mit Übertragung der einbringungsgeborenen Anteile auf die Gesellschafter des gespaltenen Unternehmens den Vorgang der Abspaltung als beendet an, da nur so ein nicht gewolltes Beteiligungsverhältnis zwischen dem abgespaltenen und dem Ursprungsunternehmen vermieden wird. Vgl. Kropff, B., a.a.O., S. 113. Ähnlicher Ansicht weiterhin Brönner, H., a.a.O., S. 1077.

2.3. Gesellschaftsrechtliche Normen

2.3.1. Ebene der Zielgesellschaft

2.3.1.1. Notwendigkeit der Einzelrechtsnachfolge

Da die Anerkennung der Spaltung als einheitlicher Vorgang im Handelsrecht nicht vorgesehen ist, muß die Ausgliederung im Wege der Einzelrechtsnachfolge vorgenommen werden.[190]

Für die Ausgliederung des Betriebsvermögens kommen somit die allgemeingültigen Vorschriften des HGB zum Sachkauf zur Anwendung.[191]

Als Gegenleistung für die Ausgliederung des Teilbetriebes erhält die gespaltene Gesellschaft Anteile an dem neuen Unternehmen. Dieser Vorgang ist wirtschaftlich als Tausch anzusehen. Danach hat die Ursprungsgesellschaft die Wahl zwischen drei Wertansätzen.[192]

Bei der Buchwertfortführung sind die Anteile mit dem Wert anzusetzen, zu dem das übertragene Betriebsvermögen höchstens hätte bilanziert werden dürfen.

Neben der vollständigen Gewinnrealisierung durch Bilanzierung zum Zeitwert wird auch die erfolgsneutrale Behandlung des Vorganges für zulässig gehalten. Sie geht ebenfalls von der Buchwertfortführung aus, wobei allerdings eine Gewinnrealisierung in dem Maße gewählt wird, daß die durch den Tausch veranlaßten Ertragsteuerzahlungen ausgeglichen werden können.[193]

---

190 Vgl. im Gegensatz dazu z.B. die Vorschriften des französischen Gesellschaftsrechts, die mit dem Instrument der "scission" die Spaltung als wirtschaftlich einheitlichen Vorgang betrachten. Vgl Kerber, M., Buy-Out-Verfahren, a.a.O., S. 741.

191 Vgl.insbesondere die § 398,413 HGB (Abtretung von Forderungen und anderen Rechten),§ 925 HGB (Auflassung des Eigentums an Grundstücken), § 929 HGB (Einigung und Übergabe), § 414 HGB (Abschluß eines Übernahmevertrages).

192 Vgl. Adler, H./Düring, W./Schmaltz, K., a.a.O., § 255 HGB, Tz. 102.

193 Vgl. auch Kottmann, B., a.a.O., S. 24.

2.3.1.2. Formelle Voraussetzungen

Grundsätzlich wird eine Kapitalgesellschaft als spaltbar bezeichnet, wenn sie aus mindestens zwei Glied- bzw. Teilbetrieben besteht,[194] wobei es unerheblich ist, ob diese Unternehmensteile rechtlich selbständig sind oder nicht.

Als Gliedbetrieb ist eine Unternehmenseinheit zu verstehen, die bestimmte Merkmale eines Betriebes aufweist, jedoch in ihrer Selbständigkeit, insbesondere beim Fällen konstitutiver Entscheidungen, durch Bindung an andere Wirtschaftseinheiten mehr oder weniger eingeschränkt ist.[195]

Damit dem Vorstand die Möglichkeit zum Beschluß einer Spaltung gegeben ist, muß die Satzung der Kapitalgesellschaft in einer entsprechenden Klausel die Möglichkeit der Ausgründung vorsehen. Doch auch bei Existenz einer solchen Klausel ist noch nicht abschließend darüber entschieden, ob eine Spaltung ohne Zustimmung der Hauptversammlung allein durch den Vorstand beschlossen werden kann. Gemäß § 119 Abs. 2 AktG hat der Vorstand bei Entscheidungen, die das Vermögensinteresse in besonderem Maße berühren, die Pflicht - nicht nur die Möglichkeit - eine solche Entscheidung durch die Hauptversammlung herbeiführen zu lassen. Als ein solcher Vorgang wird die Ausgründung des wertvollsten Teils einer Kapitalgesellschaft in Form der Spaltung durch den BGH angesehen.[196] Eine Zustimmung durch die Hauptversammlung ist deshalb nur dann nicht notwendig, wenn eine entsprechende Satzungsklausel vorgesehen ist und es sich bei dem ausgegliederten Teilbetrieb nicht um den wertvollsten Teil des Unternehmens handelt.[197] Sieht die Satzung Entsprechendes nicht vor, bedarf es einer Satzungsänderung, wozu gemäß § 179 Abs. 2 AktG eine dreiviertel Mehrheit des anwesenden Grundkapitals notwendig ist.

---

194 Beide Begriffe sollen im folgenden synonym verwendet werden. Zum gleichen Ergebnis kommt auch Kottmann bei einer entsprechenden Gegenüberstellung des Begriffspaares. Vgl. Kottmann, B., a.a.O., S. 97ff.

195 Vgl. Knappe, K., Fusion industrieller Unternehmungen als Wachstumsalternative, Gießen 1976, S. 13.

196 Vgl. BGH-Urt. v. 25.2.1982, II ZR 174/80, in: DB 1982, S. 795.

197 Vgl. Kottmann, B., a.a.O., S. 21.

2.3.2. Ebene der Nachfolgegesellschaft

2.3.2.1. Die Ausgründung

Steht für die Ausgründung des Teilbetriebes kein Gesellschaftsmantel zur Verfügung, so bedarf es der Gründung einer neuen Gesellschaft, die demzufolge im Wege der Sachgründung erfolgt.[198] Der Gegenstand der Sacheinlage ist gemäß § 27 Abs. 1 AktG so in der Satzung festzulegen, daß eine Identifizierung möglich ist. Dies ist bei Übertragung bzw. Einbringung einer Unternehmung, die sich als Sachgesamtheit in Form eines lebenden Organismus darstellt, in der Praxis allerdings mit erheblichen Problemen verbunden.[199]

2.3.2.2. Bilanzierung des ausgegliederten Betriebes

"Die Bilanzierung von Sacheinlagen ist in der Literatur umstritten."[200] Grundsätzlich ist das eingebrachte Betriebsvermögen mit dem Nennwert der gewährten Gesellschaftsanteile zuzüglich eines etwa gezahlten Aufgeldes anzusetzen. Liegt der Zeitwert der eingebrachten Vermögensgegenstände dagegen höher, so kann neben dem Nennbetrag der Anteile auch dieser höhere Wert bilanziert werden.[201] Die Bildung stiller Reserven im Zuge der Buchwertfortführung - Ansatz zum Nennbetrag - wird damit für zulässig gehalten.[202] Soweit es sich also um die Einbringung eines Gliedbetriebes handelt, ist die Erfolgsneutralität des Vorganges auf der Ebene der abgespaltenen Gesellschaft handelsrechtlich möglich.[203]

---

198 Vgl. Kottmann, B., a.a.O., S. 27. Zur Möglichkeit einer sogenannten "Strohmann-Gründung", soweit kein Gesellschaftsmantel zur Verfügung steht, vgl. Kropff, B., a.a.O., S. 114.

199 Vgl. Kropff, B., a.a.O., S. 115.

200 Kottmann, B., a.a.O., S. 29. So auch Kropff, B., a.a.O., S. 116.

201 Vgl. Adler, H./Düring, W./Schmaltz, K., a.a.O., § 255 HGB, Tz. 110ff.

202 Vgl. ebenda, § 255 HGB, Tz. 111.

203 Dies gilt insbesondere auch dann, wenn die Buchwertfortführung Voraussetzung für die steuerneutrale Durchführung der Spaltung sein sollte. Vgl. Kottmann, B., a.a.O., S. 31.

2.4. Steuerliche Behandlung der Spaltung[204]

2.4.1. Einordnung in das deutsche Steuerrecht

Es besteht, wie bereits dargestellt, kein Zweifel, daß sich die Spaltung nach zivilrechtlicher Beurteilung in mehreren eigenständigen Schritten vollzieht.[205] Eine Übertragung dieser Grundsätze auf steuerliche Vorschriften ist jedoch zumindest infragegestellt, und die Betrachtung der Spaltung im Steuerrecht als wirtschaftlich einheitlicher Vorgang wird häufig diskutiert.[206]
Aus steuerlicher Sicht betrachtet, gliedert sich die Spaltung im obengenannten Sinn in die drei folgenden Einzelschritte:

a) Übertragung eines Teilbetriebes im Zuge der Einzelrechtsübertragung gegen Gewährung von Gesellschaftsrechten.

b) Tausch der einbringungsgeborenen Anteile gegen neue Gesellschaftsrechte an der ausgegliederten Unternehmung.[207]

c) Auskehrung der Anteile an die Gesellschafter der Newco.

Eine steuerliche Einzelbetrachtung scheint schon deshalb geboten, weil nur so die tatsächlichen zivilrechtlichen Verhältnisse berücksichtigt werden, und zudem die Gesetzgebung ebensowenig wie die Rechtsprechung bei der Beurteilung eines Sachverhaltes berücksichtigt, inwieweit der steuerlich relevante Vorgang vom Steuerpflichtigen in einen weiteren konzeptionellen Rahmen gestellt wird.[208]

---

204 Zur ertragsteuerlichen Behandlung der Spaltung vgl. ausführlich Ott, H., Die Realteilung einer Kapitalgesellschaft im Ertragsteuerrecht, Bergisch Gladbach/Köln 1989, S. 37.

205 Vgl. auch Finkbeiner, R., Die sogenannte Spaltung einer GmbH durch Ausgliederung eines Teilbetriebes gewinneutral?, in: DStZ/A 1985, S. 118.

206 So z.B. Widmann, S./Mayer, R., a.a.O. Rz. 6551, sowie Hauber, B., a.a.O., S. 436ff. Dies liegt insbesondere in der Tatsache begründet, daß nur bei Anerkennung der Gesamtrechtsnachfolge auch eine steuerliche Erfolgsneutralität durch Zulassung der Buchwertfortführung begründet werden kann.

207 Vgl. Finkbeiner, R., a.a.O., S. 118.

208 Vgl. Finkbeiner, R., a.a.O., S. 118.

Bei beiden Grundmodellen der Spaltung einer Kapitalgesellschaft kommt es somit jeweils zu drei Gewinnrealisierungstatbeständen:[209]

1. Bringt die Zielgesellschaft ihr Vermögen oder einen Teil ihres Vermögens gegen Gewährung von Gesellschaftsrechten in ein oder mehrere Nachfolgegesellschaften (Newco) ein, so ist damit steuerlich der Tatbestand der Veräußerung gegeben.

2. Ein weiterer Gewinnrealisierungstatbestand wird auf der Ebene der zu spaltenden Gesellschaft durch die Überführung der Anteile an der Nachfolgegesellschaft auf die Gesellschafter der Ursprungsgesellschaft erfüllt. Bei der Aufspaltung erfolgt dies im Rahmen der Liquidation, beim Abspaltungsmodell durch Anteilstausch.

3. Zum dritten Gewinnrealisierungstatbestand kommt es bei den Gesellschaftern der Ursprungsgesellschaft durch Anteilstausch. Sie erhalten Geschäftsanteile an der ausgegliederten Gesellschaft; im Gegenzug werden ihre Anteilsrechte eingezogen bzw. gehen im Rahmen einer Kapitalherabsetzung unter.

2.4.2. Steuerliche Beurteilung der einzelnen Schritte

2.4.2.1. Ausgründung eines Teilbetriebes

Für diesen ersten Schritt im Rahmen der Spaltung kann auf die Regelung des § 20 UmwStG zurückgegriffen werden.[210] Danach kann die Einbringung eines Teilbetriebes sowie einer 100%igen Beteiligung an einer Kapitalgesellschaft[211] nach dem 6. Teil des UmwStG 1977 steuerneutral geregelt werden.[212] Für die Anwendung des § 20 UmwStG ist es

209 Vgl. hierzu Herzig, N., Realteilung, a.a.O., S. 1402.

210 Zur Anwendbarkeit des § 20 UmwStG vgl. Brenner, D., a.a.O., S. 185, sowie Strom, G., a.a.O., S. 486.

211 Zu beiden Begriffen vgl. Erster Teil, Abschn. B.2.2. dieser Arbeit.

212 Vgl. §§ 20-23 UmwStG 1977. Danach kann die Einbringung sowohl durch eine natürliche Person, als auch durch eine andere Körperschaft erfolgen. Vgl. § 20 Abs. 3 S. 1 UmwStG sowie Widmann, S./Mayer, R., a.a.O., § 20, Rz. 6885, 6886. Es ist für die Anwendung des 6. Teils des UmwStG unerheblich, ob die Einbringung in Form der Einzel- oder der Gesamtrechtnachfolge vorgenommen wird.

dabei unerheblich, ob die aufnehmende Gesellschaft bereits vor Einbringung bestanden hat oder ob sie erst durch den Vorgang der Ausgliederung zur Entstehung kommt.[213] Die aufnehmende Gesellschaft[214] hat dabei grundsätzlich das Wahlrecht, ob sie das Betriebsvermögen zum bisherigen Buchwert, zum Teilwert oder einem dazwischenliegenden Wert ansetzt.[215] Für den Einbringenden gilt der Wert, mit dem die aufnehmende Gesellschaft das Betriebsvermögen ansetzt, als Veräußerungspreis und damit auch gleichzeitig als Maßstab für die Anschaffungskosten der erhaltenen Anteile an dem ausgegliederten Unternehmen.[216] Um den für die Realisierung eines MBO's notwendigen Step up durchzuführen,[217] kann es sich als sinnvoll erweisen, die Buchwertaufstockung bereits in dieser Phase vorzunehmen, und somit das eingebrachte Betriebsvermögen bei der Newco zum Teilwert anzusetzen.
Der sich dabei ergebende Übertragungsgewinn unterliegt bei der gespaltenen Gesellschaft gemäß § 20 Abs. 3 UmwStG der Körperschaftsteuertarifbelastung von 50%. Im Falle des Teilwertansatzes - dies gilt nicht für den dazwischenliegenden Wert - kann der Freibetrag des § 16 Abs. 4 EStG in Anpruch genommen werden. Da die Anschaffungskosten der gewährten Anteile in jedem Fall dem Ansatz der Sacheinlage entsprechen,[218] ist der Vorgang auf der Ebene der abgespaltenen Newco in jedem Fall erfolgsneutral.
Auf der Ebene der gespaltenen Zielgesellschaft kann der Übertragungsgewinn mit einem vorhandenen Verlustvortrag verrechnet werden.
Unter bestimmten Voraussetzungen ist auch eine Einstellung des Übertragungsgewinns in eine Rücklage i.S.d. § 6 b EStG möglich.[219]

---

213 Vgl. Widmann, S./Mayer, R., a.a.O., § 20 UmwStG, Rz. 6865. Zur Problematik der verschleierten Sachgründung vgl. auch: Carlé, D., Verschleierte Sachgründung einer GmbH und § 20 UmwStG, in: GmbHR 1983, S. 203ff.

214 Soweit es sich um eine unbeschränkt steuerpflichtige inländischen Körperschaft handelt.

215 Vgl. § 20 Abs. 2 UmwStG. Zur Möglichkeit der erfolgsneutralen Durchführung einer Spaltung von Genossenschaften vgl. Koordinierter Erlaß NRW v. 19.2.1980 - S 1978b -2-VB4, in BB 1988, S. 355.

216 Vgl. Kottmann, B., a.a.O., S. 102.

217 Vgl. a.a.O., Erster Teil, Abschn. C.2. dieser Arbeit.

218 Vgl. Widmann, S./Mayer, R., a.a.O., § 20 UmwStG, Rz. 7307.

219 Vgl. Widmann, S./Mayer, R., a.a.O., § 20 UmwStG, Rz 7300.

Auch für den Bereich der Gewerbesteuer ergibt sich für den Übertragungsgewinn eine Steuerpflicht.[220]

2.4.2.2. Überführung der einbringungsgeborenen Anteile

Problematisch erscheint dagegen die Begründung der Steuerneutralität des zweiten Schrittes. Die aus der Übertragung auf die Newco gewonnenen einbringungsgeborenen Anteile unterliegen der Steuerverstrikkung nach § 21 UmwStG.[221] Der Tausch dieser Anteile gegen eigene, von den Gesellschaftern eingezogene Anteile führt nach steuerlichen Grundsätzen zur Gewinnrealisierung, soweit in den Anteilen stille Reserven enthalten sind.[222]

Eine Steuerneutralität ließe sich lediglich über die Vorschrift des § 21 Abs. 1 S. 4 UmwStG begründen. Gerade die dafür erforderliche Nämlichkeit der hingegebenen Anteile und der dafür eingetauschten Anteile ist jedoch nicht gewährleistet. "Die Alt-Gesellschaft kehrt eine Fremd-Beteiligung an der Neu-Gesellschaft gegen eigene Anteile aus."[223]

Die anschließende Einziehung der durch den Tausch gewonnenen Anteile kann erfolgsneutral geschehen.[224]

Auch die Auskehrung der gewonnenen Gesellschaftsrechte im Wege der Liquidation[225] führt gemäß § 11 KStG zu einer Gewinnrealisierung.

Eine gewinneutrale Behandlung dieses Vorganges läßt sich somit nur über eine analoge Anwendung der Vorschriften der §§ 14-16 UmwStG erreichen.[226] Es wird hierbei davon ausgegangen, daß es sich bei der Spaltung, in deren Rahmen sich der Anteilstausch vollzieht, um einen wirtschaftlich einheitlichen Vorgang handelt, der sich von entsprechen-

220 Im Gegensatz zur Einbringung durch eine Personengesellschaft, bei der der Veräußerungsgewinn nicht zum gewerbesteuerpflichtigen Einkommen gerechnet wird. Vgl Abschn. 40 Abs. 1 Nr. 1 GewStR.

221 Vgl. Brenner, D., a.a.O., S. 185.

222 Wirtschaftsgüter sind gemäß der steuerlichen Grundsätze beim Tausch mit dem gemeinen Wert anzusetzen. Vgl.BFH-Urt. v. 11.10.1960, I 175/60 U, BStBl 1960 III, S. 492.

223 Brenner, D., a.a.O., S. 186.

224 Vgl. Widmann, S./Mayer, R., a.a.O., Anh. 1.-5. Teil des UmwStG, Rz. 5664.

225 Gemäß der Aufspaltungsalternative, vgl. Abschn. 2.2. dieses Kapitels.

226 Vgl. hierzu Hauber, B., a.a.O., S. 440, mit Verweisen auf Widmann, S./Mayer, R., a.a.O., § 20 UmwStG, Rz 6553.

den Umgestaltungen wie der Umwandlung oder Verschmelzung lediglich dadurch unterscheidet, daß das Vermögen nach zivilrechtlicher Beurteilung nicht im Wege der Gesamtrechtsnachfolge und nicht als Ganzes auf eine andere Körperschaft übergeht.[227]
Dies bedeutet auf der Ebene der gespaltenen Gesellschaft, daß die einbringungsgeborenen Anteile ohne Gewinnrealisierung an die Gesellschafter weitergeleitet werden können. Im Gegenzug erhält das Altunternehmen eigene Anteile, die anschließend - ebenfalls erfolgsneutral - eingezogen werden können.
Wird der Tausch der einbringungsgeborenen Anteile nicht als erfolgsneutraler Vorgang anerkannt, ist die steuerliche Beurteilung in Abhängigkeit von der vorausgehenden Einbringung nach § 20 UmwStG vorzunehmen.
Soweit die Newco vom Wahlrecht des Buchwertansatzes nach § 20 Abs. 2 UmwStG keinen Gebrauch gemacht hat, erfolgt der Step up bereits im Zuge des ersten Abspaltungsschrittes. Die Urgesellschaft realisiert einen Übertragungsgewinn durch Einbringung des Betriebsvermögens zum Teilwert. Die Anschaffungskosten der von der Newco im Gegenzug gewährten Anteile orientieren sich mithin ebenfalls an diesem Wertansatz.[228] Bei einer anschließenden Auskehrung an die Gesellschafter kann eine Gewinnrealisierung somit nicht mehr stattfinden. Der Anteilstausch ist nunmehr lediglich auf der Ebene der Gesellschafter erfolgswirksam. Eine doppelte Realisierung der stillen Reserven auf der Ebene der gespaltenen Gesellschaft unterbleibt jedoch.[229]
Wurde die Einbringung jedoch auf der Grundlage des partiell anwendbaren § 20 UmwStG durchgeführt, bleiben die stillen Reserven aufgrund der Steuerverstrickung auch in den einbringungsgeborenen Anteilen erhalten. Eine Gewinnrealisierung erfolgt mithin auch auf der Gesell-

227 Für eine Betrachtung des Spaltung als einheitlichen Vorgang auch Ott, H., a.a.O., S. 67.

228 Vgl. § 20 Abs. 4 UmwStG.

229 So Herzig, N., Realteilung, a.a.O., S. 1403. Die im Zuge des Tausches an die Gesellschafter ausgekehrten Anteile repräsentieren exakt den Teilwert des ausgegliederten Betriebsvermögens, da die Anschaffungskosten der aufnehmenden Gesellschaft grundsätzlich gleich dem Wert der dafür gewährten Gesellschaftsrechte sind.

schaftsebene erst im Zuge des Anteilstausches, d.h. bei der Auskehrung der neuen Anteile an die Gesellschafter.[230]
Überschreitet dabei der Wert der einbringungsgeborenen Anteile den Wert der von den Gesellschaftern eingezogenen Anteile, wird der anfallende steuerpflichtige Gewinn im Zuge des körperschaftsteuerlichen Anrechnungsverfahrens abgebaut.[231]

2.4.2.3. Anteilstausch auf der Gesellschafterebene

Für die Hingabe ihrer Anteile an der aufgespaltenen Urgesellschaft erhalten die Gesellschafter Anteile an der oder den abgespaltenen Zielgesellschaften. Diese werden anschließend vom Altunternehmen erworben bzw. im Zuge einer Kapitalherabsezung eingezogen. Auch über diesen Tauschvorgang wird ein Veräußerungstatbestand realisiert, so daß es zu einer Realisierung der in den Anteilen ruhenden stillen Reserven kommt.[232]
Im Gegensatz zur Gesellschaftsebene wird die Belastung des Veräußerungsgewinns im Zuge des Anteilstausches jedoch auf der Ebene der Anteilseigner zu einer Definitivbelastung.
Eine Anwendung der Grundsätze über den erfolgsneutralen Tausch von Wirtschaftsgütern[233] kommt hier ebenfalls nicht in Betracht.[234]
Handelt es sich bei dem gespaltenen Unternehmen um eine Aktiengesellschaft und kommt es demzufolge zur Anwendung des Aufspaltungsmodelles mit anschließender Liquidation, besteht darüber hinaus die

---

230 Darüber hinaus kommt es jedoch bei dieser Alternative zu einer Verdoppelung der stillen Reserven, da diese im Zuge der Einbringung nicht nur in den Gesellschaftsanteilen, sondern auch im Betriebsvermögen der Newco erhalten bleiben und auch hier im Zeitablauf aufzulösen sind.

231 Beim Abspaltungsmodell jedoch erst im Zuge der Liquidation der Altgesellschaft. Vgl. Herzig, N., Realteilung, a.a.O., S. 1403.

232 Unter der Voraussetzung, daß die Anteile im Betriebsvermögen gehalten werden, und ihr gemeiner Wert den Buchwert übersteigt. Entsprechendes gilt ebenfalls für eine im Privatvermögen gehaltene wesentliche Beteiligung i.S.d. § 17 EStG.

233 Vgl. das sog. Tauschgutachten des BFH v. 16.12.1958, a.a.O., BStBl. 1959 III, S. 30.

234 Für eine erfolgsneutrale Behandlung des Anteilstausches auf der Gesellschafterebene durch eine analoge Anwendung der Grundsätze der §§ 14-16 UmwStG sprechen sich aus: Hauber, B., a.a.O., S. 440, sowie Widmann, S./Mayer, R., a.a.O., Rz. 6553ff.

Gefahr, daß mit der Auskehrung der Anteile an die Gesellschafter der Tatbestand der verdeckten Gewinnausschüttung erfüllt wird.[235]

2.4.3. Begründung der Steuerneutralität beim MBO[236]

In den vorangegangenen Ausführungen ist dargelegt worden, daß sich die Steuerneutralität einer Abspaltung der Zielgesellschaft im Wege der Gesamtrechtsnachfolge auf der Grundlage steuergesetzlicher Regelungen oder einer gefestigten Rechtsprechung nicht begründen läßt. Lediglich für einzelne Schritte kann eine Buchwertfortführung aus der partiellen Anwendung entsprechender Vorschriften des Umwandlungsteuergesetzes abgeleitet werden.

Nach herrschender Meinung[237] läßt sich eine Erfolgsneutralität der Transaktion somit im Ganzen nur dann begründen, wenn auch bei wirtschaftlicher Betrachtungsweise der jeweilige Vorgang[238] die von Rechtsprechung und Gesetzgebung herausgearbeiteten allgemeinen Grundsätze über einen Aufschub bzw. eine vorläufige Vermeidung[239] der Gewinnrealisierung erfüllt sind.[240]

Im Zuge einer gesellschaftsrechtlichen Umstrukturierungsmaßnahme wie sie die Spaltung darstellt, ist in aller Regel der Gewinnrealisierungstatbestand der Veräußerung gegeben. Nach den Grundsätzen der

235 Vgl. Herzig, N., Realteilung, a.a.O., S. 1403.

236 Vgl. hierzu auch ausführlich Ott, H., a.a.O., S. 66ff.

237 Vgl. Brenner, D., a.a.O., S. 187, Herzig, N., Realteilung, a.a.O., S. 1405, Ott, H., a.a.O., S. 135ff sowie Strom, G., a.a.O., S. 486.

238 Eine solche Einzelfallbetrachtung gebietet sich schon aufgrund der Tatsache, daß die bisher durchgeführten Realteilungen von Kapitalgesellschaften im Vorfeld jeweils mit der zuständigen Finanzbehörde durchgesprochen wurden, vgl. Curtius-Hartung, R., Aktuelle Entwicklungen im Körperschaftsteuerrecht, in: StbJb 1986/87, S. 17, sowie Herzig, N., Das Steuerrecht als Umwandlungs- und Spaltungsbremse, Gastkommentar in: DB Nr. 29, v. 21.7.1989, im folgenden zitiert als: Herzig, N., Steuerrecht.

239 Ein endgültiger Verzicht auf die Besteuerung der stillen Reserven ist auch bei den vergleichbaren Regelungen des UmwStG nicht vorgesehen.

240 Zu den Voraussetzungen für die Annahme einer erfolgsneutralen Spaltung siehe grundsätzlich auch Kottmann, B., a.a.O., S. 149ff.

Rechtsprechung des RFH[241] ist jedoch ein Aufschub der steuerlichen Erfassung der stillen Reserven zulässig, soweit:

1. die steuerliche Erfassung der stillen Reserven auch nach der Umstrukturierung gesichert ist und

2. von einer Fortführung des unternehmerischen Engagements ausgegangen werden kann.[242]

2.4.3.1. Sicherstellung der Besteuerung

Bezüglich der steuerlichen Erfassung der stillen Reserven ist zwischen der Gesellschafter- und Gesellschaftsebene zu unterscheiden.
Für den Bereich der Nachfolgegesellschaft, d.h. der Newco, ist die Gewährleistung des steuerlichen Zugriffs relativ unproblematisch. Soweit das Gesellschaftsvermögen der Zielgesellschaft im Zuge des Buy-Outs wiederum in das Betriebsvermögen einer inländischen, unbeschränkt steuerpflichtigen Körperschaft überführt wird und die Newco die Buchwerte der Zielgesellschaft fortführt, ist eine Sicherstellung der Besteuerung der stillen Reserven gegeben, da sie weiterhin mit den übertragenen Wirtschaftgütern verstrickt bleiben und bei einer späteren Realisierung weiterhin der inländischen Steuerpflicht unterliegen.[243] Problematisch kann sich jedoch der Übergang der stillen Reserven im Zuge des Anteilstausches auf der Gesellschafterebene darstellen.[244] Entscheidendes Kriterium muß hierbei sein, inwieweit sich die steuerliche Qualität der Gesellschaftsanteile durch den Tauschvorgang ändert. Waren die Rechte vor der Spaltung steuerverhaftet[245] und geht diese Steuerverhaf-

---

241 So bereits das RFH-Urt. v. 9.5.1933, VI A 434/30, RStBl. 1933, S. 999, sowie BFH-Urt. v. 29.3.1972, I R 43/69, BStBl. 1972 II, S. 537.

242 Vgl. hierzu auch grundsätzlich Widmann, S., Aufschub der Gewinnrealisierung bei Verschmelzung und Umwandlung, Einbringung von Betrieben, Teilbetrieben und Mitunternehmeranteilen, Betriebsaufspaltungen, Sacheinlagen, in: Ruppe, S. (Hrsg.), Gewinnrealisierung im Steuerrecht, Köln 1981, S. 164f.

243 Vgl. Brenner, D., a.a.O., S. 188.

244 Vgl. hierzu die grundlegenden Ausführungen von Herzig, N., Realteilung, a.a.O., S. 1406, sowie daran anknüpfend, Curtius-Hartung, R., a.a.O., S. 17.

245 Entweder in ihrer Eigenschaft als wesentliche Beteiligung i.S.d. § 17 EStG oder über die Zugehörigkeit zu einem inländischen Betriebsvermögen

tung im Zuge des Anteilstausches verloren, läßt sich eine Erfolgsneutralität des Vorganges steuersystematisch nicht mehr begründen.[246] Denkbar ist in diesem Zusammenhang insbesondere der Fall, daß es sich um eine "nicht beteiligungswahrende Spaltung" handelt, bei der eine wesentliche, steuerverhaftete Beteiligung an der Urgesellschaft in eine unwesentliche Beteiligung an der Newco übergeht. Ähnlich zu beurteilen wäre der Fall des Anteilserwerbs durch einen ausländischen Anteilseigner, bei dem die Steuerverhaftung über eine entsprechende Zuteilung des Besteuerungsrechts durch ein DBA verloren ginge.

2.4.3.2. Unternehmensfortführung

Neben der Tatsache, daß es sich bei der abgespaltenen Zielgesellschaft um eine abgeschlossene betriebliche Einheit handeln muß[247] (sachliche Komponente), ist der wirtschaftliche Grund für die gesellschaftsrechtliche Umstrukturierung maßgebend für Anerkennung der Erfolgsneutralität.[248] Diese persönliche Komponente erfordert dabei, daß "der Betrieb durch die bloße Umstrukturierung nicht in andere Hände übergehen darf."[249] Durch diese Verknüpfung des bisherigen Engagementträgers mit dem abgespaltenen Unternehmen soll eine wirksame Abgrenzung der Spaltung vom reinen Veräußerungsgeschäft vorgenommen werden.[250] Auch nach den kodifizierten Grundsätzen des UmwStG ist ein Aufschub der Gewinnrealisierung nur zulässig, soweit erhebliche wirtschaftliche Gründe für eine gesellschaftsrechtliche Umstrukturierung vorliegen und das Unternehmen zwar in anderer rechtlicher Form, aber unter Beteiligung der bisherigen Engagementträger fortgeführt wird. Bei

---

246 Vgl. Herzig, N., Realteilung, a.a.O., S. 1406.

247 I.d.R. müssen die Merkmale eines Teilbetriebes gegeben sein. Die "Spaltungsfähigkeit" einer 100%igen Beteiligung ist dagegen strittig, vgl. Herzig, N., Realteilung, a.a.O., S. 1405.

248 Vgl. Brenner, D., a.a.O., S. 1406.

249 Herzig, N., Realteilung, a.a.O., S. 1406, sowie Ott, H., a.a.O., S. 99.

250 So auch bereits der RFH in seinem Urt. v. 9.5.1933, a.a.O., RStBl. 1933, S. 999, nach dem der Einbringende "auch nach der Einbringung im wesentlichen Herr des Betriebes" sein muß. Auch die Grundsätze der Realteilung von Personengesellschaften gehen von einer Fortführung der Folgeunternehmen durch bereits vorher beteiligte Gesellschafter aus, vgl. Brenner, D., a.a.O., S. 187.

geplanter anschließender Veräußerung der Gesellschaftsanteile liegt ein solcher wirtschaftlicher Grund nicht vor.[251]

Da der Verkauf von Gesellschaftsanteilen auch durch die Gesellschaft selbst - bzw. durch ihre Gesellschafter -durchgeführt werden könnte, kann der Umweg über eine erfolgsneutrale Spaltung in diesem Zusammenhang auch als ein den tatsächlichen Verhältnissen nicht angemessenes Rechtgeschäft und damit als ein Gestaltungsmißbrauch gemäß § 42 AO angesehen werden.

Das Postulat der Engagementfortführung beinhaltet darüber hinaus die Forderung, die für die hingegebenen Anteile erhaltene Gegenleistung dürfe ebenfalls nur in Gesellschaftsrechten bestehen. Soweit auch nur ein Teil dieser Leistung in finanziellen Mitteln besteht, impliziert diese Entschädigung, daß es zumindest teilweise nicht zu einer Fortführung, sondern zu einer Aufgabe des unternehmerischen Engagements kommt.[252]

Ziel des Buy-Outs ist jedoch gerade der Wechsel der Beteiligungsverhältnisse durch Auskauf eines Unternehmens bzw. Unternehmensteils aus seinem bisherigen Beherrschungsverhältnis sowie die Aufgabe der unternehmerischen Tätigkeit des bisherigen Engagementträgers zugunsten Dritter. Der Wechsel der Besitzverhältnisse ist erklärtes Ziel der Transaktion.

Auch nach den allgemeinen Grundsätzen über den Aufschub der Gewinnrealisierung bei gesellschaftsrechtlichen Umstrukturierungsmaßnahmen läßt sich die Erfolgsneutralität einer Abspaltung der Zielgesellschaft im besonderen Fall des Management-Buy-Outs mithin nicht begründen.[253]

---

251 Vgl. Brenner, D., a.a.O., S. 187.

252 Vgl. Kottmann, B., a.a.O., S. 148.

253 Vgl. zu diesem Ergebnis auch Ott, H., a.a.O., S. 135ff, der eine gewinneutrale Spaltung für grundsätzlich zulässig hält, allerdings auch nur unter der Voraussetzung, daß neben einer Sicherstellung der stillen Reserven auf Gesellschafts- und Gesellschafterebene die genannten Bedingungen der persönlichen und sachlichen Komponente sowie das Vorliegen eines wirtschaftlichen Grundes "kumulativ" erfüllt sind. Zu diesbezüglichen Gesetzgebungsplänen seitens des deutschen Gesetzgebers sowie entsprechenden Vorhaben durch die 6. EG-Richtlinie, vgl. Gäbelein, W., Die Unternehmensspaltung, in: BB 1989, S. 1424.

3. Die Verschmelzung der Zielgesellschaft mit der Newco

Soweit der Geschäftsbetrieb der Zielgesellschaft nicht auf dem direkten Weg des Asset deals erworben wird, muß - wie bereits dargestellt - die Eingliederung in anderer Weise erfolgen, da der Share deal allein nicht die für ein Management-Buy-Out erforderliche gesellschaftsrechtliche Konstellation schafft. Ist für diese Einbindung die Gesamtrechtsnachfolge vorgesehen, vollzieht sich der Vorgang im Wege der Verschmelzung.

3.1. Handelsrechtliche Grundsätze

3.1.1. Begriff der Verschmelzung

"Eine Verschmelzung im rechtstechnischen Sinn liegt vor, wenn sich im Wege der Gesamtrechtsnachfolge zumindest zwei Gesellschaften zu einer vereinigen und diese Vereinigung derart vollzogen wird, daß die aufnehmende Gesellschaft der übertragenden Gesellschaft Anteile gewährt."[254]

Ein weiteres Merkmal der Verschmelzung ist, die Übertragung der untergehenden Gesellschaft ohne Abwicklung.[255]

Bei dieser "echten Fusion" ist zwischen der aufnehmenden Verschmelzung mit einer bereits bestehenden Unternehmung und der Verschmelzung durch Neubildung zu unterscheiden.[256]

Um die alleinige Beherrschung der Zielgesellschaft durch die Newco, bzw. durch das Buy-Out-Team sicherzustellen, sind in einem abschließenden Schritt die neu erworbenen, eingetauschten Anteile der Zielgesellschaft im Zuge der Liquidation an die Newco auszukehren.

---

254 Heckschen, H., Verschmelzung von Kapitalgesellschaften, Stuttgart 1989, S. 5.

255 Vgl. Endres, D., Die Besteuerung gesellschaftsrechtlicher Vermögensübertragungen, Frankfurt a.M. 1982, S. 48.

256 Vgl. Kandler, G., Die Verschmelzung von Gesellschaften mit beschränkter Haftung nach dem GmbH-Reformgesetz. Handelsrecht-Steuerrecht, in: RWP-Blattei, 14-Steuer-R, Buchstabe D, Stichwort Fusion I, S. 1271.

3.1.2. Gesellschaftsrechtliche Vorschriften

Obwohl in der Praxis ein vielfältiges Bedürfnis für eine entsprechende Regelung besteht, war die GmbH bis zum Jahr 1980 lediglich passiv verschmelzungsfähig, d.h. sie konnte zwar übertragende, nicht aber aufnehmende Gesellschaft sein.[257] Obwohl kein rechtssystematischer Grund für eine solche Ungleichbehandlung ersichtlich war, wurde auch eine sinngemäße Anwendung der aktienrechtlichen Vorschriften[258] vom Gesetzgeber verneint.[259]
Diesem Regelungsbedarf wurde durch die Einführung des GmbH-Reformgesetzes entsprochen.[260] Mit Wirkung vom 1.1.1981 können Gesellschaften mit beschränkter Haftung nunmehr auf dem Wege der Gesamtrechtsnachfolge miteinander verschmolzen werden.[261]

3.1.3. Zulässigkeit der Gesamtrechtsnachfolge

Nach ursprünglicher zivilrechtlicher Betrachtungsweise sind für die Durchführung einer Verschmelzung mindestens zwei Schritte notwendig.[262] Zuerst wird das Vermögen der untergehenden Gesellschaft gegen Gewährung von Gesellschaftsrechten - im Wege der Einzelrechtsnachfolge - in die aufnehmende Unternehmung eingebracht. Anschließend wird die verschmolzene Gesellschaft liquidiert und das in den einbringungsgeborenen Anteilen bestehende Gesellschaftsvermögen an die Anteilseigner der untergegangenen Gesellschaft ausgekehrt.[263]

---

257 Vgl. Kandler, G., a.a.O., S. 1272.

258 Vgl. §§ 339-353 AktG.

259 Vgl. BdF-Erl. v. 12.4.1978 III B7-S1978-18/78, Zweifels- und Auslegungsfragen zum Ersten bis Fünften, Achten und Zehnten Teil des UmwStG 1977, BStBl 1978 I, S. 188.

260 Gesetz zur Änderung des GmbH-Gesetzes und anderer handelsrechtlicher Vorschriften v. 4.7.1980, BGBl. 1980 I, S. 836.

261 Die Neuregelungen des sog. Verschmelzungsrichtlinie-Gesetzes v. 25.10.1982, BGBl. 1982 I, S. 1425, mit dem die 3. EG-Richtlinie zur Koordinierung des Gesellschaftsrechts (Verschmelzungsrichtlinie) in nationales Recht übertragen wurde (§§ 339ff AktG) findet sich für die GmbH in den §§ 31aff KapErhG. Vgl. hierzu Brönner, H., a.a.O., S. 1119.

262 Vgl. BdF-Erl. v. 12.4.1978, a.a.O., BStBl. 1978 I, S. 188.

263 Vgl. Brönner, H., a.a.O., S. 1148.

Dieser handelsrechtliche Grundsatz wurde jedoch durch die Einführung der GmbH-Novelle[264] aufgegeben. Seither ist auch die Verschmelzung zweier GmbH's im Wege der Gesamtrechtsnachfolge in einem einheitlichen Vorgang handelsrechtlich möglich.[265]

3.2. Steuergesetzliche Vorschriften

3.2.1. Zur Anwendbarkeit des Umwandlungsteuergesetzes[266]

Im deutschen Steuerrecht existiert keine spezifische gesetzliche Norm zur Verschmelzung zweier Kapitalgesellschaften. Sie kann jedoch in analoger Anwendung der Vorschriften des 3. Teils des UmwStG 1977[267] durchgeführt werden.[268] Dieser Abschnitt regelt alle Fälle des Vermögensüberganges einer Kapitalgesellschaft i.S.d. § 1 Abs. 1 Ziff. 1 KStG[269] im Wege der Gesamtrechtsnachfolge auf eine andere unbeschränkt steuerpflichtige Körperschaft.[270] Die Anwendbarkeit der §§ 14-16 UmwStG ergibt sich darüber hinaus zwingend aus der in der GmbH-Novelle vom

---

264 Vgl. Gesetz zur Änderung des GmbH-Gesetzes..., a.a.O., BGBl. 1980 I, S. 836.

265 Vgl. Brönner, H., a.a.O., S. 1148.

266 Gesetz über die steuerlichen Maßnahmen bei Änderung der Unternehmensform (UmwStG 1977), v. 6.9.1976, BGB. 1976 I, S. 2641.

267 Soweit nicht im folgenden anders gekennzeichnet beziehen sich die Ausführungen regelmäßig auf das UmwStG 1977

268 Vgl. BdF-Erl. v. 12 4.1978, a.a.O., BStBl. 1978 I, S. 188. Weiterhin zu diesem Abschnitt: Brönner H., a.a.O., S. 1147, Endres, D., a.a.O., S. 91, Ketterl, H., Steuerpolitische Gestaltungsspielräume im Umwandlungssteuergesetz, Thun/Frankfurt a.M., 1979, S. 62, Loos, G., Die Umwandlung einer Kapitalgesellschaft auf eine Kapitalgesellschaft nach dem Umwandlungsteuergesetz 1977, in: BB 1977, S. 337, im folgenden zitiert als: Loos, G., Umwandlung, Kandler, G., a.a.O., S. 1290, Haberstock, L., Der Einfluß der Besteuerung auf Rechtsform und Standort, 2. Aufl. Hamburg 1984, S. 177, Felix, G., Umwandlungsteuerreform, Kölner Trainingstagung des Arbeitskreises für Steuerrecht GmbH, Nr. 20, 2. Aufl., Köln 1977 S. 109, im folgenden zitiert als: Felix, G., Umwandlung.

269 Sowie einer Erwerbs- oder Wirtschaftsgenossenschaft oder eines Versicherungsvereins auf Gegenseitigkeit.

270 Vgl. Böttcher, C./Zartmann, H./Kandler, G., Wechsel der Unternehmensform: Umwandlung-Verschmelzung-Einbringung, 4., neu bearb. Aufl., Stuttgart/Wiesbaden 1982, S. 173.

4.7.1980[271] vorgesehenen Möglichkeit der Gesamtrechtsnachfolge bei der Verschmelzung zweier GmbH's.[272]
Es ist für die steuerliche Behandlung auch unerheblich, ob es sich um eine Verschmelzung durch Aufnahme oder durch Neubildung handelt. In beiden Fällen geht das Vermögen der untergehenden Gesellschaft im Wege der Gesamtrechtsnachfolge auf die aufnehmende oder neugebildete Gesellschaft über.[273]
Für die Durchführung des Buy Outs im Wege der Gesamtrechtsnachfolge sind somit insbesondere folgende Formen der Übernahme relevant:[274]

a) Die echte Verschmelzung,[275] bei der die aufnehmende Newco bereits Anteile an der Zielgesellschaft besitzt (Verschmelzung auf betrieblicher Grundlage).

b) Die Verschmelzung auf gesellschaftsrechtlicher Grundlage, d.h. in diesem Fall besitzt die aufnehmende Körperschaft im Vorfeld der Übernahme keine Anteile an der Objektgesellschaft.[276]

3.2.2. Die Regelungen des § 14 UmwStG

3.2.2.1. Entgeltliche Übertragung

Der § 14 UmwStG regelt die steuerlichen Folgen der Umwandlung einer Kapitalgesellschaft auf eine andere, ebenfalls unbeschränkt steuerpflichtige Körperschaft, bei der übertragenden Gesellschaft. Nach § 14 Abs. 1

271 Vgl. BGBl. 1980 I, a.a.O., S. 836. So auch Hübl, L., Die Voraussetzungen für die Anwendung der Vorschriften des UmwStG 1977, in FR 1977, S. 267.

272 Vgl. Kandler, G., a.a.O., S. 1271.

273 Vgl. §§ 25 Abs. 2 S..1, und 32 Abs. 4 S. 2 KapErhG.

274 Siehe hierzu Böttcher, C./Zartmann, H./Kandler, G., a.a.O., S. 173.

275 Nach dem I. Teil des vierten Buches des AktG

276 Darüber hinaus werden Mischformen der o.g. Ausprägungen sowie die Verschmelzung der Zielgesellschaft auf den Hauptgesellschafter nach § 15 UmwStG erfaßt.

UmwStG sind dabei sämtliche stille Reserven der untergehenden Gesellschaft im Rahmen der Verschmelzung aufzulösen.[277]
Wird eine Gegenleistung gewährt, so ist der Wert dieser Gegenleistung anzusetzen. Besteht die Gegenleistung in Gesellschaftsanteilen, ist der gemeine Wert der Anteile maßgebend.[278]
Der Teilwert des übertragenen Betriebsvermögens ist insoweit maßgebend, als keine Gegenleistung gewährt wird.
Solche Fälle einer Übertragung ohne Gewährung einer Gegenleistung sind insbesondere:

a) Die verschmelzende Umwandlung, soweit die übernehmende Gesellschaft zum Zeitpunkt der Verschmelzung an der übertragenden Gesellschaft beteiligt ist.

b) Die Verschmelzung, soweit die übernehmende Gesellschaft an der übertragenden beteiligt ist.

Aus der Formulierung des § 4 Abs. 1 UmwStG ergibt sich unzweifelhaft, daß die Übertragerin kein Ansatzwahlrecht zur Auflösung der stillen Reserven besitzt.[279] Für eine dahingehende Auslegung, daß auch ein niedrigerer, sogenannter Zwischenwert gewählt werden könne, gibt der Wortlaut des Gesetzes keinen Raum.[280]
Der sich ergebende Übertragungsgewinn ist mit dem Tarifsteuersatz des § 23 KStG zu versteuern. Diese körperschaftsteuerliche Erfassung führt

---

277 Vgl. Widmann, S./Mayer, R., a.a.O., § 14 Rz. 5834. Auf Antrag ist jedoch unter bestimmten Voraussetzungen gem. § 14 Abs. 2 UmwStG die Buchwertfortführung zulässig.

278 Vgl. Widmann, S./Mayer, R., a.a.O., § 14 Rz. 5837.

279 Gemäß § 14 Abs. 1 UmwStG ist für den Ansatz des übernommenen Betriebsvermögens der Wert der Gegenleistung, für den Fall, daß eine solche nicht gewährt wurde, der sich i.V.m. § 3 UmwStG, nach steuerlichen Gewinnermittlungsvorschriften ergebende Wert (Teilwert) maßgebend. So ausdrücklich Widmann, S./Mayer, R., a.a.O., § 14 UmwStG, Rz. 5867.

280 Anderer Ansicht sind sowohl Loos, G., Umwandlung, a.a.O., S. 330, sowie Felix, G., Umwandlung, a.a.O., S. 111, die auch den Ansatz von Zwischenwerten im Rahmen der Regelungen des § 14 UmwStG für möglich halten. Sie stützen sich dabei auf die Begründung des Regierungsentwurfes, nach der die übernehmende Kapitalgesellschaft ein Wahlrecht hat, die Wirtschaftsgüter mit "dem Buchwert oder einem höheren Wert" zu übernehmen, so daß sich nicht zwingend der höhere Teilwert ergibt. Vgl. BT-Drucks. 7/4803, S. 29.

bei der schwindenden Gesellschaft zu einer entsprechenden Position im EK 50, die voll für die Ausschüttung verwendbar ist und als solche bei Überführung in die aufnehmende Körperschaft für diese ein entsprechendes Anrechnungsguthaben darstellt.[281]
Da es sich bei der Umwandlung weder um eine Gewinnausschüttung noch um die Bewirkung einer sonstigen Leistung gemäß § 41 KStG der umzuwandelnden Gesellschaft an die Muttergesellschaft handelt, finden die Vorschriften des körperschaftsteuerlichen Anrechnungsverfahrens nach den §§ 41 und 27 KStG sowie § 36 Abs. 2 Ziff. 3 EStG i.V.m. § 49 KStG keine Anwendung.[282]
Da außerdem für die Übernahmebilanz der aufnehmenden Kapitalgesellschaft der Grundsatz der Buchwertverknüpfung gilt, ergibt sich zudem gemäß § 15 Abs. 2 UmwStG ein Übernahmegewinn, soweit die übernehmende Gesellschaft an der verschmolzenen beteiligt ist und der Buchwert der Anteile hinter dem Wertansatz des Betriebsvermögens zurückbleibt.[283] Dieser Übernahmegewinn wird jedoch durch § 15 Abs. 2 UmwStG von der Körperschaftsteuer freigestellt, um eine Doppelbelastung der stillen Reserven zu vermeiden.[284]

3.2.2.2. Einzelfragen

3.2.2.2.1. Behandlung eines Firmenwertes

Ein originärer Firmenwert der Zielgesellschaft kann im Zuge der Verschmelzung nicht auf die Newco übertragen werden. Er gilt nicht als Gegenstand des Verkehrs, der sich in deutlicher Form konkretisiert hat.[285]

---

281 Vgl. Felix, G., Umwandlung, a.a.O., S. 110.

282 Die Anrechnungsvorschrift des § 12 UmwStG gilt nur für die Umwandlung auf eine natürliche Person. Vgl. Loos, G., Umwandlung, a.a.O., S. 337.

283 Vgl. Endres, D., a.a.O., S. 92.

284 Diese Freistellung orientiert sich jedoch an den tatsächlichen Anschaffungskosten, d.h. frühere Teilwertabschreibungen und Einstellungen in eine Rücklage lt. § 6b EStG werden erfolgswirksam berichtigt, vgl. § 15 Abs. 2 UmwStG.

285 Vgl. BFH-Urt. v. 29.5.1956, I 39/56 S, BStBl. 1956 III, S. 226. Eine Übertragung der damaligen Grundsätze erscheint jedoch zumindest insoweit zweifelhaft, als der BFH in seiner Argumentation von einem nicht abschreibungsfähigen Firmenwert ausging, ein Tatbestand, der nach der Erweiterung des § 7 Abs. 1 EStG auf das UmwStG 1977 nicht übernommen werden kann. Der derivative Firmenwert ist nunmehr ein abnutzbares Wirtschaftsgut. Vgl. § 7 Abs. 1 S. 3 EStG.

Das Übertragungsverbot ergibt sich darüber hinaus aus dem Regelungsgehalt des § 14 Abs. 1 UmwStG. Danach sind die Wirtschaftsgüter in der Schlußbilanz mit dem Wert der Gegenleistung bzw. mit dem sich nach steuerlichen Gewinnermittlungsvorschriften ergebenden Wert anzusetzen.[286] Die Bilanzierung eines originären Firmenwertes ist jedoch mit den steuerlichen Bilanzierungsgrundsätzen nicht vereinbar.[287] Da zwischen der Übertragungsbilanz der Zielgesellschaft und der Übernahmebilanz der Newco der Zwang zur Buchwertverknüpfung besteht,[288] ist der Ansatz eines Firmenwertes im Zuge der Verschmelzung nach steuerrechtlichen Vorschriften nicht möglich.[289] Dies gilt allerdings nur, soweit der Firmenwert nicht bereits von der Zielgesellschaft entgeltlich erworben wurde und somit derivativen Charakter besitzt.
Sollen mithin die stillen Reserven auch in den immateriellen Wirtschaftsgütern aufgelöst werden, also ein Firmenwert auf die Newco übertragen werden, muß die Objektgesellschaft im Vorfeld der Verschmelzung Teile ihres Vermögens im Wege der Einzelrechtsnachfolge an die Newco veräußern.[290]

3.2.2.2.2. Anwendbarkeit des § 6b EStG

Der steuerpflichtige Übertragungsgewinn kann nicht gemäß § 6b EStG in eine steuerfreie Rücklage eingestellt werden.[291] Ebenso wirkungslos bleibt eine vorherige Veräußerung der relevanten Wirtschaftsgüter und Bildung einer Rücklage, da diese gem. §§ 3 und 13 Abs. 2 UmwStG in der steuerlichen Schlußbilanz der übertragenden Gesellschaft erfolgswirksam aufzulösen ist.

---

286 Vgl. § 14 Abs. 1, i.V.m. § 3 UmwStG.

287 Vgl. § 5 Abs. 2 EStG.

288 Vgl. § 15 Abs. 1 i.V.m. § 5 Abs. 1 S. 1 UmwStG.

289 So im Ergebnis auch Widmann, S./Mayer, R., a.a.O., § 14 UmwStG, Rz. 5928. A.a. Glade, A./Steinfeld, G., Umwandlungsteuergesetz 1977, Kommentar, 3., neubearb. und erw. Aufl., Herne/Berlin 1980, S. 380, Tz. 776, die den Ansatz eines Firmenwertes dann für möglich halten, wenn auch nach Auflösung sämtlicher stiller Reserven aus der Gegenleistung noch eine "Spitze" verbleibt.

290 Vgl. Widmann, S./Mayer, R., a.a.O., § 14 UmwStG, Rz 5839.1. Siehe auch Dritter Teil, B.II.4. dieser Arbeit zum internen Asset deal.

291 Vgl. Widmann, S./Mayer, R., a.a.O., § 14 Rz.5858.

Auch als Reinvestitionsobjekt i.S.d. § 6b EStG können die eingetauschten Anteile an der übernehmenden Gesellschaft nicht gelten.

3.2.2.2.3. Verlustabzug

Ein bei der Verschmelzung entstehender Übertragungsgewinn kann mit einem vorhandenen Verlustvortrag der Zielgesellschaft verrechnet werden.[292] Entsprechend werden auch laufende Verluste der Übertragerin gemindert. Ebenso kann ein Verlustrücktrag im Rahmen des § 10d EStG i.V.m. § 8 KStG geltend gemacht werden. Eine "Mitnahme" des Verlustes in die aufnehmende Gesellschaft ist dagegen nicht möglich, da Verluste generell an ein bestimmtes Steuersubjekt gebunden sind, die Rechtpersönlichkeit der zu verschmelzenden Gesellschaft jedoch in diesem Fall wechselt.[293]

3.2.2.3. Der Antrag gemäß § 14 Abs. 2 UmwStG

Neben der vollständigen Realisierung der stillen Reserven hat die übertragende Körperschaft auch die Möglichkeit, ihr Betriebsvermögen in der Übertragungsbilanz zum Buchwert anzusetzen, soweit sie einen entsprechenden Antrag gemäß § 14 Abs. 2 UmwStG stellt und folgende Voraussetzungen gegeben sind:

a) Die Besteuerung der übertragenen stillen Reserven muß auch bei der aufnehmenden Gesellschaft im Falle einer späteren Realisierung sichergestellt sein. Dies ist im Grundsatz gegeben, soweit es sich bei der Zielgesellschaft um eine unbeschränkt steuerpflichtige, inländische Körperschaft handelt.[294]

---

292 Vgl. Widmann, S./Mayer, R., a.a.O., § 14 Rz 5860.

293 Vgl. BFH-Urt. v. 8.4.1964, VI 205/61 S, BStBl. 1964 III, S. 306.

294 Zum Begriff der Sicherstellung der steuerlichen Erfassung: vgl. Herrmann, C./Heuer, G./Raupach, A., a.a.O., § 14 UmwStG Anm. 27.

b) Eine Gegenleistung darf nicht oder nur in Form von Gesellschaftsrechten gewährt werden.[295]

Ein solcher Fall der Übertragung ohne Gegenleistung ist z.B. auch die Verschmelzung durch Aufnahme, soweit die übernehmende Gesellschaft Anteilseigner der übertragenden Unternehmung ist. Es liegt in diesem Fall somit exakt die Konstellation vor, wie sie sich bei der Übernahme durch Management-Buy-Out nach dem Erwerb der Beteiligung durch die Erwerbsgesellschaft darstellt.
Der Antrag gemäß § 14 Abs. 2 UmwStG, das Betriebsvermögen auch in der Übertragungsbilanz mit dem Buchwert anzusetzen, gilt einheitlich für sämtliche Wirtschaftsgüter. Die Wirkung kann somit nicht auf einzelne Gegenstände des Anlagevermögens begrenzt werden, um in der Konsequenz eine partielle Auflösung der stillen Reserven bei bestimmten Wirtschaftsgütern zu erreichen.[296]
Auch eine dahingehende Einschränkung, die stillen Reserven zwar einheitlich, jedoch nur zu einem bestimmten Prozentsatz aufzulösen - Ansatz eines Zwischenwertes unterhalb des Teilwertes - ist auf der Grundlage des Gesetzeswortlautes nicht möglich.[297]

3.2.2.4. Auswirkungen barer Zuzahlungen

Um das vereinbarte Umtauschverhältnis von alten und neuen Anteilen bei den Gesellschaftern der eingebrachten Unternehmung zu gewährleisten, erweist es sich häufig als erforderlich, neben der Gewährung neuer Anteile darüber hinausgehende sogenannte Ausgleichszahlungen i.S.d. § 23 Abs. 3 KapErhG zu leisten.[298] Obwohl hierin ein bares Entgelt zu sehen ist, kann davon ausgegangen werden, daß sie einem Antrag i.S.d. § 14 Abs. 2 UmwStG nicht im Wege stehen. Es muß sich jedoch um

---

295 Mit dieser Vorschrift wurde zugleich die Rechtsprechung des BFH gesetzlich verankert, nach der eine Realisierung der in den übertragenen Wirtschaftsgütern enthaltenen stillen Reserven nicht zwingend geboten ist, soweit die übernehmende Körperschaft Anteilseignerin der übertragenden Körperschaft ist. Vgl. zuletzt BFH-Urt. v. 13 10.1971, I R 96/69, BStBl 1972 II, S. 97.

296 Vgl. Widmann, S./Mayer, R., a.a.O., § 14 UmwStG, Rz 5867.

297 Vgl. die diesbezügliche Diskussion, dargestellt bei Widmann, S./Mayer, R., a.a.O., § 14 UmwStG, Rz 5843.

298 Siehe auch § 344 Abs. 2 AktG.

lediglich geringfügige Zahlungen handeln, die sich im gesetzlich vorgesehenen Rahmen bewegen.[299]

3.2.2.5. Zum Ansatz von Mischwerten

In der Literatur wird teilweise die Auffassung vertreten, der übertragenden Gesellschaft stehe in Ausnahmefällen ein Wahlrecht zu, das Betriebsvermögen in ihrer Vermögensaufstellung zu einem sogenannten "dazwischenliegenden Wert" anzusetzen.[300] Dies gilt für den Fall, daß eine Gegenleistung nur für einen Teil des Betriebsvermögens gewährt wird.

Eine solche Konstellation ist zum Beispiel gegeben, soweit bei einer Verschmelzung durch Aufnahme die übernehmende Newco an der Zielgesellschaft zwar beteiligt ist, jedoch nicht als Alleingesellschafterin. Die in diesem Fall in der Übertragungsbilanz anzusetzenden Zwischenwerte ergeben sich zum einen aus dem Wert der Gegenleistung[301] und zum anderen aus dem sich nach § 3 UmwStG ergebenden Teilwert.[302]

---

299 Gemäß § 23 Abs. 3 KapErhStG sind bare Zuzahlungen insoweit gestattet, als sie nicht den zehnten Teil des Gesamtbetrages der gewährten Anteile der übernehmenden Gesellschaft übersteigen. Vgl. Kandler, G., a.a.O., S. 1291, sowie Glade, A./Steinfeld, G., a.a.O., S.379, Tz. 763. Anderer Ansicht: Widmann, S./Mayer, R., a.a.O., die in der baren Zuzahlung eine nicht in Gesellschaftsrechten bestehende Gegenleistung sehen, die somit in jedem Fall die Anwendung des § 14 Abs. 1 UmwStG zur Folge hat, vgl. ebenda, § 14 UmwStG Rz. 763.

300 Vgl. Böttcher, C./Zartmann. H./Kandler, G., a.a.O., S. 183, Herrmann, C./Heuer, G./Raupach, A., a.a.O., § 14 UmwStG, Anm.13, sowie Jünger, P., a.a.O., S. 2374. Weiterhin halten den Ansatz von Zwischenwerten für möglich: Loos, G., Umwandlung, a.a.O., S. 339, und Felix, G., Umwandlung, a.a.O., S. 111, Glade, A./Steinfels, G., a.a.O., S. 377, Tz. 761. Für eine generelle Zulassung von Zwischenwerten spricht sich auch Loos, G., Umwandlung, a.a.O., S. 339 aus. Er beruft sich dabei auf die Regierungsbegründung zu § 14 UmwStG (BT-Drucks. 7/4803, S. 29), nach der die übernehmende Gesellschaft nach allgemeiner Ansicht die Wahl habe zwischen dem Ansatz der Buchwerte, oder einem höheren Wert, eine Schlußfolgerung, die sich jedoch aus dem konkreten Wortlaut der Gesetzesbegründung so nicht ableiten läßt.

301 Maßgebendes Kriterium ist dabei die Beteiligungshöhe.

302 Nach Auffassung von u.a. Haberstock, L., a.a.O., S. 191 läßt sich eine Grundlage für diese Regelung aus dem Wortlaut des § 14 UmwStG nicht ableiten.

3.2.2.6. Besteuerung auf der Gesellschafterebene[303]

Tauschgeschäfte haben im Steuerrecht grundsätzlich eine Gewinnverwirklichung zur Folge.[304] Dies gilt im Grundsatz auch für den sich auf der Gesellschafterebene vollziehenden Tausch von Anteilen an der übergehenden Gesellschaft gegen Gesellschaftsrechte an der aufnehmenden Gesellschaft.[305]

Nach dem Willen des Gesetzgebers soll der sich im Rahmen einer Verschmelzung vollziehende Anteilstausch von diesem Grundsatz ausgenommen sein.[306] Gemäß § 16 UmwStG gelten deshalb die zum Betriebsvermögen gehörenden oder unter § 17 EStG fallenden Anteile an der übertragenden Gesellschaft grundsätzlich als zum letzten in der Bilanz gewählten Buchwert veräußert und die an ihre Stelle tretenden Gesellschaftsrechte als zu diesem Wert angeschafft. Bei den Gesellschaftern der Zielgesellschaft stellt sich der Vorgang des Anteilstausches somit grundsätzlich erfolgsneutral dar,[307] soweit die Anteile in einem Betriebsvermögen gehalten wurden.[308]

Diese Regelungen gelten auch insoweit, als der Hauptgesellschafter der umgewandelten bzw verschmolzenen Gesellschaft ebenfalls eine Kapital-

303 Durch das StBerG 1985, v. 14.12.1984, BGBl. I, S. 1493 wurde durch Änderung des Abs. 1 der Geltungsbereich des § 16 UmwStG ausdrücklich auf die Verschmelzung zweier GmbH ausgedehnt, So auch Widmann, S./Mayer, R., a.a.O., § 16 UmwStG, Rdz. 6319.

304 Als Anschaffungspreis für das eingetauschte Wirtschaftsgut ist grundsätzlich der gemeine Wert des hingegebenen Wirtschaftsgutes anzusetzen.

305 Vgl. im Grundsatz Brönner, H., a.a.O., S. 1159. Für Anteile, die im Privatvermögen gehalten werden, gilt dies jedoch nur insoweit, als die Voraussetzungen des § 17 EStG vorliegen, es sich also um eine wesentliche Beteiligung handelt.

306 Vgl. Kandler, G., a.a.O., S. 1296, danach können auf den Tausch von Anteilen an der Zielgesellschaft gegen Anteile an der Newco die Grundsätze des Tauschgutachtens des BFH v. 16.2.1958, a.a.O., BStBl. 1959 III, S. 30 angewendet werden.

307 Kodifizierung des Grundsätze des UmwStG 1969, vgl. bereits RFH-Urt. v. 3.2.1932, VI A 805/31, RStBl. 1932, S. 464, sowie das Tauschgutachten v. 16.12.1958, a.a.O., BStBl. 1959 III, S. 30.

308 So auch Ketterl, H., a.a.O., S. 104.

gesellschaft ist und soweit die Minderheitsgesellschafter durch Anteile des Hauptgesellschafters abgefunden werden.[309]

3.2.2.7. Die Mißbrauchsaufsicht des § 25 UmwStG

Die Vorschrift des § 25 UmwStG gliedert sich in zwei Regelungsbereiche. Absatz 1 behandelt die Folgen, die sich aus der Überschreitung der vorgeschriebenen Fristen - insbesondere der 6-Monatsfrist des § 2 UmwStG - ergeben.

In Absatz 2 wird der Wegfall von Steuererleichterungen für den Fall bestimmt, daß die übernehmende Gesellschaft den auf sie übergegangenen Betrieb innerhalb von 5 Jahren in eine andere Kapitalgesellschaft einbringt oder ohne trifftigen Grund veräußert oder aufgibt. Die im Rahmen des UmwStG gewährten Steuervergünstigungen, insbesondere der §§ 8 und 18 Abs. 2 S. 2 UmwStG, werden dann rückwirkend aufgehoben.[310]

Eine solche schädliche Einbringung, Veräußerung oder Aufgabe kann z.B. für den Fall vorliegen, daß:

a) der übergegangene Betrieb mit dem aufnehmenden Unternehmen vereinigt und das Gesamtunternehmen in eine Kapitalgesellschaft eingebracht, bzw. veräußert oder aufgegeben wird,

b) ein oder mehrere Teilbetriebe in eine Kapitalgesellschaft eingebracht oder veräußert werden, soweit der Teilbetrieb die wesentlichen Betriebsgrundlagen umfaßt.[311]

---

309 Es wurde somit die Rechtlage hergestellt, wie sie bereits durch das sog. Tauschgutachten des BFH v. 16.12.1958, S. BStBl. 1959 III, S. 30 in der Rechtsprechung geprägt worden war.

310 Der rückwirkende Verfall der Steuervergünstigungen setzt jedoch voraus, daß sie im Umwandlungszeitpunkt zurecht gewährt wurden. Vgl. BFH-Urt. v. 6.3.1985, IR 119/82 BStBl. 1985 II, S. 541.

311 Vgl. Brönner, H., a.a.O., S. 1165.

3.3. Fragen der Bilanzierung

3.3.1. Gesellschaftsrecht

3.3.1.1. Die Übertragungsbilanz

Bei Anmeldung der Verschmelzung zum Handelsregister ist dem Antrag die Schlußbilanz der übertragenden Gesellschaft beizufügen.[312] Es kann sich dabei auch um den letzten Jahresabschluß der Zielgesellschaft handeln, soweit dieser nicht länger als sechs Monate zurückliegt. Dieser wird jedoch i.d.R. nicht den tatsächlichen Wert des Vermögens ausweisen, der auch zur Ermittlung des Umtauschverhältnisses zugrundegelegt wurde. Es wird aus diesen Gründen häufig eine gesonderte Übertragungsbilanz im engeren Sinne erstellt.[313] Bewertungsobergrenze ist dabei der Zeitwert der einzelnen Wirtschaftsgüter, wobei der Grundsatz des Going Concern zugrundegelegt wird.[314]

Gemäß § 345 Abs. 3 S.2 AktG ist die Schlußbilanz nach den für die Jahresbilanz geltenden Vorschriften zu erstellen. "Eine Neubewertung der übernommenen Vermögensgegenstände...ist kraft ausdrücklicher gesetzlicher Vorschrift für die Bilanzierung bei der aufnehmenden Gesellschaft ausgeschlossen."[315] Es gilt der Grundsatz der Buchwertfortführung.

Eine Ausnahme ergibt sich jedoch aus dem § 252 Abs.2 HGB. Danach ist in begründeten Ausnahmefällen eine Abweichung von der Bewertungsstetigkeit des § 252 Abs. 1 HGB zulässig. Die Verschmelzung und die damit verbundene Erstellung einer Übertragungsbilanz kann als ein solcher Ausnahmefall angesehen werden, so daß eine abweichende Bewertung des Vermögens mithin im Grundsatz zulässig erscheint.[316] Hierbei ist es unerheblich, ob eine gesonderte Schlußbilanz erstellt, oder der reguläre Jahresabschluß genutzt wird. Beide dienen letztendlich dem

312 Vgl. § Abs.3 S.1 KapErhG.

313 Sie wird dementsprechend auch als Vermögensbilanz bezeichnet.

314 Vgl. § 252 Nr. 2 HGB. Der sich dabei ergebende Wert kann mit dem steuerlichen Teilwert gleichgesetzt werden.

315 Adler, H./Düring, W./Schmaltz, K., a.a.O., § 348 AktG, Anm. 6. Entsprechend § 24 Abs.3 S. 2 KapErhG, wonach für diese Bilanz die Vorschriften über die Jahresbilanzen und deren Prüfung sinngemäß gelten.

316 So ausdrücklich Adler, H./Düring, W./Schmaltz, K., a.a.O., § 348 AktG, Anm. 7.

Zweck der Ermittlung der Anschaffungskosten für die aufnehmende Gesellschaft. Das übernommene Vermögen kann demzufolge von der Newco entsprechend ihrer eigenen Bewertungsmethoden angesetzt werden.[317]

3.3.1.2. Die Übernahmebilanz

Bei der Verschmelzung durch Aufnahme - als solches ist die Überführung der Zielgesellschaft auf die Newco anzusehen - wird eine besondere handelsrechtliche Übernahmebilanz nicht erforderlich. Der Übergang des Vermögens im Wege der Gesamtrechtsnachfolge ist bei der aufnehmenden Gesellschaft ein laufender Geschäftsvorfall.

Es besteht die Pflicht der Buchwertfortführung, d.h. die Werte der Vermögensgegenstände in der Übertragungsbilanz bilden die Anschaffungskosten für die Erwerbsholding.[318] Eine entsprechende Gestaltung dieser Werte in der Übertragungsbilanz ist jedoch im Rahmen der Ausnahmeregelung des § 253 Abs. 2 HGB möglich, so daß es sich nicht automatisch um die letzten Buchwerte handeln muß. Eine Aufstockung der Bilanzansätze auf den höheren Teilwert erscheint somit im Ergebnis auch im Rahmen einer Verschmelzung erreichbar.

Die bilanzielle Erfassung eines etwaigen Verschmelzungsmehrwertes[319] ist nur dann zulässig, wenn den Gesellschaftern der Objektgesellschaft neue, ausschließlich aus einer Kapitalerhöhung anlässlich der Verschmelzung stammende Anteile gewährt werden.[320]

Im Falle des Buy-Out's besteht jedoch zu diesem Zeitpunkt bereits eine Beteiligung der Erwerbsholding an der Zielgesellschaft. Gewährt also die Newco ausschließlich eigene, alte Anteile, ist zwangsläufig ein Verschmelzungsverlust auszuweisen.[321] Die Verschmelzung muß also im Wege der Kapitalerhöhung durchgeführt werden.

317 Dies bezieht sich insbesondere auf die Aufdeckung der stillen Reserven, Wertaufstockungen und Berücksichtigung von Risiken, vgl. Adler, H./Düring, W./Schmaltz, K., a.a.O., § 348 AktG, Anm. 7.

318 Vgl. §§ 253 Abs.1 AktG, 27 Abs.1 GmbHG.

319 Der Wert der Gegenleistung (Gesellschaftsrechte) übersteigt den Buchwert des übernommenen Betriebsvermögens (Verschmelzungsverlust bei der Newco).

320 Vgl. §§ 348 Abs.2 AktG, 27 Abs.2 KapErhStG.

321 Vgl. Kandler, G., a.a.O., S. 1287. Vgl. auch die bilanzielle Darstellung einer Verschmelzung im typischen MBO-Fall auf der folgenden Seite.

Ein Verschmelzungsgewinn[322] dagegen erhöht regelmäßig den Jahresüberschuß der aufnehmenden Gesellschaft. Diese "scheinbare" Realisierung stiller Reserven kann jedoch durch eine Einstellung in Gewinnrücklagen zu einer erfolgsneutralen Vermögensumschichtung gestaltet werden.[323]

3.3.2. Steuerbilanzielle Behandlung

3.3.2.1. Steuerliche Übertragungsbilanz

Die Erstellung einer steuerlichen Übertragungsbilanz ist nicht erforderlich. "Sie ist vielmehr mit der steuerlichen Schlußbilanz identisch."[324] Da sich die Werte dieser Schlußbilanz ausdrücklich nach § 14 UmwStG richten, der die Wahl zwischen Buch- und Teilwert einräumt, ergibt sich hieraus zwingend, daß das Maßgeblichkeitsprinzip der Handelsbilanz für die Steuerbilanz nicht für die Wertansätze der steuerlichen Übertragungsbilanz gilt.[325] Es handelt sich bei § 15 Abs. 1, i.V.m § 5 Abs. 1 UmwStG um eine steuerliche Spezialnorm, die die Wertansätze innerhalb der Übertragungsbilanz zwingend vorschreibt.[326]

3.3.2.2. Die steuerliche Übernahmebilanz

Gemäß § 15 Abs.2 UmwStG sind die Wertansätze aus der steuerlichen Schlußbilanz der übertragenden Gesellschaft maßgebend für die aufnehmende Newco. Eine gesonderte Übernahmebilanz ist ebenfalls nicht zu erstellen.[327]

322 Der Saldo des übernommenen Vermögens übersteigt den Wert der gewährten Anteile.

323 Vgl. Adler, H./Düring, W./Schmaltz, K., a.a.O., § 348 AktG, Anm. 22.

324 Kandler, G., a.a.O.,S. 1286.

325 So Kandler, G., a.a.O., S. 1286, sowie Widmann, S./Mayer, R., a.a.O., Rz. 3032.

326 Vgl. Böttcher, D./Zartmann, H./Kandler, G., a.a.O., S. 183.

327 Der Vorgang wird insoweit ebenfalls als laufender Geschäftsvorfall behandelt, vgl. Kandler, G., a.a.O., S. 1288.

Ein Gewinnrealisierungstatbestand kann jedoch auch bei der aufnehmenden Newco insoweit gegeben sein, als bereits vor dem Verschmelzungsstichtag eine Beteiligung an der Zielgesellschaft bestand.[328]
Soweit die Gegenleistung aus neuen Gesellschaftsanteilen aus einer Kapitalerhöhung stammt, ist ein Agiogewinn (Verschmelzungsüberschuß) gesellschaftsrechtlich als Einlage zu qualifizieren, und somit steuerfrei.[329]
Ein solcher Übernahmegewinn ergibt sich, soweit die gemäß § 15 Abs.2 UmStG zu übernehmenden Schlußbilanzwerte der Zielgesellschaft den Buchwert der gewährten Anteile übersteigen.[330] Dieser Gewinn bleibt bei der Einkommensermittlung der übernehmenden Gesellschaft außer Betracht. Er ist außerhalb der Bilanz bei der Gewinnermittlung abzuziehen.[331] Der Vermögensübergang ist somit im Ergebnis auch bei der Newco erfolgsneutral.[332]
Wurden jedoch eigene Anteile gewährt, ist der Vorgang steuerlich als Tauschgeschäft zu werten. Maßgebend für den Wert der Anteile ist dann laut § 15 Abs. 1 i.V.m. § 5 Abs. 1 UmwStG der sich aus der steuerlichen Schlußbilanz der Übertragerin ergebende Übernahmewert. Es handelt sich in diesem Fall um einen Übernahmegewinn i.S.d. § 5 Abs. 5 UmwStG der nicht unter die Befreiungsvorschrift des § 15 Abs. 2 S. 1 UmwStG fällt.[333]

---

328 Vgl. Ketterl, H., a.a.O., S. 65.

329 Vgl. Widmann, S./Mayer, R., a.a.O., § 15 UmwStG, Rz. 6046.

330 Vgl. § 5 Abs. 5 UmwStG.

331 Vgl. Widmann, S./Mayer, R., a.a.O., § 15 UmwStG, Rz. 6039.

332 Ebenda, Rz. 6040.

333 Vgl. Widmann, S./Mayer, R., a.a.O., § 15 UmwStG, Rz. 6048. A.A. inzwischen Glade, A./Steinfeld, G., a.a.O., S. 406, Tz. 821, die die Verschmelzung auf betrieblicher Grundlage derjenigen auf gesellschaftsrechtlicher Grundlage (Gewährung neuer Anteile) nach dem UmwStG 1977 gleichstellen. In jedem Fall empfiehlt sich bei einer derartigen Konstellation ein vorherige Absprache mit dem Finanzamt. Vgl. ebenda, S. 821, Tz. 821.

3.3.3. *Fortschreibung der Eigenkapitalgliederung*

3.3.3.1. *Überführung des vEK*

Ausgangspunkt für die Fortschreibung des verwendbaren Eigenkapitals ist die gesonderte Feststellung der Gliederung gemäß § 47 KStG anläßlich der Erstellung der steuerlichen Schlußbilanz der Zielgesellschaft.[334] Auswirkungen auf das verwendbare Eigenkapital der Newco können sich dabei nur insoweit ergeben, als es im Rahmen der Übertragung des Betriebsvermögens bei der Zielgesellschaft zu einer Realisierung stiller Reserven gekommen ist. Der sich dabei ergebende Gewinn unterliegt grundsätzlich der Körperschaftsteuertarifbelastung von 50% und führt entsprechend zu einer Erhöhung des verwendbaren Eigenkapitals gemäß § 30 Abs. 1 S. 1 KStG (EK 50).[335] Die Zusammenrechnung der einzelnen Teilbeträge erfolgt nach der Vorschrift des § 38 KStG. Die Vermögensübertragung im Wege der Gesamtrechtsnachfolge gilt somit nicht als Gewinnausschüttung i.S.d. § 27 KStG.[336] Dies bedeutet, daß die Überführung des Eigenkapitals grundsätzlich nicht zu einer Minderung bzw. Erhöhung der auf den einzelnen Teilbeträgen lastenden Körperschaftsteuer nach § 27 KStG führt.
Somit werden die nach ihrer Körperschaftsteuerbelastung gegliederten Eigenkapitalanteile der Zielgesellschaft lediglich den entsprechenden Teilbeträgen bei der aufnehmenden Newco hinzugerechnet.[337] Die Teilbeträge des verwendbaren Eigenkapitals der Objektgesellschaft werden mithin so behandelt, als würden sie auch nach der Übernahme weiterbestehen.[338]

3.3.3.2. *Fortschreibung negativer Teilbeträge*

Auch soweit die Summe der Teilbeträge des verwendbaren Eigenkapitals einen negativen Saldo aufweist, richtet sich die steuerliche Fortschreibung nach der Vorschrift des § 38 KStG. Da eine fingierte Ausschüttung

---

334 Vgl. Widmann, S./Mayer, R., a.a.O., § 15 UmwStG, Rz. 5988.

335 Vgl. Böttcher, C./Zartmann, H./Kandler, G., a.a.O., S. 185.

336 Vgl. Widmann, S./Mayer, R., a.a.O., § 14 UmwStG, Rz. 5987.

337 Vgl. Glade, A./Steinfeld, G., a.a.O., § 15 UmwStG, S. 411, Tz. 837.

338 Vgl. Widmann, S./Mayer, R., a.a.O., § 15 UmwStG, Rz. 6055.

nicht angenommen wird,[339] ergeben sich, wie bereits dargestellt, keine Veränderungen bei der Tarifbelastung der einzelnen Teilbeträge.[340] Bezüglich der Teilbeträge des Eigenkapitals findet somit keine Rechtsnachfoge statt. "Ist ein Teilbetrag des verwendbaren Eigenkapitals einer beteiligten Körperschaft negativ und der Teilbetrag des verwendbaren Eigenkapitals der anderen Körperschaft positiv, so ist der Saldo zu bilden."[341]

Weist somit das EK 50 der Zielgesellschaft einen negativen Betrag aus, so mindert dieser einen entsprechenden positiven Teilbetrag bei der Newco und somit auch deren Körperschaftsteueranrechnungsguthaben. Darüber hinaus kommt es durch die Saldierung quasi zu einer Nachversteuerung der bei der Objektgesellschaft angesammelten sonstigen nichtabziehbaren Aufwendungen.[342] Im Gegensatz zu einem Verlustvortrag, der im Rahmen der Verschmelzung untergeht und nicht auf die Newco überführt werden kann,[343] schlägt die Wirkung eines negativen Teilbetrages beim verwendbaren Eigenkapital vollständig auf die Gliederungssrechnung bei der Erwerbsholding durch. Die Liquidität der Newco, und insbesondere das Ausschüttungsverhalten bzw. die Ausschüttungsfähigkeit, werden dadurch insoweit stark beeinträchtigt, als die Gefahr besteht, daß für die Gewinnausschüttungen in verstärktem Maße auf ermäßigt belastete Teilbeträge des EK 36 bzw. auf unbelastetes EK 0 zurückgegriffen werden muß.

---

339 Vgl. im Gegensatz dazu z.B. den Vermögensübergang auf eine steuerbefreite Körperschaft gemäß § 42 KStG.

340 Eine Entlastung von der Körperschaftsteuer erfolgt systemgerecht erst in dem Moment, in dem die übernehmende Gesellschaft (Newco) Gewinne an ihre Anteilseigner ausschüttet.

341 Herrmann, C./Heuer, G./Raupach, A., a.a.O., § 38 KStG, Anm. 30.

342 Vgl. § 31 Abs. 1 Nr. 4 i.V.m. § 10 KStG. Es ist nach der Zusammenrechnung unerheblich, ob das vEK von der Zielgesellschaft oder der Erwerbsholding stammt, vgl. auch Herrmann, C./Heuer, G./Raupach, A., a.a.O., § 38 KStG. Anm. 30.

343 Vgl. Abschn. B.3.2.2.2.3. dieses Kapitels.

3.4.. Ertragsteuerliche Konsequenzen im einzelnen

3.4.1. Buchwertfortführung

Wird für die Transaktion das Wahlrecht zur Buchwertfortführung gemäß § 14 Abs. 2 UmwStG ausgeübt, kann die Verschmelzung der Newco mit der Zielgesellschaft - wie bereits dargestellt - erfolgsneutral durchgeführt werden. Dies wird jedoch mit dem Nachteil erkauft, auf den Step up zu verzichten.[344] Da i.d.R. der Wert der gewährten Anteile den Buchwert des übernommenen Vermögens der Zielgesellschaft übersteigen wird, ergibt sich bei der Newco ein sogenannter Verschmelzungsmehrwert.
Unter der Voraussetzung, daß zur Durchführung der Verschmelzung das Grundkapital der Newco erhöht wurde, kann dieser Mehrwert als gesonderter Aktivposten gem. § 255 Abs. 4 HGB in die Bilanz aufgenommen und entsprechend abgeschrieben werden.[345]
Steuerlich ist jedoch zu beachten, daß für die Behandlung dieses Verschmelzungsmehrwertes die Neuregelungen des § 7 Abs.1 EStG zur Abschreibungsfähigkeit des Geschäftswertes nicht anwendbar ist.[346] Der Nachteil besteht in einer Minderung des steuerlichen Abschreibungspotentials - in Höhe des Verschmelzungsmehrwertes - so daß insoweit keine Verbesserung des ursprünglichen Cash flows erreicht werden kann.
Wird dagegen vom Wahlrecht eines gesonderten Ausweises nach §§ 348 Abs. 2 AktG, 27 Abs. 2 KapErhStG kein Gebrauch gemacht, ergibt sich in Höhe der negativen Differenz zwischen dem Wert der Anteile und dem Buchwert des übernommenen Anlagevermögens ein Verschmelzungsverlust.[347] Ein solcher Übernahmeverlust ist in analoger Anwendung des § 15 Abs.2 UmwStG steuerlich nicht berücksichtigungsfähig.[348] Der Verschmelzungsverlust geht somit besteuerungsunwirksam unter und kann weder zum Gegenstand eines Verlustrücktrages noch eines

---

344 Vgl. zur Bedeutung des Step up den Erten Teil, Absch. C.2. dieser Arbeit.

345 Vgl. §§ 348 Abs. 2 AktG, 27 Abs. 2 KapErhStG.

346 Vgl. Kandler, G., a.a.O., S. 1288.

347 Vgl. Ketterl, H., a.a.O., S. 77. Siehe auch Abb. 5 auf der folgenden Seite.

348 Sowohl Übernahmegewinn als auch -verlust gemäß § 5 Abs.5 UmwStG bleiben bei der Gewinnermittlung der übernehmenden Gesellschaft außer Ansatz, vgl. Loos, G., Umwandlung, a.a.O., S. 339.

Verlustabzuges oder -vortrages im Rahmen der Vorschrift des § 10d EStG gemacht werden.[349]

Abb. 5: Verschmelzungsverlust der Newco beim MBO

Schlußbilanz der Z-GmbH

Aktiva	500.000,-[350]	Grundkapital	100.000,-
		Schulden	100.000,-
		Rücklagen	200.000,-
		Gewinn	100.000,.
	500.000,-		500.000.-

Newco

Aktiva	800.000,-[351]	Grundkapital	100.000,-
		Schulden	700.000,-
	800.000,-		800.000,-

Übernahmebilanz der Newco

Aktiva Newco	0,-	Grundkapital	100.000,-
Aktiva Z-GmbH	500.000,-	Schulden	800.000,-
		Rücklagen	0,-
		Verlust	- 400.000,-
	500.000,-		500.000,-

Übernahmeergebnis	Aktiva	500.000,-
	-Schulden	100.000,-
		= 400.000,-
	Buchwert der Beteiligung	800.000,-
	-Übernahmeverlust	400.000,-

349 Vgl. Widmann, S./Mayer, R., a.a.O., § 15 UmwStG, Tz. 6039. Anders Pöllath, R., LBO/MBO, a.a.O., S. 122, der den Verlust u.U. für steuerlich verwertbar hält.

350 Das Vermögen der Z-Gmbh enthält stille Reserven in Höhe von DM 300.000.-

351 Beteiligung an der Zielgesellschaft in Höhe von DM 800.000,-

3.4.2. Teilwertaufstockung

Die Teilwertaufstockung im Rahmen der Verschmelzung von Objektgesellschaft und Newco vollzieht sich nach den Vorschriften des § 14 Abs. 1 UmwStG.[352] Der Ansatz des Betriebsvermögens bei der Zielgesellschaft zum höheren Teilwert und die anschließende Übertragung führen bei deren Gesellschaftern zu einem körperschaftsteuerpflichtigen Übertragungsgewinn i.S.d. § 14 Abs. 1 UmwStG.[353] Dieser unterliegt als solcher der steuerlichen Tarifsteuerbelastung.[354] Bei der Newco ist der entstehende Übernahmegewinn - abzugrenzen vom Verschmelzungsmehrwert - steuerfrei.[355]
Das übernommene Betriebsvermögen gilt als durch die Erwerbsholding neu erworben.[356] Aus dieser Anschaffungsfiktion ergeben sich vorteilhafte Gestaltungsmöglichkeiten, insbesondere bezüglich der Wahl der Abschreibungsmethode und des Ansatzes bisher nicht aktivierter Wirtschaftsgüter. Dadurch läßt sich, verbunden mit der Aufstockung der Abschreibungsbasis, eine Verbesserung des steuerfreien Cash-flows erreichen.

4. Der interne Asset-deal

4.1. Grundlegung

Wie bereits dargelegt, beruht das Finanzierungskonzept eines Buy-Outs zu einem wesentlichen Bestandteil auf der Nutzung des Potentials der Zielgesellschaft. Neben der Transferierung des zukünftigen Cash-flow ist hierzu jedoch i.d.R. auch die Auflösung und Überführung der bei der Objektgesellschaft vorhandenen stillen Reserven notwendig. Darüber hinaus ist nur über die Schaffung einer hohen Abschreibungsbasis bei

---

352 Zur Frage der gesellschaftsrechtlichen Zulässigkeit vgl. Abschn. B.3.3.1.1. dieses Kapitels.

353 Ein etwaiger Übertragungsverlust kann im Rahmen des § 10d EStG steuerlich genutzt werden. Ein Übergang als Verlustvortrag auf die Newco ist nicht möglich. Vgl. Herrmann, C./HeuerG./Raupach, A., a.a.O., § 14 UmwStG, Anm. 10.

354 Im Sinne des KStG handelt es sich um einen laufenden Geschäftsvorfall.

355 Vgl. § 15 Abs.2, i.V.m. § 5 Abs. 5 UmwStG.

356 Vgl. § 15 Abs.4 UmwStG.

der Newco die Möglichkeit gegeben, einen entsprechend hohen "neuen" Cash-flow zu realisieren.

Diese klassischen Übernahmeziele des Buy-Outs[357] können jedoch durch einen reinen Share deal - wie bereits dargestellt -[358] nicht erreicht werden.

Das Buy-Out-Team ist deshalb auch nach Erwerb einer 100%igen Beteiligung daran interessiert, den Gewerbebetrieb als solchen in die Erwerbsgesellschaft zu überführen und dabei die im Anlagevermögen ruhenden stillen Reserven sowie einen bestehenden Firmenwert aufzudecken.[359]

Da eine Verschmelzung von Zielgesellschaft und Newco mit erheblichen steuerlichen Problemen und gegebenenfalls Nachteilen belastet ist,[360] bietet sich als Alternative der nachträgliche Erwerb des Betriebsvermögens der Objektgesellschaft im Wege der Einzelrechtsnachfolge an. Diese Kombination aus Beteiligungserwerb und anschließendem Sachkauf wird auch als mehrstufiges Modell[361] oder interner Asset deal bezeichnet.[362]

Als Bewertungsmaßstab für die Übernahme des Betriebsvermögens beim internen Asset deal ist grundsätzlich der Teilwert der einzelnen Wirtschaftsgüter maßgebend.[363] Um jedoch die besonders im Konzern latente Gefahr einer verdeckten Gewinnausschüttung zu vermeiden, wird sich der tatsächliche Kaufpreis des Betriebes der Zielgesellschaft an dem vorher im Zuge des Share deal gezahlten Betrag orientieren müssen.[364]

---

357 Vgl. zur Mehrfachfunktion der Zielgesellschaft Dritter Teil, Abschn. A.1. dieser Arbeit.

358 Vgl. Dritter Teil. Abschn. A.2.2. dieser Arbeit.

359 Vgl. Goutier, K., § 8 Nr.10 GewStG n.F. und die gewerbesteuerliche Organschaft, in: DB 1989, S. 244.

360 Vgl. Dritter Teil, Abschn. B.3. dieser Arbeit.

361 Vgl. Otto, H.-J., Leveraged Buy-Out, a.a.O., S. 1393.

362 Vgl. auch Herzig, N., Unternehmenskauf, a.a.O., S. 134.

363 Vgl. § 10 BewG, sowie Dritter Teil, Abschn. A.2.1. dieser Arbeit.

364 Vgl. Otto, H.-J., Leveraged Buy-Out, a.a.O., S. 1393. Dies bedeutet im Umkehrschluß, daß bereits beim Beteiligungserwerb auf eine entsprechende Bemessung des Kaufpreises zu achten ist. Vgl. auch Holzapfel, H.-J./Pöllath, R., a.a.O., S. 159. Andernfalls können im anschließenden Asset deal die stillen Reserven in den übernommenen Vermögensgegenständen nicht in angestrebtem Maße aufgedeckt werden.

Soweit der Kaufpreis beim internen Asset deal die Summe der Teilwerte der einzelnen Wirtschaftsgüter übersteigt, ist dieser Differenzbetrag gesondert als derivativer Firmenwert in der Bilanz der Newco auszuweisen.[365]
Die Überführung der stillen Reserven in dieser Form des internen Asset deal führt jedoch im Normalfall zu einer diskriminierenden, da mehrfachen steuerlichen Belastung, sowohl auf der Ebene der Objektgesellschaft als auch bei der Newco.

4.2. Finanzierung des zweifachen Kaufpreises

4.2.1. Problemstellung

Durch das Hintereinanderschalten der beiden Erwerbsmodelle in zwei eigenständigen Schritten kommt es zu einer doppelten Gewinnrealisierung auf der Ebene der Zielgesellschaft respektive deren Anteilseigner. Andererseits bedeutet dies für die erwerbende Newco, daß auch der Kaufpreis zweifach bereitgestellt werden muß, da nicht nur der Erwerb einer mehrheitlichen Beteiligung, sondern zusätzlich auch der Kauf des Geschäftsbetriebes der Zielgesellschaft zu finanzieren ist. Dies erscheint insoweit besonders problematisch, als auch beim zweiten Erwerbsvorgang der Kaufpreis für die einzelnen Wirtschaftsgüter als Zahlungsstrom die Newco verläßt.[366]

4.2.2. Steuerliche Gestaltung

Die oben dargestellte doppelte Liquiditätsbelastung der Erwerbsholding beim internen Asset deal kann bei entsprechender Strukturierung der Transaktion zumindest gemildert werden. Hierzu ist es zunächst notwendig, daß der Kaufpreis für den Erwerb des Betriebsvermögens nicht

---

365 Zur Behandlung dieses Firmenwertes im einzelnen vgl. Dritter Teil, Abschn. B.4.5.3. dieser Arbeit.

366 Im Falle der Verschmelzung auf betrieblicher Grundlage erfolgt die Übertragung des Betriebsvermögens der Zielgesellschaft gegen Gewährung von Gesellschaftsrechten der Newco. Die Liquidität der Newco wird mithin wesentlich weniger tatsächlich belastet als beim internen Asset deal.

tatsächlich von der Newco gezahlt, sondern vorerst durch die Zielgesellschaft gestundet wird.[367]
Nach der Vermögensübertragung beschließt die Zielgesellschaft eine ordentliche Ausschüttung an ihre Gesellschafter. Zum Gegenstand dieser Ausschüttung werden der aus der Überführung des Geschäftsbetriebes realisierte Veräußerungsgewinn sowie andere stille Rücklagen und Gewinnvorträge der Objektgesellschaft gemacht.[368] Da das Gewinnbezugsrecht des Gesellschafters mit der Wirksamkeit des Ausschüttungsbeschlusses in ein selbständig bewertbares Forderungsrecht übergeht, das somit zum Gegenstand einer Aufrechnung gemacht werden kann,[369] wird dieser Gewinnauszahlungsanspruch der Newco mit der Kaufpreisforderung der Zielgesellschaft verrechnet.
Die Liquiditätsbelastung der Erwerbsholding durch den internen Asset deal kann somit zumindest bedeutend gesenkt werden.
Das Problem des zeitlichen Auseinanderfallens von Vermögensübertragung und Ausschüttung des realisierten Gewinns[370] kann durch die Vornahme einer Vorabausschüttung[371] gelöst werden.[372] Es handelt sich dabei um eine offene ordentliche Ausschüttung an die Gesellschafter auf der Basis des zu erwartenden, jedoch noch nicht endgültig feststehenden

---

367 Vgl. hierzu die Ausführungen zur Sellers note im Zweiter Teil, Abschn. A.3.4. dieser Arbeit. Da es sich bei Zielgesellschaft und Newco um verbundene Unternehmen handelt, sind bezüglich Ausgestaltung und Zinssatz die Grundsätze des Dealing-at-Arm's-Length zu beachten.

368 Vgl. hierzu auch Otto, H.-J., Leveraged Buy-Out, a.a.O., S. 1393f.

369 Vgl. BFH-Urt. v. 30.10.1973, I R 67/72, BStBl. 1974 II, S. 234. Fraglich ist in diesem Zusammenhang lediglich, inwieweit das Gewinnbezugsrecht als selbständiges Wirtschaftsgut ausdrücklich beim Kauf der Gesellschaftsanteile an der Zielgesellschaft miterworben werden kann, wie im Falle des o.g. Urteils. Im Grunde steht nämlich dem Veräußerer, zumindest zeitanteilig, das Bezugsrecht aus der Veräußerung der Anteile zu. Vgl. § 101 Nr. 2 BGB. Siehe auch BMF-Schr. v. 18.3.1980, IV B 7 -S 2299B- 3/80, BStBl. 1980 I, S. 146. Körperschaftsteueranrechnungsguthaben jedoch können ebenfalls zum Bestandteil eines Kaufvertrages gemacht werden.

370 Die ordentliche Gewinnausschüttung aus dem Veräußerungsgewinn kann normalerweise erst auf der Grundlage des Jahresabschlusses am Ende des Wirtschaftsjahres vorgenommen werden, in dem die Veräußerung stattgefunden hat. Vgl. § 29 KStG.

371 Vgl. §§ 27 Abs. 1, 28 Abs. 3 KStG.

372 Vgl. Otto, H.-J., Leveraged Buy-Out, a.a.O., S. 1394.

Jahresüberschusses des laufenden Geschäftsjahres.[373] Eine solche Vorabausschüttung wird dementsprechend mit dem verwendbaren Eigenkapital am Ende des entsprechenden Wirtschaftsjahres zu verrechnen sein, in dem die Vorabausschüttung erfolgte.[374] Die Bestimmung des voraussichtlichen Jahresüberschusses am Ende des Wirtschaftsjahres ist insofern relativ unproblematisch, als der Gewinn aus der Veräußerung des Geschäftsbetriebes der Zielgesellschaft bei Verabschiedung des Gewinnverteilungsbeschlusses bereits feststeht. Die Erstellung einer eigenen Zwischenbilanz ist für die steuerliche Anerkennung der Vorabausschüttung nicht erforderlich.[375]

4.3. Steuerliche Diskriminierung des internen Asset deals

4.3.1. Darstellung

Im Zuge des kombinierten Modells der Unternehmensübernahme ergeben sich aus steuerlicher Sicht folgende Gewinnrealisierungstatbestände innerhalb der einzelnen Schritte:[376]

---

373 Zur gesetzlichen Regelung vgl. Abschn. 78a KStR. Das Instrument kann jedoch nur insoweit genutzt werden, als es sich bei der Zielgesellschaft um eine GmbH handelt. Aktiengesellschaften dagegen dürfen Zahlungen auf den voraussichtlichen Gewinn erst nach Ablauf des Geschäftsjahres vornehmen. Vgl. Mack, H., Steuerliche Behandlung der Vorabausschüttungen von Körperschaften, in: DB 1982, S. 1536.

374 Vgl. Abschn. 78a Abs. 1 S. 3 KStR.

375 Vgl. BMF-Schr. v. 5.2.1980 -IV B 7 -S 2865- 4/79, in: DB 1980, S. 376. Trotzdem empfiehlt sich die Erstellung eines unabhängigen Gutachtens über die Höhe des zu erwartenden Jahresüberschusses, vgl. Otto, H.-J., Leveraged Buy-Out, a.a.O., S. 1397.

376 Vgl. auch Abb. 6 auf der folgenden Seite.

Abb. 6: Der interne Asset deal

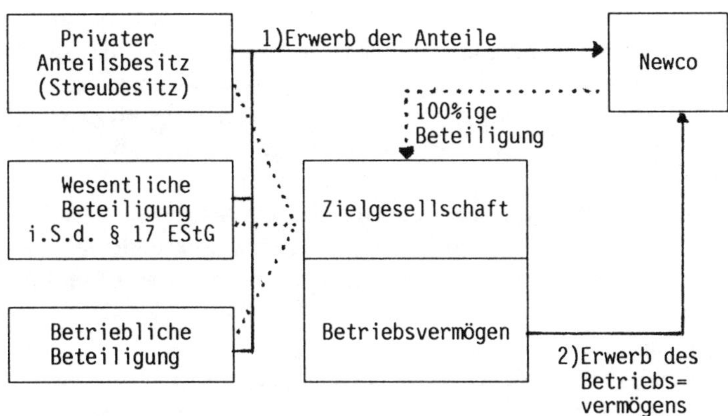

In einem ersten Schritt erwirbt die Erwerbsholding im Falle des Share deal die Anteile von den Anteilseignern der Zielgesellschaft.

a) Bei privaten Anteilseignern, die eine nicht wesentliche Beteiligung im Privatvermögen halten, ist dieser Vorgang steuerlich neutral.

b) Für wesentliche Beteiligungen, die im Privatvermögen gehalten werden, ergibt sich eine Steuerpflicht der Anteilseigner aus § 17 EStG. Als Einkünfte aus Gewerbebetrieb unterliegen sie dem individuellen Steuersatz des Anteilseigners.

c) Wurde die Beteiligung im Betriebsvermögen gehalten, unterliegen die Einkünfte aus der Veräußerung als laufenden Gewinne des Betiebes in jedem Fall der Ertragsteuer (ESt/KSt).

Bei einer anschließenden Veräußerung des Gewerbebetriebes als Ganzes[377] an die Erwerbsholding kommt es zu einer nochmaligen steuerlichen Erfassung der stillen Reserven im Rahmen der Veräußerung der

377 Vgl. Goutier, K., a.a.O., S. 244.

einzelnen Wirtschaftsgüter.[378] Seit der Einführung des Vollanrechnungssystems im Rahmen der Körperschaftsteuerreform 1977[379] ergeben sich zwar für diesen Bereich keine diskriminierenden Doppelbelastungen mehr, da das Körperschaftsteuer-Anrechnungsguthaben auf die Steuer des Anteilseigners angerechnet werden kann.[380] Die Gewinnrealisierung ist jedoch insofern problematisch, als alleiniger Anteilseigner im Zuge der Gewinnrealisierung auf der zweiten Stufe nunmehr die Newco selbst ist.

Auch für das Gebiet der Gewerbesteuer ergibt sich bei der Betriebsveräußerung in der oben skizzierten Form eine diskriminierende Doppelbelastung, obwohl die Gewerbesteuer als Objektsteuer im Grundsatz lediglich einmal den laufenden Gewinn aus Gewerbebetrieb als einmalige Bemessungsgrundlage haben soll.[381]

Als eines der gängigen Modelle des Unternehmenskaufs und der gerade im Rahmen des Buy-Outs so wichtigen anschließenden Eingliederung der Zielgesellschaft[382] hat sich in den letzten Jahren das Institut der sogenannten "ausschüttungsbedingten Teilwertabschreibung" in der Praxis etablieren können.[383]

4.3.2. Die ausschüttungsbedingte Teilwertabschreibung

4.3.2.1. Körperschaftsteuerrecht

Die Abschreibung einer Beteiligung an einer Kapitalgesellschaft auf den niedrigeren Teilwert ist im Grundsatz durch eine nachhaltige und dauerhafte Wertminderung dieser Beteiligung gerechtfertigt.

---

378 Der Effekt beruht auf der steuerlich separaten und damit doppelten Erfassung des Vermögenszuwachses, zum einen auf der Gesellschafterebene als Wert der Anteile und zum anderen auf der Ebene der Gesellschaft selbst durch die Bewertung der einzelnen Vermögensgegenstände. Es kommt somit zum Effekt der "Verdoppelung der stillen Reserven", wie er auch aus dem Umwandlungssteuerrecht bekannt ist.

379 Vgl. Körperschaftsteuerreformgesetz v. 31.8.1976, BStBl. 1976 I, S. 445.

380 Vgl. § 20 Abs. 1 Nr. 3 EStG.

381 Vgl. BFH-Urt. v. 1.2.1979, IV R 219/75, BStBl 1979 II, S. 446.

382 Vgl. Goutier, K., a.a.O., S. 245.

383 Vgl. u.a. Purwins, H., in: Hölters, W. (Hrsg.), a.a.O., S. 258, Holzapfel, H.-J./Pöllath, R., a.a.O., S. 93.

Allein die Ausschüttung von Gewinnen einer Tochtergesellschaft an ihre Mutter-(Beteiligungsgesellschaft) rechtfertigt eine solche Abschreibung auf den niedrigeren Teilwert jedoch nicht.[384] Eine Ausnahme gilt hier lediglich für das auch von der Rechtsprechung seit langem anerkannte Instrument der ausschüttungsbedingten Teilwertabschreibung.[385]
Gemäß § 6 Abs. 1 EStG darf eine Beteiligung in der Bilanz auf den niedrigeren Teilwert abgeschrieben werden, soweit ihr Wert unter den letzten bilanzierten Buchwert sinkt.[386] Voraussetzung für die Zulässigkeit der Teilwertabschreibung ist mithin, daß

a) der Substanzwert der Beteiligung nachhaltig gemindert wird und

b) die Wertminderung nicht durch den Ertragswert und die Bedeutung der Beteiligung für die Unternehmung ausgeglichen wird.[387]

Beide Tatbestände sind nach herrschender Meinung auch dann gegeben, wenn die Gesellschaft, an der die Beteiligung gehalten wird, Gewinnrücklagen oder stille Rücklagen ausschüttet, die über einen längeren Zeitraum angesammelt wurden, den Wert der Beteiligung in erheblichem Maße mitbestimmt haben[388] und somit auch beim Erwerb der Beteiligung berücksichtigt wurden.[389]

---

384 Vgl. Piltz, J., Teilwertabschreibungen auf Beteiligungen an Kapitalgesellschaften, InstFSt Brief 123, Bonn 1985, S. 87.

385 "Ist durch die Ausschüttung der Wert der Beteiligung unter den Buchwert gesunken, so darf auch mit steuerrechtlicher Wirkung der niedrigere TW angesetzt werden." BFH-Urt. v. 17.9.1969, 189/65, BStBl. 1970 II, S. 107, sowie v. 2.2.1972, IR 54-55/70, BStBl. 1972 II, S. 397.

386 Handelt es sich dabei um eine dauerhafte, nachhaltige Wertminderung, so ergibt sich über den Grundsatz der Maßgeblichkeit der HB für die StB (§ 5 Abs.1 EStG) eine Abschreibungspflicht aufgrund der Vorschrift des § 253 Abs.2 bzw. § 279 Abs.1 HGB. Vgl. Herzig, N./Hötzel, N., Ausschüttungsbedingte Teilwertabschreibungen, in: DB 1988, S. 2265

387 Vgl. Herrmann, C./Heuer, G./Raupach, A., a.a.O., § 6 EStG, Anm.815.

388 Als weiteres Indiz für die Zulässigkeit einer Teilwertabschreibung kann die Tatsache herangezogen werden, daß ein potentieller Erwerber nur zur Zahlung eines Kaufpreises bereit wäre, der unter dem letzten Buchwertansatz liegt, vgl. Krebs, H.-J., Auswirkungen der Körperschaftsteuerreform auf das Körperschaftsteuerrecht aus nationaler und internationaler Sicht, in: GmbHR 1988, S. 235.

389 Vgl. Herrmann, C./Heuer, G./Raupach, A., a.a.O., § 3c EStG, Anm 32 Nr.1.

Die grundsätzliche Wirkung der ausschüttungsbedingten Teilwertabschreibung kann in Einzelschritten wie folgt dargestellt werden:[390]

a) Die Newco erwirbt eine 100%ige Beteiligung an der Zielgesellschaft. Bei den Anteilseignern der Objektgesellschaft führt dies zu einem entsprechenden Veräußerungsgewinn i.S.d. § 16 EStG (Betriebsvermögen) bzw. § 17 EStG (wesentliche Beteiligung im Privatvermögen).

b) Zur Finanzierung des Kapitaldienstes der Erwerbsholding werden die stillen Reserven und Gewinnvorträge der Zielgesellschaft an die Newco ausgeschüttet. Die ausgeschütteten stillen Reserven[391] unterliegen bei der Newco dem Regelsteuersatz von 50%. Darüber hinaus wird auch der durch die Übertragung des Betriebsvermögens realisierte Veräußerungsgewinn an die Erwerbsholding ausgeschüttet.

c) In Höhe der durch die Ausschüttung bedingten Substanzverringerung bei der Objektgesellschaft nimmt die Erwerbsholding eine Abschreibung auf den niedrigeren Teilwert der Beteiligung vor, die als Aufwand zu verrechnen ist. Die dadurch bedingte Steuerentlastung neutralisiert die Steuerbelastung, die sich aus der empfangenen Gewinnausschüttung durch die Zielgesellschaft ergeben hat.[392]

---

390 Vgl. auch Abb. 7.

391 Bestehend aus dem Bestand an EK.01, sowie der darauf lastenden KSt-Gutschrift.

392 "Durch die Teilwertabschreibung wird also lediglich verhindert, daß die Rücklagen einmal auf der Ebene der Anteile, und ein zweites Mal auf der Ebene der Kapitalgesellschaft selbst steuerlich erfaßt werden." Herzig, N./Hötzel, O., a.a.O., S. 2266.

Abb. 7: Die ausschüttungsbedingte Teilwertabschreibung

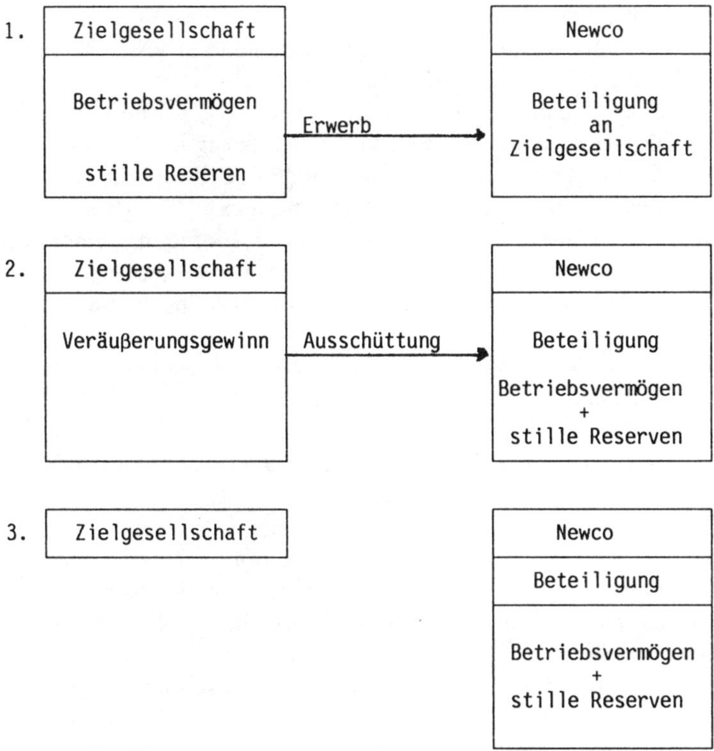

4.3.2.2. Gewerbesteuerrecht

Für den Bereich der Gewerbesteuer kann eine Doppelbelastung der Ausschüttung über das Institut des gewerbesteuerlichen Schachtelprivilegs nach § 9 Nr. 2a GewStG vermieden werden.[393] Nach dieser Kürzungsvorschrift ist der Gewerbeertrag um Gewinne aus Anteilen an einer nicht steuerbefreiten inländischen Kapitalgesellschaft zu kürzen. Voraussetzung für die Inanspruchnahme des Schachtelprivilegs ist jedoch, daß die Newco zu Beginn des Erhebungszeitraumes wenigstens zu 10% am

393 Vgl. auch Holzapfel, H.-J./Pöllath, R., a.a.O., S. 175.

Grund- oder Stammkapital der Zielgesellschaft beteiligt war. In der Erfüllung dieser zeitlichen Komponente liegt damit die Hauptschwierigkeit, insbesondere soweit die Erwerbsholding im Laufe eines Veranlagungszeitraumes gegründet wurde und während des laufenden Wirtschaftsjahres die Beteiligung an der Zielgesellschaft erwirbt.[394]
Können diese zeitlichen Voraussetzungen für das gewerbesteuerliche Schachtelprivileg nicht erfüllt werden, so hat sich bezüglich der gewerbesteuerlichen Behandlung ausschüttungsbedingter Teilwertabschreibungen auf den niedrigeren Wert einer Beteiligung durch das StRefG 1990 eine gravierende Änderung ergeben.[395] Durch Einfügung eines § 8 Nr. 10 GewStG werden dem Gewinn aus Gewerbebetrieb gemäß § 7 GewStG wieder hinzugerechnet solche "Gewinnminderungen, die

a) durch Ansatz eines niedrigeren Teilwertes des Anteils an einer Körperschaft oder

b) durch Veräußerung oder Entnahme des Anteils oder bei Auflösung oder Herabsetzung des Kapitals der Körperschaft

entstanden sind, soweit der Ansatz des niedrigeren Teilwertes oder die sonstige Gewinnminderung auf Gewinnausschüttungen der Körperschaft zurückzuführen ist, und auf die Gewinnausschüttung §§ 9 Nr. 2a, 7 oder 8 angewendet wird."[396]
Diese Regelung ist erstmals anzuwenden auf Gewinnminderungen, die durch Ausschüttungen nach dem 22. März 1988 zurückzuführen sind.[397]
Mit der Einführung dieser Vorschrift wird der durch die bisherige Rechtsprechung anerkannten Praxis ein Riegel vorgeschoben, "die gleichheitswidrige gewerbesteuerliche Erfassung von Betriebsveräußerungen durch Kapitalgesellschaften"[398] zu neutralisieren. Die Finanzver-

---

394 Unproblematisch stellt sich lediglich der umgekehrte Fall dar, daß die Steuerpflicht der Beteiligungsgesellschaft erst im Verlauf eines Erhebungszeitraumes beginnt. In diesem Fall ist die Höhe der Beteiligung zu Beginn der Steuerpflicht der Zielgesellschaft maßgebend. Vgl. Abschn. 62b Abs. 2 GewStR.

395 Vgl. Steuerreform Gesetz 1990, v. 25.7.1988, BGBl. 1988 I, S. 1093, BStBl. 1988 I, S. 224.

396 BT-Drucks. 11/2157 v. 19.4.1988, S. 27.

397 Vgl. § 36 Abs.2 GewStG n.F.

398 Goutier, K., a.a.O., S. 244.

waltung dagegen sieht in dem Verbot der ausschüttungsbedingten Teilwertabschreibung für bestimmte Fälle ein Instrument, dem Objektcharakter der Gewerbesteuer zu entsprechen und die im individuellen Gewerbebetrieb anfallenden Erträge möglichst vollständig zu erfassen. Diesem Grundsatz folgend, ist es nicht erheblich, ob die in der Beteiligung enthaltenen offenen oder stillen Reserven beim Veräußerer ebenfalls der Besteuerung unterlegen haben und eine möglicherweise entstehende Doppelbelastung ist somit in Kauf zu nehmen.[399] "Weil die Gewinnausschüttung den Gewerbeertrag nicht erhöht, erscheint es sachgerecht, die durch die Gewinnausschüttung verursachte Wertminderung der Anteile ebenfalls erfolgsneutral zu behandeln."[400]
Im Ergebnis wird somit die in Folge der Gewinnausschüttung realisierte und für den Bereich der Körperschaftsteuer anerkannte Gewinnminderung für die gewerbesteuerliche Gewinnermittlung nicht nachvollzogen, und durch eine Hinzurechnung gemäß § 8 Nr. 10 GewStG nachgeholt.[401]

399 Vgl. Pauka, D., Änderungen des Gewerbesteuerrechts durch das StRefG 1990, in: DB 1988, S. 2227.

400 BT-Drucks. 11/2157, a.a.O., S. 175f.

401 Vgl. auch Abb. 8.

Abb. 8: Gewerbesteuerbelastung

Kaufpreis der Anteile	220
- Buchwert der Beteiligung	100
= steuerpflichtiges Einkommen der Zielgesellschaft	120
- GewSt-Belastung (16,67%)	20
- KSt-Belastung (50%)	50
= zur Ausschüttung verwendbares Eigenkapital	50
+ KSt-Minderung	14
= Bardividende	64
- KapErtrSt (25% von 64)	16
= vorläufige Nettodividende	48
+ KSt-Gutschrift	36
+ anrechenbare KapErtrSt	14
= vorläufiges steuerpflichtiges Einkommen	100
+ Hinzurechnung der gewerbesteuerlichen Gewinnminderung (§ 8 Abs. 10 GewStG	20
= steuerpflichtiges Einkommen der Newco	120
- Aufwand aus der Teilwertabschreibung	100
= zu versteuerndes Einkommen	20

4.3.3. Alternative Gestaltungsmöglichkeiten

4.3.3.1. Veräußerungsverlust

Ein vergleichbarer Effekt einer Kompensation der auf der Ausschüttung von Reserven lastenden Körperschaftsteuer läßt sich auch über die Realisierung eines Veräußerungsverlustes erzielen.[402] Bei dieser Konstellation wird die Beteiligung nach erfolgter Ausschüttung zu einem entsprechend niedrigeren Preis von der Newco an eine nachgeschaltete Enkelgesellschaft weiterveräußert. In Höhe der negativen Differenz zwi-

402 Vgl. Holzapfel, H.-J./Pöllath, R., a.a.O., S. 96, sowie Herzig, N./Hötzel, O., a.a.O., S. 2266.

schen Buchwert der Beteiligung[403] und dem Verkaufspreis realisiert die Erwerbsholding einen Veräußerungsverlust. Dieser kann mit dem Gewinn aus der empfangenen Ausschüttung der Zielgesellschaft verrechnet werden. Die Auflösung und Übertragung der Rücklagen bleibt somit im Ergebnis ebenfalls steuerfrei.

4.3.3.2. Entnahme der Rücklagen

In der Literatur ist ansatzweise der Gedanke aufgetaucht, durch eine Entnahme der Beteiligung zum niedrigeren Teilwert einen entsprechenden Entnahmeverlust zu realisieren.[404] "Inwieweit allerdings Entnahmen aus einer Kapitalgesellschaft überhaupt möglich sind, bleibt äußerst zweifelhaft."[405]

Nach dem grundsätzlichen Rechtsverständnis des Einkommensteuergesetzes handelt es sich bei einer Entnahme um die Überführung eines Wirtschaftsgutes aus dem Betriebsvermögen in den privaten Bereich desselben Steuerpflichtigen. Ein Eigentumswechsel an sich findet mithin nicht statt.[406]

Im Gegensatz dazu gestalten sich jedoch Vorgänge zwischen der Kapitalgesellschaft und ihren Gesellschaftern als Leistungsaustausch[407] oder als Gewinnausschüttung. An beiden Vorgängen sind zwei unterschiedliche, voneinander getrennt zu betrachtende Steuersubjekte beteiligt.[408]

Die Entnahme kann somit nicht als Vorgang zwischen der Gesellschaft und ihren Anteilseignern verstanden werden, denkbar ist lediglich der Fall einer Überführung von Wirtschaftsgütern aus dem betrieblichen in den außerbetrieblichen Bereich derselben juristischen Person. Es muß

403 Gleichbedeutend mit dem Kaufpreis einschließlich der miterworbenen Rücklagen.

404 Vgl. Herzig, N./Hötzel, O., a.a.O., S. 2271.

405 Ebenda, S. 2771.

406 Vgl. Schulze zur Wiesche, D., Die steuerliche Behandlung von sogenannten Entnahmen bei einer GmbH, in: GmbHR 1982, S. 191, im folgenden zitiert als: Schulze zur Wiesche, D., Entnahmen.

407 Nach beiden Seiten hin ausgewogenes bürgerlich-rechtlich wirksames Rechtsgeschäft

408 Entsprechend dem Grundsatz, daß, soweit es sich nicht um das Gesellschaftsverhältnis selbst handelt, Gesellschafter "ihrer" Kapitalgesellschaft nur wie fremde Dritte gegenüber treten können (Trennungsprinzip), vgl. Schulze zur Wiesche, D., Entnahmen, a.a.O., S. 191.

sich in jedem Fall um einen Vorgang innerhalb der Sphäre der Kapitalgesellschaft selbst handeln. Da jedoch bei einer Kapitalgesellschaft, im Gegensatz zur Personengesellschaft, nicht grundsätzlich eine außerbetriebliche Sphäre existiert, ist die Anzahl der hier denkbaren Vorgänge äußerst begrenzt.[409]

4.4. Zweifache Gewinnrealisierung bei der Zielgesellschaft

Ein im System des mehrstufigen Übernahmemodells begründeter steuerlicher Nachteil ergibt sich aus der zweifachen Realisierung eines Veräußerungsgewinns in der Sphäre der Zielgesellschaft.[410] Der Vorgang beruht auf dem im deutschen Steuerrecht verankerten sogenannten "Trennungsprinzip", d.h. der getrennten steuerlichen Erfassung von Vorgängen sowohl auf der Gesellschafts- als auch auf der Gesellschafterebene bei juristischen Personen.[411] Danach kommt es zur Aufdeckung der stillen Reserven zum einen beim vorweggenommenen Share deal auf der Ebene der Anteilseigner der Objektgesellschaft und zum anderen beim internen Asset deal bei der Zielgesellschaft selbst.

Bezüglich des Veräußerungsgewinns der ersten Stufe kann auf die Ausführungen zum Share deal verwiesen werden.[412]

Die Gewinnrealisierung der zweiten Stufe trifft jedoch die Objektgesellschaft selbst und in Anbetracht des bereits vollzogenen Beteiligungserwerbs im Endeffekt das Buy-Out-Team als einen der Hauptgesellschafter.

Der Gewinn aus der Überführung des Betriebsvermögens unterliegt bei der Zielgesellschaft dem Regelkörperschaftsteuertarif von 50%. Im Falle einer ordentlichen Gewinnausschüttung an die Newco kommt es zur

---

409 Vgl. Dötsch, E./Eversberg, J./Jost, W. F./Witt, G., a.a.O., § 8 KStG, Tz. 15. Als mögliche Fälle werden hier genannt: Die Überführung von Wirtschaftsgütern in den steuerfreien Bereich bei teilweise steuerbefreiten Kapitalgesellschaften oder die Verbringung in eine ausländische Betriebstätte einer inländischen Kapitalgesellschaft, deren Ergebnis nicht der deutschen Steuer unterliegt, siehe ebenda, Tz. 15 und 15a.

410 Vgl. auch die grundlegenden Ausführungen zum Asset deal im Dritten Teil, Abschn. B.I.2.1. dieser Arbeit.

411 Vgl. hierzu Tipke, K./Lang,J., a.a.O., S. 396.

412 Eine steuerliche Erfassung der Veräußerungsgewinns hängt davon ab, ob entweder eine wesentliche Beteiligung nach § 17 EStG vorlag oder die Beteiligung im Betriebsvermögen gehalten wurde.

Herabschleusung auf die Ausschüttungsbelastung von 36% nach § 27 KStG.[413]

Dieser Gewinn auf der Gesellschaftsebene kann jedoch wiederum unter Nutzung des Instruments der ausschüttungsbedingten Teilwertabschreibung und unter Einbeziehung des Köperschaftsteueranrechnungsguthabens der Zielgesellschaft steuerlich neutral gestellt werden.[414]

Dazu wird, wie bereits erwähnt, der vereinnahmte Veräußerungsgewinn an die Newco ausgeschüttet. Die Köperschaftsteuer wird dadurch auf die Ausschüttungsbelastung nach § 27 KStG abgesenkt.[415] Die Newco ihrerseits kann auf die Körperschaftsteuerbelastung für die empfangene Ausschüttung der Objektgesellschaft deren Körperschaftsteuergutschrift von 9/16 der Bardividende anrechnen. Zuzüglich der Kapitalertragsteuergutschrift bezieht die Newco somit eine Ausschüttung in Höhe von 100% des Veräußerungsgewinns der Zielgesellschaft, der nunmehr bei der Erwerbsholding der Körperschaftsteuer unterliegt.[416]

Die von der Newco empfangene steuerpflichtige Ausschüttung kann jedoch durch die als Aufwand zu verrechnende Abschreibung auf den niedrigeren Teilwert der Beteiligung an der Zielgesellschaft steuerneutral gestellt werden.

4.5. Behandlung einzelner Wirtschaftsgüter

4.5.1. Ausgangspunkt

Da der interne Asset deal, wie bereits dargestellt, im Wege der Einzelrechtsnachfolge abgewickelt wird, bietet sich somit der Newco die Möglichkeit, eine Auswahl bezüglich der zu übernehmenden Vermögensgegenstände zu treffen. Somit kann das nichtnotwendige Betriebsvermögen aus dem Übernahmevorgang ausgegrenzt werden, um auf diese Weise

413 Eine andere Möglichkeit bestünde darin, die Zielgesellschaft aufzulösen und ihr Betriebsvermögen im Zuge der Liquidation an den alleinigen Gesellschafter, die Newco, auszukehren. Dieser Vorgang unterliegt dann der Liquidationsbesteuerung nach § 11 KStG.

414 Vgl. hierzu auch Holzapfel, H.-J./Pöllath, R., a.a.O., S. 160.

415 Dies entspricht einer Belastung von 36/100 der Bardividende.

416 Unter Anwendung des körperschaftsteuerlichen Vollanrechnungssystems kann somit der Veräußerungsgewinn steuerneutral auf die Erwerbsholding überführt werden.

den Gesamtkaufpreis der Transaktion zu vermindern. Aus steuerlicher Sicht sind es insbesondere zwei Aspekte, die sich als entscheidungsrelevant erweisen können:

1. Die einmalige steuerliche Belastung im Zuge des Asset deal ist bei manchen Wirtschaftsgütern extrem hoch. Neben der steuerlichen Erfassung der stillen Reserven ist hier vor allem die Belastung des Übertragungsvorganges mit Verkehrsteuern gemeint.

2. Auch eine hohe laufende steuerliche Belastung in den Folgeperioden kann Anlaß für entsprechende Gestaltungsüberlegungen sein. Zwei Faktoren sind dabei ausschlaggebend. Einmal eine hohe Belastung mit ertragsunabhängigen Steuern, wie sie sich typischerweise bei der Übernahme von Gebäuden, sowie Grund und Boden ergibt. Unvorteilhaft ist es zum anderen, wenn sich aus der im Asset deal zwingenden Buchwertaufstockung trotzdem kein entsprechend hohes Abschreibungspotential ergibt. Dies gilt insbesondere für Wirtschaftsgüter, die keiner oder nur einer geringen wirtschaftlichen Abnutzung unterliegen.

4.5.2. Grundstücke und Immobilien

4.5.2.1. Steuerliche Problematik

Die Problematik einer hohen einmaligen Steuerbelastung ergibt sich lediglich bei der Übertragung von Grundstücken im Rahmen des nachgeschalteten Asset deal.[417] Gegenstand der GrErwSt sind Rechtsvorgänge, die sich auf inländische Grundstücke beziehen.[418] Hierunter fallen jedoch nicht nur Eigentumsvorgänge, sondern auch die Übertragung der Herrschaftsmacht über ein Grundstück, mit der das Recht auf die

---

417 Eine grunderwerbsteuerliche Doppelbelastung kann jedoch über die Vorschrift des § 1 Abs. 6 S. 2 GrEStG vermieden werden. Soweit im Rahmen des Share deal durch die Anteilsvereinigung in einer Hand bereits Grunderwerbsteuer angefallen ist wird der zweite Erwerbsvorgang steuerfrei gestellt, soweit der Käufer identisch ist. Eine Steuerpflicht ergibt sich in diesem Fall nur, wenn sich die Bemessungsgrundlage verändert hat. Vgl. auch Herzig, N., Unternehmenskauf, a.a.O., S. 137.

418 Vgl. § 1 Abs. 1 GrErwStG.

wirtschaftlichen Verwertungsmöglichkeiten übergeht.[419] Maßgebende Größe als Bemessungsgrundlage ist der Wert der Gegenleistung nach § 8 Abs. 1 GrErwStG.[420] Da das Grundstück im Rahmen des internen Asset deals zu einem Gesamtkaufpreis in Einheit mit anderen Vermögensgegenständen erworben wird, ergibt sich die entsprechende Gegenleistung aus dem Verhältnis des Grundstückswertes zum Wert der übrigen Wirtschaftsgüter.[421] Da von einer Fortführung des Betriebs durch die Newco auszugehen ist, wird als Bewertungsmaßstab der Teilwert zugrunde gelegt.[422] Dieser Gegenwert unterliegt einem Steuersatz von 2 v.H.[423]
Zu dieser einmaligen Verkehrsteuerbelastung kommt in den Folgeperioden ein Liquiditätsabfluß durch Substanzsteuerzahlungen auf den erhöhten Wert des Betriebsvermögens.[424]
Dieser unterliegt im Rahmen des Gesamtvermögens nach § 114 BewG der Vermögensteuer gemäß § 4 VStG. Bei der Erfassung des Einheitswertes des Betriebsvermögens kommt es darüber hinaus zu einer Belastung mit Gewerbekapitalsteuer.[425]
Die Kumulation dieser Einzelsteuerbelastungen in Verbindung mit der Tatsache, daß sich aus der Übernahme dieser Vermögensgegenstände keine nennenswerte Erhöhung der Abschreibungsbasis ergibt,[426] führt zu der Überlegung, diese aus dem internen Asset deal auszugrenzen.

---

419 Vgl. Wollny, P., a.a.O., S. 485.

420 Siehe auch die grundlegenden Ausführungen im Dritten Teil, Abschn. A.3.2.2. dieser Arbeit.

421 Die Berechnung erfolgt auf der Grundlage folgender Formel:

Gesamtpreis x Teilwert des Grundstückes geteilt durch Teilwert der sonstigen Gegenstände x Teilwert des Grundstückes.

422 Anders jedoch der Wortlaut des § 10 Abs. 2 GrErwStG.

423 Vgl. § 11 GrErwStG.

424 Eine echte Steuerersparnis kann diesbezüglich jedoch nicht erreicht werden, da bei Ausgliederung des Grundvermögens aus dem Asset deal weiterhin die Zielgesellschaft Steuerschuldner bleibt.

425 Vgl. § 12 GewKapStG.

426 Auf Grundstücke kann grundsätzlich keine Abschreibung geltend gemacht werden, Gebäude unterliegen laut Afa-Tabellen einer betriebsgewöhnlichen Nutzungsdauer von 25 Jahren, vgl. § 7 Abs. 4 Nr. 1 EStG.

4.5.2.2. Gestaltungsüberlegungen

Unter den oben genannten Umständen kann es sich somit als steuerlich vorteilhaft erweisen, daß die entsprechenden Vermögensgegenstände in der weiterbestehenden Zielgesellschaft verbleiben, und statt dessen der Newco gegen Entgelt zur Nutzung überlassen werden.[427] Die grundsätzlichen steuerlichen Wirkungen stellen sich wie folgt dar:

1. Der Gesamtkaufpreis für die betriebsnotwendigen Vermögensgegenstände im Rahmen des Asset deals kann verringert werden, wodurch sich auch die zukünftigen Belastungen der Newco durch den Kapitaldienst senken lassen.

2. Die Transaktionskosten bei der Durchführung des MBO werden durch die Einsparung der Grunderwerbsteuer gesenkt.

3. Die temporäre Liquiditätsbelastung aus der Umsatzsteuer auf den Übergang von Gebäuden und Grund und Boden wird vermieden.

4. Die Entgelte für die Nutzungsüberlassung[428] können bei der Newco als abzugsfähige Betriebsausgaben gewinnmindernd verrechnet werden.

5. Es ergibt sich eine Verschiebung der Liquidität zugunsten der Newco, da die ertragsunabhängigen Steuern auf das Betriebsvermögen weiterhin von der Objektgesellschaft gezahlt werden.

---

427 Zu denken ist hierbei an Miet- oder Pachtverträge sowie an die Möglichkeit des Sale-and-lease-back-Verfahrens, wobei allerdings regelmäßig eine Zurechnung der Vermögensgegenstände zum Leasinggeber erreicht werden müßte. Zur Zurechnung der Leasinggüter vgl. BMF-Schr. v. 21.3.1972, F/IV B 2 2170 - 1/72, betr. ertragsteuerliche Behandlung von Finanzierungs-Leasing-Verträgen über unbewegliche Wirtschaftsgüter, BStBl. 1972 I, S. 188.

428 So z.B. Miet- oder Pachtzinsen, bzw. Leasingraten.

4.5.3. Steuerliche Behandlung eines Firmenwertes[429]

Die Problematik der steuerlichen Behandlung eines Firmenwertes ergibt sich, wenn ein Gesamtkaufpreis für das übernommene Betriebsvermögen im Rahmen des Asset deals die Summe der Teilwerte der einzelnen Wirtschaftsgüter übersteigt.[430] Die Höhe des übertragenen und damit derivativen Geschäftswertes bei der Newco wird also durch den Kaufpreis konkretisiert.[431] In jedem Fall ist jedoch zur Übertragung des Geschäftswertes auf die Newco die Übernahme des gesamten Unternehmens der Zielgesellschaft oder zumindest eines Teilbetriebes notwendig.[432]

Die bilanzielle Bedeutung ergibt sich aus der Zulässigkeit einer steuerlich wirksamen Abschreibung des derivativen Firmenwertes. Durch die Streichung des Geschäfswertes aus dem Katalog der nichtabnutzbaren Wirtschaftsgüter des Anlagevermögens [433] und die Erweiterung des § 7 Abs. 1 EStG kann ein erworbener Firmenwert nunmehr über eine betriebsgewöhnliche Nutzungsdauer von 15 Jahren abgeschrieben werden.[434] Durch den Ansatz eines solchen entgeltlich erworbenen Geschäftswertes entsteht somit bei der Newco ein zusätzliches Aufwandspotential, durch das sich die Bemessungsgrundlage sowohl bei er

429 Die folgenden Ausführungen beziehen sich auf den originären Firmenwert der Zielgesellschaft.

430 Soweit ein originärer Firmenwert bei der Objektgesellschaft vorhanden ist, läßt sich seine Aufdeckung beim Asset deal nicht vermeiden, da durch das Gebot der Einzelrechtsnachfolge und die Realisierung eines Veräußerungstatbestandes der Teilwertansatz zwingend geboten ist.

431 Als Geschäftswert ist der Unterschiedsbetrag anzusetzen, um den die für die Übernahme des Unternehmens bewirkte Gegenleistung den Wert der einzelnen Vermögensgegenstände und Schulden im Zeitpunkt der Übernahme übersteigt, vgl. Wollny, P., a.a.O., S. 440.

432 Vgl. auch Widmann, S./Mayer, R., a.a.O., § 14 UmwStG, Rz. 5839.1.

433 Vgl. § 6 Abs. 1 Nr. 2 S. 1 EStG a.F.

434 Die Gesetzesänderung erfolgte im Zuge der Umsetzung des Bilanzrichtlinie-Gesetzes (BiRiLiG), vgl. Art. 10 Abs. 15, in: BT-Drucks. 10/4268, v. 8.11.1985, S. 146. Die entsprechende handelsrechtliche Regelung findet sich in § 255 Abs. 4 HGB.

Körperschaftsteuer als auch bei der Gewerbeertragsteuer vermindern läßt.[435]

Auch in diesem Punkt kann mithin festgestellt werden, daß der Step up im Zuge des internen Asset deals ein wesentlich höheres Niveau erreicht, als es im Rahmen der Verschmelzung möglich wäre, und somit das höchstmögliche Abschreibungpotential geschaffen wird.[436]

4.6. Eingliederung im Wege der Organschaft

4.6.1. Steuerliche Grundlegung

Als ein weiteres Institut zur Überführung der Rücklagen, sowie des Cash flows der Zielgesellschaft bietet sich die Begründung einer Organschaft zwischen Objektgesellschaft und Newco an.[437] Nach dem Wesen der Organschaft wird die rechtlich selbständige Zielgesellschaft[438] als wirtschaftlich unselbständige Untereinheit (Organgesellschaft) in das Unternehmen der Newco (Organträger) eingegliedert.[439] Das wirtschaftliche Ergebnis des Organkreises wird mithin einheitlich und nur einmal beim Organträger steuerlich erfaßt.[440] Sowohl im Bereich der Ertragsteuern als auch bei den Substanzsteuern[441] erkennt das Steuerrecht somit bis zu einem gewissen Grad die wirtschaftliche Einheit des Konzerns an. Eine Mehrfachbelastung betrieblicher Erträge und betrieblichen Vermögens

---

435 Vgl. hierzu auch Ditges, J./Broel-Remer, M., Die Gestaltung der Umwandlung gem. § 20 UmwStG im Hinblick auf die steuerlich wirksame Abschreibung des Firmenwertes nach neuem Bilanzrecht, in: DB 1986, S. 1531.

436 Es muß in diesem Zusammenhang jedoch immer wieder auf die negativen substanzsteuerlichen Folgen einer entsprechenden Erhöhung des Einheitswertes des Betriebsvermögens hingewiesen werden, vgl. auch Ditges, J./Broel-Remer, M., a.a.O., S. 1531.

437 Zu den steuerlichen Vorschriften vgl. §§ 14-19 KStG, § 2 Abs.2 S.2 GewStG, § 2 Abs.2 Nr.2 S.2 UStG. Zum Gedanken der Organschaft als MBO-Gestaltungsalternative vgl. auch: Hartmann, J., a.a.O., S. 32.

438 Vgl. gegebenenfalls die Ausführungen zur Abspaltung der Zielgesellschaft im Dritten Teil, Abschn. B.II.2.dieser Arbeit.

439 Vgl. hierzu auch Knobbe-Keuk, B., Steuerrecht, a.a.O., S. 563.

440 Siehe auch Brönner, H., a.a.O., S. 685.

441 Im Bereich der Substanzsteuern wird eine Doppelerfassung des betrieblichen Vermögens jedoch durch das Schachtelprivileg des § 102 BewG sowohl für die VSt als auch für die GewKapSt (hier auch § 12 Abs.3 Nr.2a GewStG) vermieden.

kann somit im Grundsatz vermieden werden. Voraussetzung für das Wirksamwerden der steuerlichen Effekte einer Organschaft ist jedoch die Erfüllung der Eingliederungskriterien.[442]

4.6.2. Zur Holdingproblematik der Newco

Das Problem der steuerlichen Anerkennung einer Organschaft zwischen der Newco als Organträger und der Zielgesellschaft als deren Organgesellschaft liegt eindeutig in der Gewährleistung der wirtschaftlichen Eingliederung begründet.[443] Die Schwierigkeit ist darin zu sehen, daß auch die Newco als Organträger eine eigenständige gewerbliche Tätigkeit ausüben muß.[444] Diese gewerbliche Tätigkeit übt aber die Erwerbsholding nicht schon Kraft ihrer Rechtform als Kapitalgesellschaft aus.[445] Die Rechtsprechung des BFH verlangt vielmehr eine eigene, aktive, nach außen hin in Erscheinung tretende, wirtschaftliche Tätigkeit, die im Rahmen des Organkreises nicht nur von untergeordneter Bedeutung ist.[446] Es muß sich vielmehr um eine selbständige gewerbliche Tätigkeit gemäß § 1 GewStDV handeln.[447] Hierzu reicht es nicht aus, wenn die Aufgabe des Organträgers lediglich in einer beherrschenden Leitung des

---

442 Die Organgesellschaft muß sowohl finanziell als auch wirtschaftlich und organisatorisch in das Unternehmen des Organträger eingegliedert sein. Für das Vorliegen der körperschaftsteuerlichen Organschaft sind darüber hinaus der Abschluß und die tatsächliche Durchführung eines Gewinnabführungsvertrages i.S.d. § 291 Abs.1 AktG notwendig. Vgl. Abschn. 49-51 und 55 der KStR.

443 Weniger problematisch ist die Erfüllung der beiden anderen erforderlichen Kriterien: Die finanzielle Eingliederung nach § 14 Nr. 1 KStG ist gegeben, soweit der Newco seit Beginn des Wirtschaftsjahres die Mehrheit der Stimmrechte aus den Anteilen an der Objektgesellschaft zusteht (vgl. auch Abschn. 49 KStR). Von einer organisatorischen Eingliederung nach § 14 Nr. 2 KStG ist auszugehen, soweit die Erwerbsholding jederzeit einen tatsächlichen Einfluß auf die Geschäftsführung der Zielgesellschaft nehmen, und diese keine grundlegenden organisatorischen Entscheidungen eigenständig fällen kann (vgl. Abschn. 51 KStR).

444 Vgl. Abschn. 50 KStR.

445 Vgl. § 2 Abs. 2 GewStG.

446 Vgl. BFH-Urt. v. 15.4.1970, I R 122/66, BStBl. 1970 II, S. 554, sowie zuletzt vom 13.9.1989, IR 110/88, BStBl. 1990 II, S. 24.

447 Vgl. BFH.Urt. v. 18.4.1973, I R 120/70, BStBl. 1973 II, S. 741. Das Vorliegen eines Gewerbebetriebes nach § 2 GewStG reicht für eine Anerkennung der wirtschaftlichen Eingliederung nicht aus. Vgl. so auch Knobbe-Keuk, B., Steuerrecht, a.a.O., S. 566.

Organträgers besteht.[448] Das bloße Halten einer mehrheitlichen Beteiligung an der Zielgesellschaft unter Wahrnehmung von Geschäftsführungsaufgaben (verwaltende Holding) begründet in der Person der Newco noch keine Organträgereigenschaften im Sinne der wirtschaftlichen Eingliederung.[449]
Zur Gewährleistung der steuerlichen Voraussetzungen für eine Organschaft, insbesondere in Hinblick auf die gewerbesteuerliche Doppelbelastung,[450] sind somit Vorkehrungen zu treffen, um der Newco eine aktive, nachhaltige Beteiligung am wirtschaftlichen Geschäftsverkehr zu sichern.[451]
Als einfachste Lösung bietet es sich dabei an, die Newco als Organträger Beteiligungen an mehreren Organgesellschaften halten zu lassen.[452] Nach ständiger Rechtsprechung des Bundesfinanzhofes gilt die Ausübung einer einheitlichen Leitung über mehrere abhängige Unternehmen als eigenständige unternehmerische Tätigkeit i.S.d. § 1 GewStDV.[453] Eine solche "geschäftsführende Holding", deren Tätigkeit in der nach außen hin sichtbaren Koordinierung der Geschäftsführung mehrerer rechtlich selbständiger Konzerntochtergesellschaften besteht, wird als Organträger i.S.d. § 14 Nr. 3 KStG anerkannt.[454]
Eine andere Möglichkeit besteht darin, der Newco im Vorfeld des Buy-Outs bereits einen aktiven Gschäftsbereich der Zielgesellschaft zu übertragen und ihre gewerbliche Tätigkeit auf diese Weise sicherzustellen.[455] Da dieser Vorgang im Wege des Asset deals zu gestalten ist, muß sichergestellt werden, daß der ausgewählte Geschäftsbereich die von

448 Vgl. BFH-Urt. v. 21.1.1976, I R 21/74, BStBl. 1976 II, S. 390.

449 Vgl. hierzu auch die neuste BFH-Rechtsprechung im Urt. v. 26.4.1989. I R 152/84, BStBl. 1989 II, S. 668.

450 Vgl. hierzu die Ausführungen zur "abführungsbedingten Teilwertabschreibung" im Abschn. B.4.6.3. dieses Kapitels.

451 So auch Holzapfel, H.-J./Pöllath, R., a.a.O., S. 160.

452 Zumindest jedoch an zwei Tochtergesellschaften.

453 Vgl. BFH-Urt. v. 17.12.1969, I 252/64, BStBl. 1970 II, S. 260. "Damit ist der Weg frei für die Feststellung, daß sich das herrschende Unternehmen im Konzern durch die abhängigen Konzernunternehmen, aber mit eigener Gewinnerzielungsabsicht am allgmeinen wirtschaftlichen Verkehr beteiligt." Ebenda, S. 260.

454 Vgl. Knobbe-Keuk, B., Steuerrecht, a.a.O., S. 569/570.

455 Vgl. auch Holzapfel, H.-J./Pöllath, R., a.a.O., S. 160.

beiden Vertragsparteien gewünschten Voraussetzungen erfüllt. Da die Gesellschafter der Zielgesellschaft im Grundsatz an einem Share deal interessiert sein werden,[456] sind insbesondere folgende Punkte zu beachten:

a) Der Kaufpreis für den aktiven Geschäftsbereich sollte so gering wie möglich im Verhältnis zum Gesamtkaufpreis sein.

b) Da die Möglichkeit der Buchwertfortführung sich beim Asset deal nicht realisieren läßt,[457] sollte das zu übertragende Anlagevermögen so ausgewählt werden, daß es nur in möglichst geringem Umfang zu einer Realisierung von stillen Reserven kommt.[458]

c) Des weiteren ist zu berücksichtigen, daß es bei diesem vorweggenommenen Sachkaufs nicht zu einer Gesamtrechtsnachfolge kommt. Die Wirtschaftgüter gelten als von der Newco als neu angeschafft, woraus sich entsprechende Wahlrechte des Bilanzansatzes und der Abschreibungsmethode ergeben; dies gilt auch für die Übertragung geringwertiger Wirtschaftgüter.

Erweist sich eine solche Vorwegübernahme eines Geschäftsbereiches durch die Newco als problematisch, besteht zuletzt die Möglichkeit, die Voraussetzungen der wirtschaftlichen Eingliederung durch eine besondere Art des Mantelkaufs zu gewährleisten.[459] Zu diesem Zweck wird die Newco nicht als Erwerbsholding neugegründet, sondern es wird eine noch existierende Gesellschaft erworben, die neben ihrem Firmenmantel noch über gewisse Restaktivitäten verfügt, die im Zuge des Buy-Outs

---

456 Vgl. die Ausführungen im Dritten Teil, Abschn. A.2.2. dieser Arbeit.

457 Vgl. Dritter Teil, Abschn. A.2.1. dieser Arbeit.

458 Es kann sich in diesem Zusammenhang anbieten, daß die Newco als Vertriebsgesellschaft für eine bestimmte Produktsparte der Zielgesellschaft auftritt. Vgl. so auch Hartmann, J., a.a.O., S. 32.

459 Zur steuerlichen Problematik des Mantelkaufs im Zusammenhang mit einem Buy-Out, vgl. Zweiter Teil, Abschn. A.I.5. dieser Arbeit.

zunächst neu belebt werden. Die Gewerblichkeit des Organträgers ist somit von Beginn der Transaktion an gewährleistet.[460]
Zuletzt ist bei allen genannten Gestaltungen sicherzustellen, daß auch das zeitliche Kriterium für die Begründung einer Organschaft gegeben ist.[461] Danach müssen sämtliche Eingliederungsmerkmale von Beginn des jeweiligen Wirtschaftsjahres an im Organkreis vorliegen.[462]

4.6.3. Die Teilwertabschreibung im Organkreis[463]

4.6.3.1. Grundsätzliche Zulässigkeit

Die grundsätzliche Zulässigkeit der Vornahme einer ausschüttungsbedingten Teilwertabschreibung im Rahmen der Organschaft ergibt sich aus Abschn. 60 Abs.1 KStR.[464] Trotzdem sind die Anforderungen an die steuerliche Anerkennung wesentlich restriktiver als bei einer "außerorganschaftlichen" Teilwertabschreibung.[465] Allein die Tatsache, daß die Organgesellschaft ständig mit Verlusten abschließt, rechtfertigt eine solche Maßnahme nicht.[466] Begründet wird diese Auffassung mit der Existenz des Ergebnisabführungsvertrages, durch den der Organträger

460 Bei der Wiederbelebung des Gesellschaftsmantels mit einem völlig neuen Geschäftsbereich besteht jedoch verstärkt die Gefahr der Untersagung des Verlustabzuges

461 Diese ergeben sich unmittelbar aus § 14 Nr. 1 S. 1 KStG

462 Zur Möglichkeit einer Umstellung des Wirtschaftsjahres auf jenen Zeitpunkt, an dem die geforderten Voraussetzungen gegeben sind, vgl. Brönner, H., a.a.O., S. 684.

463 Im Zusammmenhang mit Organschaftsverhältnissen wird auch von der sogenannten "abführungsbedingten Teilwertabschreibung" gesprochen, vgl. Pauka, D., Änderungen des Gewerbesteuerrechts durch das StRefG 1990, in: DB 1988, S. 2227. Vgl. grundsätzlich zu dieser Problematik auch Herzig, N., Unternehmenskauf, a.a.O., S. 135f.

464 Vgl. Piltz, D. J., a.a.O., S. 89. Ebenso besagt A. 227d Abs.4 S.3 EStR, daß die Gewinnminderung, die bei einem Organträger auf die Gewinnabführung einer Organgesellschaft zurückzuführen ist, einer ausschüttungsbedingten Gewinnminderung gleichkommt.

465 Vgl. hierzu Knobbe-Keuk, B., Steuerrecht, a.a.O., S. 581/582.

466 Vgl. Abschn. 60 Abs. 1 S. 2 KStR. Dies gilt insbesondere dann, wenn die Beteiligung mit ihrem Substanzwert, d.h. den historischen Anschaffungskosten bilanziert ist.

auch zur Verlustübernahme verpflichtet ist. Es sind dabei zwei Argumente, auf die sich die BFH-Rechtsprechung hauptsächlich stützt:[467]

1. Die Zurechnung des negativen Ergebnisses führt beim Organträger bereits zu einer Minderung des steuerpflichtigen Einkommens.

2. Durch die Verlustübernahme kommt es quasi zu einem Substanzerhaltungseffekt bei der Organgesellschaft.[468]

Die Ertraglosigkeit allein kann mithin eine Teilwertabschreibung im Organkreis nicht begründen.[469]
Liegt jedoch eine die Substanz der Beteiligung nachhaltig und dauerhaft mindernde Ausschüttung vor, so ist eine sich daraus ergebende Abschreibung auf den niedrigeren Teilwert auch im Organkreis steuerlich anzuerkennen.[470]
Trotzdem ergeben sich zwei Problembereiche im Zusammenhang mit der steuerlichen Behandlung einer abführungsbedingten Teilwertanschreibung.
Zum einen stellt sich die Frage, inwieweit die Ausschüttung von Rücklagen zum Gegenstand eines Gewinnabführungsvertrages gemacht werden kann. Zum anderen ist insbesondere im Falle des Management-Buy-Out's zu klären, wie es sich mit der Behandlung von vorvertraglichen - d.h. steuerfreien oder unversteuerten - Rücklagen verhält.

4.6.3.2. Umfang des Gewinnabführungsvertrages

Der Inhalt des Gewinnabführungsvertrages (GAV) richtet sich nach § 291 Abs. 1 AktG. Danach verpflichtet sich die Organgesellschaft ihren "ganzen Gewinn" an den Organträger abzuführen. Als Höchstbetrag für diese Gewinnabführung bestimmt § 301 AktG den ohne die Gewinnabführung entstehenden Jahresüberschuß abzüglich etwaiger Verlustvor-

---

467 Vgl. BFH-Urt. v. 17.9.1969, I 170/65, BStBl. 1970 II, S. 49.

468 Vgl. auch Rose, G., Die Berücksichtigung verlustbringender Ergebnisabführungsverträge in den Bilanzen des Organträgers, in: DB 1960, S. 1164, der in diesem Zusammenhang von einem "Erstarren" des Substanzwertes spricht.

469 Bestätigt durch das BFH-Urt. v. 12.10.1972, IV R 37/68, BStBl. 1973 II, S. 77.

470 So im Ergebnis auch Piltz, J.D., a.a.O., S. 91.

träge.[471] Rücklagen können nur dann zum Gegenstand eines Gewinnabführungsvertrages gemacht werden, wenn sie als andere Gewinnrücklagen während des bestehenden GAV's gebildet wurden. Handelt es sich bei dem Organträger nicht um eine Aktiengesellschaft, regelt sich der Inhalt des GAV nach § 17 KStG, der insoweit mit den Regelungen des Aktiengesetzes übereinstimmt. Demgemäß schließt § 17 Abs. 2 Nr. 4 KStG die Abführung von Erträgen aus der Auflösung freier vorvertraglicher Rücklagen aus.[472]

Da der Wortlaut des § 301 AktG auf freie offene Rücklagen begrenzt ist[473] und § 14 S. 2 Nr. 4 KStG keine weitergehende Bedeutung zukommt, werden stille Rücklagen mithin nicht vom Abführungsverbot erfaßt.[474]

Die Auflösung vorvertraglicher stiller Rücklagen erhöht vielmehr den laufenden Gewinn der Organgesellschaft und somit den Höchstbetrag des zur Gewinnabführung vorgesehenen Betrages, des sogenannten "ganzen Gewinns" i.S.d. § 291 Abs. 1 AktG.[475] Die Tatsache, daß es sich um unversteuerte Rücklagen handelt, ist dabei unerheblich.[476]

Offene freie Rücklagen,[477] und hierzu gehört auch ein Gewinnvortrag, fallen jedoch unter das Abführungsverbot des § 301 AktG, § 17 S. 2 Nr. 4 KStG. Es besteht daher lediglich die Möglichkeit, die offenen freien Rücklagen im Wege der ordentlichen Gewinnausschüttung an die Er-

---

471 Es ist hierbei darauf hinzuweisen, daß es sich dabei jedoch lediglich um den ursprünglichen, niedrigen Cash-flow CF (t) handelt, mit dem noch nicht erhöhten AfA-Potential der Zielgesellschaft.

472 Vgl. Hermann, C./Heuer, G./Raupach, A., a.a.O., § 17 KStG, Anm. 51. Da das GmbHG keine gesetzlichen Rücklagen kennt, fallen bei dieser Rechtsform mithin alle Rücklagen unter die Bestimmungen des § 17 S.2 Nr.4 KStG.

473 Sie sind im Begriff des Jahresüberschusses, der die Gewinnabführung nach oben begrenzt, nicht enthalten.

474 Vgl. Hermann, C./Heuer, G./Raupach, A., a.a.O., § 17 KStG, Anm. 51.

475 Vgl. Hermann, C./Heuer, G./Raupach, A., a.a.O., § 14 KStG, Anm. 31, sowie Knobbe-Keuk, B., Steuerrecht, a.a.O., S. 572.

476 Vgl. ebenda.

477 Hierzu zählen die Gewinnrücklagen gem. § 272 Abs. 3 HGB sowie die Kapitalrücklagen aus anderen Zuzahlungen i.S.d. § 272 Abs.2 Nr. Nr.4 HGB, Vgl. Dötsch, E./Eversberg, H./Jost, W./Witt, G. a.a.O., § 17 KStG, Tz.6.

werbsholding zu überführen.[478] Eine Ausnahme gilt lediglich bei Kapitalgesellschaften für den Fall, daß eine Eingliederung nach § 319ff AktG vorliegt.[479]

4.6.3.3. Behandlung nach dem Körperschaftsteuergesetz

Die Realisierung und anschließende Abführung vorvertraglicher stiller Rücklagen an den Organträger ist somit zulässig. Die damit verbundene Substanzminderung bei der Organgesellschaft führt beim Organträger regelmäßig zu einer Teilwertabschreibung auf den aktivierten und bilanzierten Beteiligungswert. Wie bereits dargestellt, neutralisiert der dadurch entstehende Aufwand den Ertrag aus der Ausschüttung der Rücklagen beim Organträger (Newco).
"Das dadurch entstehende steuerliche Null-Ergebnis verstößt gegen das Gerechtigkeitsempfinden der Finanzverwaltung."[480] Trotzdem ist die Zulässigkeit der ausschüttungsbedingten Teilwertabschreibung im Organkreis für den Bereich der Körperschaftsteuer bisher nicht infrage gestellt worden.

4.6.3.4. Auswirkungen des § 8 Nr. 10 GewStG

Im Zuge der Änderung des § 8 Nr. 10 GewStG ist in der Literatur die Frage aufgeworfen worden, inwieweit sich durch diese Gesetzesänderung Auswirkungen auch auf die gewerbesteuerliche Behandlung der sogenannten abführungsbedingten Teilwertabschreibung ergeben könnten.[481] Auf den ersten Blick erscheint dies schon deshalb unwahrscheinlich, weil der aus der Gewinnabführung zufließende Betrag beim Empfänger nicht gemäß § 9 Nr. 2a GewStG von der Gewerbesteuer befreit ist, dies aber nach der Vorschrift des § 8 Nr. 10 GewStG ausdrücklich gefordert

478 Vgl. Hermann, C./Heuer, G./Raupach, A., a.a.O., § 17 KStG, Anm. 51. Es besteht lediglich die Möglichkeit einer "Entsteuerung" der offenen Rücklagen, vgl. Dritter Teil, Abschn. B.4.6.4. dieser Arbeit.

479 Höchstbetrag der Gewinnabführung ist in diesem Fall nicht der Jahresüberschuß, sondern der Bilanzgewinn. Vgl. Knobbe-Keuk, B., a.a.O., S. 573.

480 Braun, L., Teilwertabschreibung bei Organschaftsverhältnissen, in: BB 1981, S. 1086.

481 Vgl. Pauka, D., a.a.O., in: DB 1988, S. 2227.

wird.[482] Nach Ansicht der Finanzverwaltung kann dieser Argumentation jedoch nicht gefolgt werden. Ausgehend von der in § 2 Abs. 2 S. 2 GewStG begründeten Filialtheorie, nach der die Organgesellschaft im Gewerbesteuerrecht als Betriebstätte des Organträgers anzusehen ist, vertritt die Finanzverwaltung die Auffassung einer vollständigen Erfassung des Gewerbeertrages im Organkreis. Auf der Grundlage dieser Auslegung geht die Finanzverwaltung schließlich soweit festzustellen, daß die gewerbesteuerliche abführungsbedingte Teilwertabschreibung im Organkreis seit jeher verboten gewesen sei.[483]
In Hinblick auf die ständige Rechtsprechung des BFH[484] zur gewerbesteuerlichen Organschaft erscheint diese Argumentation mit der sich daraus ergebenden Schlußfolgerung einer Ungleichbehandlung ausschüttungsbedingter und abführungsbedingter Teilwertabschreibung im Gewerbesteuerrecht jedoch zumindest angreifbar.[485]
Sowohl von Seiten der Rechtsprechung, als auch in der Literatur besteht weitgehend Einigkeit darüber, daß die Filialtheorie des § 2 Abs.2 S. 2 GewStG dem Wesen der Organschaft nicht gerecht wird.[486]
Die Organgesellschaften behalten deshalb ungeachtet der Betriebstättenfiktion nach ständiger BFH-Rechtsprechung ihre Selbständigkeit.[487] Entsprechend wird der Gewerbeertrag der einzelnen Mitglieder des Organkreises auf der Grundlage ihrer eigenen Bilanzen ermittelt. "Der Gewerbeertrag ist so zu ermitteln, als wäre diese Gesellschaft selbständiger Steuergegenstand."[488] Erst in einem weiteren Schritt erfolgt die Zusammenrechnung der einzelnen Gewerbeerträge beim Organträger, so daß allein dieser Steuerschuldner ist.[489] Dabei entstehende unge-

482 So auch Goutier, K., a.a.O., S. 244.

483 Vgl. zur Begründung Pauka, D., a.a.O., S. 2227, sowie zuletzt auch Erlaß des FinMin NRW v. 14.3.1989 - G 1422 - 59 - VB4, in: DB 1989, S. 656.

484 Vgl. BFH-Urt. v. 26.1.1972, I R 171/68, BStBl. 1972 II, S. 358, sowie v. 6.11.1985, I R 56/82, BStBl. 1986 II, S. 73.

485 Zur nachfolgenden Argumentation vgl. insbesondere Goutier, K., a.a.O., S. 244ff.

486 So Goutier, K., a.a.O., S. 245.

487 Vgl. BFH-Urt. v. 6.11.1985, a.a.O., BStBl. 1986 II, S. 75 mit weiteren Urteilen.

488 Ebenda, S. 75.

489 So auch Goutier, K., a.a.O., S. 245.

rechtfertigte steuerliche Doppelerfassungen sind ebenso auszuschalten wie etwaige Nichterfassungen.[490]

Der Sinn der Betriebstättenfiktion des § 2 Abs. 2 S. 2 GewStG dient vielmehr in erster Linie dem Schutz der beteiligten Gemeinden. Es soll verhindert werden, daß verbundene Unternehmen ihre Gewinne willkürlich und zu Lasten einzelner Gemeinden verlagern.[491]

Aus dem Regelungsgehalt des § 2 Abs. 2 S. 2 GewStG kann somit ein Hinzurechnungsgebot für Gewinnminderungen aus abführungsbedingten Teilwertabschreibungen nicht abgeleitet werden. Dies gilt insbesondere auch deshalb, weil es dadurch nicht zu einer ungerechtfertigten Doppelentlastung von Gewerbeerträgen im Organkreis kommt.[492] Geht man von der konkreten Konstellation des internen Asset deals im Rahmen eines MBO aus, so wird durch die Inanspruchnahme der Teilwertabschreibung auf den niedrigeren Wertansatz lediglich eine gewerbesteuerliche Doppelbelastung des Vorganges vermieden. Da auch innerhalb des Organkreises die Veräußerung des ganzen Geschäftsbetriebes der Gewerbesteuer unterliegt, kommt es mithin zu einer mehrmaligen steuerlichen Erfassung des Vorganges, sowohl bei der Zielgesellschaft als auch über die Besteuerung der Ausschüttung bei der Newco.[493]

Auch wenn jedoch die durch den Erlaß des Finanzministeriums Nordrhein-Westfalens gefestigte Auffassung der Finanzverwaltung bezüglich eines Hinzurechnungsgebotes bei der abführungsbedingten Teilwertabschreibung zumindest angreifbar erscheint, kann letzte Rechtssicherheit in dieser Frage zur Zeit nicht gewährleistet werden.[494]

4.6.4. Die Entsteuerung vorvertraglicher Rücklagen

Wie bereits dargestellt, umfaßt der für körperschaftsteuerliche Zwecke abgeschlossene Gewinnabführungsvertrag nicht die Übertragung vor-

---

490 Vgl. BFH-Urt. v. 6.11.1985, a.a.O., BStBl. 1986 II, S. 75.

491 Vgl. bereits BFH-Urt. v. 6.10.1953, I 29/53 U, BStBl. 1953 III, S. 329. Siehe auch Pöllath, R./Wenzel, B., Gewerbesteuerliche Teilwertabschreibungen bei Organschaftsverhältnissen?, in: DB 1989, S. 797, die den Zweck der Vorschrift in einer "territorialen Abgrenzung", jedoch nicht in Bezug auf die "Höhe des Gewerbeertrages eines inländischen Organkreises" verstehen.

492 Vgl. auch Pöllath, R./Wenzel, B., a.a.O., S. 798.

493 Vgl. Goutier, K., a.a.O., S. 244.

494 So im Ergebnis auch Holzapfel, H.-J./Pöllath, R., a.a.O., S. 165.

vertraglicher, d.h. vor Wirksamwerden der Organschaft entstandener Rücklagen der Zielgesellschaft. Soweit diese aber für Tilgungszwecke auf die Newco überführt werden sollen, muß dies somit auf dem Wege der ordentlichen Gewinnausschüttung nach § 27 KStG geschehen. Hierbei ergibt sich, insbesondere durch die Kapitalertragsteuer, ein nicht unerheblicher Liquiditätsnachteil auf der Ebene der Erwerbsholding.[495]

Dieser Nachteil kann auf dem Wege einer sogenannten Entsteuerung der vorvertraglichen Rücklagen der Objektgesellschaft umgangen werden. Voraussetzung für dieses Verfahren ist, daß die betreffenden Rücklagen zuzüglich des in ihnen enthaltenen Körperschaftsteueranrechnungsguthabens ausdrücklich im Zuge des Share deal miterworben wurden. Der Kaufpreis gliedert sich mithin in einen Betrag für die Rücklagen zuzüglich Steuergutschrift und einen Kaufpreis für die Beteiligung. Die erworbene Beteiligung wird in der Bilanz der Newco zum Gesamtkaufpreis aktiviert. Anschließend schüttet die Objektgesellschaft ihre vorvertraglichen Rücklagen an die Erwerbsholding aus. Diese Ausschüttung setzt sich zusammen aus:

Ausschüttung aus EK 50 [496]	50/100
Minderung der KSt-Belastung	14/100
KSt-Anrechnungsguthaben	36/100

Die Newco verbucht entsprechende Betriebseinnahmen von 100, d.h. in Höhe der gesamten empfangenen Ausschüttung, die bei ihr dem Regelsteuersatz der Körperschaftsteuer von 50% unterliegen. Da sich der Wert der Beteiligung an der Zielgesellschaft durch Ausschüttung der miterworbenen vorvertraglichen Rücklagen jedoch nachhaltig und dauerhaft gemindert hat, kann diese Steuerbelastung wiederum durch die

495 Dies gilt vor allem für nach dem 1.1.1977 gebildete voll versteuerte Rücklagen des EK 56 bzw. nunmehr EK 50.

496 Bei EK 56 ergeben sich entsprechend 44/100 Ausschüttung und 20/100 KSt-Minderung.

Vornahme einer ausschüttungsbedingten Teilwertabschreibung neutralisiert werden.[497]
Auch für den Bereich der Gewerbesteuer ist die Ausschüttung der vorvertraglichen Rücklagen steuerpflichtig.
Soweit jedoch die Voraussetzungen des gewerbesteuerlichen Schachtelprivilegs nach § 9 Nr. 2a GewStG vorliegen, erfolgt eine entsprechende Kürzung bei der Ermittlung des Gewerbeertrages auf der Ebene der Newco.

5. Die Newco als Personengesellschaft

5.1. Auswirkungen auf die Eigenkapitalgliederung[498]

5.1.1. Negativer Ek-Bestand der Zielgesellschaft

Wie bereits nachgewiesen wurde, ist eines der elementaren Instrumente zur steuerlich vorteilhaften Gestaltung eines Management-Buy-Outs die ausschüttungsbedingte Teilwertabschreibung.[499] Wie die entsprechenden Modellrechnungen jedoch gezeigt haben,[500] setzt diese die Existenz von stillen Reserven oder Gewinnvorträgen voraus, so daß die Eigenkapitalgliederung der Zielgesellschaft insgesamt positive Teilbeträge, insbesondere beim ungemildert mit Körperschaftsteuer belasteten EK 50, ausweist.[501] Hat die Objektgesellschaft dagegen in der Vergangenheit nachhaltige Gewerbeverluste erwirtschaftet und weist die Eigenkapitalgliederung dementsprechend negative Teilbeträge aus, kommt die Funktions-

---

497 Neben der steuerlichen Neutralisierung der zweifachen Belastung des internen Asset deals im Zuge des Buy-Outs können also auch die aus der Zeit vor der Übernahme stammenden Rücklagen mit diesem Instrument erfolgsneutral auf die Newco übertragen werden.

498 Die folgenden Ausführungen gehen aufgrund der durch das StRefG 1990 geschaffenen Rechtslage von einer körperschaftsteuerlichen Tarifbelastung von 50% aus. Vgl. dazu und zur Umgliederung der alten Eigenkapitalbestände Wistock, W./Klein, H.-D., Körperschaftsteuerliche Tarifabsenkung und Ausschüttungspolitik nach dem StRefG 1990, in: DStR 1989, S. 155ff.

499 Vgl. Dritter Teil, Abschn. B.4.3.2. dieser Arbeit.

500 Vgl. insbesondere Abb. 7 und Abb. 8.

501 Vgl. hierzu auch die Sachverhaltsgestaltungen bei Herzig, N./Hötzel, O., a.a.O., S. 2265.

weise der ausschüttungsbedingten Teilwertabschreibung steuerlich nicht zur Geltung.[502]
Die Funktionsweise der ausschüttungsbedingten Teilwertabschreibung beruht auf der Annahme, daß der Zielgesellschaft durch die Veräußerung ihres Betriebsvermöges ein laufender steuerpflichtiger Gewinn zufließt, der entsprechend seiner Tarifbelastung in das Eigenkapital eingestellt wird und so in vollem Umfang zu einer Erhöhung des Bestandes an EK 50 führt.[503] Das zur Ausschüttung verwendbare Eigenkapital[504] der Objektgesellschaft wird somit erhöht. Dies bedeutet im Umkehrschluß für die Anwendbarkeit der ausschüttungsbedingten Teilwertabschreibung, daß die Zielgesellschaft die realisierten stillen Reserven nur insoweit in vollem Umfang an die Newco ausschütten kann, wie ihr auch verwendbares EK 50 zur Verfügung steht. Nur über eine Ausschüttung aus dem belasteten Eigenkapital und der damit verbundenen Körperschaftsteuerminderung[505] kann der volle Betrag der realisierten stillen Reserven an die Erwerbsholding weitergeleitet werden.
Verfügt jedoch die Zielgesellschaft aufgrund nachhaltiger Gewerbeverluste aus früheren Perioden oder hoher nichtabziehbarer Ausgaben über einen negativen Teilbetrag beim EK 50, so führt die Gewinnrealisierung aus der Überführung des Betriebsvermögens nicht zu einer "Erhöhung" des verwendbaren Eigenkapitals, sondern allenfalls zu einem Ausgleich des negativen EK 50. Entsprechend steht auch kein Körperschaftsteueranrechnungsguthaben zur Verfügung, mithin auch nicht ausreichend

502 Vgl. Haarmann, W., Gestaltungsmöglichkeiten, a.a.O., S. 162. In diesem Zusammenhang ist darauf hinzuweisen, daß Herzig und Haarmann von zwei unterschiedlichen Sachverhalten ausgehen. In Herzigs Modell werden bereits vorhandene, im Zeitablauf entstandene Rücklagen ausgeschüttet, während in der Rechnung nach Haarmann der aus der Veräußerung des Betriebsvermögens entstandene Veräußerungsgewinn der Zielgesellschaft an die Newco weitergeleitet wird.

503 Der Bestand an EK 50 erhöht sich bei der Realisierung eines Veräußerungsgewinns unter der Prämisse der vorläufigen Thesaurierung um 50/100 zuzüglich eines Körperschaftsteuerguthabens von 14/50.

504 Vgl. § 28 i.V.m. § 29 KStG.

505 Körperschaftsteueranrechnungsguthaben gemäß § 27 KStG.

Liquidität, um den gesamten Veräußerungsgewinn an die Erwerbsholding ausschütten zu können.[506]
Unter Berücksichtigung der Tatsache, daß das Instrument der ausschüttungsbedingten Teilwertabschreibung nicht genutzt werden kann und die Zielgesellschaft über negative Teilbeträge beim Ek 50 verfügt, kann aus steuerlichen Vorteilhaftigkeitsüberlegungen erwogen werden, die Newco in der Rechtsform einer Personengesellschaft zu gründen. Die Überführung des Betriebsvermögens der Zielgesellschaft würde in diesem Falle nicht durch Veräußerung, sondern auf dem Wege der rechtsformwechselnden Umwandlung vollzogen.

5.1.2. Umwandlung auf eine Personengesellschaft

5.1.2.1. Grundsätzliche Regelung im UmwStG 1977

Die Umwandlung einer Körperschaft auf eine unbeschränkt steuerpflichtige Personengesellschaft wird im II. Teil des UmwStG 1977 geregelt.[507] Dabei sind nach der Grundkonzeption der §§ 3-13 UmwStG die im Betriebsvermögen der Kapitalgesellschaft vorhandenen stillen Rücklagen zwingend aufzulösen.[508] Bei der Zielgesellschaft kommt es somit im Rahmen der Umwandlung zu einem erfolgswirksamen Vorgang. Aus Vereinfachungsgründen[509] ist dieser Übertragungsgewinn jedoch von der Körperschaftsteuer freigestellt.
Zwischen der Übertragungsbilanz der Zielgesellschaft und der Übernahmebilanz der Newco besteht die Pflicht zur Buchwertverknüpfung.[510]
Das Betriebsvermögen wird mithin zum steuerlichen Teilwert übernommen. Da bei der Newco an die Stelle des Buchwertes der Beteili-

---

506 Bei einem ausreichenden Bestand an EK 50 reicht eine "liquiditätswirksame Auszahlung" von 50/100, um über das KSt-Anrechnungsguthaben von 14/50 und die Kapitalertragsteuererstattung bei der Newco letztentlich einen Zufluß von 100 zu bewirken.

507 Vermögensübergang auf eine Personengesellschaft oder auf eine natürliche Person.

508 Nach § 3 UmwStG sind die einzelnen Wirtschaftsgüter in der maßgebenden Schlußbilanz der übertragenden Kapitalgesellschaft mit dem Teilwert anzusetzen.

509 Die auf den Übertragungsgewinn festgesetzte Körperschaftsteuer würde andernfalls gem. § 12 UmwStG auf die Einkommensteuerschuld der Gesellschafter angerechnet werden, vgl. auch Glade, A./Steinfeld, G., a.a.O., § 4 UmwStG, S. 250, Tz. 435.

510 Vgl. § 5 Abs. 1 UmwStG

gung an der Objektgesellschaft das zum Teilwert übernommene Betriebsvermögen tritt, entsteht bei der Erwerbsholding in Höhe des Differenzbetrages ein Übernahmegewinn,[511] der im Rahmen der einheitlichen gesonderten Gewinnfeststellung bei der Newco in vollem Umfang der Besteuerung unterliegt. Diese Steuerschuld kann insoweit erheblich gemindert werden, als die Zielgesellschaft über einen hohen Teilbetrag an verwendbarem EK 50 verfügt, da das darin enthaltene Körperschaftsteueranrechnungsguthaben gemäß § 12 UmwStG auf die Einkommen- bzw. Körperschaftsteuer der Gesellschafter der Newco angerechnet werden kann.

Den steuerlichen Verrechnungsmöglichkeiten eines Übernahmeverlustes sind durch die Regelungen des UmwStG enge Grenzen gesetzt worden. Die negative Differenz zwischen dem höheren Wert der Anteile und dem niedrigeren Buchwert des übernommenen Betriebsvermögens[512] kann nicht mit anderen Einkünften verrechnet werden.[513] Gemindert werden kann ein Übernahmeverlust lediglich gemäß § 12 UmwStG in Höhe des Körperschaftsteueranrechnungsguthabens der Zielgesellschaft. Nur soweit der entstandene Verlust die anzurechnende Körperschaftsteuer des Teilbetrages des EK 50 übersteigt, geht er besteuerungsunwirksam unter.[514] Aufgrund dieser restriktiven Verlustverrechnungsmöglichkeiten sollte in jedem Fall geprüft werden, ob nicht im Vorfeld einer geplanten Umwandlung die Möglichkeit zur Teilwertabschreibung auf die Beteiligung besteht und ein Übernahmeverlust somit von vornherein vermieden werden kann.[515]

Für die Beurteilung der steuerlichen Konsequenzen auf der Ebene der Gesellschafter der Newco ist zunächst der Übernahmegewinn der Er-

---

511 Vgl. § 5 Abs. 4 S. 1 UmwStG. Dieser setzt sich zusammen aus der positiven Differenz zwischen dem Buchwert der Anteile an der Zielgesellschaft und der Summe der Teilwerte des übernommenen Betriebsvermögens, erhöht um ein bei der Zielgesellschaft vorhandenes Körperschaftsteueranrechnungsguthaben beim Teilbetrag des EK 50.

512 Vgl. § 5 Abs. 5 UmwStG.

513 Vgl. § 5 Abs. 4 UmwStG, siehe auch Ketterl, H., a.a.O., S. 170.

514 Vgl. Glade, A./Steinfeld, G., a.a.O., § 5 UmwStG, S. 275, Tz. 499. Im übrigen wird auch die Übertragung eines bei der Zielgesellschaft vorhandenen Verlustvortrages auf die Newco steuerlich nicht anerkannt, vgl. BFH-Urt. v. 8.4.1964, VI 205/61 S, BStBl. 1964 III, S. 306.

515 Vgl. hierzu Glade, A./Steinfeld, G., a.a.O., § 5 UmwStG, S. 276, Tz. 503.

werbsholding einheitlich und gesondert festzustellen.[516] Da es sich bei der Übernahme im Zuge des Buy-Outs um eine verschmelzende[517] Umwandlung handelt, kann das Übernahmeergebnis anschließend entsprechend dem geltenden Gewinnverteilungsschlüssel den einzelnen Gesellschaftern - dem Buy-Out-Team - zugerechnet werden.[518] Danach erfolgt eine gesonderte Zurechnung des Körperschaftsteuer-anrechnungsguthabens der Objektgesellschaft.[519] Die anteilige Steuer der Gesellschafter der Newco auf den Übernahmegewinn ist um dieses Anrechnungsguthaben zu kürzen.[520]
Für eine Beurteilung der "personalistischen" Newco im Rahmen eines MBO sind somit folgende steuerlichen Kriterien entscheidungsrelevant:

a) Die grundsätzliche Behandlung des Umwandlungsvorganges ist derjenigen bei der Verschmelzung vergleichbar. Im Gegensatz zur Übertragung auf eine andere Körperschaft wird jedoch der Step up durch den Zwang zum Teilwertansatz automatisch vollzogen.[521]

b) Die steuerlichen Verrechnungsmöglichkeiten eines Übernahmeverlustes sind ebenso eingeschränkt wie die Nutzung eines Verschmelzungsverlustes.

c) Negativ ist der Ausschluß eines Wahlrechts zur Buchwertfortführung im Rahmen des § 3 UmwStG anzumerken, wodurch eine steuerliche Realisierung der stillen Reserven zwingend wird.

Entscheidendes Kriterium bei der Untersuchung der Fortschreibung des verwendbaren Eigenkapitals ist jedoch die unterschiedliche steuerliche Behandlung des Übertragungsergebnisses aus § 3 UmwStG. Dieses ist

---

516 Vgl. § 5 UmwStG.

517 Im Gegensatz zur errichtenden Umwandlung auf eine neu zu gründende Gesellschaft.

518 Vgl. Ketterl, H., a.a.O., S. 168.

519 Das Anrechnungsguthaben als solches ist nicht Teil des Übernahmeergebnisses, vgl. BMF-Schr. v. 12.4.1978, IV B 7-S 1978-18/78, BStBl. 1978 I, S. 187.

520 Vgl. § 12 UmwStG.

521 Zur diesbezüglichen handelsrechtlichen Problematik bei der Verschmelzung vgl. Dritter Teil, Abschn. B.3.1. dieser Arbeit.

bei der Zielgesellschaft durch § 4 UmwStG von der Körperschaftsteuer freigestellt. Die steuerliche Behandlung weicht damit insoweit von der Übertragung auf eine andere Körperschaft ab, als im Zuge der Verschmelzung ein Übertragungsgewinn den Teilbeträgen des verwendbaren Eigenkapitals der Zielgesellschaft hinzugerechnet wird.[522] Es kommt somit bei der Zielgesellschaft trotz der Realisierung der stillen Reserven nicht zu einem weiteren Zugang an EK 50 im Umwandlungszeitpunkt, da der Übertragungsgewinn bei der Objektgesellschaft regelmäßig in das EK 02 einzustellen ist.[523] Soweit bei der Zielgesellschaft zuvor durch anhaltende Gewerbeverluste und nichtabziehbare Ausgaben ein Negativbestand an EK 50 vorhanden war, wird dieser im Rahmen der Umwandlung nicht mehr ausgeglichen.[524]

5.1.2.2. Fortschreibung des vEK

Maßgebend für die Gliederungsrechnung des Eigenkapitals nach § 30 KStG ist der Bestand an verwendbarem Eigenkapital bei der Zielgesellschaft zum Ende des Wirtschaftsjahres bzw. zum Übertragungszeitpunkt.[525] Für die Übertragung im Wege der Gesamtrechtsnachfolge wird jedoch im Gegensatz zur Liquidation keine Ausschüttungsfiktion angenommen.[526] Es wird also nicht wie bei der Auflösung und Abwicklung der Unternehmung eine Ausschüttung des Vermögens an die Gesellschafter unterstellt.[527] Entsprechend kommt es bei der Überführung des Vermögens auch nicht zu einer Erhöhung oder Minderung der auf dem verwendbaren Eigenkapital der Zielgesellschaft lastenden Körper-

---

522 Es kommt zu einer Erhöhung des verwendbaren Eigenkapitals nach § 30 Abs. 1 S. 1 KStG mit anschließender Zusammenrechnung der einzelnen Teilbeträge nach § 38 KStG.

523 Vgl. Ketterl, H., a.a.O., S. 156.

524 Vgl. Herzig, N., Verluste im körperschaftsteuerlichen Anrechnungsverfahren, in: StbJb 1982/83, S. 174, im folgenden zitiert als: Herzig, N., Verluste.

525 Vgl. § 47 KStG i.V.m. § 14 UmwStG.

526 Vgl. §§ 11 i.V.m. 41 Abs. 4 KStG.

527 Nach dem Willen des Gesetzgebers soll eine Entlastung von der Körperschaftsteuer immer nur dann erfolgen, "wenn der Gewinn einer Kapitalgesellschaft aus dem Bereich der Körperschaftsteuer in den Bereich der Einkommensteuer gelangt...", Sarrazin, V., Das Umwandlungsteuergesetz 1977, in: FR 1977, S. 366, im folgenden zitiert als: Sarrazin, V., UmwStG.

schaftsteuer gemäß § 27 KStG.[528] Die Vorschrift des § 12 UmwStG verzichtet ausdrücklich auf die "generelle Herstellung einer Ausschüttungsbelastung von 36%."[529]
Die Weiterleitung des Körperschaftsteuerguthabens der übertragenden Zielgesellschaft auf die "personalistische" Newco regelt § 12 UmwStG. Maßgebend ist dabei die Gliederung des verwendbaren Eigenkapitals nach § 30 KStG,[530] die zum steuerlichen Übertragungsstichtag festzustellen ist.[531] Die Verteilung der Teilbeträge des Eigenkapitals und der anzurechnenden Körperschaftsteuer auf die Anteilseigner der Objektgesellschaft richtet sich nach den Verhältnissen zum Zeitpunkt der Eintragung des Umwandlungsbeschlusses in das Handelsregister.[532]
Interessant an der vorgenannten Fallkonstruktion ist die Behandlung negativer Teilbeträge aus dem EK 50 der Zielgesellschaft, da solche negativen Teilbeträge im Zuge der Umwandlung nicht mit einem positiven verwendbaren Eigenkapital bei der Erwerbsholding verrechnet werden.[533] Eine derartige Verrechnung der Teilbeträge des vEK erfolgt nur im Rahmen der Vorschrift des § 41 Abs. 4 KStG für den Fall der Liquidation, nicht jedoch bei der Umwandlung gemäß § 3ff UmwStG.
Durch dieses Verrechnungsverbot wird zum einen eine Minderung des gegenwärtigen Körperschaftsteueranrechnungsguthabens bei der Zielgesellschaft vermieden, die sich ergäbe, wenn z.B. negative Teilbeträge i.S.d. § 30 Abs. 2 KStG (EK 0) mit positiven Bestand an EK 50[534] ausgeglichen würden.[535] Zum anderen können die negativen Folgen der

---

528 Vgl. auch Widmann, S./Mayer, R., a.a.O., § 4 UmwStG, Rz. 4894.

529 D.h. sowohl auf die Ermäßigung des bisher ungemildert mit Körperschaftsteuer belasteten EK 50, als auch auf die erstmalige Herstellung der Ausschüttungsbelastung für noch nicht von der Körperschaftsteuer erfaßtes EK 0 gem. § 30 Abs. 1 S. 3 Nr. 3 KStG. Glade, A./Steinfeld, G., a.a.O., § 12 UmwStG, S. 361, Tz. 719.

530 Vgl. Widmann, S./Mayer, R., a.a.O., § 12 UmwStG, Rz. 5702.

531 Vgl. § 47 KStG.

532 Vgl. Widmann, S./Mayer, R., a.a.O., § UmwStG, Rz. 5709.

533 Vgl. hierzu Herzig, N., Verluste, a.a.O., S. 174, Widmann, S./Mayer, R. a.a.O., § 12 UmwStG, Rz. 5709.1, sowie ebenfalls Förster, G., Ausländische Anteilseigner bei der Umwandlung von Kapital- in Personengesellschaften, in: RIW 1986, S. 800.

534 Vgl. § 30 Abs. 1 S. 1 Nr. KStG

535 Vgl. Widmann, S./Mayer, R., a.a.O., § 12 UmwStG, Tz. 5709.1.

Übertragung von nichtabziehbaren Ausgaben vermieden werden.[536] Eine solche Nachversteuerung dieser sonstigen nichtabziehbaren Ausgaben bzw. des negativen EK 50 kann somit umgangen werden.[537]
Im Gegensatz zur Verschmelzung sind bei der Übertragung negativer Teilbeträge des verwendbaren Eigenkapitals auf eine Personengesellschaft mithin keine nachteiligen Auswirkungen zu befürchten. Die Teilbeträge gehen sozusagen im Rahmen der Umwandlung besteuerungsunwirksam unter. Bei vergleichbarer Sachverhaltsgestaltung kann somit im Vergleich zum Verschmelzungsmodell eine endgültige Steuerersparnis erreicht werden.[538] Die Liquidität der Newco wird im Ergebnis wesentlich weniger durch das vorhandene negative verwendbare Eigenkapital belastet.

6. Konsequenzen für das Management-Buy-Out

Da sich die Durchführung des Management-Buy-Outs als Asset deal im Hinblick auf die Interessenlage der Veräußerer kaum realisieren läßt[539] und ein Share deal nicht die für die Eingliederung der Zielgesellschaft erforderlichen Voraussetzungen schafft, bieten sich als Gestaltungsalternativen die Verschmelzung der Zielgesellschaft mit der Newco sowie der interne Asset deal an.
Seit die Verschmelzung auch unter Beteiligung zweier Gesellschaften mit beschränkter Haftung nunmehr auf der gesetzlichen Grundlage der §§ 14-16 UmwStG als einheitlicher Vorgang betrachtet wird, erscheint sie von der Strukturierung des Vorganges her als vergleichsweise unproblematische Alternative. In Hinblick auf den zweistufigen Asset deal stehen dem jedoch in Verbindung mit einem Management-Buy-Out bedeutende Nachteile gegenüber.
Aufgrund der besonderen Beteiligungsverhältnisse im Rahmen des Buy-Outs ergibt sich im Zuge der Verschmelzung regelmäßig ein Verschmel-

536 Es ergäbe sich eine Minderung des Teilbetrages des EK 50 und damit eine Verringerung des Ausschüttungspotentials der Newco.

537 Vgl. Herzig, N., Verluste, a.a.O., S. 174, der hierin ein durchaus interessantes Gestaltungsinstrument im Rahmen der Umwandlung sieht.

538 Keine Nachversteuerung der nichtabziehbaren Ausgaben, keine Herstellung der Ausschüttungsbelastung nach § 27 KStG.

539 Vgl. Dritter Teil, Abschn. A.1. dieser Arbeit.

zungsverlust. Dieser kann lediglich mit einem bei der Zielgesellschaft vorhandenen Körperschaftsteueranrechnungsguthaben verrechnet werden. Ein darüber hinausgehender Verlust geht jedoch besteuerungsunwirksam unter.[540]

Ein anderer Nachteil der Verschmelzung ergibt sich aus der Maßgeblichkeit der Schlußbilanz der Objektgesellschaft. In dieser kann zwar nach § 14 Abs. 1, i.V.m. § 3 UmwStG das Betriebsvermögen zum steuerlichen Teilwert angesetzt werden, ein bei der Zielgesellschaft entstandener originärer Firmenwert bleibt jedoch bilanziell unberücksichtigt. Erfolgt dagegen eine Überführung der Wirtschaftsgüter durch Einzelrechtsnachfolge, ist der die Summe der Teilwerte übersteigende Teil des Gesamtkaufpreises als derivativer Firmenwert gesondert in der Bilanz der Newco auszuweisen. Der Step up führt mithin im Rahmen des internen Asset deals zu einem höheren Niveau und schafft damit ein vergleichsweise höheres Aufwandverrechnungspotential. Aus der größeren Flexibilität des nachgeschalteten Sachkaufs durch Einzelrechtsnachfolge ergeben sich zudem Gestaltungsmöglichkeiten bezüglich des zu übernehmenden Betriebsvermögens.[541]

Die Vorteilhaftigkeit des internen Asset deals ist jedoch zu relativieren. Dies gilt insbesondere für den Fall, daß die Zielgesellschaft über einen ausreichend hohen, nachhaltigen Cash-flow verfügt, der auch ohne Aufstockung des Abschreibungspotentials zur Bedienung des Fremdkapitals ausreicht. Bei einer solchen Ausgangskonstellation ist zu überlegen, ob die zur Tilgung erforderlichen Mittel nicht im Wege der ordentlichen Gewinnausschüttung und über Nutzung des körperschaftsteuerlichen Anrechnungsverfahrens steuerneutral auf die Newco überführt werden.[542] Zum einen kann so eine künstliche Erhöhung des Kaufpreises im Rahmen des Asset deals vermieden werden; zum anderen ergeben sich

540 Vgl. Dritter Teil, Abschn. B.3.4. dieser Arbeit.

541 Dies bezieht sich sowohl auf die Auswahl als auch auf die bilanzielle Behandlung der einzelnen Wirtschaftsgüter.

542 So geschehen beim Buy-Out der Willy Vogel AG in Berlin. Bei dieser Transaktion war die Tilgungsfähigkeit der Zielgesellschaft auch ohne Step up ausreichend hoch. Vgl. Workshop II beim 3. Management-Buy-Out-Kongress am 1./2. März 1990 in Neuss.

keine negativen Folgen im Bereich der Substanzsteuern aus der Erhöhung des Einheitswertes des Betriebsvermögens.[543]
Zudem ergibt sich durch die nicht zu vermeidende Gewerbeertragsteuerbelastung beim internen Asset deal ein Time lag zwischen der im Übertragungszeitraum zu leistenden Steuerzahlung und den sich erst in den Folgeperioden ergebenden Steuerminderzahlungen aus erhöhten Abschreibungen.[544] Es kommt somit entscheidend darauf an, inwieweit die Liquiditätslage der Newco zum Zeitpunkt der Übernahme eine solche Steuerbelastung verkraftet.
Die andere Form der Eingliederung der Zielgesellschaft durch Begründung einer Organschaft erscheint für den konkreten Fall des Management-Buy-Outs dagegen wenig vorteilhaft. Im Bereich der Körperschaftsteuer ergeben sich aus diesem Rechtsinstitut aufgrund des Vollanrechnungssystems keine bedeutsamen Vorteile. Das eigentliche Ziel einer Vermeidung der Gewerbeertragsteuerbelastung über das Instrument der abführungsbedingten Teilwertabschreibung kann zudem nicht mit Sicherheit gewährleistet werden. In Hinblick auf die gegenwärtige Auffassung der Finanzverwaltung sind diesbezüglich jedoch zumindest erhebliche Zweifel angebracht.[545] Dieser Rechtsunsicherheit steht zudem ein erheblicher Gestaltungsaufwand gegenüber um die Voraussetzungen, insbesondere der wirtschaftlichen Eingliederung, zu gewährleisten. Desweiteren ist bei Vorliegen einer Organschaft stets die Möglichkeit des Haftungsdurchgriffs der externen Gläubiger über die beherrschende Newco auf das Vermögen der Zielgesellschaft gegeben.
In jedem Fall problematisch stellen sich negative Teilbeträge im ungemildert mit Körperschaftsteuer belasteten Eigenkapital der Zielgesellschaft dar. Im Rahmen des internen Asset deals bewirken sie eine Verminderung des Ausschüttungspotentials der Objektgesellschaft dergestalt, daß die Wirkungsweise der ausschüttungsbedingten Teilwertabschreibung nur bedingt zum Tragen kommt. In dem Maße, wie zunächst das negative verwendbare Eigenkapital der Objektgesellschaft auszuglei-

543 Voraussetzung ist in diesem Fall jedoch die Werthaltigkeit der Anteile der Newco an der Zielgesellschaft soweit diese als Sicherheitsleistung zur Finanzierung des Kaufpreises verwendet wurden.

544 Dies gilt um so mehr, als die realisierten stillen Reserven auf Wirtschaftsgüter mit einer langen betriebsgewöhnlichen Nutzungsdauer entfallen.

545 Vgl. die Ausführungen von Pauka, D., a.a.O., S. 2224.

chen ist, wird der ausschüttungsfähige Gewinn aus der Veräußerung des Betriebsvermögens geschmälert.
Ein ähnlich unvorteilhafter "Mitnahmeeffekt" ergibt sich bei der Verschmelzung von Zielgesellschaft und Newco. Über die Vorschrift des § 38 KStG zur Zusammenrechnung der Eigenkapitalanteile kommt es quasi zu einer Einbringung des negativen EK 50 in die Newco. Durch Saldierung der jeweiligen Eigenkapitalanteile wird somit auch im Falle der Verschmelzung eine Verringerung des zur Ausschüttung verwendbaren Eigenkapitals bewirkt.
Einen Ausweg aus dieser Situation bietet die aufgezeigte Umwandlung der Objektgesellschaft auf eine Personengesellschaft.[546] Die oben dargestellten nachteiligen Folgen von negativem EK 50 können dadurch zwar eliminiert werden, im übrigen muß jedoch die Einschaltung einer Personengesellschaft in die Struktur eines Management-Buy-Outs als problematisch angesehen werden. Neben den dann auftretenden Schwierigkeiten in Bezug auf eine Haftungsbegrenzung ergeben sich insbesondere Probleme bei der Gestaltung der Kaufpreisfinanzierung. Aufgrund der mangelnden eigenen Rechtsfähigkeit einer Personengesellschaft wäre die Ausstattung einer solchen Newco mit Mezzanine-Kapital nicht möglich.
Bevor also im Rahmen der Buy-Out-Phase ein Step up realisiert wird, sind die jeweiligen steuerlichen Konsequenzen und die damit verbundene Liquiditätsbelastung durch die Buchwertaufstockung zu analysieren. Dabei sind insbesondere auch die Höhe und die Verteilung der stillen Reserven auf die einzelnen Wirtschaftsgüter zu berücksichtigen. Nur soweit die Newco die sich ergebende Liquiditätsbelastung im Übernahmezeitpunkt verkraftet, können auch die positiven Effekte der Steuerminderzahlungen in den Folgeperioden genutzt werden.

546 Vgl. Dritter Teil, Abschn. B.5. dieser Arbeit.

Vierter Teil

Steuerliche Fragen bei grenzüberschreitenden MBO's

A. AUSLÄNDISCHES BETRIEBSVERMÖGEN DER ZIEL-GESELLSCHAFT

1. Grundlegung

Im Rahmen der Untersuchung internationaler Sachverhalte beim Management-Buy-Out soll im folgenden davon ausgegangen werden, daß die Zielgesellschaft neben ihrem inländischen auch über im Ausland belegenes Betriebsvermögen verfügt, das ebenfalls im Zuge des Buy-Outs auf die Newco übertragen werden soll.[1] Des weiteren wird unterstellt, daß sich das ausländische Betriebsvermögen in Form einer Betriebstätte i.S.d. Art. 5 Abs. 1 OECD-Musterabkommen (OECD-MA) darstellt. Dieser im deutschen Rechtskreis rein steuerliche Terminus der Betriebstätte[2] wird nach nationalem Recht in § 12 Abs. 1 AO definiert.[3] Es handelt sich dabei um "eine unselbständige Unternehmenseinheit der international tätigen Unternehmung, die im Niederlassungsland unter dem Firmennamen der inländischen Gesellschaft eingetragen wird."[4] Sie verfügt mithin über keine eigenständige Rechtspersönlichkeit, sondern bildet mit dem inländischen Stammhaus ein einheitliches Unternehmen. Soweit mit dem Lagestaat der ausländischen Betriebstätte kein Abkommen zur Vermeidung der Doppelbesteuerung (DBA) besteht, unterliegen die Einkünfte aus dieser ausländischen Unternehmenseinheit sowohl

---

1 Es wird im folgenden davon ausgegangen, daß auch die Auslandsaktivitäten der Zielgesellschaft in vorerst unveränderter rechtlicher Struktur durch die Newco fortgeführt werden.

2 Vgl. Fischer, L., Steuerlehre, a.a.O., S. 59.

3 Danach ist eine Betriebstätte "jede feste Geschäftseinrichtung oder Anlage, die der Tätigkeit des Unternehmens dient." Bezüglich der Ausgestaltung und zeitlichen Ausdehnung des Begriffes im einzelnen ist auf die konkreten Regelungen im jeweiligen DBA zu verweisen. Zu den unterschiedlichen Definitionen und Abgrenzungskriterien des Betriebstättenbegriffes vgl. auch Schieber, P.H., Die Besteuerung von Auslandsbetriebstätten, Köln 1979, S. 5ff.

4 Fischer, L., Steuerlehre, a.a.O., S. 59.

in der Bundesrepublik Deutschland[5] als auch im Belegenheitsstaat der Besteuerung.[6]

2. *Besteuerung im Rahmen der Verschmelzung*

2.1. *Anwendbarkeit des UmwStG 1977*

Die Behandlung von im Ausland belegenen Betriebsvermögen im Rahmen einer Umwandlung auf dem Wege der Gesamtrechtsnachfolge war lange Zeit nicht abschließend geklärt.[7] Inzwischen kann es jedoch als gesichert angesehen werden, daß bei einer einheitlichen Überführung der Zielgesellschaft auf die Erwerbsholding auch das ausländische Betriebsvermögen übertragen wird.[8] Dies gilt selbst insoweit, als der Vorgang der Umwandlung mit Gesamtrechtsnachfolge im Lagestaat einer anderen Beurteilung unterliegt.[9] Die Anwendbarkeit des UmwStG 1977 auf die Übertragung von im Ausland belegenen Wirtschaftsgütern gilt sowohl für den Zweiten Teil - Vermögensübergang auf eine Personengesellschaft oder auf eine natürliche Person - als auch den Dritten Teil des Umwandlungsteuergesetzes, soweit das ausländische Betriebsvermögen in den Übertragungsvorgang einbezogen worden ist. Dies gilt ausdrücklich auch für ausländische Betriebstätten der Zielgesellschaft, die in einem Staat belegen sind, mit dem ein DBA abgeschlossen ist.[10] Auch die Sicherstellung der steuerlichen Erfassung stiller Rücklagen durch den

---

5 Unbeschränkte Steuerpflicht des Welteinkommens nach § 1 Abs. 1 KStG.

6 Vgl. Fischer, L., Steuerlehre, a.a.O., S. 60. Siehe auch Jacobs, H.O., Internationale Unternehmensbesteuerung, München 1983, S. 173.

7 Vgl. so z.B. die Änderung der Auffassung bei Widmann, S./Mayer, R., a.a.O., § 5 UmwG, Rz. 162.

8 A.A. Fasold, R.W., Das Umwandlungs-Steuergesetz - ein Jahr danach, in: StbJb 1970/71, S. 183, sowie Glade, A./Steinfeld, G., a.a.O., § 5 UmwStG, Tz. 17, Fn. 7.

9 So ausdrücklich Widmann, S./Mayer, R., a.a.O., § 5 UmwStG, Rz. 162. Nach den allgemeinen Grundsätzen des internationalen Privatrechts ist für die gesellschaftsrechtliche Beurteilung die Rechtsform desjenigen Staates entscheidend, in dem die Gesellschaft ihren Sitz hat. Es erschiene im übrigen auch unangemessen, die Vergünstigungen des UmwStG nur deshalb zu versagen, weil der Belegenheitsstaat der ausländischen Betriebstätte den Vorgang zivil- oder steuerrechtlich anders beurteilt. Vgl. Widmann, S./Mayer, R., a.a.O., § 3 UmwStG, Rz. 4760.

10 Vgl. Widmann, S./Mayer, R., a.a.O., § 15 UmwStG, Rz. 6119.

deutschen Fiskus ist nicht allein dadurch verletzt, daß Teile des relevanten Betriebsvermögens im Ausland belegen sind.[11]
Nur soweit die Gesamtrechtsnachfolge ausdrücklich gegen die gesellschaftsrechtlichen Vorschriften des Lagestaates verstößt, ist das ausländische Betriebsvermögen aus dem Vorgang auszugliedern und anschließend im Wege der Einzelübertragung in die Newco einzubringen. Soweit dies in zeitlichem Zusammenhang mit dem Umwandlungsvorgang geschieht, sind diese Einzelübertragungen nach deutschem Steuerrecht in die Regelungen des UmwStG einzubeziehen.[12]
Der Sachverhalt beurteilt sich somit auch in bezug auf ausländisches Betriebsvermögen nach den einschlägigen Vorschriften des UmwStG.[13]
Auch durch multilaterale oder bilaterale Regelungen, in erster Linie der jeweiligen Doppelbesteuerungsabkommen, wird die Anwendbarkeit des UmwStG nicht berührt. Die DBA weisen in aller Regel lediglich die Besteuerung des im Ausland belegenen Vermögens dem Lagestaat zu. Sowohl der Zweite als auch der Dritte Teil des UmwStG regeln jedoch die Veräußerung und Aufgabe von Anteilen an einer deutschen Kapitalgesellschaft. Diese Vorgänge unterliegen als solche der deutschen Besteuerung, soweit

a) die übernehmende Gesellschaft Sitz oder Geschäftsleitung im Inland hat,

b) deren Anteilseigner unbeschränkt steuerpflichtig sind

c) oder mit ihren inländischen Einkünften der beschränkten inländischen Steuerpflicht gem. § 49 EStG unterliegen,

11 Vgl. Herrmann, C./Heuer, G./Raupach, A., a.a.O., § 14 UmwStG, Anm. 27.

12 Vgl. Widmann, S./Mayer, R., a.a.O., § 3 UmwStG, Rz. 4760. Eine solche zeitliche Nähe ist i.d.R. bei einer Zeitspanne von nicht mehr als 6-8 Monaten gegeben. Vgl. ebenda, § 14 UmwStG, Rz. 5894.

13 Zumal weder das AIG noch das AStG über entsprechende Vorschriften verfügen. Vgl. auch Grützner, D., Die Übertragung ausländischer Betriebstätten, in: IWB Fach 3, Gr. 1, S. 1149. Zum grundsätzlichen Anwendungsbereich des UmwStG 1977 vgl. BMF-Schreiben v. 15.4.1986 IV B 7-S 1978-3/86, BStBl. 1986 I, S. 164.

und nicht das jeweilige DBA ausdrücklich eine abweichende Zuteilung der Besteuerungsrechte vorschreibt.[14]
Aus der oben dargestellten Maßgeblichkeit der Vorschriften des UmwStG ergeben sich mithin die dort vorgesehenen Rechtsfolgen auch für das ausländische Betriebsvermögen der Zielgesellschaft. Ist also im Rahmen der Gesamtrechtsnachfolge die Fortführung der Buchwerte zulässig,[15] so gilt dies auch für ausländische Wirtschaftsgüter. Kommt es dagegen im Rahmen des Umwandlungsvorganges zur Realisierung der im Betriebsvermögen enthaltenen stillen Reserven,[16] so erfolgt diese analog für sämtliche Anlagegüter der Zielgesellschaft.[17]
Relevante Kriterien für die steuerliche Beurteilung sind somit die Vorschriften des nationalen UmwStG sowie das Vorliegen eines DBA.[18]

2.2. Steuerliche Behandlung im einzelnen

2.2.1. Der DBA-Fall

Besteht mit dem Belegenheitsstaat der ausländischen Betriebstätte ein DBA, so fällt das Besteuerungsrecht bezüglich des Betriebstättengewinnes in Übereinstimmung mit Art. 5 OECD-MA i.d.R. dem Lagestaat zu (Betriebstättenprinzip). Veränderungen in den Eigentumsverhältnissen der Wirtschaftsgüter haben in diesem Falle insoweit keine direkte Auswirkung auf die Bemessungsgrundlage der inländischen unbeschränkt steuerpflichtigen Überträgerin, als der Vorgang sich als solcher außerhalb des Zugriffsbereiches der deutschen Steuerhoheit vollzieht.[19] Ein durch die Aufdeckung der stillen Reserven entstehender Übertragungs-

---

14 Vgl. Widmann, S./Mayer, R., a.a.O., § 3 UmwStG, Rz. 4762.

15 Antrag gem. § 14 Abs. 2 UmwStG, vgl. Dritter Teil, Abschn. B.II.3.2.2.3. dieser Arbeit.

16 Vgl. §§ 3, 14 Abs. 1 UmwStG.

17 So auch Grützner, D., a.a.O., S. 475.

18 Soweit im Ausland eine Steuer auf die realisierten stillen Reserven erhoben wird, ist zu prüfen, inwieweit im Inland die Möglichkeit der Anrechnung besteht oder ob ein bestehendes DBA dem Tatbestand der Doppelbesteuerung durch Freistellung Rechnung trägt.

19 Vgl. Widmann, S./Mayer, R., a.a.O., § 14 UmwStG, Rz. 5895.

gewinn ist als Betriebstättengewinn nach Maßgabe des jeweiligen DBA's von der inländischen Besteuerung freigestellt.[20]

2.2.2. *Der Nicht-DBA-Fall*

Die Einkünfte aus einer in einem Nicht-DBA-Staat belegenen Betriebstätte einer im Inland unbeschränkt steuerpflichtigen Kapitalgesellschaft unterliegen nach dem Welteinkommensprinzip der inländischen Besteuerung.[21] Darüber hinaus ist die Zielgesellschaft mit ihren Betriebstättengewinnen nach Maßgabe des jeweiligen nationalen Steuerrechts beschränkt steuerpflichtig im Belegenheitsstaat der ausländischen Unternehmenseinheit.[22] Zur Milderung dieser Doppelbelastung kommt in erster Linie das Verfahren der direkten Anrechnung im Ausland gezahlter Steuern auf die inländische Steuerschuld gemäß § 26 Abs. 1 KStG in Betracht.[23]
Im Zuge einer Verschmelzung gemäß §§ 14-16 UmwStG stellt sich das Verfahren der direkten Steueranrechnung relativ problemlos dar. Die Gewinnrealisierung vollzieht sich hier auf der Ebene der Zielgesellschaft in Form eines Übertragungsgewinns. Mit diesem Übertragungsgewinn unterliegt die Objektgesellschaft bezüglich des anteilig auf die ausländische Betriebstätte entfallenden Gewinns im Belegenheitsstaat der beschränkten Steuerpflicht. Diese ausländische Steuer kann jedoch gemäß § 26 Abs. 1 KStG im Wege der direkten Anrechnung bei der inländischen Körperschaftsteuer berücksichtigt werden. Eine steuerliche Doppelbelastung des auf ausländische Betriebstätten entfallenden Veräußerungsgewinns kann somit vermieden werden. Auf der Ebene der Newco

20 Vgl. Fischer, L., Steuerlehre, a.a.O., S. 262, sowie in Zusammenhang mit §§ 3-5 UmwStG Grützner, D., a.a.O., S. 475. Da im Bereich der Körperschaftsteuer auch ein Progressionsvorbehalt nicht zum Tragen kommt, wird auch die inländische Bemessungsgrundlage nicht berührt. Auch ein anteilig auf die ausländische Betriebstätte entfallender Übertragungsgewinn nach § 14 Abs. 1 UmwStG wird somit bei Vorliegen eines DBA von der inländischen Besteuerung freigestellt. Vgl. auch Widmann, S/Mayer, R., a.a.O., Rz 5843.

21 Vgl. Fischer, L., Steuerlehre, a.a.O., S. 261.

22 Vgl. Jacobs, O.H., a.a.O., S.174.

23 Darüber hinaus besteht die Möglichkeit zum Steuerabzug gem. § 26 Abs. 6 KStG, sowie zur Pauschalierung gem. § 26 Abs. 6 KStG i.V.m. § 34c Abs. 5 EStG. Vgl. im einzelnen Fischer, L., Steuerlehre, a.a.O., S. 261.

stellt sich der Übernahmevorgang insgesamt gemäß § 15 Abs. 2 UmwStG erfolgsneutral dar.[24]

Wesentlich problematischer stellt sich dagegen die Umwandlung der Zielgesellschaft auf eine inländische als Personengesellschaft gegründete Erwerbsholding dar.[25] Der Grund hierfür ist darin zu sehen, daß - im Unterschied zur Verschmelzung - der Übertragungsgewinn von der Steuer freigestellt ist, und die vorgeschriebene Realisierung der stillen Reserven auf der Ebene der Newco steuerlich erfaßt wird. Im Zuge der Übertragung ergibt sich somit eine beschränkte Steuerpflicht der Zielgesellschaft bezüglich des ausländischen Betriebstättengewinns. Im Inland selbst ist die Personengesellschaft jedoch bezüglich des Übertragungsgewinns steuerbefreit.[26] Dafür unterliegt der gesamte Übernahmegewinn auf der Ebene der Newco der Ertragsteuer.[27] In Höhe des anteilig auf die ausländische Betriebstätte entfallenden Gewinns ergibt sich somit eine steuerliche Doppelbelastung, deren Beseitigung im Rahmen der Vorschriften des nationalen deutschen Außensteuerrechts nicht unproblematisch erscheint. Fraglich ist, inwieweit die ausländische Steuer auf den anteiligen Übertragungsgewinn des Betriebstättenergebnisses der Zielgesellschaft auf die inländische Steuer auf den Übertragungserfolg der Newco angerechnet werden kann.

a) Die Möglichkeit der direkten Anrechnung gemäß § 26 Abs. 1 KStG entfällt aufgrund der fehlenden Steuersubjektidentität der Steuerpflichtigen.

b) Die indirekte Anrechnung nach § 26 Abs. 2 KStG erfordert die Beteiligung an einer ausländischen Kapitalgesellschaft. Diese ist jedoch ebenfalls nicht gegeben.

c) Darüber hinaus ist grundsätzlich zu klären, inwieweit die für die Steueranrechnung erforderliche Objektidentität bezüglich des von den beiden Steuerhoheiten erfaßten "Reinertrages der Unterneh-

---

24 Vgl. hierzu auch Kandler, G., a.a.O., S. 1288.

25 Vgl. zu den Überlegungen bezüglich einer Erwerbsholding in der Rechtform der Personengesellschaft Dritter Teil, Abschn. B.II.5. dieser Arbeit.

26 Vgl. § 4 UmwStG.

27 Vgl. § 5 UmwStG.

mung"[28] gewährleistet ist. Nach nationalem Steuerrecht wird von der ausländischen Steuerhoheit ein Übertragungsgewinn i.S.d. §§ 4, 14 UmwStG erfaßt, während die inländische Besteuerung auf einen Übernahmegewinn nach §§ 5, 15 UmwStG abstellt.

Als Ergebnis muß somit festgehalten werden, daß, soweit der Übertragungsgewinn der ausländischen Betriebstätte im Lagestaat der Ertragsteuer unterliegt, die Realisierung der stillen Reserven in Höhe dieses anteiligen Veräußerungsgewinns einer steuerlichen Doppelbelastung unterliegt, die nach Maßgabe des deutschen Außensteuerrechts nicht zu beseitigen ist.

3. Behandlung des ausländischen Vermögens beim Asset deal

3.1. Klassifizierung des Vorganges

Soweit das Betriebsvermögen der Zielgesellschaft nicht im Wege der Gesamtrechtsnachfolge übertragen wird, ist eine Einzelveräußerung der Wirtschaftsgüter durch Einzelrechtsnachfolge erforderlich. Bei der inländischen unbeschränkt steuerpflichtigen Gesellschaft[29] stellt der Erlös aus der Veräußerung einer ausländischen Betriebstätte einen laufenden gewerblichen Gewinn gemäß § 8 KStG dar, mit dem die Zielgesellschaft im Inland der Körperschaftsteuer nach § 1 KStG unterliegt.[30] Der bei der Objektgesellschaft anfallende Gewinn aus der Einzelübertragung des Betriebsvermögens auf die Newco erhöht sich somit um den nach deutschen Rechnungslegungsvorschriften ermittelten Gewinn aus der Veräußerung der ausländischen Betriebstätte. Daneben ist die Objektgesellschaft im Lagestaat nach Maßgabe des ausländischen Steuerrechts beschränkt steuerpflichtig bezüglich des Betriebstättengewinns.[31]

---

28 Fischer, L., Steuerlehre, a.a.O., S. 23.

29 Im Gegensatz zum Share deal kann es in diesem Fall dahingestellt bleiben, ob die Erwerbsholding in Form einer Personengesellschaft oder einer Kapitalgesellschaft geführt wird. Eine Differenzierung zwischen der Gewinnrealisierung auf der Ebene der Zielgesellschaft und der Newco findet in dieser Form beim Asset deal nicht statt.

30 Vgl. Fischer, L., Steuerlehre, a.a.O., S. 283, 288.

31 Vgl. Jacobs, H.O., a.a.O., S. 142.

Die unbeschränkte Steuerpflicht gilt gemäß § 7 GewStG i.V.m. § 8 KStG auch für den Gewerbeertrag. Eine steuerliche Doppelbelastung kann hier jedoch durch die Kürzungsvorschrift des § 9 Nr. 3 GewStG vermieden werden.

3.2. Steuerliche Konsequenzen im Einzelnen

3.2.1. Der DBA-Fall

Es ergibt sich widerum eine Freistellung des Betriebstättengewinns von der inländischen Besteuerung in Anwendung des Art. 5 OECD-MA.[32] Der Veräußerungsgewinn der Zielgesellschaft wird somit unter zwei verschiedenen Steuerhoheiten aufgeteilt und mithin von jeweils unterschiedlichen Ertragsteuern erfaßt.[33] Je nach steuerlicher Behandlung des Vorganges im Betriebstättenstaat können hieraus entsprechende Gestaltungsgrundsätze bezüglich einer möglichen Verlagerung des Veräußerungsgewinns abgeleitet werden.[34]

3.2.2. Exkurs: Ermittlung und Zurechnung des Veräußerungsgewinns

Eine ausdrückliche steuergesetzliche Vorschrift zur Ermittlung und Abgrenzung des von der ausländischen Betriebstätte erwirtschafteten Erfolges ist im deutschen Außensteuerrecht nicht vorgesehen bzw. wurde bis-

---

32 In Ermangelung eines Progressionsvorbehaltes bei der Körperschaftsteuer findet der anteilige ausländische Veräußerungsgewinn keine Berücksichtigung in der Bemessungsgrundlage der inländischen Zielgesellschaft. Vgl. auch das BFH-Urt. v. 16.12.1975, VIII R 3/74, BStBl. 1976 II, S. 246, wonach in diesem Fall die in den Wirtschaftsgütern enthaltenen stillen Reserven aus der deutschen Besteuerung ausscheiden.

33 Während der auf das inländische Vermögen entfallende Veräußerungsgewinn der körperschaftsteuerlichen Tarifbelastung von 50% unterliegt, wird der anteilige Betriebstättengewinn im Lagestaat nach Maßgabe des ausländischen Steuerrechts behandelt.

34 Der Zielgesellschaft stehen dabei grundsätzlich die Instrumente der Erfolgslenkung innerhalb eines einheitlichen Unternehmens ohne Einschaltung einer Basisgesellschaft zu Verfügung.

her bewußt vermieden.[35] Es besteht lediglich Rechtssicherheit dahingehend, daß das Betriebstättenergebnis nach deutschen Gewinnermittlungsvorschriften zu bestimmen ist.[36] Nach der Vorlage des OECD-MA erfolgt die Gewinnabgrenzung zwischen Stammhaus und ausländischer Betriebstätte nach dem "dealing at arm's length" - Grundsatz.[37] In der Praxis existiert neben dieser direkten Methode der Ergebniszurechnung die sogenannte "indirekte Methode" zur Feststellung des anteiligen Betriebstättenerfolges.[38]

Dabei fingiert die direkte Methode die Selbständigkeit der ausländischen Betriebstätte.[39] Die Erfolgsabgrenzung erfolgt somit auf der Grundlage einer gesonderten Buchführung von Stammhaus und ausländischer Unternehmenseinheit.[40] Im Gegensatz dazu geht die indirekte Methode vom Gewinn des Gesamtunternehmens aus. Dieser wird anschließend nach Maßgabe des Anteils, den die einzelnen Unternehmensträger zu seiner Erzielung beigetragen haben, über einen Verteilungsschlüssel zugerechnet.[41]

Die Frage der Vorziehenswürdigkeit der einen oder anderen Methode ist nicht generell, sondern nur mit Rücksicht auf den jeweiligen Einzelfall zu beantworten. So gibt zwar der BFH in seinem Urteil vom 27.7.1965[42]

---

35 Eine befriedigende steuerliche Lösung dieses Problems existiert bisher nicht, vgl. Fischer, L., Steuerlehre, a.a.O., S. 61.

36 So bereits das RFH-Urt. v. 3.7.1934, I A 129/33, RStBl. 1934, S. 1078.

37 Vgl. Art. 7 Abs. 2 OECD-MA 1977, wonach der Betriebstätte jene Gewinne zugerechnet werden, "die sie hätte erzielen können, wenn sie eine gleiche oder ähnliche Tätigkeit unter gleichen oder ähnlichen Bedingungen als selbständiges Unternehmen ausgeübt hätte und im Verkehr mit dem Unternehmen, dessen Betriebstätte sie ist, völlig unabhängig gewesen wäre." In der Literatur wird diese Möglichkeit der Ergebniszurechnung auch als "direkte Methode" bezeichnet, vgl. Schieber, P.H., a.a.O., S. 32ff.

38 Vgl. Art. 7 Abs. 4 OECD-MA, sowie Debatin, H., Die Besteuerung der Betriebstätten, Tochtergesellschaften und der Arbeitsausübung in der deutschen Judikatur zum internationalen Steuerrecht, in: DStZ/A 1966, S. 211.

39 Vgl. Fischer, L., Steuerlehre, a.a.O., S. 62.

40 Vgl. Jacobs, O.H., a.a.O., s. 146, sowie Schieber, P.H., a.a.O., S. 32ff.

41 Dieser Schlüssel kann sich beispielsweise am Verhältnis der Lohnsummen, der Umsätze oder der Kapitalanteile orientieren, vgl. Debatin, H., a.a.O., S. 211.

42 Vgl. BFH-Urt. v. 27.7.1965, I 110/63 S, BStBl. 1966 III, S. 24, in dem damit weitestgehend die Auffassung der OECD aus Art. 7 Abs. 2 des Musterabkommens übernommen wird.

der direkten Methode einen gewissen Vorrang, erklärt jedoch gleichzeitig, daß diese dann der indirekten Methode zu weichen habe, wenn letztere zu einer genaueren Gewinnzurechnung führen würde.[43] Es geht also bei einer Entscheidung zwischen den beiden Gewinnzurechnungsmethoden nicht um eine grundsätzliche Bevorzugung, sondern darum, im Sinne einer möglichst genauen und angemessenen Gewinnabgrenzung diejenige Methode auszuwählen, "die mit größerer Wahrscheinlichkeit zu einem richtigen Ergebnis führt."[44]
Im konkreten Fall der Veräußerung i.d.R. einzeln bestimmbarer und bewertbarer Wirtschaftsgüter einer ausländischen Betriebstätte beim Asset deal erscheint jedoch die direkte Methode als das angemessenere Gewinnzurechnungsverfahren.[45] Die einzelnen Veräußerungsvorgänge können - dem steuerlichen Verursachungsprinzip folgend[46] - relativ unproblematisch den verschiedenen Unternehmenseinheiten zugeordnet werden.
Der steuerbilanzpolitische Gestaltungsspielraum bei einer möglichen zielgerichteten Verlagerung der anteiligen Veräußerungsgewinne der Zielgesellschaft wird somit weniger in der Wahl der Zurechnungsmethode bzw. einer Beeinflussung der Gewinnzurechnung liegen. Vielmehr erscheint eine vorbereitende Steuerbilanzpolitik angebracht. Durch eine entsprechende Gestaltung der Wertansätze der einzelnen Wirtschaftsgüter - sowohl bei der Betriebstätte als auch bei der inländischen Stammeinheit selbst - kann die Realisierung der stillen Reserven dahingehend beeinflußt werden, daß ein etwaiges Steuergefälle zwischen der inländischen Besteuerung und der Steuerlast im Betriebstättenstaat genutzt werden kann. Ein möglichst hoher Anteil des Veräußerungsgewinns sollte in dem Staat mit der relativ niedrigeren Besteuerung realisiert werden.

---

43 "Die Fiktion der Selbständigkeit der inländischen (und wohl auch ausländischen, Anm. d. Verf.) Betriebstätte bei Anwendung der direkten Methode der Gewinnermittlung darf jedoch nicht zu ungerechtfertigten Gewinnverlagerungen führen." BFH-Urt. v. 27.7.1965, a.a.O., S. 26.

44 Debatin, H., a.a.O., S. 212. Vgl. auch RFH-Urt. v. 30.4.1935, I A 13/85, RStBl. 1935, S. 840.

45 So auch Schieber, P.H., a.a.O., S. 33, der für eine Anwendung der direkten Methode zumindest dann plädiert, "wenn der Sachverhalt eine klare Leistungsaufteilung zwischen Stammhaus und Betriebstätte ermöglicht..."

46 Vgl. Fischer, L., Steuerlehre, a.a.O., S. 63.

3.2.3. Der Nicht-DBA-Fall

Besteht mit dem Belegenheitsstaat der ausländischen Unternehmenseinheit kein DBA, unterliegt das Betriebstättenergebnis als Teil des Welteinkommens der unbeschränkt steuerpflichtigen Zielgesellschaft der Körperschaftsteuertarifbelastung gemäß § 8 i.V.m. § 1 KStG. Eine Vermeidung der Doppelbesteuerung erfolgt über die direkte Anrechnung der im Ausland auf den Betriebstättengewinn gezahlten Ertragsteuer auf die inländische Steuerschuld.[47]
Nach dem Grundsatz der Kapitalexportneutralität[48] ist somit durch den Höchstbetrag der Anrechnung[49] die Höhe der inländischen Steuerbelastung maßgebend für die Gesamtsteuerbelastung der Transaktion.
Die Existenz eines Doppelbesteuerungsabkommens erweist sich mithin solange als vorteilhaft, wie die Steuerbelastung auf den Veräußerungsgewinn im Lagestaat der Betriebstätte unter derjenigen des Inlandes liegt. Aufgrund der Maßgeblichkeit der inländischen Steuerbelastung bei Fehlen eines Doppelbesteuerungsabkommens kann in diesem Fall auch über steuerbilanzpolitische Maßnahmen kein Steuerminderungseffekt erzielt werden.

B. STEUERLICHE KONSEQUENZEN FÜR AUSLÄNDISCHE ANTEILSEIGNER

1. Sachverhalt

Es sind in der Hauptsache zwei Gesichtspunkte, die es sinnvoll erscheinen lassen, im Rahmen einer Untersuchung der steuerlchen Gestaltungsmöglichkeiten beim Management-Buy-Out auch ausländische Anteilseigner der Zielgesellschaft in die Betrachtungen mit einzubeziehen: Zum einen ist hier ganz grundsätzlich der hohe Anteil ausländischer Gesellschafter am Nennkapital inländischer Kapitalgesellschaften zu nen-

47 Vgl. § 26 Abs. 1 KStG.

48 Vgl. Fischer, L., Steuerlehre, a.a.O., S. 25.

49 Zur Ermittlung der höchstens anzurechnenden ausländischen Steuer, des sogenannten Aufstockungsbetrages vgl. im einzelnen Abschn. 76 Abs. 16 KStR.

nen;[50] zum anderen hat es sich als eine typische Ausgangskonstellation für ein Management-Buy-Out erwiesen, daß sich internationale ausländische Konzerngesellschaften im Zuge einer Restrukturierung von einzelnen Unternehmenseinheiten trennen wollen.[51]
Es handelt sich bei der Zielgesellschaft somit häufig um eine ganz oder zumindest teilweise ausländisch beherrschte Unternehmung.[52] Auch diese nicht im Inland ansässigen Anteilseigner sind in die steuerlichen Gestaltungsüberlegungen einzubeziehen, insbesondere da sich durch ihren Status, sowohl in Zusammenhang mit dem nationalen Außensteuerrecht der Bundesrepublik Deutschland, als auch mit den innerstaatlichen bilateralen Vereinbarungen spezielle, fiskalische Probleme ergeben.
Schwerpunkt dieses Teils der Untersuchung wird es dabei sein, die Möglichkeiten und steuerlichen Konsequenzen eines Transfers des anteiligen Veräußerungsgewinnes[53] an die im Ausland ansässigen Anteilseigner zu untersuchen.

---

50 Vgl. Förster, G., a.a.O., S. 1.

51 So u.a. die Übernahmen folgender Konzerntochtergesellschaften im Buy-Out-Verfahren: Nordmendewerk/Bremen, Phonoindustrie (vormals Thompson, Frankreich), Ex-Cell-O, Werkzeugmaschinen (vormals Textron, USA), Rohé, Autowaschanlagen (vormals The Allen Group, USA), Memorex/Telex, Computer (vormals Unisys, USA). Vgl. so auch die Einschätzung von Holt, J., (Hrsg.), a.a.O., S. 36, sowie die entsprechenden Ausführungen im Ersten Teil, Abschn. B.3.2.1. dieser Arbeit.

52 Im folgenden soll dabei vom Typus des internationalen Unterordnungskonzerns ausgegangen werden, da der noch vor einigen Jahren dominierende Gleichordnungskonzern sich als rechtliche Struktur bei multinationalen Konzernen nicht durchsetzen konnte. Vgl. die Beispiele: VFW/Fokker; Agfa/Gaevert; Dunlop/ Pirelli; Fiat/KHD. Zum Begriff und zur steuerlichen Behandlung dieser internationalen Unterordnungskonzerne siehe insbesondere Fischer, L., Besteuerung und Aufbau des internationalen deutschen Unterordnungskonzerns, in: Fischer, L., (Hrsg.), Unternehmung und Steuer, Festschrift zur Vollendung des 80. Lebensjahres von Peter Schlerpf, Wiesbaden 1983, S. 273ff, im folgenden zitiert als: Fischer, L., Konzern.

53 Entweder als Übertragungsgewinn im Rahmen der Gesamtrechtsnachfolge oder als Einzelveräußerungsgewinn beim Asset deal.

2. Besteuerung im Rahmen der Verschmelzung

2.1. § 16 UmwStG und ausländische Anteilseigner

Nach der Vorschrift des § 16 UmwStG vollzieht sich die Verschmelzung zweier inländischer unbeschränkt steuerpflichtiger Körperschaften auf der Ebene der Gesellschafter der übertragenden Gesellschaft grundsätzlich erfolgsneutral.[54] Dem steht auch nicht entgegen, daß an der Zielgesellschaft ausländische, beschränkt steuerpflichtige Anteilseigner beteiligt sind.[55] Die steuerliche Neutralität dieses Vorganges ist jedoch in dem Moment in Frage gestellt, in dem die Gesellschaftsrechte stille Reserven enthalten, die durch den Anteilstausch dem Zugriff der deutschen Besteuerung entzogen werden.[56] Entscheidendes Kriterium für die Beurteilung der Erfolgsneutralität muß somit sein, ob die neugewonnenen Anteile an der Newco der deutschen Besteuerung verhaftet bleiben.[57] Eine solche Beurteilung richtet sich nach dem speziellen Status der ausländischen Anteilseigner und der Tatsache, inwieweit die Einkünfte aus dieser Beteiligung der beschränkten Steuerpflicht i.S.d. § 49 Abs. 1,2 Lit a,3 EStG unterliegen.[58] Nur in diesem Fall ist nämlich der Zugriff auf die in den Anteilen enthaltenen stillen Reserven über das nationale Außensteuerrecht gewährleistet.

---

54 Unter Anwendung der Grundsätze des Tauschgutachtens des BFH v. 16.2.1958, a.a.O., BStBl. 1959 III, S. 30. Vgl. auch Dritter Teil, Abschn. A.3.3.2. dieser Arbeit.

55 Vgl. Anwendungsvorschrift des § 1 UmwStG. Siehe auch Förster, G., a.a.O., S. 794.

56 Vgl. Widmann, S./Mayer, R., a.a.O., § 16 UmwStG, Rz. 6340.

57 Vgl. Widmann, S./Mayer, R., a.a.O., § 16 UmwStG, Rz. 6340. Im anderen Fall, der sogenannten "Entstrickung" wird das betreffende Wirtschaftsgut aus dem inländischen Besteuerungsbereich herausgelöst und verliert demzufolge die Steuerverhaftung mit dem Inland. In diesem Fall fingiert das deutsche Steuerrecht eine Gewinnrealisierung über den Tatbestand der Entnahme. Zur "finalen Entnahmetheorie" vgl. insbesondere BFH-Urt. v. 16.7.1969, I 266/65, BStBl. 1970 II, S. 175. Zuletzt bestätigt durch das BFH-Urt. v. 14.6.1988, VIII R 387/83, BStBl. 1989 II, S. 187. Siehe weiterhin: Dziadkowski, D., Passive Steuerentstrickung für wesentliche Beteiligte infolge Abschlusses oder Änderung eines Doppelbesteuerungsabkommens, in: StBp 1976, S. 78.

58 Vgl. auch Förster, G., a.a.O., S. 796.

2.2. *Erfassung im Rahmen der beschränkten Steuerpflicht*

Anknüpfungspunkt für die Besteuerung im Ausland ansässiger Anteilseigner ist die beschränkte Steuerpflicht nach § 49 EStG. Danach sollen Einkünfte von im Ausland ansässigen natürlichen oder juristischen Personen insoweit von der nationalen Besteuerung erfaßt werden, als "sie einen gewissen Inlandsbezug haben."[59] Die Vorschrift des § 49 EStG knüpft dabei an die Quelle der inländischen Einkünfte an und läßt insoweit die persönlichen Verhältnisse des im Ausland ansässigen Steuerpflichtigen weitgehend außer Betracht.[60] (Isolierende Betrachtungsweise).[61] Es werden der beschränkten Steuerpflicht jedoch ausschließlich Tätigkeiten unterworfen, die im abschließenden Katalog des § 49 EStG enthalten sind. Eine Ausdehnung der beschränkten Steuerpflicht auf andere Sachverhalte ist nicht zulässig.[62]
Inländische beschränkt steuerpflichtige Einkünfte aus Gewerbebetrieb können Steuerausländer damit grundsätzlich erzielen über

a) eine inländische, rechtlich selbständige Tochtergesellschaft, die als eigenständiges Steuersubjekt im Inland unbeschränkt steuerpflichtig ist. Soweit jedoch Gewinne dieser Tochtergesellschaft an die ausländischen Anteilseigner ausgeschüttet werden, ist die ausländische Stammeinheit mit ihren Einkünften aus der Beteiligung im Inland beschränkt körperschaftsteuerpflichtig;[63]

b) die Errichtung einer inländischen rechtlich unselbständigen Betriebstätte sowie die Begründung einer mitunternehmerischen Beteiligung an einer inländischen Personengesellschaft oder Bestellung eines ständigen Vertreters;

---

59 Fischer, L., Steuerlehre, a.a.O., S. 157.

60 Vgl. Herrmann, C./Heuer, G./Raupach, A., a.a.O., § 49 EStG, Anm. 2b.

61 Vgl. hierzu insbesondere Fischer, L., Steuerlehre, a.a.O., S. 157, sowie Jacobs, H.O., a.a.O., S. 64f.

62 Vgl. Herrmann, C./Heuer, G./Raupach, A., a.a.O., § 49 EStG, Anm. 2a.

63 Vgl. Herrmann, C./Heuer, G./Raupach, A., a.a.O., § 49 EStG. Anm. 6.

c) die Veräußerung einer wesentlichen Beteiligung an einer inländischen unbeschränkt steuerpflichtigen Kapitalgesellschaft i.S.d. § 17 EStG, die ihren Sitz oder ihre Geschäftsleitung im Inland hat.[64]

Das Vorliegen einer Betriebstätte bzw. eines ständigen Vertreters wird vom Gesetzgeber in diesem besonderen Tatbestand der gewerblichen Einkünfte nicht als Anknüpfungspunkt für die beschränkte Steuerpflicht verlangt.[65]
Lange Zeit strittig war die Frage, inwieweit die Veräußerung von Anteilen an einer inländischen Kapitalgesellschaft auch dann unter die Regelungen des § 49 Abs. 1 Nr. 2e EStG fällt, wenn die Beteiligung zu einem ausländischen Betriebsvermögen gehört.[66] Endgültige Rechtssicherheit wurde diesbezüglich im Rahmen des Steuerbereinigungsgesetzes 1985[67] durch eine redaktionelle Änderung in Abs. 1 Nr. 2e des § 49 EStG geschaffen.[68] In Verbindung mit der Neufassung des Buchstaben e ist damit nach herrschender Auffassung klargestellt, daß die Veräußerung einer wesentlichen Beteiligung an einer inländischen Kapitalgesellschaft durch einen Steuerausländer auch dann der beschränkten Steuerpflicht unterliegt, wenn dieser sie zuvor in einem ausländischen Betriebsvermögen gehalten hatte.[69]
Eine Veränderung des materiellen Rechts ist hierin allerdings nicht zu sehen, da bereits vor dieser Klarstellung aus der Anwendung der isolierenden Betrachtungsweise nach herrschender Auffassung der vorge-

---

64 Vgl. § 49 Abs. 1 Nr. 2e EStG.

65 Vgl. Herrmann, C./Heuer, G./Raupach, A., a.a.O., § 49 EStG, Anm. 19.

66 Aus dem Verweis auf § 17 EStG ergibt sich als Veräußerungstatbestand lediglich der Verkauf einer im Privatvermögen gehaltenen wesentlichen Beteiligung. Die Veräußerung einer solchen wesentlichen Beteiligung begründet jedoch keine Einkünfte aus Gewerbebetrieb. Vgl. so insbesondere Bellstedt, Ch., Veräußerung von wesentlichen Beteiligungen nicht mehr beschränkt steuerpflichtig ?, in: DB 1971, S. 937.

67 Vgl. Art. 7 des StBerG 1986, v. 19.12.1985, in: BStBl. 1985 I, S. 747.

68 Erweiterung des Klammerzusatzes auf die §§ 15-17 EStG (vorher §§ 15, 16 EStG).

69 Vgl. Grützner, D., Änderungen der Einkommensbesteuerung beschränkt Steuerpflichtiger durch das Steuerbereinigungsgesetz 1986, in: IWB Fach 3, Gr. 3, Deutschland, S. 825, im folgenden zitiert als: Grützner, D., Änderungen.

nannte Sachverhalt unter die Vorschriften zur beschränkten Steuerpflicht subsumiert wurde.[70]

2.3. *Die Bedeutung des § 50c EStG*

Die Vorschrift des § 50c EStG[71] ist grundsätzlich in Zusammenhang mit der Einführung des körperschaftsteuerlichen Vollanrechnungssystems und dem damit verbundenen Abbau der Doppelbelastung auf ausgeschüttete Gewinne von Körperschaften im Jahre 1977 zu sehen.[72] Da das System der Anrechnung der Körperschaftsteuer auf die Steuerschuld des Anteilseigners im Falle der Ausschüttung nur insoweit funktioniert, als der Anteilseigner selbst mit seinen inländischen Einkünften der deutschen Steuerpflicht unterliegt, muß eine Einmalbelastung für den Fall sichergestellt werden, daß der Dividendenempfänger nicht von der inländischen Ertragsteuer erfaßt wird. Dementsprechend sind solche Gesellschafter, deren Beteiligungserträge im Inland nicht steuerlich erfaßt werden, auch nicht zur Anrechnung der auf der Ausschüttung lastenden Körperschaftsteuer berechtigt.[73]
Die dadurch zur Definitivbelastung werdende Ausschüttungsbelastung von 36% nach § 27 KStG - zuzüglich des Körperschaftsteueranrechnungsguthabens - hat zahlreiche nichtanrechnungsberechtigte Anteilseigner zu entsprechenden Umgehungsstrategien veranlaßt.[74] Eine solche Umgehung des Anrechnungsverbotes sah der Gesetzgeber insbesondere dann gegeben, wenn nichtanrechnungsberechtigte Gesellschafter ihre

---

70 Vgl. bereits BFH-Urt. v. 13.12.1961, I 209/60 U, BStBl. 1962 III, S. 85, sowie Herrmann, C./Heuer, G./Raupach, A., a.a.O., § 49 EStG, Anm. 19.

71 Einführung durch das Gesetz zur Änderung des Einkommensteuergesetzes, des Körperschaftsteuergesetzes und anderer Gesetze v. 20.8.1980, (Artikelgesetz) in: BStBl. I, S. 589. Ersetzte den § 39 KStG.

72 Vgl. Blümich/Uelner, A., EStG; KStG; GewStG; Kommentar, Loseblattausg., 13. Aufl., München 1989, § 50c EStG, Rz. 1.

73 Vgl. § 51 KStG.

74 Vgl. Herrmann, C./Heuer, G./Raupach, A., a.a.O., § 50c EStG, Anm. 14.

Anteile an Anrechnungsberechtigte veräußerten und sich dabei das Körperschaftsteueranrechnungsguthaben im Kaufpreis vergüten ließen.[75]
Trotz des Prinzips der Einmalbelastung soll es weiterhin für die Anwendung des § 50c EStG nicht von Bedeutung sein, ob der vom ausländischen Anteilseigner erzielte Veräußerungsgewinn ausnahmsweise der deutschen Besteuerung unterliegt.[76] Eine dadurch möglicherweise entstehende Doppelbelastung der übertragenen Rücklagen wurde vom Gesetzgeber bewußt in Kauf genommen, um sich sonst ergebende Umgehungsmöglichkeiten von vornherein auszuschließen.[77]
Aus diesem Grund war der Regelungsgehalt des § 50c EStG auch in die Vorschriften des Umwandlungsteuergesetzes zu übertragen,[78] da im Zuge einer Umwandlung oder Verschmelzung ebenfalls ein vorhandenes Steuerguthaben auf den Rechtsnachfolger übertragen werden kann.[79]
Die steuerlichen Konsequenzen § 50c EStG für die Vermögensübertragung im Wege der Gesamtrechtsnachfolge sind demnach wie folgt darzustellen:
Durch die Neufassung des § 15 Abs. 2 UmwStG wird gewährleistet, daß in Höhe des sogenannten Sperrbetrages gemäß § 50c Abs. 4 EStG[80] keine nochmalige Besteuerung des Übernahmegewinns bei der Newco erfolgt.[81] Dies ergibt sich aus der Tatsache, daß bei der Verschmelzung -

---

75 Vgl. Blümich/Uelner, A., a.a.O., § 50c EStG, Anm. 2. Der Grundtatbestand des § 50c EStG ist erfüllt beim Erwerb (§ 39 Abs. 1 AO)eines Anteils an einer inländischen unbeschränkt steuerpflichtigen Körperschaft (§ 1 Nr. 1 KStG) durch einen anrechnungsberechtigten Anteilseigner (§ 50c Abs. 1 EStG) von einem nichtanrechnungsberechtigten Anteilseigner, insbesondere einer beschränkt steuerpflichtigen natürlichen Person oder Körperschaft.

76 Vgl. Littmann, E., Das Einkommensteuergesetz, Kommentar, Loseblattausg, hrsg. v. Bitz, H./Meincke, J.P., 15., völlig neubearb. Aufl., Stuttgart 1989ff, § 50c EStG, Rdn. 20.

77 Vgl. hierzu insbesondere Söffing, G./Wrede, F., Das Gesetz zur Änderung des EStG, des KStG und anderer Gesetze, in: FR 1980, S. 399ff.

78 Vgl. die Ergänzungen in den §§ 5 Abs. 3, 15 Abs. 2, 16 Abs. 4 UmwStG durch das Artikelgesetz v. 20.8.1980, a.a.O.

79 Gemäß § 38 KStG sind die nach der Körperschaftsteuerbelastung gegliederten Eigenkapitalanteile der übertragenden Körperschaft den entsprechenden Teilbeträgen der übernehmenden Körperschaft hinzuzurechnen, vgl. auch Dritter Teil, Abschn. B.3.3.3. dieser Arbeit.

80 Sperrbetrag ist der Unterschiedbetrag zwischen den Anschaffungskosten und dem Nennwert des Anteils.

81 Vgl. hierzu auch Abschn. 227a Abs. 9 EStR.

im Gegensatz zur Umwandlung auf eine Personengesellschaft - keine Ausschüttung der Rücklagen unterstellt wird, sondern diese Rücklagen sowie das gesamte verwendbare Eigenkapital gemäß § 38 KStG als von der übernehmenden Gesellschaft fortgeführt gelten.[82] Soweit also die in den übertragenen Anteilen enthaltenen stillen Reserven der deutschen Besteuerung verhaftet bleiben, kann auch bei der Beteiligung ausländischer Gesellschafter auf eine Realisierung verzichtet werden.
Um jedoch die Einmalbelastung der Ausschüttung im Inland weiterhin zu gewährleisten, stellt der neu eingefügte § 16 Abs. 4 UmwStG[83] sicher, daß die Restriktionen bezüglich einer steuerlichen Geltendmachung von Gewinnminderungen auch für die eingetauschten Anteile weitergelten.[84]

2.4. Steuerverhaftung der eingetauschten Anteile[85]

Für den Tatbestand der Steuerverhaftung der auf die eingetauschten Anteile übertragenen stillen Reserven mit dem inländischen Steuerrecht sind grundsätzlich zwei Kriterien maßgebend:

a) Der Zugriff auf die stillen Reserven muß im Rahmen der deutschen Steuerpflicht - i.d.R. durch die beschränkte Steuerpflicht nach § 49 EStG - gewährleistet sein.

b) Des weiteren ist zu untersuchen, ob nicht nach höherrangigem bilateralen Abkommensrecht eines Doppelbesteuerungsabkommens das Besteuerungsrecht für die Erlöse aus der Veräußerung der Gesellschaftsrechte dem anderen Vertragstaat zuerkannt wird.

---

82 Vgl. Blümich/Uelner, A., a.a.O., § 50c EStG, Rz. 38. (Soweit der entsprechende Antrag gem. § 16 Abs. 2 UmwStG gestellt wurde)

83 Vgl. Artikelgesetz v. 20.8.1980, a.a.O., Art. 12, S. 598.

84 Waren also die untergehenden Anteile an der Zielgesellschaft mit einem Sperrbetrag nach § 50c Abs. 4 EStG behaftet, so gilt dieser als auf die neuen Anteile an der Newco übertragen. "Es handelt sich hierbei um Anteile, die die Gesellschafter anstelle der untergehenden, dem § 50c EStG verhafteten Anteile erhalten." Schmidt, L., a.a.O., S. 2092.

85 Für den Fall der Verschmelzung auf gesellschaftsrechtlicher Grundlage.

In diesem Zusammenhang ist zum einen die Frage zu stellen, inwieweit die sonst zulässige Erfolgsneutralität nach § 16 Abs. 2 UmwStG[86] durch Änderung der Steuerverhaftung grundsätzlich in Frage gestellt ist. Zum anderen muß untersucht werden, ob eine etwaige Gewinnrealisierung bei der Überführung der stillen Reserven dem Zugriff der deutschen Besteuerung unterliegt.

2.4.1. Fortbestand der beschränkten Steuerpflicht

Die weiterhin bestehende beschränkte Steuerpflicht der ausländischen Anteilseigner bezüglich der Erträge aus den Anteilen an der inländischen Gesellschaft - es handelt sich nunmehr um Gesellschaftsrechte an der Newco - ist über die Vorschrift des § 49 Abs. 1 Nr. 2e EStG nach wie vor gewährleistet. Dies gilt selbst für im Privatvermögen gehaltene Anteile an der Newco, soweit diese nach der Verschmelzung keine wesentliche Beteiligung i.S.d. § 17 EStG repräsentieren und ihre Veräußerung nach dem Wortlaut des § 49 Abs. 1 Nr. 2e EStG keine beschränkte Steuerpflicht mehr begründet. Der Anwendungsbereich des § 17 EStG wird insoweit durch § 16 Abs. 2 S. 2 UmwStG auch auf solche Beteiligungen ausgedehnt, die zwar an der Zielgesellschaft eine wesentliche Beteiligung gewährten, bei der Newco jedoch die 25% Grenze nicht mehr erreichen.[87]

Wurden die Anteile an der Objektgesellschaft dagegen in einem ausländischen Betriebsvermögen gehalten, wird eine Steuerpflicht des Vorganges ebenfalls durch die Möglichkeit der Buchwertverknüpfung nach § 16 Abs. 2 UmwStG verhindert. Die Steuerverhaftung der eingetauschten Anteile ist auch in diesem Fall über die beschränkte Steuerpflicht gewährleistet, da auch in einem Betriebsvermögen gehaltene Anteile an einer inländischen Kapitalgesellschaft als Anteile i.S.d. § 17 EStG gelten.[88]

---

86 Keine Gewinnrealisierung durch Anteilstausch auf der Gesellschafterebene.

87 Vgl. Widmann, S./Mayer, R., a.a.O., § 16 UmwStG, Rz. 6329. Die Eigenschaft der wesentlichen Beteiligung wird somit im Zuge der Verschmelzung auf die neuen Anteile übertragen. Vgl. auch BFH-Urt. v. 23.1.1959, IV 86/57 S, BStBl. 1959 III, S. 97.

88 Vgl. § 49 Abs. 1 Nr. 2e EStG. Dies ergibt sich im übrigen zwingend aus der Vorschrift des § 16 Abs. 2 S. 2 UmwStG, nach der die im Zuge einer Verschmelzung gewährten Anteile als Anteile i.S.d. § 17 EStG gelten.

2.4.2. Steuerverhaftung und DBA

2.4.2.1. Der DBA-Fall

Soweit es im Zuge der Verschmelzung von Newco und Zielgesellschaft zu einer Gewinnrealisierung auf der Gesellschafterebene kommt,[89] handelt es sich - sofern die Anteile in einem Betriebsvermögen gehalten werden - um laufende gewerbliche Einkünfte der ausländischen Muttergesellschaft. Solche "Unternehmensgewinne" werden gemäß Art. 7 Abs. 1 OECD-MA dem Staat des Sitzes oder der Geschäftsleitung der Körperschaft zugeordnet. Diese Zuteilung der gewerblichen Einkünfte zum ausländischen Lagestaat bedeutet i.d.R. gleichzeitig einen Verzicht des inländischen Fiskus auf die Erhebung einer Quellensteuer.[90] Bei einem in einem DBA-Land ansässigen Gesellschafter, der seine Beteiligung in einem Betriebsvermögen gehalten hat, waren die Einkünfte aus dieser Beteiligung somit zu keinem Zeitpunkt der deutschen Besteuerung verhaftet.[91] Eine Versagung der Erfolgsneutralität läßt sich also in diesem Fall nicht mit einem Entzug des steuerlichen Zugriffs auf die stillen Reserven in den eingetauschten Anteilen begründen.

2.4.2.2. Der Nicht-DBA-Fall

Befinden sich Sitz bzw. Geschäftsleitung der ausländischen Stammeinheit in einem Nicht-DBA-Staat, unterliegt diese bezüglich der Einkünfte aus der Veräußerung einer Beteiligung an einer inländischen Kapitalgesellschaft der beschränkten Steuerpflicht.[92] Der sich auf der Gesellschafterebene vollziehende Anteilstausch ist jedoch nach § 16 UmwStG erfolgsneutral.

Da die eingetauschten Anteile als von einem ausländischen nichtanrechnungsberechtigten Gesellschafter erworben gelten, sind die Anteile steu-

---

89 Dies erscheint jedoch durch Anwendung des Tauschgutachtens unwahrscheinlich.

90 Vgl. Fischer, L., Steuerlehre, a.a.O., S. 285.

91 Die beschränkte Steuerpflicht des ausländischen Anteilseigners bezüglich der Erlöse aus der Veräußerung der wesentlichen Beteiligung (§ 49 EStG) wird somit durch höherrangiges DBA-Recht aufgehoben bzw. dem anderen Vertragsstaat zuerkannt.

92 Vgl. § 49 Abs. 1 Nr. 2e EStG.

erverhaftet nach § 50c EStG. Der Sperrbetrag wird somit im Rahmen der zeitlichen Befristung[93] auf die neuen Anteile an der Newco übertragen.
Der reine Anteilstausch ist damit für die ausländischen Anteilseigner der Zielgesellschaft unproblematisch, soweit sie die Anteile in einem Betriebsvermögen halten und in einem DBA-Staat ansässig sind.[94]

a) Die Regelung des § 16 Abs. 2 UmwStG ist auch im Falle der Beteiligung ausländischer Gesellschafter anwendbar. Damit ist die Steuerneutalität des Vorganges solange gewährleistet, wie sich nicht die Qualität der Steuerverhaftung der Gesellschaftsanteile verändert.

b) Soweit die Anteile in einem ausländischen Betriebsvermögen gehalten werden, wird das Besteuerungsrecht bezüglich der Einkünfte aus diesen Beteiligungen durch das jeweilige DBA i.d.R. dem Staat des Sitzes bzw. der Geschäftsleitung der ausländischen Muttergesellschaft zugeteilt.[95] Daraus folgt eine Freistellung der Erträge von der inländischen beschränkten Steuerpflicht nach § 49 Abs. 1 Nr. 2e EStG.

c) Auch wenn die Anteile an der Objektgesellschaft in einem ausländischen Privatvermögen gehalten wurden, unterliegt ihr Veräußerungsgewinn zwar wiederum der beschränkten Steuerpflicht im Inland; über die entsprechende DBA-Regelung erfolgt aber ebenfalls eine Freistellung und Zuteilung des Besteuerungsrecht zum Wohnsitzstaat des Gesellschafters.[96]

---

93 Die steuerliche Nichtanerkennung einer ausschüttungsbedingten Gewinnminderung gilt für die folgenden neun Wirtschaftsjahre, vgl. § 16 Abs. 4 UmwStG.

94 Eine Ausnahme gilt nur insoweit, als sich durch den Tausch die Qualität der Anteile derart ändert, daß sich unter Anwendung des entsprechenden DBA eine abweichende Beurteilung bzw. Zuteilung der Besteuerungsrechte ergibt. Dies kann dann der Fall sein, wenn die an der Zielgesellschaft gehaltenen GmbH-Anteile gegen Aktien der Newco eingetauscht werden, da z.B. das DBA-Italien das Besteuerungsrecht bei GmbH-Anteilen dem Sitzstaat der Gesellschaft (sogenanntes GmbH-Privileg), bei Aktien jedoch dem Staat des Gesellschafters zuweist.

95 Vgl. Art. 7 Abs. 1 (Unternehmensgewinne), 13 OECD-MA (Gewinne aus der Veräußerung von Vermögen).

96 Vgl. Art. 13 Abs. 1 und 2 OECD-MA.

Es ist somit im Ergebnis festzuhalten, daß die Erfolgsneutralität des Anteilstausches im Zuge der Verschmelzung auf der Gesellschafterebene auch bei Beteiligung ausländischer Anteilseigner gewährleistet werden kann. Einer erfolgsneutralen Eingliederung der Zielgesellschaft in die Newco stehen in dieser Phase des Management-Buy-Outs mithin weder die nationalen Vorschriften noch das Recht der DBA entgegen. Von Bedeutung bei einer solchen Transaktion ist vielmehr, welche steuerlichen Folgen sich aus der Steuerverhaftung der eingetauschten[97] oder erworbenen[98] Gesellschaftsanteile auf die weitere Strukturierung des Buy-Outs ergeben. Diese Konsequenzen bestimmen sich nach den Vorschriften des § 50c EStG.

2.5. Ausschluß der Teilwertabschreibung

2.5.1. Verbot der Gewinnminderung nach § 50c EStG

Es ist dargestellt worden, daß die Newco im Zuge des Management-Buy-Outs die Anteile an der Objektgesellschaft erwirbt,[99] die ihrerseits vor der Transaktion von ausländischen Anteilseignern gehalten wurden. Soweit diese weder über einen ständigen Vertreter noch eine inländische Betriebstätte im Inland verfügten, handelt es sich mithin um nichtanrechnungsberechtigte Gesellschafter i.S.d. § 50c EStG.[100] Deren Gesellschaftsrechte bleiben nach den Tatbestandsmerkmalen des § 50c EStG der deutschen Besteuerung verhaftet und werden demzufolge mit dem Sperrbetrag nach § 50c Abs. 4 EStG belegt. Es gilt für diese Anteile somit das Verbot der Realisierung einer steuerlich wirksamen Gewinnminderung durch eine ausschüttungsbedingte Teilwertabschreibung oder einen Veräußerungsverlust. Nach § 50c Abs. 1 EStG ist die gewinnmindernde Wirkung einer solchen Maßnahme steuerlich dann nicht anzuer-

---

97 Im Falle der Verschmelzung auf gesellschaftsrechtlicher Grundlage.

98 Bei einer Verschmelzung auf betrieblicher Grundlage.

99 Entweder im Zuge des Beteiligungskaufs bei der Verschmelzung auf betrieblicher Grundlage oder durch Anteilstausch (Verschmelzung auf gesellschaftsrechtlicher Grundlage), vgl. hierzu die Ausführungen zu §§ 14-16 UmwStG, Dritter Teil, Abschn. B.3.2.1. dieser Arbeit.

100 Soweit die Anteile in einem ausländischen Betriebsvermögen gehalten wurden, handelt es sich um beschränkt steuerpflichtige Körperschaften gem. §§ 2 Nr. 1 KStG, i.V.m. 50 Abs. 2 Nr. 2, 51 KStG.

kennen, wenn das Absinken des Teilwertes der Beteiligung ausschließlich durch die Ausschüttung der Zielgesellschaft begründet ist.[101]
Im Ergebnis verfügt die Newco somit in jedem Fall -Verschmelzung auf betrieblicher oder auf gesellschaftsrechtlicher Grundlage - über sogenannte steuerverhaftete Anteile an der Zielgesellschaft. Veräußert die Zielgesellschaft anschließend ihr Betriebsvermögen an die Erwerbsholding und schüttet den erzielten Veräußerungsgewinn zuzüglich ihrer Rücklagen an die Newco aus,[102] kann diese die dadurch bedingte Abschreibung auf den niedrigeren Teilwert der Beteiligung nicht steuerlich geltend machen.[103] Die Steuerbelastung auf die empfangene Ausschüttung wird somit bei der Erwerbsholding nicht neutralisiert.
Das bei der Durchführung des Buy-Outs so wichtige Instrument der ausschüttungsbedingten Teilwertabschreibung kann also insoweit zumindest anteilig nicht angewendet werden, als an der Zielgesellschaft im Ausland ansässige nichtanrechnungsberechtigte Anteilseigner beteiligt sind. Schüttet die Objektgesellschaft den aus dem Verkauf der Anteile bzw. des Betriebsvermögens erzielten Veräußerungsgewinn trotzdem an die Newco aus, so kann diese eine anschließende Gewinnminderung auf die Anteile nur begrenzt geltend machen. Soweit der ausgeschüttete Gewinn auf der Veräußerung steuerverhafteter Anteile beruht, ergibt sich eine steuerliche Doppelbelastung

2.5.2. Umgehungsmöglichkeiten

2.5.2.1. Erhöhung der Gewinnminderung

Nach dem Wortlaut des § 50c Abs. 1 S. 1 EStG unterbleibt eine steuerliche Berücksichtigung der Gewinnminderung nur insoweit, als diese den Sperrbetrag nach Abs. 4 nicht übersteigt. Im Umkehrschluß ergibt sich daraus, daß eine über den Sperrbetrag hinausgehende Ausschüttung auch gewinnmindernd berücksichtigt werden kann. Es ist in einem solchen Fall davon auszugehen, daß die den Sperrbetrag übersteigende

101 Vgl. auch Söffing, G./Wrede, F., a.a.O., S. 389.

102 Zum Instrument der ausschüttungsbedingten Teilwertabschreibung vgl. Dritter Teil, Abschn. B.4.3.2. dieser Arbeit.

103 Dies gilt für Gewinnminderungen im Jahr der Anschaffung der Anteile sowie in den folgenden neun Wirtschaftsjahren. Vgl. § 50c Abs. 1 EStG.

Wertminderungen "nicht mit erworbenen und im Erwerbspreis berücksichtigten Rücklagen, sondern mit nach dem Anteilserwerb entstandenen und ausgeschütteten Rücklagen zusammenhängen."[104] Im Falle eines Buy-Outs erscheint dieses Verfahren jedoch kaum anwendbar, da insbesondere seitens der Newco das Interesse besteht, die Ausschüttung der stillen Reserven sowie die anschließende Teilwertabschreibung in unmittelbarer zeitlicher Nähe zum eigentlichen Erwerbsvorgang vorzunehmen. Dies verlangt die hohe Liquiditätsbelastung der Transaktion. Dann aber können nur die gerade erworbenen Rücklagen sowie der erzielte Veräußerungsgewinn für die Ausschüttung verwendet werden.
Das Hinausschieben der steuerlich anerkannten Gewinnminderung über mehrere Jahre ist jedenfalls gerade bei der Durchführung des MBO's in Anbetracht der angespannten Liquiditätslage und der vorerst zu zahlenden Steuerlast auf die empfangene Gewinnausschüttung nicht realistisch.

2.5.2.2. Zwischenschaltung einer Tochtergesellschaft

Die Rechtsfolgen des § 50c EStG lassen sich ebenfalls vermeiden, indem die Anteile des ausländischen Anteilseigners bzw. der ausländischen Muttergesellschaft nicht direkt, sondern über eine zwischengeschaltete inländische Tochtergesellschaft erworben werden.[105] Schüttet die Zielgesellschaft ihren Gewinn aus dem Verkauf des Betriebsvermögens an diese Zwischengesellschaft aus, so unterliegt die Ausschüttung zuzüglich des Anrechnungsguthabens bei dieser dem Regel-Körperschaftsteuersatz von 50%. Eine bei der Zwischengesellschaft vorgenommene Teilwertabschreibung auf die Beteiligung an der Zielgesellschaft bleibt steuerlich unberücksichtigt.[106] Die anschließende Weiterausschüttung an die eigentliche Newco wird durch das körperschaftsteuerliche Vollanrechnungsverfahren steuerneutral gestellt. Repräsentiert jedoch die Beteiligung an der Zielgesellschaft das ausschließliche Betriebsvermögen der Zwischengesellschaft, so ergibt sich durch die Weiterausschüttung an die Newco hier eine beachtliche Wertminderung. Diese rechtfertigt im Ergebnis bei der Newco eine Abschreibung auf den niedrigeren Teilwert

104 Blümich/Uelner, A., a.a.O., § 50c EStG, Rz. 25.

105 Vgl. zum folgenden Hermann, C./Heuer, G./Raupach, A., a.a.O., § 50c EStG, Anm. 17.

106 Vgl. § 50c EStG.

der an der Zwischengesellschaft gehaltenen 100%igen Beteiligung.[107] Da die Anteile an der Zwischengesellschaft nicht mit einem Sperrbetrag belegt waren, ist die Gewinnminderung steuerlich anzuerkennen.[108]

Abb. 9: Zwischenschaltung einer Tochtergesellschaft

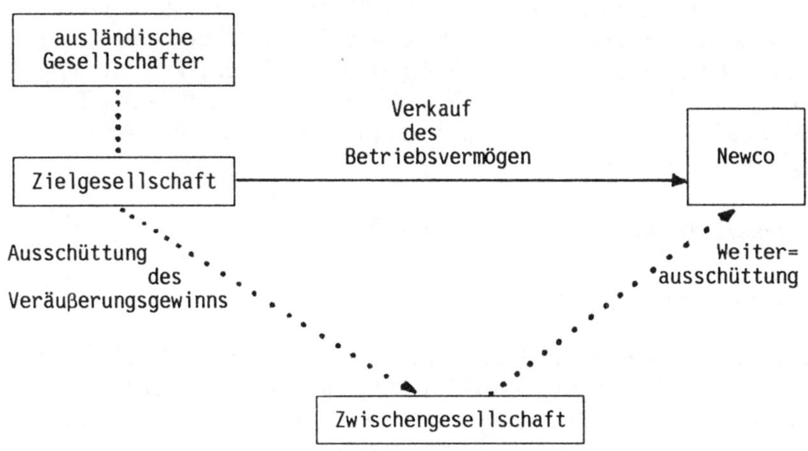

Es ist jedoch fraglich, inwieweit eine solche Konstruktion mit der Mißbrauchsaufsicht des § 42 AO sowie mit einer "ausdehnenden Auslegung des § 50c EStG" zu vereinbaren ist.[109]

2.5.2.3. Umwandlung auf ein Privatvermögen

Die Regelungen des § 50c EStG kommen auch zur Anwendung, soweit die Zielgesellschaft auf eine als Personengesellschaft geführte Newco[110] umgewandelt wird. Nach § 5 Abs. 3 UmwStG erhöht sich der Übernah-

---

107 Vgl. auch Abb. 9.

108 So auch Neyer, W./Becker, F., § 50c EStG des Einkommensteuergesetzes - Zielsetzung, Auswirkungen und Vermeidungen, in: RIW 1980, S. 639.

109 Vgl. Neyer, W./Becker, F., a.a.O., S. 639.

110 Vgl. hierzu Dritter Teil, Abschn. B.5. dieser Arbeit.

megewinn der Newco in diesem Fall entsprechend um den Sperrbetrag des § 50c Abs. 4 EStG.[111]

Nicht erfaßt von diesen Bestimmungen wird lediglich der Fall einer Überführung des Betriebsvermögens der Zielgesellschaft in das Privatvermögen einer natürlichen Person.[112] Da § 11 Abs. 2 UmwStG keinen Verweis auf die einschlägige Vorschrift des § 5 Abs. 3 UmwStG enthält, kommt es in diesem Fall nicht zu einer fiktiven Erhöhung des Übertragungsgewinns. Fraglich ist jedoch, inwieweit die Übernahme des gesamten Betriebsvermögens der Zielgesellschaft in das Privatvermögen einer natürlichen Person, z.B. eines der Manager des Buy-Out-Teams, insbesondere aus haftungstechnischen Gründen als relevante Alternative angesehen werden kann.[113]

3. Steuerliche Konsequenzen beim Asset deal

3.1. Abgrenzung des Sachverhaltes

Der relevante Unterschied im Gegensatz zum Share deal liegt bei der Realisierung des Management-Buy-Out als Asset deal darin, daß die Zielgesellschaft als Steuersubjekt bestehen bleibt und somit auch der Gewinn aus der Übertragung des Betriebsvermögens nicht auf der Ebene der (ausländischen) Anteilseigner, sondern bei der Objektgesellschaft selbst realisiert wird. Dies gilt jedoch lediglich für den reinen Asset deal, da beim internen Asset deal durch den vorausgegangenen Beteiligungserwerb die (ausländischen) Gesellschafter der Zielgesellschaft von den weiteren Vorgängen steuerlich nicht mehr berührt sind.[114]

Es stellt sich mithin beim Asset deal hauptsächlich das Problem der Transferierung des anteiligen Veräußerungsgewinns an die ausländischen Anteilseigner bzw. die im Ausland ansässige Muttergesellschaft. In die Überlegungen zur steuerlich vorteilhaften Gestaltung sind wiederum die Regelungen des nationalen Außensteuerrechts sowie die einschlägi-

---

111 Vgl Blümich/Uelner, A., a.a.O., § 50c EStG, Rz. 35.

112 Vgl. § 11 UmwStG.

113 Auch sämtliche steuerlichen Instrumente, wie etwa Abschreibungen können in Ermangelung eines Betriebsvermögens nicht genutzt werden.

114 Vgl. den Sachverhalt bei der Verschmelzung auf betrieblicher Grundlage.

gen Vorschriften der entsprechenden Doppelbesteuerungsabkommen mit einzubeziehen.[115]

3.2. Steuerliche Behandlung im Einzelnen

3.2.1. Steuerpflicht der ausländischen Anteilseigner

Die ausländischen Anteilseigner sind mit dem in der inländischen Zielgesellschaft realisierten Gewinn aus der Überführung des Betriebsvermögens beschränkt steuerpflichtig.[116] Danach unterliegen thesaurierte Gewinne aufgrund der Abschirmwirkung der inländischen Tochtergesellschaft [117] allein bei ihr der deutschen unbeschränkten Steuerpflicht.[118] Insoweit ist es für die Beurteilung des Vorganges auch vorerst unerheblich, inwieweit mit dem Sitzstaat des ausländischen Anteilseigners ein DBA besteht. Eine Steuerpflicht des ausländischen Gesellschafters ergibt sich erst bei einer Weiterausschüttung des Veräußerungsgewinns. Dabei kommt es gemäß § 27 KStG zur Minderung der Körperschaftsteuertarifbelastung auf 36%. Da die ausländischen Gesellschafter nichtanrechnungsberechtigt i.S.d. § 51 KStG sind, wird diese Ausschüttungsbelastung jedoch zur Definitivbelastung.[119] Sie hat somit auf der Gesellschafterebene echten Aufwandcharakter.[120]
Darüber hinaus unterliegen die ausländischen Anteilseigner mit ihrer Dividende im Inland der beschränkten Steuerpflicht.[121] Diese wird durch die Einbehaltung einer 25%igen Kapitalertragsteuer[122] auf die ausge-

---

115 Die steuerlichen Vorschriften des ausländischen Vertragsstaates sollen im Rahmen dieser Untersuchung nicht berücksichtigt werden.

116 Vgl. § 49 EStG Vierter Teil, Abschn. B.2.2. dieser Arbeit.

117 Selbständiges Steuersubjekt als Kapitalgesellschaft.

118 Vgl. hierzu auch Telkamp, H.-J., Die Auswirkungen der Körperschaftsteuerreform auf die Besteuerung international tätiger Unternehmungen, in: FR 1977, S. 286.

119 Die Ausschüttungsbelastung kann auf die Steuerschuld des ausländischen Anteilseigners nicht angerechnet werden.

120 Vgl. Telkamp, H.-J., a.a.O., S. 286.

121 Beschränkte Steuerpflicht i.S.d. §§ 2 Nr. 1, 8 Abs. 1 KStG i.V.m. § 49 Abs. 1 Nr. 5 EStG, soweit es sich um eine im Ausland ansässige juristische Person handelt.

122 Vgl. § 43 Abs. 1 Nr. 1 EStG. In aller Regel wird dieser Quellensteuersatz jedoch in Anwendung des jeweiligen DBA auf 15% gesenkt. Vgl. hierzu auch die schrittweise Absenkung des KapErtrSt-Satzs im neuen DBA-USA auf zuletzt 5%.

schüttete Bruttodividende abgegolten. Da die inländische Tochtergesellschaft daneben mit ihren inländischen Gewinnen der Gewerbesteuer unterliegt, kumuliert die inländische Steuerbelastung auf die Ausschüttung des Veräußerungsgewinns an das ausländische Stammhaus.[123]

Die inländische Steuerbelastung bei Weiterausschüttung des Veräußerungsgewinns durch die Zielgesellschaft an die ausländischen Anteilseigner stellt sich somit wie folgt dar:

Abb. 10: Asset deal und ausländische Anteilseigner

Veräußerungsgewinn	100
- inländische Ertragsteuerbelastung (KSt, GewSt)[124]	58,3
= Veräußerungsgewinn nach inl. Steuer	41,7
Weiterausschüttung durch die Zielgesellschaft	
aus EK 50: 41,7 + (41,7 x 14/50) = 53,37	
= Bardividende	53,37
- Quellensteuer (15% auf Bardividende)	8,00
= Nettozufluß beim ausländischen Gesellschafter	43,37

Bei einem mit Rücksicht auf die neuesten Abkommensvereinbarungen wohl realistischen Quellensteuersatz von 10% erhöht sich der Nettozufluß beim ausländischen Anteilseigner auf 48,04.
Hinzu kommt anschließend eine Besteuerung der Erträge aus der empfangenen Dividende im Sitzstaat der ausländischen Muttergesellschaft.

123 Vgl. auch Rath, W.-D., Die Besteuerung ausländischer Muttergesellschaften und ihrer deutschen Tochtergesellschaften in Deutschland nach der Körperschaftsteuerreform, in: BB 1976, S. 1070, sowie Telkamp, H.-J., a.a.O., S. 287.

124 Der Betrag errechnet sich wie folgt: 50 + 16.67 - (16,67 x 0,5) = 58,3.

3.2.2. *Behandlung nach DBA Recht*

Die Besteuerung der Einkünfte aus Kapitalvermögen wird in nahezu sämtlichen Doppelbesteuerungsabkommen erheblich eingeschränkt.[125] Zwar wird das Recht zur Besteuerung der Gewinnausschüttungen auch nach den Vorschriften des DBA dem Sitzstaat der ausschüttenden Gesellschaft, in diesem Fall also der Bundesrepublik, zugeordnet. Die Höhe des Quellensteuersatzes wird jedoch i.d.R. auf 15% der Bruttodividende begrenzt.[126]

Noch weitergehender sind die Einschränkungen, soweit das internationale Schachtelprivileg zur Anwendung kommt.[127] Soweit die ausländische Unternehmenseinheit zu mindestens 25% an der inländischen Zielgesellschaft beteiligt ist (Schachtelbeteiligung), soll der Quellensteuersatz im allgemeinen die Grenze von 5% nicht überschreiten.

Im Rahmen der sogenannten Suspensionsklausel behält sich die Bundesrepublik Deutschland jedoch vor, den Quellensteuersatz, auch bei Schachteldividenden, in Einzelfällen anzuheben.[128]

Mit dieser Regelung soll der Tatsache Rechnung getragen werden, daß nach dem deutschen Körperschaftsteueranrechnungsverfahren die steuerliche Belastung ausgeschütteter und thesaurierter Gewinne differiert.[129] Durch diese fallweise Anhebung des Quellensteuersatzes wird quasi der "...temporäre Charakter des deutschen gespaltenen Körperschaftsteuersatzes fingiert...".[130]

---

125 Vgl. Fischer, L., Steuerlehre, a.a.O., S. 170.

126 Vgl. auch Art. 10 Abs. 2 Buchst. B OECD-MA.

127 Vgl. Art. 10 Abs. 2 Buchst. A OECD-MA.

128 Zur Suspensionsklausel siehe insbesondere Mayer-Arndt, L., Ausländereffekt und Quintettsituation. International-steuerrechtliche Fragen des gespaltenen Körperschaftsteuersatzes, in: DStZ/A 1975, S. 278ff. Siehe im übrigen auch die jeweiligen Normen in den entsprechenden DBA-Vorschriften, so z.B. Brasilien (15%), Großbritannien (28%).

129 Die Suspensionsklausel sollte dabei bisher solange zur Anwendung kommen, wie die Differenz zwischen Ausschüttungs- und Thesaurierungssteuersatz mehr als 20%-Punkte beträgt. Nicht zuletzt hierin war auch ein Grund für die Fixierung der beiden Steuersätze von 36% und 56% zu sehen, vgl. BT-Drucks. 700/73 v. 8.11.1973, S. 331.

130 Fischer, L., Steuerlehre, a.a.O., S. 171.

Hier hat sich die Rechtslage jedoch durch die Einführung des neuen Thesaurierungskörperschaftsteuersatzes von 50% im Rahmen des StRefG 1990 entscheidend geändert.[131] Da der Unterschied zwischen Ausschüttungs- und Thesaurierungsbelastung nunmehr weniger als 20%-Punkte beträgt, ist die Suspensionsklausel nicht mehr anzuwenden und ein schrittweises Absenken der Quellensteuersätze im Rahmen der Neuverhandlungen von Doppelbesteuerungsabkommen ist möglich.[132]

3.2.3. Gestaltungsüberlegungen

Durch die Einführung des zweistufigen Vollanrechnungssystems bei der Körperschaftsteuer und die damit entstehende Definitivbelastung des Ausschüttungssteuersatzes von 36% sowie die dadurch bedingte weitgehende Abschaffung des positiven Ausländereffektes hat sich die steuerliche Situation ausländischer Anteilseigner in der Bundesrepublik teilweise empfindlich verschlechtert.[133]
Dies gilt insbesondere gegenüber der Begründung einer inländischen beschränkt steuerpflichtigen Betriebstätte. Deren gewerbliche Einkünfte unterliegen zwar im Rahmen der beschränkten Steuerpflicht nach § 49 Abs. 1 Nr. 2a EStG[134] ebenfalls der inländischen Besteuerung, der Steuersatz auf diese Einkünfte beträgt jedoch lediglich 46%.[135] Da die Vorschrift des § 27 KStG lediglich auf unbeschränkt steuerpflichtige Körperschaften Anwendung findet, kommt es mithin im Falle der Weiterleitung der Einkünfte an die ausländische Muttergesellschaft nicht zur Herstellung der Ausschüttungsbelastung. Die 46%ige Körperschaftsteuer im Rahmen der beschränkten Steuerpflicht wird zwar somit zur Definitivbelastung; da jedoch weitere Kapitalertragsteuer nicht anfällt, ergibt sich

131 Vgl. zu dieser Problematik Manke, K., Steuerreform und Doppelbesteuerungsabkommen, in: Wpg 1989, S. 71ff.

132 Vgl. z.B. die vereinbarte stufenweise Senkung der Quellensteuersätze im neuen DBA-USA auf zunächst 10 und endgültig 5%.

133 Dies gilt insbesondere für ausländische Anteilseigner, die ihre inländischen Aktivitäten über eine Tochtergesellschaft ausüben, vgl. hierzu auch Telkamp, H.-J., a.a.O., S. 287.

134 In Verbindung mit §§ 2 Nr. 1, 8 Abs. 1 KStG.

135 Vgl. § 23 Abs. 3 KStG.

insgesamt ein Vorteil gegenüber unbeschränkt steuerpflichtigen Tochtergesellschaften von 17%-Punkten.[136]
Dies hat zu entsprechenden Gestaltungsüberlegungen seitens ausländischer Investoren geführt, wobei sich in der Praxis insbesondere folgende Alternativen entwickelt haben:[137]

1. Substitution von Beteiligungserträgen durch Leistungserträge.

2. Fortführung der inländischen Aktivitäten in der Rechtsform einer Betriebstätte.[138]

3. Zwischenschaltung einer inländischen Betriebstätte.

3.2.3.1. Umdeutung der Entgelte

Da schuldrechtliche Leistungsbeziehungen auch zwischen der ausländischen Stammeinheit und der inländischen Tochtergesellschaft im Grundsatz anerkannt werden, besteht die Möglichkeit, die bei der inländischen Zielgesellschaft anfallenden Gewinne nicht in Form von gesellschaftrechtlichen Ausschüttungen an die ausländischen Gesellschafter zu überführen, sondern diese in Leistungsentgelte umzuwandeln. Hieraus ergeben sich die folgenden steuerlich erheblichen Konsequenzen:

a) Leistungsentgelte können bei der inländischen Zielgesellschaft als abzugsfähige Betriebsausgaben gewinnmindernd geltend gemacht werden.

b) Erfolgt die Vergütung beispielsweise in Form von Zinsen, so unterliegen diese nicht der inländischen beschränkten Steuerpflicht gemäß § 49 EStG.[139] Maßgebend ist in diesem Fall also allein die

---

136 Als Differenz zu den 67% Steuerbelastung der inändischen Tochtergesellschaft

137 Vgl. hierzu Telkamp, H.-J., a.a.O., S. 289ff.

138 Diese Alternative entfällt im konkreten Fall des MBO, da sie die Umwandlung der Zielgesellschaft in eine Personengesellschaft bedingen würde. Siehe deshalb Alternative 3.

139 Darlehenszinsen unterliegen der beschränkten Steuerpflicht nur insoweit, als sie hypothekarisch gesichert sind. Vgl. Telkamp. H.-J., a.a.O., S. 289.

Höhe der ausländischen Steuerbelastung. Liegt diese bei Einbeziehung der Steuervorteile aus dem Betriebsausgabenabzug bei der inländischen Zielgesellschaft unter 43%, so kann sich eine Umqualifizierung von Beteiligungserträgen in Leistungsentgelte unter dem Aspekt der Steuerminimierung als vorteilhaft erweisen.

Problematisch erscheint jedoch die konkrete Ausgestaltung derartiger Vertragsbeziehungen bei der Durchführung eines Management-Buy-Outs. Als oberste Maxime sind bei solchen grenzüberschreitenden Konstruktionen die entsprechenden Vorschriften über die Angemessenheit von Leistungsbeziehungen nach dem Dealing at Arm's length Grundsatz, sowohl im jeweiligen DBA als auch in nationalen Steuerordnungen der Vertragstaaten, zu beachten.

3.2.3.2. Zwischenschaltung einer Betriebstätte

Um die vorgenannten Vorteile der inländischen Betriebstätte zu nutzen, ohne jedoch auf die rechtliche Selbständigkeit einer Tochtergesellschaft zu verzichten, bietet sich die Begründung einer inländischen Betriebstätte an, die ihrerseits die mehrheitliche Beteiligung an der Zielgesellschaft hält.[140] Sobald die Objektgesellschaft Beteiligungserträge an die zwischengeschaltete Betriebstätte ausschüttet, sind diese beschränkt steuerpflichtig nach § 49 Abs. 1 Nr. 2a EStG. Da der Ausschluß von der Körperschaftsteueranrechnung nicht für die inländische Betriebstätte gilt, wird die Ausschüttungsbelastung von 36% auf die im Rahmen der beschränkten Steuerpflicht zu zahlende Steuer der Betriebstätte angerechnet. Der Gewinntransfer kann mithin unter Anwendung des Vollanrechnungssystems steuerlich neutral erfolgen. Die Einkünfte der Zielgesellschaft unterliegen somit im Endergebnis der Betriebstättenbesteuerung von lediglich 46%.
Ein weiterer Vorteil dieser Gestaltung kann darin gesehen werden, daß auch zwischen inländischer Betriebstätte und Zielgesellschaft der Abschluß schuldrechtlicher Verträge steuerlich anerkannt wird. Auch diesbezüglich ist somit eine Umqualifizierung von Beteiligungs- in Leistungserträge möglich.[141]

140 Vgl. auch Telkamp, H.-J., a.a.O., S. 290.

141 Vgl. Telkamp, H.-J., a.a.O., S. 291.

3.2.3.3. Anwendbarkeit der Teilwertabschreibung

Das Instrument der ausschüttungsbedingten Teilwertabschreibung ist auf den Fall des internen Asset deals mit vorgelagertem Beteiligungskauf beschränkt.[142] Für diesen internen Asset deal kann auf die Ausführungen im Kapitel "Verschmelzung" verwiesen werden.[143]
Durch den Erwerb der Anteile von einem ausländischen nichtanrechnungsberechtigten Anteilseigner sind die Gesellschaftsrechte an der Zielgesellschaft steuerverhaftet i.S.d. § 50c 4 EStG. Eine Gewinnminderung kann bezüglich dieser Anteile in Höhe des Sperrbetrages nach § 50c Abs. 4 EStG nicht geltend gemacht werden. Auch beim internen Asset deal kann dieses Ziel jedoch über den Umweg der Einschaltung einer Zwischengesellschaft erreicht werden.[144]

---

142 Vgl. Dritter Teil, Abschn. B.4.3.2. dieser Arbeit. Beim reinen Asset deal wird kein gesellschaftsrechtliches Beteiligungsverhältnis zwischen Zielgesellschaft und Newco begründet, so daß auch keine Abschreibung auf den Beteiligungswert möglich ist.

143 Vgl. Vierter Teil, Abschn. B.2.5. dieser Arbeit.

144 Vgl. Vierter Teil, Abschn. B.2.5.2.2. dieser Arbeit.

Fünfter Teil

Steuerliche Gestaltung der Desinvestitionsphase

A. DREI ALTERNATIVEN

Der wirtschaftliche Erfolg eines Management-Buy-Outs kann nicht schon nach abgeschlossener Übernahme und Eingliederung der Zielgesellschaft in die Newco beurteilt werden. Betrachtet man den Buy-Out als einen einheitlichen Investitionsvorgang,[1] können insbesondere die externen Investoren ihren Return on Investment erst bestimmen, sobald sie sich wieder vollständig aus dem Engagement zurückgezogen haben. Die Partizipation am Erfolg der Buy-Out-Gesellschaft kann dabei grundsätzlich auf zweierlei Arten erfolgen:

1. durch entsprechende Gewinnausschüttungen der Newco, sobald die vorrangigen Verbindlichkeiten abgebaut worden sind,

2. durch Realisierung des Wertzuwachses der eigenen, an der Newco gehaltenen Gesellschaftsanteile.

Für diesen Realisierungsvorgang stehen den externen Investoren in der Desinvestitionsphase grundsätzlich drei Varianten zur Verfügung:[2]

a) Übernahme der Newco durch das Buy-Out-Team, wobei die Beteiligungsfinanziers über den Erwerb der eigenen Gesellschaftsanteile durch die Newco ausgekauft werden,

b) Einführung der Buy-Out-Gesellschaft am Kapitalmarkt und Realisierung des Wertzuwachses bei gestiegener Fungibilität der Anteile durch Veräußerung an der Börse,

---

1 Vgl. Ditter Teil, Abschn. B. dieser Arbeit.

2 Vgl. auch Wright, M./Robbie, K./Coyne, J., a.a.O., S. 9, sowie Stedler, H., Venture Capital und geregelter Freiverkehr, Frankfurt a.M. 1987, S. 48f.

c) Verkauf der Newco an einen anderen industriellen Übernahmeinteressenten (Industrial buyer).

Da die Renditeerwartungen der externen Investoren sich kaum über eine ausschließliche Teilnahme am laufenden Gewinn der Newco befriedigen lassen werden, wird sich ihr Hauptinteresse auf eine Realisierung des Wertzuwachses der an der Newco erworbenen Gesellschaftsanteile richten.

B. ÜBERNAHME DURCH DAS BUY-OUT-TEAM

1. Erwerb eigener Anteile durch die Newco

1.1. Grundlegung

Wird die Newco in der Rechtsform der GmbH geführt, so hat diese im Gegensatz zu einer Aktiengesellschaft[3] grundsätzlich die Möglichkeit des Erwerbs eigener Anteile.[4] Im folgenden soll diese Möglichkeit der Umstrukturierung des Stammkapitals als Alternative untersucht werden, die institutionellen Investoren aus der Newco auszukaufen. Danach kommt ein solcher Erwerb eigener Anteile insbesondere dann in Betracht, wenn die Veräußerung der Buy-Out-Gesellschaft an einen externen Dritten nicht erwünscht oder nicht möglich ist. Vielmehr soll auf diesem Wege die Newco in die mehrheitliche Beherrschung des Buy-Out-Teams überführt werden. Des weiteren kann eine solche Maßnahme dann sinnvoll sein, wenn die Buy-Out-Gesellschaft ihrerseits zu einem attraktiven Übernahmekandidaten geworden ist. Der Erwerb eigener Anteile hat

---

3 Zu den aktienrechtlichen Restriktionen vgl. §§ 71ff AktG. Das Aktiengesetz unterstellt in umgekehrter Ausgestaltung der Vorschrift die grundsätzliche Unzulässigkeit des Vorganges und läßt den Erwerb eigener Anteile nur in Ausnahmefällen zu.

4 Vgl. § 33 GmbHG. Voraussetzung ist danach gemäß § 33 Abs. 2 GmbHG lediglich, daß die Stammeinlage auf diese Anteile voll eingezahlt ist und der Erwerb aus dem über das Stammkapital hinausgehende Vermögen erfolgt. Das Vorliegen besonderer Gründe für den Erwerb eigener Anteile ist dagegen nicht erforderlich. Vgl. auch Ziebe, J., Der Erwerb eigener GmbH-Anteile in den Staaten der Europäischen Gemeinschaft, in: GmbHR 1983, S. 38, im folgenden zitiert als: Ziebe, J., Erwerb.

sich in solchen Situationen zur Abwehr fremder, unerwünschter Kaufinteressenten bewährt.[5]

1.2. Steuerliche Beurteilung

1.2.1. Anschaffungsgeschäft oder gesellschaftsrechtlicher Vorgang

Die Probleme der steuerlichen Beurteilung des Erwerbs eigener Anteile durch eine GmbH resultieren aus der nicht abschließend geklärten zivilrechtlichen Einstufung des Vorganges und den sich daraus ergebenden, unterschiedlichen steuerlichen Konsequenzen.[6] Der Erwerb eigener Gesellschaftsrechte durch die Newco kann sich danach als reines, auf Leistungsaustausch gerichtetes schuldrechtliches Anschaffungsgeschäft darstellen. Ein zu diesem Zweck durchgeführter Austauschvorgang erfüllt den Tatbestand des erfolgswirksamen Veräußerungsgeschäftes, und unterliegt einer entsprechenden steuerlichen Behandlung.[7]

Dient der Erwerb der eigenen Anteile dagegen der späteren Einziehung, so ist er als gesellschaftsrechtlicher Vorgang erfolgsneutral zu behandeln.[8] Es wird in diesem Fall eine Kapitalrückzahlung bzw. Teilliquidation angenommen.[9] Der BFH unterscheidet beide Sachverhalte deshalb auch nach den Kriterien der Kapitalnutzung und Kapitalrückzahlung.[10]

Der Erwerb wird in letzterem Fall als Rückzahlung des Gesellschaftskapitals qualifiziert, woraus sich auch entsprechende Konsequenzen für die steuerliche Behandlung ergeben. Etwaige Wertunterschiede zwischen

---

5 Vgl. so bereits Döllerer, G., Die Kapitalgesellschaft und ihre Gesellschafter in der neueren Rechtsprechung des Bundesfinanzhofes, in: JbFfStR 1980/81, S. 246, im folgenden zitiert als: Döllerer, G., Kapitalgesellschaften, sowie in letzterer Zeit Hauschka, Chr.E./Roth, Th., a.a.O., S. 187, Otto, H.-J., a.a.O., S. 8. Siehe auch Erster Teil, Abschn. B.3.1.3.1. dieser Arbeit.

6 Vgl. Tillmann, B., a.a.O., Teil III, Rz. 757.

7 Realisierung und steuerliche Erfassung eines Veräußerungsgewinns beim Anteilseigner nach § 17 EStG.

8 Vgl. Bise, W., Eigene Anteile bei Kapitalgesellschaften, in: DB 1975, S. 804.

9 Vgl. Stahl, R., Eigene Anteile der GmbH im Handels- und Steuerrecht, in: KÖSDI 1985, S. 6136.

10 Vgl. BFH-Urt. v. 27.3.1979, VIII R 95/76, BStBl. 1979 II, S. 554.

dem Kaufpreis der Anteile und ihrem Nennwert werden steuerlich nicht als Gewinn bzw. als Verlust erfaßt.[11]

Der Vorgang beurteilt sich bei Annahme einer solchen partiellen Liquidation mithin nicht nach der Vorschrift des § 17 Abs. 4 EStG. Dies bedeutet für den Anteilseigner, daß er aus der Veräußerung Einkünfte aus Kapitalvermögen nach § 20 Abs. 1 Nr. 1 und 2 EStG bezieht.[12] Die auf der Ausschüttung lastende Körperschaftsteuer führt bei ihm somit zu einem Anrechnungsanspruch in Form eines Körperschaftsteuer-guthabens.[13]

Liegt dagegen ein Veräußerungsvorgang vor, ergibt sich die steuerliche Behandlung aus § 17 EStG.[14] Soweit die Anteile im Betriebsvermögen der institutionellen Anleger gehalten wurden, ist in jedem Fall ein steuerrelevanter Veräußerungsvorgang nach § 16 i.V.m. § 15 EStG gegeben.[15]

Die Alternative beim Auskauf der externen Investoren lautet also:

a) Realisierung von gewerblichen Einkünften in Form eines Veräußerungsgewinns i.S.d. § 16 EStG,

b) Empfang einer steuerpflichtigen Gewinnausschüttung nach § 20 Abs. 1 EStG, Anrechnung nach § 20 Abs. 4 EStG.

Über die unterschiedliche zivilrechtliche Qualifikation beider Sachverhalte und die damit verbundenen grundsätzlichen steuerlichen Konsequenzen besteht Einigkeit. Das Problem liegt vielmehr in der objektiven Würdigung der jeweiligen subjektiven Fallgestaltung.[16] Bei dieser Beurteilung ist von den Grundsätzen des Handelsrechts auszugehen.[17] Nach

---

11 Vgl. Bise, W., a.a.O., S. 805.

12 Soweit vEK i.S.d. § 29 Abs. 2 KStG als verwendet gilt.

13 Vgl. auch Stahl, R., a.a.O., S. 6136.

14 Soweit nicht die Voraussetzungen für ein Spekulationsgeschäft i.S.d. § 23 EStG erfüllt sind.

15 Zur Möglichkeit der steuerfreien Veräußerung durch eine Kapitalanlagegesellschaft vgl. Fünfter Teil, Abschn. D.3. dieser Arbeit.

16 Vgl. Bise, W., a.a.O., S. 805.

17 Vgl. BFH-Urt. v. 27.3.1979, a.a.O., BStBl. 1979 II, S. 554.

herrschender Meinung stellt der Erwerb eigener Anteile durch eine GmbH auf der Ebene der Anteilseigner i.d.R. ein Veräußerungssgeschäft dar.[18] Nur in Ausnahmefällen, und soweit der Erwerb in unmittelbarem Zusammenhang mit der Einziehung der Anteile erfolgt, ist auch steuerlich eine Kapitalrückzahlung anzunehmen.[19]
Der Erwerb eigener Anteile im Rahmen eines Management-Buy-Outs erfolgt mit der Zielsetzung, die eigenen Gesellschaftsrechte für unbestimmte Zeit im Betriebsvermögen der Newco zu halten und gegebenenfalls an die Aneilseigner aus dem Kreis des Buy-Out-Teams weiterzuveräußern. Der Vorgang wird dementsprechend, in Anlehnung an die zivilrechtlichen Maßstäbe, auch steuerrechtlich als schuldrechtliches Anschaffungsgeschäft zu beurteilen sein.[20]

1.2.2. Behandlung auf der Ebene der Newco

1.2.2.1. Bilanzierung der erworbenen Anteile

Geschäftsanteile, die die Newco aufgrund eines schuldrechtlichen Anschaffungsgeschäftes erwirbt, werden in der Steuerbilanz wie Fremdanteile behandelt. Die Bewertung erfolgt mit den Anschaffungskosten.[21]
Unerheblich für die Zuordnung der eigenen Anteile ist auch die Vorstellung der Gesellschafter über die voraussichtliche Verweildauer im Betrieb. Nach § 265 Abs. 3 S. 2 HGB gehören eigene Anteile zum Umlaufvermögen. Dies bedeutet, daß bei einem etwaigen Veräußerungsgewinn eine Regelung nach § 6b EStG nicht in Anspruch genommen werden kann.
Liegt jedoch bei einer späteren Weiterveräußerung der Verkaufspreis für die eigenen Anteile unter den Anschaffungskosten, kann dieser Veräußerungsverlust steuerlich geltend gemacht werden.

---

18 So Stahl, R., a.a.O., S. 6135.

19 Vgl. BFH-Urt. v. 6.4.1976, VIII R 72/70, BStBl. 1976 II, S. 341.

20 Vgl. so auch den Fall des BFH-Urt. v. 27.3.1979, a.a.O., BStBl. 1979 II, S. 553.

21 Vgl. BFH-Urt. v. 28.10.1964, IV 208/64 U, BStBl. 1965 III, S. 59.

1.2.2.2. Gefahr einer verdeckten Gewinnausschüttung

Problematisch im Zusammenhang mit dem Erwerb eigener Anteile ist i.d.R. die latente Gefahr einer verdeckten Gewinnausschüttung.[22] Ausgangspunkt für die Annahme einer solchen, nicht im Gesellschaftsverhältnis begründeten Leistung ist für die Finanzverwaltung die Zahlung eines unangemessen hohen Kaufpreises für die eigenen Anteile. Als Indizien dienen dabei insbesondere zwei Tatbestandsmerkmale:

a) Der gezahlte Kaufpreis liegt über dem Nennwert[23] der erworbenen Beteiligung bzw. über dem Buchwert, mit dem die Anteile im Vermögen der Gesellschafter bilanziert waren.

   Nach der Auffassung des BFH stellt der Erwerb eigener Anteile seiner äußeren Form nach ein Umsatzgeschäft dar. Er führt bei dem übertragenden Gesellschafter zu einer verdeckten Gewinnausschüttung, wenn der Kaufpreis unangemessen hoch ist.[24]

b) Bei einer anschließenden Weiterveräußerung der Gesellschaftsrechte erzielt die Newco einen erheblichen Veräußerungsverlust, ohne daß ein ersichtlicher Grund für die zwischenzeitliche Wertminderung ersichtlich ist.[25]

Aufgrund der restriktiven Auffassung des BFH zum Vorliegen einer verdeckten Gewinnausschüttung beim Erwerb eigener Anteile ist in der Vergangenheit häufig versucht worden, einen überhöhten Kaufpreis mit sonstigen Vorteilen zu begründen, die die Gesellschafter durch die Veräußerung erlangen.[26]
In analoger Anwendung der Grundsätze der Desinvestition aus dem oben genannten Urteil könnte im konkreten Fall eines Buy-Outs dieser

---

22 Vgl. grundsätzlich Stahl, R., a.a.O., S. 3167.

23 Bei Anteilen an einer nicht an der Börse notierten Kapitalgesellschaft ist dies der gemeine Wert nach § 11 BewG, vgl. auch Abschn. 76 VStR.

24 Vgl. BFH-Urt. v. 27.3.1979, a.a.O., BStBl. 1979 II, S. 554.

25 Vgl. Tillmann, B., a.a.O., Teil III, Rz. 763.

26 Vgl. den Fall des BFH-Urt, v. 16.2.1977, I R, 163/75, BStBl. 1977 II, S. 572, bei dem es allerdings um den Erwerb der eigenen Anteile durch eine Aktiengesellschaft ging.

besondere Vorteil in der Abwehr eines eindringenden Gesellschafters, der Vermeidung einer Überfremdung oder der Abwehr einer Übernahme liegen. Dieser Auffassung kann jedoch unter Berücksichtigung des Trennungsprinzips nicht ohne weiteres gefolgt werden.[27]

Nach diesem Grundsatz ist auch bei einem etwa drohenden Schaden zwischen der Sphäre der Gesellschaft und der ihrer Anteilseigner zu unterscheiden. Inwieweit durch die Überfremdung des Unternehmens der Tatbestand eines Schadens für die Gesellschaft selbst erfüllt wird, ist sowohl in der Rechtsprechung als auch in der Literatur strittig.[28] Doch auch ob die Anteilseigner selbst durch eine massive Verschiebung der Stimmrechtsverhältnisse geschädigt werden, ist zunächst nicht geklärt.

Liegt ein solcher Schaden vor, kann dessen Abwendung von den Gesellschaftern die Zahlung eines überhöhten Kaufpreises rechtfertigen.[29] Die Grundsätze über das Verhalten eines ordentlichen Kaufmannes nach § 43 Abs. 1 GmbHG können bei solchen Geschäften mit den eigenen Anteilseignern nur bedingt angewendet werden.[30] Sind demnach betriebliche Belange für die Zahlung eines unangemessenen, überhöhten Kaufpreises ursächlich, so ist der Maßstab für die Bemessung einer verdeckten Gewinnausschüttung zu modifizieren und kann sich nicht strikt an den Grundsätzen des Fremdvergleiches orientieren.[31]

Das eigentliche Problem liegt nach Döllerer jedoch nicht in der Beurteilung des Vorteils, den die erwerbende Gesellschaft bezieht, sondern in dem konkreten Vorteil, der den veräußernden Minderheitsaktionären in Form des überhöhten Kaufpreises tatsächlich zugeflossen ist.[32]

Ob allerdings ein über dem tatsächlichen Wert der Anteile liegender Kaufpreis im besonderen Fall der Abwehr eines Übernahmeangebotes bereits eine Vorteilszuwendung bedeutet, ist ebenfalls im konkreten Einzelfall zu prüfen. Insbesondere dann, wenn auch von Seiten eines externen Käufers ein tatsächliches Kaufangebot in vergleichbarer Höhe vorliegt, kann in der Zahlung dieses Betrages an die eigenen Gesellschafter

---

27 Zum Trennungsprinzip vgl. Tipke, K./Lang, J., a.a.O., S. 396.

28 Vgl. BFH-Urt. v. 16.2.1977, a.a.O., BStBl. 1977 II, S. 573.

29 So zumindest Döllerer, G., Kapitalgesellschaften, a.a.O., S. 247.

30 Zur Verletzung der Sorgfaltspflicht als Voraussetzung für eine verdeckte Gewinnausschüttung vgl. BFH-Urt. v. 12.3.1980, I R 186/76, BStBl. 1980 II, S. 532.

31 Vgl. Döllerer, G., Kapitalgesellschaften, a.a.O., S. 247.

32 Vgl. Döllerer, G., Kapitalgesellschaften, a.a.O., S. 247.

keine verdeckte Gewinnausschüttung i.S.d. § 8 Abs. 3 EStG gesehen werden.[33]

2. Stock-Option-Plan

2.1. Begriff

Unter einem Stock-Option-Plan sind im weitesten Sinne Verfahren zu verstehen, bei denen ein erfolgsabhängiger Bestandteil der Managementvergütungen die Aufstockung der Kapitalbeteiligung bei Überschreiten bestimmter Zielvorgaben vorsieht.[34]
Ihren Ursprung haben solche Gehaltsvereinbarungen in der Bestrebung, die Motivation des angestellten Managers zu erhöhen und eine "Entfremdung" der Geschäftsführung von ihrem Unternehmen zu verhindern. Durch eine Bindung der Gehaltsvereinbarungen an die Entwicklung des Aktionärsvermögens sollen die Interessen beider Gruppen aneinandergekoppelt werden.
Im Zuge der Entwicklung des Management-Buy-Outs sind solche Stock-Option-Techniken vermehrt auch dazu verwendet worden, den Anteil des Buy-Out-Teams am Nennkapital der Newco bzw. der Zielgesellschaft sukzessive zu erhöhen.[35]
Erreicht werden kann dieses Ziel durch die Gewährung unentgeltlicher Belegschaftsaktien oder Kaufoptionen auf Aktien des eigenen Unternehmens (Stock-Options im engeren Sinn). Diese Verfahren haben sich insbesondere bei Aktiengesellschaften etabliert. Die Aufstockung erfolgt dabei nach den Vorschriften des Kapitalerhöhungsgesetzes von 1959.[36]
Die im Zuge einer solchen Kapitalerhöhung begebenen Gratisaktien

---

33 Vgl. Raupach, A., Koreferat zu Döllerer, G., in: JbFfStR 1980/81, S. 267.

34 Zu dieser Form der Gehaltsvereinbarung vgl. grundsätzlich Bühner, R., Möglichkeiten unternehmerischer Gehaltsvereinbarungen für das Top-Management, in: DB 1989, S. 2182.

35 Vgl. so das Management-Buy-Out der Umformtechnik Haussach GmbH aus der Thyssen AG, o.V., a.a.O., in: HBl. Nr. 47, v. 9.3.1987, S. 10.

36 Vgl. Gesetz über die Kapitalerhöhung aus Gesellschafsmitteln und über die Verschmelzung von Gesellschaften mit beschränkter Haftung, v. 23.12.1959, BGBl. 1959 I, S. 789.

unterliegen beim Anteilseigner nicht der Einkommensteuer. Gesellschaftsteuerlich ist der Vorgang ebenfalls unerheblich.[37]
Bei der GmbH dagegen erfolgt die Aufstockung der Beteiligung am Nennkapital der Newco auf dem Wege der gesellschaftsrechtlichen Einlage des Buy-Out-Teams. Dabei bietet sich insbesondere das aus dem Körperschaftsteuerrecht entwickelte Schütt-aus-Hol-zurück-Verfahren an.

2.2. Das Schütt-aus-Hol-zurück-Verfahren

2.2.1. Entwicklung und Funktionsweise

Die Entwicklung des Schütt-aus-Hol-zurück-Verfahrens geht auf die Einführung des körperschaftsteuerlichen Anrechnungsverfahrens im Zuge der Körperschaftsteuerreform 1977 zurück.[38] Durch die Zweiteilung des Körperschaftsteuersatzes und die Erhöhung der Steuerbelastung auf einbehaltene Gewinne wurde die Eigenfinanzierung von Kapitalgesellschaften diskriminiert. Als eine direkte Folge entwickelte sich das Verfahren einer vorläufigen Ausschüttung der Gewinne an die Anteilseigner mit sofortiger Wiedereinlage, das sogenannte Schütt-aus-Hol-zurück-Verfahren.[39] Durch die Vornahme der ordentlichen Gewinnausschüttung und Auslösung des Anrechnungsverfahrens unterlag das nachträglich wiedereingelegte verwendbare Eigenkapital im Endeffekt nur der Einkommensteuertarifbelastung des jeweiligen Gesellschafters.
Die grundsätzliche steuerliche Zulässigkeit des Schütt-aus-Hol-zurück-Verfahrens ist sowohl vom Gesetzgeber,[40] als auch von der Rechtspre-

---

37 Vgl. Begründung des RegEntw zum KStG 1977, BT-Drucks. 7/1470, so auch Priester, H.-J., Körperschaftsteuerreform und Gewinnverwendung - Probleme des Ausschüttungsrückholverfahren-, in: ZGR 1977, S. 473, im folgenden zitiert als: Priester, H.-J., Gewinnverwendung.

38 Vgl. KStG 1977, v. 31.8.1976, BGBl. 1976 I, S. 2597.

39 Insbesondere in der gesellschaftsrechtlichen Literatur findet sich auch die Bezeichnung "Auschüttungsrückholverfahren". Vgl. so Priester, H.-J., Gewinnverwendung, a.a.O., S. 445.

40 Es wurde im Gesetzgebungsverfahren selbst auf diese Gestaltungsalternative als eine "gute Chance" hingewiesen, siehe BT-Drucks. 7/5310, v. 4.6.1976, S. 9, sowie Abschn. 77 Abs. 5 KStR, BStBl. 1977 I, S. 790.

chung[41] anerkannt. Ein Gestaltungsmißbrauch ist demzufolge selbst dann nicht anzunehmen, wenn die Rückführungsverpflichtung des einzelnen Gesellschafters bereits vor der Gewinnausschüttung begründet worden ist.[42] Der Gesetzgeber ist damit von seinem ursprünglichen Grundsatz abgewichen, daß in der Kapitalgesellschaft verbleibende Gewinne - auch soweit sie zunächst an die Anteilseigner ausgeschüttet und anschließend reinvestiert werden - in jedem Fall mit dem Thesaurierungssatz der Körperschaftsteuer nach § 23 KStG belastet sind.[43]

2.2.2. Anwendung im Rahmen der Desinvestition

Da die Newco als sogenannte personenbezogene Kapitalgesellschaft bezeichnet werden kann, ist aufgrund des begrenzten Gesellschafterkreises und der weitgehend gleichgerichteten Interessenlage die Anwendbarkeit des Schütt-aus-Hol-zurück-Verfahrens grundsätzlich gewährleistet. Die zivilrechtliche Sicherstellung der Wiedereinlage kann auf unterschiedliche Weise gewährleistet werden.[44] Es wird dabei zunächst davon ausgegangen, daß sich der Vorgang auf gesellschaftsrechtlicher Basis vollziehen soll.[45] Dieser Alternative ist nicht zuletzt auch deshalb der Vorrang einzuräumen, weil nur über die Zuführung von Eigenkapital die angespannte Finanzstruktur des Buy-Outs entlastet werden kann. Zusätzliches Fremdkapital, insbesondere in Form von Gesellschafterdarlehen, würde Gefahr laufen, unter die Bestimmungen zur Umqualifizierung eigenkapitalersetzender Darlehen i.S.d. BMF-Schreibens v. 16.3.1987 zu

---

41 So ist auch die Annahme eines Mißbrauchs rechtlicher Gestaltungsmaßnahmen i.S.d. § 42 AO durch die Rechtsprechung aus dem Wortlaut des Abschn. 77 KStR gestrichen worden.

42 Vgl. so ausdrücklich Abschn. 77 Abs. 6 S. 2 KStR.

43 Vgl. Hintzen, L., Schütt-aus-Hol-zurück-Verfahren bei der Körperschaftsteuer von GmbH und AG, in: FR 1977, S. 61.

44 Grundsätzlich kann die Sicherung der Wiedereinlage durch gesellschaftsrechtlich kooperative Verpflichtungen, auf schuldrechtlicher Basis oder über einen Gewinnverwendungsbeschluß erfolgen. Vgl. hierzu ausführlich Priester, H.-J., Gewinnverwendung, a.a.O., S. 465ff.

45 Die Rückführung auf schuldrechtlicher Basis, d.h. über die Instrumente der stillen Beteiligung bzw. des Gesellschafterdarlehens soll zunächst nicht berücksichtigt werden, da Ziel der Wiedereinlage durch das Buy-Out-Team die Erhöhung der Beteiligung am Nennkapital der Newco ist.

fallen.[46] Dabei besteht grundsätzlich die Möglichkeit der Verpflichtung über den Gesellschaftsvertrag[47] oder der Vereinbarung einer entsprechenden Satzungsklausel im Gewinnverwendungsbeschluß.[48]
Soweit die Sicherung der Wiedereinlage auf gesellschaftsrechtlicher Basis gewährleistet ist, stellt sich die Frage nach der Form der Rückführung. Bei der Newco in Form einer GmbH ergeben sich dabei folgende Alternativen:

a) Rückführung der Einlage als Stammkapitaleinlage im Wege der Kapitalerhöhung,

b) Einstellung des ausgeschütteten Betrages in die Kapitalrücklage nach § 272 Abs. 2 Nr. 4 HGB,[49]

c) Die Rechtsform der GmbH ermöglicht darüber hinaus die Rückgewähr in Form eines Nachschusses nach §§ 26-28 GmbHG.

Auch in Hinblick auf praktische Erwägungen - die jeweiligen Ausschüttungen an die einzelnen Gesellschafter des Buy-Out-Teams werden kaum für die Vornahme einer Kapitalerhöhung ausreichen - ist der Einstellung des Jahresüberschusses in die Kapitalrücklage der Vorrang zu geben. Dem Konto Kapitalrücklage kommt insoweit im Prozeß der Überführung von Gewinnen in Nennkapital die Funktion eines Sammelbeckens zu.[50] Durch die Rückführung als Kapitalrücklage nach § 272 Abs. 2 Nr. 4 HGB werden darüber hinaus Probleme vermieden, die sich im Zuge der Transformation des Bilanzrichtlinie-Gesetzes ergeben

---

46 Vgl. a.a.O., BStBl. 1987 I, S. 373, sowie Zweiter Teil, Abschn. B.3.2. dieser Arbeit.

47 Voraussetzung ist dabei die Zustimmung aller beteiligten Gesellschafter, vgl. §§ 3 Abs. 2, 53 Abs. 3 GmbHG.

48 Nach § 29 Abs. 1 GmbHG hat der Gesellschafter einer GmbH grundsätzlich einen Anspruch auf den Jahresgewinn.

49 Vgl. hierzu, und zur Abgrenzung gegenüber der Einstellung in die Gewinnrücklage nach § 272 Abs. 2 Nr. 2 HGB, vgl. Orth, M., Neue Aspekte zum Schütt-aus-Hol-zurück-Verfahren, in: GmbHR 1987, S. 200.

50 Vgl. Priester, H.-J., Gewinnverwendung, a.a.O., S. 457.

haben.[51] In Anwendung des von der Rechtsprechung entwickelten "Abflußprinzips"[52] erfordert die Anerkennung des Schütt-aus-Hol-zurück-Verfahrens, daß das Kapital die Gesellschaft tatsächlich verlassen hat. Nach der Auffassung der Finanzverwaltung ist ein solcher Abfluß gewährleistet, "wenn den Gesellschaftern Gewinnanteile zufließen und die Körperschaft zur Einbehaltung der Kapitalertragsteuer nach §§ 43, 44 EStG verpflichtet ist (Zuflußprinzip).[53]
Von dieser Auffassung ist der Bundesfinanzhof in seiner jüngsten Rechtsprechung jedoch dahingehend abgewichen, daß nicht mehr auf den Zufluß beim Anteilseigner, sondern auf die Ausschüttung als von der Kapitalgesellschaft zu verwirklichendes Tatbestandsmerkmal abzustellen ist.[54] Danach setzt eine Gewinnausschüttung i.S.d. § 27 KStG insbesondere einen entsprechenden Vermögensabfluß bei der Kapitalgesellschaft voraus.[55]
In die Gewinnrücklage jedoch dürfen nur Beträge eingestellt werden, die aus dem materiell erwirtschafteten Ergebnis gebildet worden sind.[56] Das Vorliegen des Tatbestandsmerkmals der ordentlichen Gewinnausschüttung ist somit zumindest fraglich.[57] Um Zweifelsfragen vorzubeugen, und zur Vermeidung steuerlicher Risiken, empfiehlt sich deshalb der Ausweis des "Hol-zurück" als Kapitalrücklage gemäß § 272 Abs. 2 Nr 4 HGB. Dies entspreicht im übrigen auch der handelsrechtlichen Beurteilung des Vorganges, der als Vermögensmehrung der Kapitalgesellschaft

---

51 Vgl. Gesetz zur Durchführung der Vierten, Siebten und Achten Richtlinie des Rates der Europäischen Gemeinschaften zur Koordinierung des Gesellschaftsrechts, v. 19.12.1985, BGBl. 1985 I, S. 2355.

52 Vgl. BFH-Urt. v. 11.7.1973, I R 144/71, BStBl. 1973 II, S. 806.

53 Vgl. Abschn. 77 Abs. 5 S. 1 KStG, sowie BFH-Urt. v. 28.1.1981, I R 10/77, BStBl. 1981 II, S. 612.

54 Vgl. auch Orth, M., a.a.O., S. 197.

55 Vgl. BFH-Urt. v. 20.8.1986, I R 87/83, BStBl. 1987 II, S. 75.

56 Vgl. § 272 Abs. 3 S. 1 HGB.

57 Durch die Bildung der Gewinnrücklage aus dem Ergebnis läßt sich aus steuerlicher Sicht nicht eindeutig ableiten, ob es sich um "eine betrieblich veranlaßte Vermögensmehrung handelt, die noch nicht an den Gesellschafter abgeflossen ist, oder um Betriebsvermögensmehrungen, die der Gesellschafter nach vorangegangener Ausschüttung der Unternehmung wieder zugeführt hat", vgl. Orth, M., a.a.O., S. 200.

seinen Ursprung nicht im Betrieb der Gesellschaft, sondern im Gesellschaftsverhältnis hat.[58]

Bei Nachschüssen handelt es sich um Barleistungen der Gesellschafter über die Stammeinlage hinaus. Sie ermöglichen mithin eine Erhöhung des GmbH-Vermögens, ohne daß sich die Zusammensetzung des Stammkapitals bzw. das Verhältnis der Geschäftsanteile verändert. Die Newco verfügt somit über ein flexibles Instrument zur Anpassung ihres Kapitals an wechselnde Finanzierungsbedürfnisse.[59] Die Begründung der Nachschußpflicht erfolgt ebenfalls und ausschließlich über den Gesellschaftsvertrag.[60] Steuerlich wird die Rückführung der Auschüttungen in Form von Nachschüssen als zusätzliche Anschaffungskosten der Beteiligung erfaßt, wobei jedoch der Teilwert des Anteils die Bewertungsobergrenze bildet.[61] Als gesellschaftsrechtliche Leistung, die der GmbH ohne Gegenleistung zugeführt wird, kommt es bei der Newco jedoch nicht zu einer Gewinnverwirklichung.

Weiterreichende steuerliche Vorteile ergeben sich aus der Anwendung des Schütt-aus-Hol-zurück-Verfahrens, soweit die Einkommensteuertarifbelastung der Gesellschafter des Buy-Out-Teams unterhalb des Thesaurierungskörperschaftsteuersatzes von 50% liegt.[62] Durch die Anwendung des Anrechnungsverfahrens nach § 27ff KStG sowie die anschließende Wiedereinlage ist das auf diese Weise "nachträglich" thesaurierte Kapital der Newco lediglich mit dem individuellen Einkommensteuersatz des einzelnen Anteilseigners belastet.[63] Geschmälert wird dieser Steuereffekt allerdings bei der Rückführung der Dividende durch die

---

58 Vgl. auch Döllerer, G., Der Einfluß der Körperschaftsteuer-Reform 1977 auf das Verhältnis zwischen Handelsrecht und Steuerrecht der GmbH, in: GmbHR 1987, S. 138, im folgenden zitiert als: Döllerer, G., Steuerreform.

59 Vgl. Eder, K., GmbH-Handbuch, a.a.O., Teil I, Rz. 310.

60 Vgl. § 26 GmbHG.

61 Vgl. BFH-Urt. v. 11.8.1971., VIII R 13/66, BStBl. 1972 II, S. 117.

62 Eine niedrigere Progression sollte in den ersten Veranlagungszeiträumen nach dem Buy-Out durch den Schuldzinsenabzug aus der Fremdfinanzierung der Einlage der Manager-Gesellschafter zu realisieren sein. Vgl. hierzu auch den Zweiter Teil, Abschn. B.2.1. dieser Arbeit.

63 Vgl. zum Steuereffekt des Schütt-aus-Hol-zurück-Verfahrens auch Wöhe, G./Bilstein, J., a.a.O., S. 321ff.

Belastung des Vorgangs mit Gesellschaftsteuer. Dieser unterliegen im Grundsatz Leistungen der Gesellschafter an ihre Gesellschaft aufgrund gesellschaftsrechtlicher Verpflichtungen.[64]

C. DER GANG AN DIE BÖRSE

1. Ausgangspunkt[65]

Ein sinnvoller Weg, einerseits eine Partizipation sowohl der externen Investoren als auch des Buy-Out-Teams am Wertzuwachs der Newco zu gewährleisten, andererseits aber auch die Außenfinanzierungsmöglichkeiten der Newco und damit die Unternehmenskontinuität zu sichern, ist der Gang an die Börse.[66] Seit dem Inkrafttreten des reformierten Börsengesetzes[67] zum 1. Mai 1987 stehen der börsenwilligen Newco grundsätzlich vier Marktsegmente für die Plazierung von Anteilsscheinen zur Auswahl. Neben den unterschiedlichen rechtlichen Grundlagen ergeben sich die materiell bedeutsamen Unterschiede aus den differierenden Zulassungs- und Anforderungskriterien der emittierenden Unternehmung.[68]

An erster Stelle ist hier der Markt für den "Börsenhandel mit amtlicher Notierung" zu nennen. Dieser amtliche Handel findet seine öffentlichrechtliche Rechtsgrundlage im Börsengesetz. Er erfordert die förmliche Zulassung nach § 36 Abs. BörsG. Neben den Anforderungen, die sich

64 Vgl. § 2 Abs. 1 Nr. 2 KVStG. Gleichzeitig kommt es zu einer Erhöhung der Bemessungsgrundlage für die Substanzsteuern.

65 Vgl. hierzu grundlegend Arthur Andersen (Hrsg.), Der Gang an die Börse, - Going public - , 1989.

66 Populäres Beispiel für die Desinvestition eines Management-Buy-Outs über die Börse ist der Werkzeugmaschinenhersteller Ex-Cell-O. Das Unternehmen wurde im Mai 1987 vom Management übernommen und bereits zwei Jahre später im Juni 1989 an der Börse notiert. Vgl. die Anzeige in der FAZ Nr. 136 v. 28.6.1989, S. 13.

67 Vgl. Gesetz zur Einführung eines neuen Marktabschnitts an den Wertpapierbörsen und zur Durchführung der Richtlinien des Rates der Europäischen Gemeinschaften vom 5. März 1979, vom 17. März 1980 und vom 15. Februar 1982 zur Koordinierung börsenrechtlicher Vorschriften (Börsengesetz) vom 16.12.1986, BGBl. 1986 I, S. 2478.

68 Vgl. Ebeling, R.M., Beteiligungsfinanzierung personenbezogener Unternehmungen, Wiesbaden 1988, S. 21.

aus der Börsenzulassungsverordnung ergeben,[69] haben sich in der Praxis bestimmte Kriterien entwickelt, an deren Einhaltung nicht zuletzt auch die betreuenden Geschäftsbanken interessiert sind.[70]

So sollte das Grundkapital der emittierenden Gesellschaft zumindest 10 Mio. DM betragen und ein Umsatz von wenigstens 50-100 Mio. DM erzielt werden. Um einen für den regelmäßigen Handel entsprechenden Umlauf zu gewährleisten, sollte der Nennwert der sich beim Publikum befindlichen Aktien 3-5 Mio. DM betragen.[71] Darüber hinaus fordert § 9 BörsZulG, daß der Anteil der börsengehandelten Aktien zumindest 25% des Grundkapitals ausmacht. Zur Gewährleistung einer entsprechenden Bonität sollte das börsenwillige Unternehmen während der letzten 3-5 Jahre seine nachhaltige Ertragskraft durch entsprechende, regelmäßige Gewinne unter Beweis gestellt haben.

Auch die Tatsache, daß die Newco ursprünglich nicht als Aktiengesellschaft gegründet, und das Buy-Out noch in der Rechtsform der GmbH durchgeführt wurde, muß für den beabsichtigten Gang an die Börse nicht schädlich sein. Die Gesellschaft sollte lediglich nach der Umwandlung in eine AG[72] zumindest ein Jahr in dieser Rechtsform im Handelsregister eingetragen gewesen sein, und einen Jahresabschluß vorgelegt haben.[73]

Direkt nach dem amtlichen Handel angesiedelt ist der sogenannte "Geregelte Markt". Rechtsgrundlage sind die nachträglich in das Börsengesetz eingefügten §§ 71-78 BörsG. Hintergrund für die Schaffung dieses Marktsegmentes war die anhaltend mangelhafte Eigenkapitalausstattung insbesondere mittelständischer Unternehmen in der Bundesrepublik Deutschland.[74] Ihnen soll nunmehr der Zugang zum öffentlich-rechtlich organisierten Börsenhandel erleichtert werden. "Die geringeren Anforderungen bedingen freilich auch ein niedrigeres Niveau des Kapitalanle-

---

69 Vgl. insbesondere §§ 2, 3, 9 BörsZulG.

70 Vgl. auch Stedler, H., a.a.O., S. 104.

71 Vgl. auch Ebeling, R.M., a.a.O., S. 27.

72 Vgl. auch Fünfter Teil. Abschn. C.3.2.1. dieser Arbeit.

73 Auch diese Frist kann nach § 41 Abs. 1 BörsG von der jeweiligen Landesregierung als Aufsichtsorgan ganz oder teilweise erlassen werden.

74 Auf diesen Zusammenhang weist hin: Claussen, C.P., Der Neue Zweite Markt, in: ZGR 1984, S. 1.

gerschutzes und höhere Risiken als im amtlichen Handel."[75] Deshalb können zum geregelten Markt auch nur Wertpapiere zugelassen werden, die nicht im amtlichen Handel notiert sind.[76] Bei den Anteilsscheinen muß es sich darüber hinaus nicht um Aktien handeln. Aus der bewußt allgemein gehaltenen Formulierung der Gesetzesvorlage[77] ergibt sich, daß beispielsweise auch Genußscheine zum geregelten Markt zugelassen sind.
Der Vorteil für das emittierende Unternehmen liegt hauptsächlich in den wesentlich geringeren Zulassungsvoraussetzungen. So wird i.d.R. ein Emissionsvolumen von 1 Mio. DM für ausreichend gehalten und der Anteil der notierten Wertpapiere sollte lediglich 10% nicht unterschreiten. Anforderungskriterien bezüglich Mindestgröße und -umsatz der emittierenden Unternehmung sind dagegen nicht vorgesehen.[78]
Der geregelte Markt stellt somit insbesondere für junge und risikoreiche, emissionswillige Gesellschaften eine sinnvolle Vorstufe für die Notierung der eigenen Papiere im amtlichen Handel dar. Er verbindet die Chancen des Zugangs zu einem breiten Anlegerpublikum auf der zivilrechtlichen Grundlage des Börsengesetzes mit den Vorteilen der niedrigeren Zulassungsvoraussetzungen.
Neben diesen beiden gesetzlich geregelten Börsensegmenten können Anteile auch im sogenannten "Geregelten Freiverkehr" sowie im "Ungeregelten Freiverkehr", dem Telefonhandel, notiert werden.
Der geregelte Freiverkehr verfügt, ebenso wie der Telefonhandel über keine gesetzlich fixierte Organisationsstruktur. Er funktioniert über ein bereits Anfang des Jahrhunderts geschaffenes System von Usancen, für deren Einhaltung die Ausschüsse der jeweiligen regionalen Börsen verantwortlich sind.[79] Da eine Anwendbarkeit des Börsengesetzes nur be-

---

75 Ebeling, R.M., a.a.O., S. 30.

76 Vgl. § 71 Abs. 1 BörseG.

77 § 71 Abs. 1 BörsG spricht lediglich von Wertpapieren.

78 Vgl. auch Hopf, K., Risikokapital, Nebenbörsen und Anlegerschutz, in: WM 1985, S. 800.

79 Vgl. Stedler, H., a.a.O., S. 106.

dingt gesehen wird,[80] ist der Geregelte Freiverkehr als privatrechtliche Institution anzusehen, deren Grundlage sich im Gewohnheitsrecht findet.[81] Da es für die im Geregelten Freiverkehr gehandelten Papiere[82] keine Kursnotizen gibt, wird die Kursbildung von Freimaklern auf der Grundlage von Angebot und Nachfrage durchgeführt. Entscheidendes Unterscheidungskriterium sind die wiederum niedrigeren Anforderungen und Emissionskosten.[83] So kann die Emission bereits unmittelbar nach der Umwandlung in eine Aktiengesellschaft erfolgen, und der Ausgabebetrag darf den Betrag von DM 500.000,- unterschreiten.

2. Gesellschaftsrechtliche Grundlagen

Bei der Umwandlung einer Gesellschaft mit beschränkter Haftung in eine Aktiengesellschaft handelt es sich um eine formwechselnde Umwandlung.[84]

Merkmal einer solchen formwechselnden Umwandlung ist der Fortbestand des Rechtsträgers;[85] eine tatsächliche Übertragung von Vermögenswerten oder Anteilen findet nicht statt. Es treten mithin auch nicht die Vorschriften zur Einzel-, bzw. Gesamtrechtsnachfolge in Kraft.[86]

---

80 Lediglich die Spezialnorm des § 43 Abs. 3 BörsG wird als wesentliche Gesetzesgrundlage für den geregelten Freiverkehr gesehen. Vgl. Kümpel, S. Amtlicher Markt und Freiverkehr an der Börse aus rechtlicher Sicht, in: WM 1985, Sonderbeil. Nr. 5 zu Heft 30, S. 7f.

81 Vgl. Müller-Stahl, J., Der geregelte Freiverkehr, Köln 1971, S. 116.

82 In Frage kommen dabei insbesondere Optionen, Aktien von Unternehmen, die an anderen deutschen Börsen gehandelt werden, sowie junge Aktien, die erst im nächsten Jahr dividendenberechtigt sind, vgl. Stedler, J., a.a.O., S. 108.

83 Die Gebühren an der Börse betragen lediglich die Hälfte derjenigen des amtlichen Handels, und die Aufwendungen für Prospektdruck und Emissionsanzeigen entfallen vollkommen. Damit ist jedoch die Gläubigerschutzfunktion der Prospekthaftung weitgehend außer Kraft gesetzt. Vgl. Stedler, J., a.a.O., S. 109.

84 Vgl. Widmann, S./Mayer, R., a.a.O., Einf. UmwStG, Rz. 4.

85 Im vorliegenden Fall bleibt die Kapitalgesellschaft (Newco) als juristische Person erhalten.

86 Da der Rechtsträger erhalten bleibt, ist diese formwechselnde Umwandlung jedoch nur innerhalb bestimmter Rechtsformen möglich, bei denen die Rechtspersönlichkeit zumindest weitgehend mit identischen Rechten und Pflichten ausgestattet ist, vgl. Glade, A./Steinfeld, G., a.a.O., S. 89/90, Tz. 11.

Die Vorschriften der formwechselnden Umwandlung finden sich nicht im Umwandlungsgesetz, sondern in den Einzelgesetzen für die jeweilige umzuwandelnde (aufnehmende) Rechtsform.[87]
Grundvoraussetzung für die zivilrechtliche Wirksamkeit des Vorganges ist ein mit Dreiviertelmehrheit gefaßter Beschluß der GmbH-Gesellschafterversammlung.[88] Mit der Eintragung der Umwandlung in das Handelsregister besteht die Newco als Aktiengesellschaft fort. Das Stammkapital der GmbH wird damit zum Grundkapital, die GmbH-Anteile sind in Aktien umzuformen.[89]

3. Steuerliche Beurteilung des Going public

3.1. Grundsatz der Personenidentität

Entscheidend für die steuerliche Behandlung einer formwechselnden Umwandlung ist die Frage, ob das Steuergesetz in diesem Vorgang einen Wechsel des Steuersubjektes sieht. Dabei ist zu beachten, daß die Vorschriften des Umwandlungsteuergesetzes 1977 ausdrücklich keine Anwendung finden.[90] Noch in seinem Urteil vom 13.2.1940[91] hatte der Reichsfinanzhof bestimmt, daß mit einer Änderung der Rechtsform, auch wenn die Rechtspersönlichkeit nach handelsrechtlichen Gesichtspunkten weiterbesteht, die steuerrechtliche Persönlichkeit als erloschen angesehen werden muß.[92]
Von dieser Auffassung ist jedoch der Bundesfinanzhof im Jahre 1958 abgewichen.[93] Der erkennende Senat führt in seiner Urteilsbegründung aus, daß "nicht die Rechtsform, sondern das Rechtssubjekt steuerpflichtig ist."[94]

---

87 Für die Umwandlung einer GmbH auf eine Aktiengesellschaft, vgl. §§ 376-383 AktG.

88 Vgl. § 376 AktG i.V.m. § 53 AktG.

89 Vgl. § 381 AktG.

90 Vgl. Widmann, S./Mayer, R., a.a.O., Anh. 1.-5. Teil, Rz. 6500.

91 Aktenzeichen I 177/39, RStBl. 1940, S. 722.

92 Ebenda, S. 723.

93 Vgl. BFH-Urt. v. 19.8.1958, I 78/58 U, BStBl. 1958 III, S. 468.

94 Ebenda, S. 470.

Für die Frage der unbeschränkten Körperschaftsteuerpflicht ist entscheidend, daß das wirtschaftliche Gebilde sich in eine der im Gesetz abschließend aufgeführten Gruppen einordnen läßt.[95] Trotzdem ist das Steuersubjekt nicht die Rechtsform an sich, sondern die "mit eigener Rechtspersönlichkeit ausgestattete Köperschaft (juristische Person)."[96] Maßgebend für die Entstehung und die Beendigung der Steuerpflicht sind jedoch allein die handelsrechtlichen Vorschriften. "Daraus ergibt sich, daß das Steuersubjekt die aufgrund handelsrechtlicher Bestimmungen entstandene Rechtsperson ist und solange bleibt, bis sie nach Handelsrecht ihr Ende gefunden hat."[97]
Das Steuerecht erkennt mithin bei einer formwechselnden Umwandlung die Personengleichheit an mit der Folge, daß es weder zu einer Beendigung noch zu einer Vermögensübertragung durch Gesamtrechtsnachfolge kommt. Es ergeben sich somit grundsätzlich keine ertragsteuerlichen Konsequenzen. Eine Buchwertfortführung ist möglich, und die in den GmbH-Anteilen enthaltenen stillen Reserven gehen erfolgsneutral auf die Aktien der AG über.[98]
Dieser Grundsatz der Steuerneutralität gilt in entsprechender Weise auch für die Ebene der Anteilseigner. Da bei einer formwechselnden Umwandlung die Nämlichkeit der eingetauschten Aktien und der hingegebenen GmbH-Anteile gewährleistet ist,[99] sind die Grundsätze über den erfolgsneutralen Tausch von Anteilen an Kapitalgesellschaften anwendbar. Da, wie bereits ausgeführt, ein Übergang von Vermögenswerten nicht stattfindet, ergeben sich auch im Bereich der Verkehrsteuern keine Belastungen bei der Newco. Nach der Regelung des Kapitalverkehrsteuergesetzes mit Geltung vom 1.1.1972 ist lediglich der erstmalige Erwerb von Anteilen an Kapitalgesellschaften steuerpflichtig.[100] Wird

95 Vgl. § 1 Abs. 1 Nr. 1-6 KStG.

96 BFH-Urt. v. 19.8.1958, a.a.O., BStBl. 1958 III, S. 470.

97 Ebenda, S. 470.

98 Auch ein Antrag nach § 14 Abs. 2 UmwStG ist hierzu nicht erforderlich, vgl. Dritter Teil, Abschn. B.3.2.2.3. dieser Arbeit, sowie Widmann, S./Mayer, R., a.a.O., Anh. 1.-5. Teil, Rz. 6500.

99 Der Tatbestand der Nämlichkeit ist im Einzelfall gegeben, soweit Art-, Wert- und Funktionsgleichheit der eingetauschten Geschäftsanteile vorliegt. Vgl. hierzu das Tauschgutachten des BFH v. 16.12.1958, a.a.O., BStBl 1959 III, S. 30, sowie Dritter Teil, Abschn. A.3.3.2. dieser Arbeit.

100 Vgl. § 5 Abs. 1 bzw 3 KapStG.

jedoch eine Kapitalgesellschaft in eine andere Kapitalgesellschaft umgewandelt, so ist dieser Vorgang nicht steuerbar.[101]

3.2. Realisierung des Step up

3.2.1. Sachgründung der Aktiengesellschaft

Soll auch im Zuge der Umwandlung der Newco in eine Aktiengesellschaft zur Vorbereitung auf die Börseneinführung eine Aufstockung der Buchwerte erreicht werden, so erfolgt dies i.d.R. über den Weg der Ausgründung. Die Gesellschafter der Newco bringen ihre Anteile an der GmbH durch Sachgründung in die Aktiengesellschaft ein. Im Gegenzug erhalten sie Aktien an der nunmehr in Form der AG geführten Newco.[102] Steuerlich maßgebend für den Wertansatz sind dabei die Grundsätze über die Einlagenbewertung nach § 6 Abs. 1 Nr. 5 EStG. Danach erfolgt der Ansatz der Gesellschaftsrechte im Grundsatz zum Teilwert nach § 10 BewG.[103]

Dies gilt jedoch nicht, soweit es sich bei dem zugeführten Wirtschaftsgut um Anteile an einer Kapitalgesellschaft handelt und der Steuerpflichtige an der Gesellschaft i.S.d. § 17 Abs. 1 EStG beteiligt ist.[104] Die Bewertungsobergrenze wird in diesem Fall durch die Anschaffungskosten der Anteile bestimmt.[105]

Strittig ist jedoch, inwieweit diese auf natürliche Personen zugeschnittene Vorschrift auch auf Körperschaften anwendbar ist. Nach Aschenbach ist ein Abweichen vom Teilwertansatz im Bereich der Körperschaftsteuer

---

101 Vgl. Widmann, S./Mayer, R., a.a.O., Anh. 1.-5. Teil, Rz. 6751, 6753. Vgl. auch BMF-Schr. v. 18.2.1972, F/IV A 4-S 500- 3/72 II, BStBl. 1972 I, S. 136.

102 Aufgrund des Verbots der Unterpari-Emission nach § 9 Abs. 1 AktG stellt der Nominalbetrag des ausgegebenen Anteils die handelsrechtliche Wertuntergrenze dar, vgl. auch Brönner, H., a.a.O., S. 813.

103 Die gewünschte Aufstockung der Buchwerte ist mithin zwingendes steuerliches Ergebnis der Sacheinlage.

104 Vgl. § 6 Abs. 1 Nr. 5b EStG.

105 Ziel dieser Vorschrift ist es, Umgehungen solcherart zu verhindern, daß eine wesentliche Beteiligung zum Teilwert in eine Unternehmung eingelegt und später ohne Realisierung eines ensprechenden Veräußerungsgewinns wieder verkauft wird. Vgl. Herrmann, C./Heuer, G./Raupach, A., a.a.O., § 6 EStG, Anm. 1228.

unter bestimmten Umständen zulässig.[106] Der Ansatz der Anschaffungskosten ist insbesondere dann geboten, wenn der Vorgang der Einlage von Anteilen gegen Gewährung neuer Gesellschaftsrechte auf der Ebene des Einbringenden unter die Grundsätze des Tauschgutachtens[107] fällt.[108] Dies gilt jedoch zumindest für den oben dargestellten Fall der formwechselnden Umwandlung auf der Gesellschafterebene. Da die stillen Reserven dabei auf die neu gegründete Aktiengesellschaft übergehen, muß ihre steuerliche Erfassung durch Wertverknüpfung in der Weise gesichert werden, "daß die Kapitalgesellschaft die bei ihr eingelegten Gesellschaftsanteile mit dem Betrag ansetzt, mit dem sie bisher beim Anteilseigner angesetzt waren." Dies entspricht im übrigen auch dem Rechtsgedanken des § 6 Abs. 1 Nr. 5b EStG, der die steuerliche Erfassung der in den eingebrachten Anteilen enthaltenen stillen Reserven gewährleisten will.[109]

Soweit jedoch die Sacheinlage aus einem Betriebsvermögen erfolgt, ist die Besteuerung der entstandenen Differenz zwischen Teilwert und Buchwert bereits auf der Ebene der einbringenden Unternehmung gewährleistet. Dem Teilwertansatz der Einlage steht mithin auch bei dieser Konstellation nichts entgegen.

Bei der Einbringung der GmbH-Anteile in die börsenfähige Aktiengesellschaft im Zuge der Sachgründung sind somit zwei Fallgrupen zu unterscheiden:

a) Diejenigen Anteile, die von den Gesellschaftern aus dem Buy-Out-Team in die AG eingebracht werden, sind mit dem steuerlichen Teilwert anzusetzen, soweit die Gesellschafter nicht nach § 17 EStG wesentlich beteiligt waren.[110] In diesem Fall ist der Step up problemlos zu realisieren und auf der Ebene des Buy-Out-Teams steuerlich erfolgsneutral.

---

[106] In Dötsch, E./Eversberg, H./Jost, W./Witt, G., a.a.O., § 8 KStG, Tz 53-53d.

[107] Vgl. BFH-Urt. v. 16.2.1958, a.a.O., BStBl. 1959 III, S. 30.

[108] Vgl. Dötsch, E./Eversberg, H./Jost, W./Witt, G., a.a.O., § 8 KStG, Tz 53d.

[109] Vgl. Dötsch, E./Eversberg, H./Jost, W./Witt, G., a.a.O., § 8 KStG, Tz. 53d.

[110] Die Voraussetzungen für das Vorliegen einer wesentlichen Beteiligung i.S.d. § 17 EStG sollten von den Mitgliedern des Buy-Out-Teams in jedem Fall vermieden werden, vgl. Dritter Teil, Abschn. D.IV.2. dieser Arbeit.

b) Problematisch ist die Sacheinlage der im Betriebsvermögen gehaltenen Anteile der institutionellen Anleger. Auch wenn die Einbringung zum Teilwert steuerlich zulässig ist, führt der Vorgang zu einer steuerlichen Erfassung des Einbringungsgewinns bei der Newco.

3.2.2. Besteuerung bei den Anteilseignern

Aus der Sicht der Anteilseigner erfährt die Sachgründung der Aktiengesellschaft dagegen eine andere Beurteilung. Die Einlage stellt sich bei ihm als tauschähnlicher Vorgang dar, indem er für die eingebrachten Anteile an der Newco Wertpapiere an der neuen Aktiengesellschaft erhält.[111] Dies gilt auch unbesehen der Tatsache, daß es sich nicht um ein schuldrechtliches Anschaffungsgeschäft zwischen Dritten, sondern um einen gesellschaftsrechtlichen Vorgang handelt.[112] Auf der Ebene der Anteilseigner ergibt sich mithin als Bewertungsmaßstab der gemeine Wert, mit dem die hingegebenen Anteile anzusetzen sind.[113] Es kommen somit zwei unterschiedliche Wertmaßstäbe für die Beurteilung des selben Vorganges zur Anwendung. Eine nähere Betrachtung zeigt jedoch, daß tatsächlich eine weitgehende Übereinstimmung des Ablaufs auf beiden Seiten gegeben ist.[114] Nach Auffassung der Rechtsprechung liegt der Unterschied zwischen beiden Vorgängen allerdings darin begründet, daß er im Bereich der Kapitalgesellschaft gesellschaftsrechtlichen Charakter habe.[115]

---

111 Vgl. auch BMF-Schreiben v. 4.8.1976, IV B 2 - S 2133 - 9/76, BStBl. 1976 I, S. 418. Auf der Seite der Kapitalgesellschaft gehen jedoch Rechtsprechung und Verwaltung von einem unentgeltlichen Vorgang aus, der demzufolge unter den Anwendungsbereich des § 6 EStG fällt. Vgl. auch BFH-Urt. v. 4.10.1966, I 1/64, BStBl. 1966 III, S. 690.

112 Vgl. Dötsch, E./Eversberg, H./Jost, W./Witt, G., a.a.O., § 8 KStG, Tz. 42b, sowie BFH-Urt. v. 25.1.1984, I R 183/81, BStBl. 1984 II, S. 422.

113 Vgl. BFH-Urt. v. 8.6.1964, I 119/63 U, BStBl. 1964 III, S. 561.

114 Vgl. Dötsch, E./Eversberg, H./Jost, W./Witt, G., a.a.O., § 8 KStG, Tz. 42e.

115 Vgl. BFH-Urt. v. 4.10.1966, I 1/64, BStBl. 1966 III, S. 690.

3.3. Der Emissionsvorgang

3.3.1. Vorteile der Vorzugsaktie

Da insbesondere die Mitglieder des Buy-Out-Teams an der Wahrung der bestehenden Stimmrechtsverhältnisse auch nach der Börseneinführung der Newco interessiert sind, bietet sich als geeignete Emissionsform die Ausgabe von Vorzugsaktien an.[116] Eine entsprechende Ausgestaltung ermöglicht die Emission von Anteilsscheinen ohne Stimmrecht. Der Vorzug besteht im Gegenzug in der Vereinbarung einer bevorrechtigten Dividende. Zum einen wird Vorzugsaktionären eine feste Dividende zugesagt,[117] zum anderen nehmen sie im Fall der Liquidation eine gegenüber den Stammaktionären bevorzugte Stellung ein, und rangieren unmittelbar hinter den externen Gläubigern der Gesellschaft.
Insbesondere bei der Vorbereitung der Newco auf das Going public als Desinvestitionsalternative erscheint die Ausgabe stimmrechtsloser Vorzugsaktien konsequent. Durch die bevorrechtigte Stellung der Vorzusaktionäre, sowohl bei Gewinnausschüttungen als auch bei einem etwaigen Liquidationserlös, kommt auch diesem Vorzugskapital eine "Mezzanine-Stellung" innerhalb der Finanzstruktur der Newco zu. Obwohl die Vorzugsaktie zivilrechtlich als Eigenkapital zu qualifizieren ist und gegenüber externen Gläubigern Haftungsfunktion besitzt, kommt ihr aus der Sicht der Stammaktionäre ein fremdkapitalähnlicher Charakter zu.[118] Der Gedanke der "Mezzanine-Finanzierung" des Management-Buy-Outs[119] wird somit auch in der Desinvestitionsphase konsequent weitergeführt. Dies kann sich für das Standing der emittierenden Newco insoweit als vorteilhaft erweisen, als die Gläubigerstellung der zeich-

---

116 Vgl. § 139 AktG. Nicht zuletzt bei der Börseneinführung von Familiengesellschaften wird auf dieses Instrument der Vorzugsaktie verwiesen. Vgl. Christians, C.F., Die Heranführung von Familienunternehmen an die Börse, in: DBW 1983, S. 177, sowie Hennerkes, B.-H./May, P., Überlegungen zur Rechtsformwahl in Familienunternehmen (Teil II), in: DB 1988, S. 538.

117 Um diesen Vorrang auch in dividendenlosen Wirtschaftsjahren zu gewährleisten, ermöglicht der Typus der sogenannten kumulativen Vorzugsaktie über einen Nachzahlungsanspruch den bevorrechtigeten Ausgleich eines Dividendenausfalls.

118 Vgl. Süchting, J., Finanzmanagement, a.a.O., S. 416, sowie derselbe, Nachrangige Verbindlichkeiten, a.a.O., S. 109.

119 Vgl. die Ausführungen im Zweiter Teil, Abschn. B.3. dieser Arbeit.

nungswilligen Aktionäre gegenüber den Stammaktionären des Buy-Out-Teams deutlich verbessert wird - ein Aspekt, der beim Going public eines relativ jungen Unternehmens in direktem Anschluß an ein Buy-Out nicht unerheblich erscheint.

3.3.2. Steuerliche Problematik

Die steuerliche Problematik der Aktienemission konzentriert sich auf den Bereich der Substanzsteuern.[120] Die Mehrbelastung ergibt sich dabei weniger aus dem Emissionsvorgang selbst als vielmehr aus den Steuerfolgen für spätere Veranlagungszeiträume.[121]
Ausgangspunkt ist dabei die unterschiedliche steuerliche Behandlung notierter und nichtnotierter Anteile an Kapitalgesellschaften nach dem Bewertungsgesetz.[122] Danach erfolgt der Ansatz von Gesellschaftsanteilen an einem nicht börsennotierten Unternehmen nach § 11 Abs. 2 BewG zum gemeinen Wert.[123] Soweit die Gesellschaftsrechte jedoch an einer amtlichen deutschen Börse oder im geregelten Freiverkehr gehandelt werden, ergibt sich auch der steuerliche Wertansatz aus dem Börsenkurs.[124] Vor allem bei ertragstarken Unternehmen kann jedoch dieser Börsenkurs ein Mehrfaches des nach dem Stuttgarter Verfahren ermittelten gemeinen Wertes betragen.[125] Die Konsequenz ist eine erheblich höhere Substanzsteuerbelastung auf der Ebene der Gesellschafter.

---

120 Ertragsteuerliche Folgen ergeben sich keine. Für den Bereich der Gesellschafsteuer ergibt sich eine Steuerpflicht für die Ausgabe von Wertpapieren. Vgl. Grundsätzlich auch Schürmann, W., Umwandlung in die Aktiengesellschaft - Steuerliche Nachteile, in: ZGR 1981, S. 59ff.

121 Vgl. Binz, M.K./Sorg, M.H., Vermögensteuerliche Folgen des going public von Familien-Unternehmen, in: BB 1987, S. 1997.

122 Vgl. § 11 Abs. 1 und 2 BewG.

123 Die Ermittlung erfolgt nach dem Stuttgarter Verfahren, vgl. im einzelnen Abschn. 76ff VStR.

124 Soweit dieser nach § 11 Abs. 1 BewG am Bewertungsstichtag oder während der letzten dreißig Tage ermittelt worden ist.

125 Vgl. hierzu die Untersuchung von Schoenfeld, A., Das Stuttgarter Verfahren zur Bewertung nicht notierter Anteile im Vergleich zu den Börsenkurswerten deutscher Aktiengesellschaften, in: Wpg. 1984, S. 425ff. Danach beträgt die Differenz im Durchschnitt aller untersuchten Unternehmen 50% des gemeinen Wertes, vgl. ebenda, S. 429.

Ein Ausweg erscheint sich auf den ersten Blick über die Vorschrift des § 7 Abs. 1 BörsenZulV zu ergeben. Danach kann sich der Antrag auf die Zulassung zum amtlichen Handel auf einen Bruchteil des Grundkapitals der emittierenden Kapitalgesellschaft beziehen. Es bietet sich somit an, die vom Buy-Out-Team gehaltenen Stammaktien aus dem Emissionspaket auszuklammern und lediglich die Vorzugsaktien in den amtlichen Handel zu geben.[126] Die Stammaktien wären dann als weiterhin nichtnotierte Anteile nach dem Wortlaut des Bewertungsgesetzes zum gemeinen Wert anzusetzen. Die Finanzverwaltung folgt dieser Auffassung jedoch nicht.

Nach ihrer Meinung ergibt sich der Wert der nichtbörsennotierten Stammaktien nach § 11 Abs. 1 BewG aus dem Börsenkurs der Vorzugsaktien.[127] Inwieweit aufgrund der unterschiedlichen Ausgestaltung der Wertpapiere eine Korrektur des Börsenkurses notwendig ist, beurteilt sich nach den Umständen des Einzelfalls.[128]

Der Kurs der amtlich notierten Vorzugsaktien strahlt mithin auf den Wert der Stammaktien ab. Diese Durchbrechung der Bewertungsgrundsätze für nichtnotierte Anteile an Kapitalgesellschaften wird i.d.R. zu einer erheblichen Aufstockung des Beteiligungswertes führen.[129]

Die Zulässigkeit dieser Vorgehensweise der Finanzverwaltung muß nicht zuletzt deshalb auch zumindest zweifelhaft erscheinen.[130] Dies gilt um so mehr, als der Wortlaut des Bewertungsgesetzes diesbezüglich eindeutig ist und im Grunde keiner Ausdeutung durch die Finanzverwaltung bedarf. Aus der Vorschrift des § 11 Abs. 2 S. 1 BewG ergibt sich danach unzweifelhaft, daß Anteile an Kapitalgesellschaften, die nicht an der

---

126 Vgl. Herzig, N./Ebeling, R.M., Substanzsteuerliche Folgen der Börseneinführung stimmrechtsloser Vorzugsaktien, in: AG 1989, S. 222.

127 Vgl. Erl. d. FM NRW v. 14.11.1963, S 3259 - 21 - VC 1, in: AG 1965, S. 74. Danach ergibt sich im umgekehrten Fall, daß der Kurs der amtlich notierten Stammaktien maßgebend für die Bewertung der nicht notierten Vorzugsaktien ist. Diese Grundsätze gelten ebenso im umgekehrten Fall, vgl. Erl. d. FM NRW v. 5.11.1985 - S 3263 - 54 V A4, in: BB 1985, S. 2158.

128 Vgl. FM NRW v. 5.11.1985, a.a.O., S. 2158

129 Bei positiven wirtschaftlichen Rahmenbedingungen oder guter Ertragslage kann der Börsenkurs einer Aktie bis auf das Vierfache des gemeinen Wertes steigen, vgl. Schoenfelder, A., a.a.O., S. 428.

130 Zur Kritik vergleiche ausführlich Herzig, N./Ebeling, R.M., a.a.O., S. 224ff.

Börse notiert werden, mit dem gemeinen Wert anzusetzen sind.[131] Soweit sich dieser nicht aus entsprechenden Verkäufen ableiten läßt, ist er unter Berücksichtigung des Vermögens und der Ertragsaussichten zu schätzen.[132] Diese Schätzung erfolgt auf der Grundlage des von der Finanzverwaltung entwickelten und von der Rechtsprechung anerkannten Stuttgarter Verfahrens.[133] Nach dieser Systematik sollten auch die nichtnotierten Stammaktien der Newco zu beurteilen sein. Für die Maßgeblichkeit eines anderen Wertansatzes einer anderen Aktiengattung derselben Gesellschaft ist eine Rechtsgrundlage nicht ersichtlich. Auch ein Wechsel im Bewertungsverfahren ist mit dem Tatbestand der Ausgabe von amtlich notierten Vorzugsaktien nicht ohne weiteres begründet. Trotzdem, die Plazierung von Wertpapieren an der Börse führt bei den Anteilseignern der Newco nach herrschender Verwaltungsauffassung zu einer empfindlichen vermögensteuerlichen Mehrbelastung. Dies gilt selbst für den Fall, daß die vom Buy-Out-Team gehaltenen Stammaktien nicht in das Emissionspaket einbezogen werden.

D. VERKAUF AN EINEN INDUSTRIAL BUYER

1. Vorüberlegungen

Die Übernahme der Buy-Out-Gesellschaft durch einen anderen Industriekonzern kommt hauptsächlich dann in Betracht, wenn das Buy-Out-Team einerseits die unternehmerische und auch finanzielle Verantwortung abgeben möchte, andererseits die Newco selbst zu einem interessanten Übernahmekandidaten geworden ist. Ein solcher "Ausstieg" kann insbesondere auch deshalb zu erwägen sein, weil er sich für beide Gesellschafterkreise der Newco, das Buy-Out-Team und die externen Investoren, als ein vergleichsweise unkomplizierter Vorgang darstellt.[134]

---

131 Nach § 9 Abs. 2 BewG ist dies der Preis, der im gewöhnlichen Geschäftsverkehr aufgrund der Beschaffenheit der Aktien und unter Berücksichtigung aller den Preis beeinflussenden Umstände erzielt würde.

132 Vgl. § 11 Abs. 2 BewG.

133 Vgl. im einzelnen Abschn. 76ff VStR.

134 Vor allem das Buy-Out-Team wird einem zusätzlichen erheblichen finanziellen und unternehmerischen Risiko ausgesetzt, in dem es die Newco vollständig übernimmt.

Risikobehaftet für beide Eignergruppen ist der Gang an die Börse. Eine Realisierung des Wertzuwachses der eigenen Gesellschaftsanteile ist in entscheidendem Maße von der tatsächlichen Akzeptanz der Papiere am Markt abhängig. Dessen Reaktion und die entsprechende Kursentwicklung der Newcoaktien lassen sich jedoch gerade bei der Emission durch ein junges, noch relativ risikoträchtiges Unternehmen kaum mit Bestimmtheit vorhersagen.
Darüber hinaus kann in einem "Industrial buyer" auch ein entsprechend finanzstarker Partner gefunden werden, der nach abgeschlossener Konsolidierungsphase der Newco das Kapital für erforderliche Investitionen in den Bereichen Erweiterung und Innovation bereitstellen kann.[135]

2. Anteilsverkauf durch das Buy-Out-Team

Die Veräußerung von im Privatvermögen gehaltenen Anteilen an einer inländischen Kapitalgesellschaft regelt sich nach der Vorschrift des § 17 EStG. Ein sich ergebender Veräußerungsgewinn[136] ist demnach nur insoweit steuerpflichtig, als der Anteilseigner innerhalb der letzten fünf Jahre am Kapital der Gesellschaft wesentlich beteiligt war.[137] Über diese Fiktion des Einkommensteuerrechts werden Gewinne und Verluste aus der Veräußerung wesentlicher Beteiligungen im Privatvermögen zu Einkünften aus Gewerbebetrieb.[138] Im Umkehrschluß ergibt sich somit eine steuerfreie Vereinnahmung des Veräußerungsgewinns aus dem Verkauf der Newcoanteile, soweit die einzelnen Gesellschafter des Buy-Out-Teams zu keinem Zeitpunkt vor der Veräußerung zu mehr als einem Viertel mittelbar oder unmittelbar am Nennkapital der Newco beteiligt

135 Dies ist insoweit von Bedeutung, als für solche Maßnahmen in den Wirtschaftsjahren unmittelbar nach dem Buy-Out kaum ausreichende Mittel zur Verfügung stehen werden. Ziel der Newco wird es in dieser Phase sein, gestützt auf das vorhandene Produktionspotential, die hohen Fremdverbindlichkeiten abzubauen.

136 Es handelt sich dabei um den Betrag, um den der Veräußerungspreis nach Abzug der Veräußerungskosten die Anschaffungskosten übersteigt. Vgl. § 17 Abs. 2 S. 1 EStG.

137 Vgl. § 17 Abs. 1 S. 1 EStG.

138 Vgl. Herrman, C./Heuer, G./Raupach, A., a.a.O., § 17 EStG, Anm. 45.

waren.[139] Eigene Anteile der Newco[140] sind bei der Ermittlung der Beteiligungsquote nicht zu berücksichtigen.[141]
Das Kriterium der wesentlichen Beteiligung stellt somit für die Manager-Gesellschafter ein entscheidendes Datum dar. Es erscheint geboten, während der Gesamtdauer der Transaktion unterhalb dieser Beteiligungsgrenze zu bleiben, um auf diese Weise jederzeit eine steuerlich nicht wirksame Realisierung des gestiegenen Anteilswertes zu gewährleisten.
Insbesondere für die beteiligten Manager stellt diese Regelung des deutschen Einkommensteuerrechts einen äußerst vorteilhaften "Safe harbor" beim Verkauf der Newcoanteile dar.
War dagegen zu einem Zeitpunkt innerhalb der letzten fünf Jahre das Kriterium der wesentlichen Beteiligung gegeben, so unterliegt der Veräußerungsgewinn als Gewinn aus Gewerbebetrieb nach § 16 EStG dem halben durchschnittlichen Steuersatz des Anteilseigners nach § 34 EStG soweit er den Betrag von DM 30 Millionen nicht übersteigt.[142]

3. Veräußerung durch externe Investoren

Wesentlich ungünstiger stellt sich die steuerliche Situation für die institutionellen Anleger dar. Soweit die Beteiligung im Betriebsvermögen einer inländischen Kapitalgesellschaft gehalten wurde, unterliegt der Veräußerungsüberschuß als laufender Gewinn aus Gewerbebetrieb der "normalen" Körperschaftsteuerbelastung.[143]
Der kumulierte Wertzuwachs der Gesellschaftsrechte seit dem Zeitpunkt der Übernahme der Zielgesellschaft wird somit steuerlich erfaßt. Da die Beteiligungsgesellschaft i.d.R. in Form der Kapitalgesellschaft geführt

---

139 Entscheidend ist dabei nach h.M. allein der nominelle Anteil am Nennkapital der Gesellschaft, d.h. am Grundkapital der AG, bzw. am Stammkapital der GmbH, Vgl. Littmann, E./Hörger, a.a.O., § 17 EStG, RdNr. 14.

140 Vgl. §§ 71 AktG, 33 GmbHG.

141 Vgl. BFH-Urt. v. 24.11.1970, IV R 138/69, BStBl. 1971 II, S. 89.

142 Vgl. zu den Neuregelungen durch die Steuereform 1990 und die sich dadurch ergebenden Gestaltungsmöglichkeiten auch Dritter Teil, Abschn. A.3.3.3. dieser Arbeit.

143 Vgl. § 16, i.V.m. 15 EStG und § 8 KStG. Siehe auch Schoor, W., Veräußerung, a.a.O., S. 3ff.

wird, unterliegt der Veräußerungsgewinn darüber hinaus der Gewerbeertragsteuer nach § 7 GewStG i.V.m. § 16 EStG.[144]
Eine Ausnahmestellung nehmen in diesem Zusammenhang lediglich solche Investoren ein, die in der Form der Kapitalanlagegesellschaft organisiert sind und auf die demzufolge die entsprechenden Regelungen des KAGG anwendbar sind.[145] Veräußert eine KAG Anteile an einer von ihr geförderten Unternehmung aus ihrem Sonderbetriebsvermögen, so bleiben die Veräußerungsgewinne bei den Anteilsinhabern steuerfrei, soweit sie im Privatvermögen gehalten wurden. Eine vergleichbare gesetzliche Regelung für Unternehmensbeteiligungsgesellschaften existiert dagegen nicht. Eine steuerliche Besserstellung wurde zwar im Gesetzgebungsverfahren zum StRefG 1990 erwogen, ist jedoch letztlich nicht verabschiedet worden. Es ist nunmehr geplant, eine entsprechende Regelung im Rahmen der Neufassung des § 6b EStG umzusetzen.[146]

---

144 Ein vergleichbarer Gewinn einer inländischen Personengesellschaft wäre demgegenüber nach Abschn. 40 GewStR von der Gewerbesteuer freigestellt.

145 Vgl. hierzu Zweiter Teil, Abschn. B.2.2.2.2. dieser Arbeit, sowie Bilstein, J., a.a.O., S. 69.

146 Vgl. BT-Drucks. 10/6193, S. 21.

Sechster Teil

Schlußbetrachtung

Bei einem Management-Buy-Out handelt es sich um die Übernahme eines Unternehmens bzw. Unternehmensteils durch das eigene Management. Gekennzeichnet ist eine solche Transaktion durch einen hohen Fremdkapitalanteil der von institutionellen Investoren hauptsächlich als nachrangiges Haftkapital zur Verfügung gestellt wird.

Auch wenn es sich bei einem solchen MBO im Grundsatz um einen reinen Unternehmenskauf handelt, hat sich doch gezeigt, daß die erfolgreiche Durchführung besondere Anforderungen an Strukturierung und Abwicklung stellt.

Typisch für eine solche Transaktion ist insbesondere die Nutzung der Zielgesellschaft selbst zur Realisierung der Übernahme. Dabei erstrekken sich die Funktionen der Objektgesellschaft vor allem auf die Stellung von Sicherheiten zur Finanzierung des Kaufpreises, die Nutzung des eigenen Cash-flows zur Leistung des Kapitaldienstes und zum Abbau des hohen Fremdkapitalanteils, sowie zuletzt in der Realisierung der stillen Reserven zur Erhöhung der Tilgungsfähigkeit der Newco und Aufstokkung des Abschreibungspotentials.

Der Kernbereich der steuerlichen Gestaltung liegt dabei hauptsächlich in der steuerlich vorteilhaften Gestaltung der Kaufpreisfinanzierung, sowie der anschließenden Eingliederung der Zielgesellschaft in die Newco, gegebenenfalls unter Aufstockung der Buchwerte des übernommenen Betriebsvermögens.

Für die Kaufpreisfinanzierung hat sich regelmäßig die Gründung einer eigenen Erwerbsgesellschaft, der sogenannten Newco, als sinnvoll erwiesen.[1] Über diese Gesellschaft kann das notwendige Fremdkapital aufgenommen, und gleichzeitig die Abzugsfähigkeit der Zinszahlungen gewährleistet werden. Aus betriebswirtschaftlicher Sicht bietet die Newco zudem bei angemessener Kapitalstruktur eine wirkungsvolle Haftungsbegrenzung sowohl für das Buy-Out-Team als auch für die externen Investoren.

---

1 Vgl. auch Kerber, M., Übernahme, a.a.O., S. 474.

Typisches Finanzierungsinstrument für die Aufbringung des Kaufpreises beim Management-Buy-Out ist die Mezzanine-Finanzierung. Über diese subordinanted debentures stellen die externen Investoren nachrangiges Haftkapital zur Verfügung, das gegenüber Drittgläubigern eine eigenkapitalähnliche Haftungsfunktion übernimmt. Auf diese Weise wird die Kapitalstruktur der Newco gestärkt und der Spielraum für zusätzliches, über das Anlagevermögen der Zielgesellschaft besichertes senior debt erhöht.

In der Bundesrepublik Deutschland erfolgt die Ausstattung der Newco mit Mezzanine-Kapital über entsprechend ausgestaltete Gesellschafterdarlehen sowie das Instrument der typischen stillen Beteiligung mit Verlustteilnahme. Die Nachrangigkeit der Gesellschafterdarlehen wird dabei über die Vereinbarung einer sogenannten Rangrücktrittserklärung gewährleistet. Diese stellt sicher, daß die Forderungen externer Drittgläubiger der Newco im Verhältnis zu den Gesellschafterforderungen vorrangig bedient werden. Die stille Beteiligung erfüllt bei Verabredung einer Verlustteilnahme ohnehin die Anforderungen an nachrangiges Haftkapital, und kann mithin aus der Sicht der externen Investoren als ideale Finanzierungsform im Rahmen des Management-Buy-Outs gesehen werden. Trotz ihrer Nachrangigkeit wurden zudem beide Instrumente bisher steuerlich wie Fremdkapital anerkannt. Die Einstufung als betriebliche Dauerschuld ist unumgängliche Voraussetzung für den Abzug der Zinsen vom steuerpflichtigen Gewinn sowie den Abzug als Betriebsschuld vom Einheitswert des Betriebsvermögens der Newco.

Rechtsunsicherheit besteht dagegen hinsichtlich einer möglichen Ertragsbesteuerung bei der Newco.[2] Der BFH hat zwar mit seinem Beschluß vom 18.10.1989 die Annahme eines außerordentlichen Ertrages bei der Newco in Folge einer Rangrücktrittserklärung vorläufig abgelehnt;[3] endgültige Rechtssicherheit besteht damit jedoch nicht.

Darüber hinaus besteht für die Newco selbst die Möglichkeit Mezzanine-Kapital über die Emission von Genußscheinen oder Zero-Bonds aufzunehmen. Die Finanzierung der Übernahme durch die aus den USA bekannten hochverzinslichen risikoreichen Junk-Bonds erscheint dagegen wenig realistisch. Dies ergibt sich zum einen aus der derzeitigen Ausgestaltung des Gläubigerschutzes in der Bundesrepublik durch die staatli-

2 Vgl. Zweiter Teil, Abschn. B.3.2.4.5 dieser Arbeit.

3 Vgl. BFH-Beschl. v. 18.10.1989, a.a.O., DB 1990, S. 564.

che Genehmigungspflicht nach §§ 795, 808a BGB. Zum anderen haben die jüngsten Entwicklungen auf dem us-amerikanischen Bondmarkt die Risiken dieser Finanzierungsalternative in drastischer Weise aufgezeigt und lassen eine Übertragung der Junk-Bond-Finanzierung auf den deutschen Kapitalmarkt wenig erstrebenswert erscheinen.

Ziel der Eingliederung der Zielgesellschaft in die Newco ist in erster Linie der Zugriff auf deren Cash-flow. Seine Höhe und Nachhaltigkeit sind maßgebendes Kriterium für den Aufbau der Kapitalstruktur der Newco. Soweit der ursprüngliche Cash-flow der Objektgesellschaft zur Bedienung des Fremdkapitals nicht ausreicht, genügt ein einfacher Share deal mit anschließender Überführung der Erträge auf die Newco im Wege der ordentlichen Gewinnausschüttung den Anforderungen an ein Management-Buy-Out nicht. Die Tilgungsfähigkeit der Newco muß in diesem Fall über den sogenannten Step up verbessert werden. Das durch die Aufstockung der Buchwerte erhöhte Aufwandsverrechnungspotential steigert den Cash-flow der Newco nach erfolgter Übernahme, so daß ein erhöhter Betrag vor Steuern für den Schuldendienst zur Verfügung steht. Eine Relativierung der Vorteilhaftigkeit dieses internen Asset deals unter Ausnutzung des Instruments der ausschüttungsbedingten Teilwertabschreibung ergibt sich aus dem erhöhten Gestaltungsaufwand und der damit verbundenen Rechtsunsicherheit. Die Abschreibung einer Beteiligung auf den niedrigeren Teilwert in Anschluß an eine Gewinnausschüttung wurde zwar bisher von der Rechtsprechung grundsätzlich anerkannt; es bleibt jedoch abzuwarten, wie eine ertragsteuerlich weitgehend erfolgsneutrale Aufdeckung der stillen Reserven bei Überführung von Wirtschaftsgütern auf die Newco zukünftig von der Finanzverwaltung beurteilt wird.

Für den Bereich der Gewerbesteuer ist die Anwendung der ausschüttungsbedingten Teilwertabschreibung bereits durch die Einführung des § 8 Nr. 10 GewStG vom Gesetzgeber untersagt worden. Das damit verbundene Time lag zwischen der einmaligen Gewerbesteuerbelastung im Übertragungszeitpunkt und den sich erst in den Folgeperioden ergebenden Steuerminderzahlungen durch erhöhte Abschreibungen bedeutet darüber hinaus eine zusätzliche Liquiditätsbelastung der Newco in der Buy-Out-Phase.

Auch der aufgezeigte Weg über die sogenannte abführungsbedingte Teilwertabschreibung durch die Begründung einer Organschaft stellt

keinen wirksamen Ausweg dar. Die Anerkennung dieser Gestaltungsmöglichkeit durch die Finanzverwaltung ist äußerst fraglich.[4]
Ebensowenig stellt die Realisierung des Step up über das Institut der Verschmelzung nach §§ 14-16 UmwStG eine steuerlich vorteilhafte Alternative dar. Die typische Buy-Out-Konstellation, bei der die mit Anlagevermögen ausgestattete Zielgesellschaft auf die beherrschende, aber vermögenslose Newco verschmolzen wird, bewirkt grundsätzlich die Realisierung eines Verschmelzungsverlustes.[5] Dieser geht besteuerungsunwirksam unter, soweit die Zielgesellschaft nicht über ein entsprechend hohes Körperschaftsteueranrechnungsguthaben verfügt, mit dem der Verlust verrechnet werden kann. Bei einer Verschmelzung zum Teilwertansatz nach § 14 Abs. 1 UmwStG realisiert die Objektgesellschaft einen steuerlich nicht begünstigten Übertragungsgewinn. Trotzdem wird über diesen Step up im Rahmen der Verschmelzung nicht das Aufstokkungsniveau des internen Asset deals erreicht. Dies ergibt sich aus der Maßgeblichkeit der Übertragungsbilanz, in der ein originärer Firmenwert der Zielgesellschaft nicht berücksichtigt wird.
Sind an der Transaktion ausländische Gesellschafter der Zielgesellschaft beteiligt, so können sich hieraus negative Folgen für den internen Asset deal ergeben. Während die nicht im Inland ansässigen nichtanrechnungsberechtigten Anteilseigner einer erfolgsneutralen Verschmelzung nicht im Wege stehen[6], gilt dies für kombinierte Übernahmemodelle nur bedingt. Über die Fiktion der Steuerverhaftung sind die von den ausländischen Anteilseignern erworbenen Anteile mit dem Sperrbetrag nach § 50c Abs. 4 EStG belegt, in dessen Höhe die gewinnmindernde Wirkung der ausschüttungsbedingten Teilwertabschreibung nicht zum Tragen kommt. Dieser Nachteil kann jedoch durch die Zwischenschaltung einer inländischen Tochtergesellschaft vermieden werden.[7] Aus der Tatsache, daß Teile des Betriebsvermögens der Zielgesellschaft im Ausland belegen sind, ergeben sich i.d.R. keine negativen steuerlichen Auswirkungen für das Management-Buy-Out. Es ist davon auszugehen, daß das ausländische Vermögen in den Regelungsbereich der nationalen Vorschriften miteinbezogen wird. Wurden im Ausland anteilige Veräußerungsge-

---

4 Vgl. die Ausführungen von Pauka, D., a.a.O., S. 2224ff.

5 Vgl. Dritter Teil, Abschn. B.3.4.1. dieser Arbeit.

6 Vgl. Vierter Teil, Abschn. B.2.4.1. und C.2.4.2. dieser Arbeit.

7 Vgl. Vierter Teil, Abschn. B.2.5. dieser Arbeit.

winne erzielt, kann eine Doppelbesteuerung über das jeweilige DBA bzw. über die nationalen Vorschriften der Steueranrechnung vermieden werden.[8]

Der Ausstieg in der Desinvestitionsphase erfolgt zumeist durch eine Fungibilisierung der Anteile. Soll die Unternehmenskontinuität über eine Eigenverantwortlichkeit des Buy-Out-Teams gewährleistet bleiben, bieten sich der - teilweise - Gang an die Börse oder ein Auskauf der externen Investoren durch das Management an. Durch das "Going public" läßt sich eine erhebliche Verbesserung der Außenfinanzierungssituation der Newco erreichen. Dem steht jedoch ein hoher Gestaltungsaufwand durch die erforderliche Umwandlung in eine Aktiengesellschaft gegenüber. Hinzu kommt eine Unsicherheit bezüglich der zukünftigen Kursentwicklung der Newco-Aktien. Aus steuerlicher Sicht ergeben sich hier insbesondere Nachteile im Bereich der Substanzsteuern. Die überproportionale Berücksichtigung der Ertragskomponente bedingt i.d.R. einen höheren Anteilswert bei börsennotierten Anteilen. Dieser Effekt kann auch durch eine Ausgrenzung der Stammaktien des Buy-Out-Teams aus dem "Going public" nicht vermieden werden.[9]

Vergleichsweise unproblematisch gestaltet sich dagegen der Verkauf der Newco an einen Industrial buyer. Dies gilt insbesondere für die Gesellschafter aus dem Buy-Out-Team, die den Wertzuwachs aus einer im Privatvermögen gehalteten unwesentlichen Beteiligung an der Newco steuerfrei vereinnahmen können.[10]

Die Entwicklung von Management-Buy-Outs hat die Phantasie der beteiligten Parteien aufgrund der hybriden Finanzstruktur der Transaktion notwendigerweise angeregt. Dies gilt nicht nur für neuartige Finanzierungstechniken. Auch im Bereich der Steuergestaltung sind schon zuvor bekannte Gestaltungsmöglichkeiten wieder verstärkt in den Vordergrund getreten. Inwieweit solche steuerlich riskanten, weder durch Gesetzgebung noch Rechtsprechung abgesicherten Konstruktionen in der Zukunft Bestand haben werden, ist abzuwarten. Die Gefahr einer Diskreditierung der MBO-Entwicklung durch unrealistische Transaktionen ist jedoch nicht zu unterschätzen. Es ist deshalb immer zu berücksichtigen, daß vor allem ein Leveraged-Management-Buy-Out die Nichtanerkennung steu-

---

8 Vgl. Vierter Teil, Abschn. A.2.2. und 3.2. dieser Arbeit.

9 Vgl. Fünfter Teil, Abschn. C.3.2.2. dieser Arbeit.

10 Vgl. Fünfter Teil, Abschn. D.2. dieser Arbeit.

erlicher Konstruktionen durch die Finanzverwaltung und damit verbundene Steuernachzahlungen kaum verkraften wird. Es gilt deshalb vor allem bei der Bestimmung des nachhaltigen zukünftigen Cash-flows und des sich daraus ergebenden Kaufpreises, von realistischen Prognosen auszugehen. Gleiches gilt auch für Fragen der Steuergestaltung, bei denen in jedem Fall im Rahmen eines "worst-case-Szenarios" auch eine mögliche Nichtanerkennung zu berücksichtigen ist.

Sowohl die steuerfreie Realisierung von privaten Veräußerungsgewinnen, als insbesondere auch das körperschaftsteuerliche Vollanrechnungssystem, welches die steuerneutrale Überführung von Gewinnen aus der Zielgesellschaft auf die Newco ermöglicht, bilden vorteilhafte Eckpfeiler für die steuerlichen Rahmenbedingungen von Management-Buy-Outs in der Bundesrepublik Deutschland, die in anderen Ländern so nicht zur Verfügung stehen. Nicht zuletzt deshalb sollte die MBO-Entwicklung in Deutschland ihren eigenen Weg gehen. Bei Management-Buy-Outs handelt es sich nicht in erster Linie um Sanierungsfälle oder die Zerschlagung von Konzernstrukturen, sondern um ein sinnvolles Instrument zur Lösung anstehender Umstrukturierungsprobleme durch eine "derivative Unternehmensgründung".[11]

---

11 Nathusius, K., Arten, Ablauf und aktuelle Situation von Buy-Out Finanzierungen, in: Dokumentation zum 3. Management-Buy-Out-Kongress am 1./2. März 1990 in Neuss, S. 128.

Literaturverzeichnis

1. Kommentare / Loseblattsammlungen

Adler, Hans/Düring, Walther/Schmaltz, Kurt, Rechnungslegung und Prüfung der Unternehmen, Kommentar zum HGB, AktG, GmbHG, PublG nach den Vorschriften des Bilanzrichtlinien-Gesetzes, 5. völlig neubearb. Aufl., Stuttgart 1987.

Baumbach, Adolf/Duden, Konrad/Hopt, Klaus J., Handelsgesetzbuch, 28., neubearb. und erw. Aufl., München 1989.

Baumbach, Adolf/Hueck, Alfred, Gesetz betreffend die Gesellschaften mit beschränkter Haftung, 15., erw. und völlig überarb. Aufl., München 1988.

Blümich, Walter, Einkommensteuergestz, Körperschaftsteuergesetz, Gewerbesteuergesetz; Kommentar, Loseblattsammlung, 13. Aufl., München 1989ff.

Boruttau, Ernst/Egly, Hans/Sigloch, Heinrich, Grunderwerbsteuergesetz, Kommentar, 12., völlig neubearb. Aufl., München 1986.

Brönner, Herbert/Kamprad, Balduin, Kommentar zum Kapitalverkehrsteuergesetz, 4., völlig überarb. und erw. Aufl., Köln 1986.

Dötsch, Ewald/Eversberg, Horst/Jost, Werner F./Witt, G., Die Körperschaftsteuer, Kommentar zum Körperschaftsteuergesetz und zu den einkommensteuerrechtlichen Vorschriften des Anrechnungsverfahrens, Loseblattausg., Stuttgart 1983ff.

Eder, Karl/Heuser, Paul J./Tillmann, Bernd/Gaul, Dieter, (Hrsg.), GmbH-Handbuch, Loseblattausg., 11. Aufl. Köln 1985 ff.

Frotscher, Gerrit/Maas, Ernst, Kommentar zum Körperschaftsteuergesetz 1977, Loseblattausg., Freiburg i.Br. 1978 ff.

Glade, Anton/Steinfeld, G., Umwandlungssteuergesetz 1977, Kommentar, 3., neubearb. und erw. Aufl. Herne/Berlin 1980.

Hachenburg, Max, Gesetz betreffend die Gesellschaften mit beschränkter Haftung (GmbH), 7. völlig neu bearb. Auflage, Berlin/New York 1979 ff.

Herrmann, Carl/Heuer, Gerhard/Raupach, Arndt, Einkommensteuer und Körperschaftsteuergesetz mit Nebengesetzen, Kommentar, 19. Aufl. Köln 1982 ff.

Littmann, Eberhard, Das Einkommensteuergesetz, Kommentar zum EStG, Loseblattsammlung, hrsg. v. Bitz, Horst und Meincke, Jens Peter, 15., völlig neubearb. Aufl., Stuttgart 1989ff.

Palandt, Otto, Bürgerliches Gesetzbuch, 49., neubearb. Aufl., München 1990.

Rössler, Rudolf/Troll, Max, Bewertungsgesetz und Vermögensteuergesetz, Kommentar, 14. völlig neubearb. Aufl., München 1987.

Staub, HGB-Großkommentar, 4., neubearb. Aufl., Berlin 1983.

Staudinger, J, Kommentar zum Bürgerlichen Gesetzbuch, 12., neubearb. Aufl., Berlin 1978.

Widmann, Siegfried/Mayer, Robert, Umwandlungsrecht, Loseblattausg., Neuaufl., Bonn 1981 ff.

Zöllner, Wolfgang, (Hrsg.), Kölner Kommentar zum Aktiengesetz, Köln, u.a. 1985.

2. Monographien

Albach, Horst/Hunsdiek, Detlev/Kokalj, Ljuba, Finanzierung mit Risikokapital, Stuttgart 1986.

Begg, P.F.C., Corporate Acquisitions and Mergers - A practical guide to the legal, financial and administrative implications, London 1985.

Beisel, Wilhelm/Klumpp, Hans-Herrmann, (Hrsg.), Der Unternehmenskauf, München 1985.

Biergans, Enno, Einkommensteuer und Steuerbilanz, 4., völlig neu bearb. und stark erw. Aufl., München 1988.

Blezinger, Christian, Übernahmeangebote in Frankreich, Frankfurt a.M. 1984.

Böttcher, Conrad/Zartmann, Hugo/Kandler, Götz, Wechsel der Unternehmensform: Umwandlung-Verschmelzung-Einbringung, 4., neu bearb. Aufl., Stuttgart, Wiesbaden 1982.

Boxberg, Florestan von, Das Management Buyout-Konzept, Hamburg 1989.

Bressmer, Claus/Moser, Anton C./Sertl, Walter, Vorbereitung und Abwicklung der Übernahme von Unternehmen, Stuttgart 1989.

Brönner, Herbert, Die Besteuerung der Gesellschaften, 16., erw. u. völlig neu bearb. Aufl., Stuttgart 1988.

Caytas, Ivo G./Mahari, Julian L., Im Banne des Investment Banking, Stuttgart 1988.

Christians, F. Wilhelm, (Hrsg.), Finanzierungshandbuch, 2., völlig überarb. u. erw. Aufl., Wiesbaden 1988.

Coenenberg, Adolf G., (Hrsg.), Bilanzanalyse nach neuem Recht, Landsberg a. Lech 1989.

Coyne, John/Wright, Mike, (Hrsg.), Divestment and Strategic Change, Oxford 1986.

Döllerer, Georg, Verdeckte Gewinnausschüttungen und verdeckte Einlagen bei Kapitalgesellschaften, 2. Aufl., Heidelberg 1989.

Ebeling, Ralf-Michael, Beteiligungsfinanzierung personenbezogener Unternehmungen, Wiesbaden 1988.

Feldmann, Michael, Zahlungsmodalitäten bei Betriebsveräußerung und Besteuerung, Bergisch Gladbach/Köln 1987.

Felix, Günther, Stille Gesellschaft in Recht und Steuer, Bericht von der 2. Kölner Trainingstagung des Arbeitskreises für Steuerrecht GmbH in Köln-Lindenthal, o.J.

derselbe (Hrsg.) Körperschaftsteuerreform, Umwandlungsteuerreform, Bericht über die 20. Kölner Trainingstagung des Arbeitskreises für Steuerrecht GmbH, 2. Aufl. Köln 1977.

Fischer, Lutz, (Hrsg.), Unternehmung und Steuern, Festschrift zur Vollendung des 80. Lebensjahres von Peter Schlerpf, Wiesbaden 1983.

derselbe, Internationale Betriebswirtschaftliche Steuerlehre, 3., überarb. Aufl., Berlin 1988, zitiert als: Steuerlehre.

Fischer, Winfried, Der steuergesetzliche Begriff des Teilbetriebes, Frankfurt a.M. 1984.

Fleischer, Erich/Thierfeld, Rainer, Stille Gesellschaft im Steuerrecht, 4. Aufl., Achim 1984.

Heckschen, Heribert, Verschmelzung von Kapitalgesellschaften, Stuttgart 1989.

Heindl, Ursula, Die Börseneinführung von GmbH-Anteilen, Frankfurt a.M., 1987.

Hölters, Wolfgang, (Hrsg.), Handbuch des Unternehmens- und Beteiligungskaufs, 2., völlig überarb. Aufl., Köln 1989.

Holt, James, (Hrsg.), Handbuch des internationalen Unternehmenskaufs, London 1989.

Holzapfel, Hans-Joachim/Pöllath, Reinhard, Recht und Praxis des Unternehmenskaufs, 4., neubearb. Aufl., Köln 1989.

Hoffmann, Peter/Ramke, Ralf, Management Buy-Out in der Bundesrepublik Deutschland, Berlin 1990.

Hüttemann, Ulrich, Grundsätze ordnungsmäßiger Bilanzierung für Verbindlichkeiten, 2., unveränderte Aufl., Düsseldorf 1976.
Jacobs, Otto H., (Hrsg.), Internationale Unternehmensbesteuerung, München 1983.
Jansen, Angar, Desinvestitionen - Ursachen, Probleme, Gestaltungsmöglichkeiten, Frankfurt a.M., 1986.
Jung, Willi, Praxis des Unternehmenskaufs, Stuttgart 1983.
Kamprad, Balduin, Gesellschafterdarlehen an die GmbH und an die GmbH&CoKG, 2., völlig neubearb. Aufl., Köln 1980.
Kau, Wolfgang M., Venture Kapital & Going Public, Köln, u.a. 1983.
Keenan, Michael/White, Lawrence, Mergers and Acquisitions, Lexington/Toronto 1983.
Ketterl, Hans, Steuerpolitische Gestaltungsspielräume im Umwandlungssteuergesetz, Thun/Frankfurt a.M. 1979.
Knappe, Kurt, Fusion industrieller Unternehmungen als Wachstumsalternative, Gießen 1976.
Knobbe-Keuk, Brigitte, Bilanz- und Unternehmenssteuerrecht, 7., völlig überarb. und erw. Aufl., Köln 1989, zitiert als: Steuerrecht.
Kobs, Erwin, Änderung der Unternehmensform im Bilanzsteuerrecht, 5. überarb. u. erw. Aufl., Herne/Berlin 1986.
Kottmann, Bernd, Die Spaltung einer Aktiengesellschaft, München 1986.
Krüger, Dirk, Zweckmäßige Wahl der Unternehmensform, 4. Aufl., Bonn 1988.
Lange, Joachim, Verdeckte Gewinnausschüttungen, 5. völlig überarb. Aufl., Herne/Berlin 1987.
Laub, Ulf, Venture-Capital-Markt, München 1985.
Mensching, Helmut, Desinvestition von Unternehmensteilen, Frankfurt a.M. 1986.
Mihatsch, Günther, Veräußerung von wesentlichen Beteiligungen an Kapitalgesellschaften und Mitunternehmeranteilen, Herne/Berlin 1980.
Müller-Stahl, Ingo, Der geregelte Freiverkehr, Köln 1971.
Nevermann, Helga/Falk, Dieter, Venture Capital. Ein betriebswirtschaftlicher und steuerlicher Vergleich zwischen den USA und der Bundesrepublik Deutschland, Baden-Baden 1986.
Ott, Hans, Die Realteilung einer Kapitalgesellschaft im Ertragsteuerrecht, Bergisch Gladbach/Köln 1989.
Paulick, Heinz, Handbuch der stillen Gesellschaft, 4., völlig überarb. u. erw. Aufl. von Uwe Blaurock, Köln 1988.
Peat Marwick/Mc Lintock, (Hrsg.), Management Buyouts, Tax Memorandum, 1988.
Piltz, Jürgen, Teilwertabschreibungen auf Beteiligungen an Kapitalgesellschaften, InstFSt., Heft 123, Bonn 1985.
Post, Manfried/Hoffmann, Günther F., Die stille Beteiligung am Unternehmen der Kapitalgesellschaft, 2. überarb. Aufl., Bielefeld 1984.
Rädler, Albert/Pöllath, Reinhard, Handbuch der Unternehmensakquisition, Frankfurt a.M. 1982.
Schalek, Erika, Eigenkapitalausstattung mittelständischer Unternehmen über den Kapitalmarkt, Bergisch Gladbach, u.a. 1988.
Schieber, Paul-Hermann, Die Besteuerung von Auslandsbetriebstätten, Köln 1979.
Schmidtke, Axel, Praxis des Venture-Capital-Geschäfts, Landsberg am Lech 1985.
Schwarz, Stefan, Die GmbH als Konzerntochtergesellschaft, Bielefeld 1988.
Sieben, Günther/Sielaff, Meinhard, (Hrsg.), Unternehmensakquisition, Stuttgart 1989.
Stedler, Heinrich, Venture Capital und geregelter Freiverkehr, Frankfurt a.M. 1987.
Steuer, Jürgen, Neue Formen von Kapitalanlagen, Frankfurt a.M. 1985
Süchting, Joachim, Finanzmanagement, 5., vollst. überarb. und erw. Aufl., Wiesbaden 1989.

Tipke, Klaus/Lang, Joachim, Steuerrecht, 12., völlig überarb. Aufl., Köln 1989.

Thompson Mc Lintock & Co, (Hrsg.), A Guide to Management Buy-Outs, London 1984.

Uelner, Adalbert, Steuerliche Probleme der Fremdfinanzierung von Kapitalgesellschaften, InstFSt, Brief 198, Bonn 1980.

Vormbaum, Herbert, Finanzierung der Betriebe, 8. überarb. u. erw. Aufl., Wiesbaden 1989, zitiert als: Finanzierung.

Weichert, Ronald, Probleme des Risikokapitalmarktes in der Bundesrepublik Deutschland, Tübingen 1987.

Wöhe, Günther/Bilstein, Jürgen, Grundzüge der Unternehmensfinanzierung, 2., überarb. u. erw. Aufl., München 1981.

Wollny, Paul, Unternehmens- und Praxisübertragungen, Ludwigshafen 1988.

Wright, Mike/Coyne, John, Management-Buy-Outs, London/Dover 1985.

Wright, Mike/Robbie, Ken/Coyne, John, Flotations of Management Buy-Outs, London 1987.

Zehner, Klaus, Zero-Bonds im Emissionsrecht, Steuerrecht und Bilanzrecht, München 1988.

3. Aufsätze und Beiträge aus Zeitschriften und Sammelwerken

Adams, Michael, Der Markt für Unternehmenskontrolle und sein Mißbrauch, in: AG 1989, S. 333.

Apitz, Wilfried, Kreditzinsen als vorweggenommene Werbungskosten bei den Einkünften aus Kapitalvermögen, in: FR 1982, S. 273.

Arbeitskreis Finanzierung der Schmalenbachgesellschaft Deutsche Gesellschaft für Betriebswirtschaft e.V., Analyse der für die Entwicklung eines Buy-out-Marktes notwendigen Bedingungen in der Bundesrepublik Deutschland unter besonderer Berücksichtigung von MBOs, in: zfbf 1990, S. 830.

Assmann, Thilo, Buy-out/Spin-off, in: Personal 1988, S. 204.

derselbe, Buy-Out: Führungskräfte kaufen ihr Unternehmen, in: Blick durch die Wirtschaft 1987, Nr. 158-162, jeweils S. 1.

Ballwieser, Wolfgang/Schmid, Helmut, Charakteristika und Problembereiche von Management Buy-Outs, in: WISU 1990, S. 299 (I), 358 (II).

Barth, Peter/Gelsen, Herrman, Die Sicherheitsleistung der GmbH für Kredite, die Dritte den Gesellschaftern der GmbH gewährt haben, in: DB 1981, S. 2265.

Barz, Carl Hans, Rechtliche Fragen zur Verschmelzung von Unternehmen, in: AG 1972, S. 1.

Bellstedt, Christoph, Veräußerung wesentlicher Beteiligungen nicht mehr steuerpflichtig ?, in: DB 1971, S. 937.

Behrens, Horst, Zur Liquidation einer Kapitalgesellschaft, in: DStZ/A 1975, S. 117.

Bierich, Marcus, Der Einfluß der Besteuerung auf die Kapitalbeschaffung der Unternehmung, in: Bierich, M./Schmidt, R., Finanzierung deutscher Unternehmen heute, Stuttgart 1984, S. 29.

Bilstein, Jürgen, Beteiligungssondervermögen und Unternehmensbeteiligungsgesellschaften, in; John, G. (Hrsg.), Besteuerung und Unternehmenspolitik, Festschrift für Günther Wöhe, München 1989, S. 49.

Binz, Mark K./Sorg, Martin H., Vermögensteuerliche Folgen des Going Public von Familien-Unternehmen, in: BB 1987, S. 1996.

Bise , Wilhelm, Eigene Anteile bei Kapitalgesellschaften, in: DB 1975, S. 804.

Blumers, Wolfgang, Schrittweise Unternehmens- oder Anteilsveräußerung, in: DB 1988, S. 2317.
Böcking, Hans-Joachim, Der Grundsatz der Nettobilanzierung von Zero-Bonds, in: ZfbF 1986, S. 932.
Böttcher, Conrad/Beinert, Jörg, Der Wechsel der Unternehmensform. Veräußerungsgeschäft oder gesellschaftsrechtlicher Vorgang?, in: DB 1986, S. 1961.
Bordewin, Arno, Steuererleichterungen bei Einbringung von Betrieben, Teilbetrieben und Mitunternehmerschaften in eine Kapitalgesellschaft oder Personengesellschaft, in: RWP-Blattei 14 Steuer- RD Umwandlung II 2b, 1979, S. 225, zitiert als: Steuererleichterungen.
derselbe, Bilanzierung von Zero-Bonds, in: Wpg 1986, S. 263, zitiert als: Bilanzierung.
Braun, Leander, Teilwertabschreibung bei Organschaftsverhältnissen, in: BB 1981, S. 1086.
Brenner, Dieter, Steuerrechtliche Folgen der Unternehmensspaltung, in: Schulze-Osterloh, J. (Hrsg.), Rechtsnachfolge im Steuerrecht, Köln 1987, S. 177.
Bühner, Rolf, Möglichkeiten der unternehmerischen Gehaltsvereinbarung für das Top-Management, in: DB 1989, S. 2181.
Büschgen, Hans E., Finanzinnovationen - Neuerungen und Entwicklungen an nationalen und internationalen Finanzmärkten, in: ZfB 1986, S. 301.
Buyer, Christoph, Mantelkauf; Das neue Steuersparmodell?, in: DB 1987, S. 1959, zitiert als: Steuersparmodell.
derselbe, Nochmals: Mantelkauf - Ein Argument für das verdeckte Nennkapital, in: DB 1988, S. 468, zitiert als: Mantelkauf.
Carlé, Dieter, Verschleierte Sachgründung einer GmbH und § 20 UmwStG, in: GmbHR 1893, S. 203.
Chiplin, B./Wright, Mike/Robbie, Ken, UK Management Buy-outs, in: Annual Review from the Centre of Management Buy-out Research, Oktober 1989.
Christoffel, H.-G., Bewertungsrechtliche Behandlung von Zero-Bonds nach Abschn. 74a VStR 1989, in: INF 1989, S. 313.
Claussen, Carsten P., Der Neue Zweite Markt, in: ZGR 1984, S. 31.
Cooper, Robert, Management Buy-outs - What's New?, in: Taxation Practitioner 1988, S. 318, zitiert als: MBO.
derselbe, Taxation and the Management Buy-out, in: Taxation Practitioner 1987, S. 402, zitiert als: Taxation.
Coyne, John/Wright, Mike/Robbie, Ken, UK Buyouts Grow in Complexity, in Euromoney, Special Survey, Supplement 2, december 1986, S. 41.
Curtius, Hartung, Rudolf, Zur Abzugsfähigkeit von Schuldzinsen bei den Einkünften aus Kapitalvermögen, in: StbJb 1983/84, S. 11, zitiert als: Schuldzinsen.
derselbe, Aktuelle Entwicklungen im Körperschaftsteuerrecht, in: StbJb 1986/87, S. 9, zitiert als: Entwicklungen.
Debatin, Helmut, Die Besteuerung der Betriebstätten, der Tochtergesellschaften und der Arbeitsausübung in der deutschen Judikatur zum internationalen Steuerrecht, in: DStZ/A 1966, S. 209.
Dirrigl, Hans, Unternehmensveräußerung gegen wiederkehrende Bezüge, in: DB 1988, S. 453.
Ditges, Johannes/Broel-Remer, Marion, Die Gestaltung der Umwandlung gem. § 20 UmwStG im Hinblick auf die steuerlich wirksame Abschreibung des Firmenwertes nach neuem Bilanzrecht, in: DB 1986, S. 1529.
Dziadkowski, Dieter, Passive Steuerentstrickung für wesentliche Beteiligungen infolge Abschlusses oder Änderung eines Doppelbesteuerung, in: StBp 1976, S. 78.

Dellmann, Klaus, Die optimale Wahl zwischen Auflösung oder Übertragung stiller Rücklagen bei Einbringung eines Betriebes in eine Kapitalgesellschaft, in: StuW 1973, S. 242.
Diel, Rolf, Langfristige Fremdfinanzierung durch Emission von Industrieobligationen, in: Christians, F.W. (Hrsg.), Finanzierungshandbuch, 1. Aufl., Wiesbaden 1980, S. 177.
Dietrich, Hartmut, Die Tender offer im Bundesrecht der USA, in: RIW 1973, S. 304.
Döllerer, Georg, Der Einfluß der Körperschaftsteuer-Reform 1977 auf das Verhältnis zwischen Handelsrecht und Steuerrecht der GmbH, in: GmbHR 1987, S. 133, zitiert als: Steuerreform.
derselbe, Die Kapitalgesellschaft und ihre Gesellschafter in der neueren Rechtsprechung des Bundesfinazhofes, in: JbFfStR 1980/81, S. 239, zitiert als: Kapitalgesellschaften.
Dornfeld, Robert/Tellkamp, Heinz J., Konzernunternehmung und Organschaftsvoraussetzungen - Zur wirtschaftlichen Eingliederung und den Anforderungen an den Organträger bei Holdinggesellschaften und Betriebsaufspaltungen, in: StuW 1971, S. 67.
Duden, Konrad/Schilling, Wolfgang, Die Spaltung von Gesellschaften, in: AG 1974, S. 202.
Duss, Marco, Gedanken zu einem Rangrücktritt des Gläubigers bei Überschuldung einer Aktiengesellschaft nach schweizerischem Recht, in: AG 1974, S. 133.
Eder, Karl, Gesellschaftsrecht, in: Centrale für GmbH, Dr. Otto Schmdt (Hrsg.), GmbH-Handbuch, Loseblattausg. 11. Aufl., Köln 1985, Bd. I.
Eglau, Hans, Vom Boß zum Besitzer, in: Die Zeit Nr. 22 1987, S. 37.
Emde, Achim, Die handels- und steuerbilanzielle Behandlung einer Emission von Genußscheinen, in: BB 1988, S. 1214.
Eppler, Gerold, Neue Tendenzen beim verdeckten Stammkapital, in: DStR 1986, S. 741.
derselbe, Das Quasi-Eigenkapital bei der GmbH als steuerrechtliches Problem, in: DB 1991, S. 1998.
Falkenhausen, Joachim Freiherr von, Steuerliche Konsequenzen der Rangrücktrittserklärung für ein Gesellschafterdarlehen, in: BB 1982, S. 550, zitiert als: Konsequenzen.
derselbe, Das "Takeover-Game" - Unternehmenskäufe in den USA, in: Lutter, M. u.a. (Hrsg.), Festschrift für Ernst Stiefel, München 1987, zitiert als: Takeover-Game.
Fanselow, Karl-Heinz, Management-Buy-Out - ein Weg in die Selbständigkeit, in ZgK 1987, S. 696, zitiert als: MBO.
derselbe, Venture Capital: Modetorheit oder zukunftsträchtiges Segment des Marktes für Risikokapital, in: Rudolph, B. (Hrsg.), Strategisches Finanzmanagement der Unternehmung, Frankfurt a.M. 1989, S. 97, zitiert als: Venture Capital.
Fasold, Rudolf W., Das Umwandlungsteuergesetz - Ein Jahr danach, in: StbJb 1970/71, S. 183, zitiert als: Umwandlungsteuergesetz.
derselbe, Ausschüttungsbedingte Wertminderungen bei Anteilen in der Körperschaftsteuerreform, in: DB 1976, S. 884, zitiert als: Wertminderungen.
Feddersen, Dieter, Die Nutzung des Verlustvortrages beim Mantelkauf, in: BB 1987, S. 1782.
Felix, Günther, Zur Gewinnrealisierung - insbesondere bei Veräußerung, Entstrickung, Aufgabe und Wechsel der Einkunftsart, in: StBerKongRep 1980, S. 129.
Felix, Günther/Streck, Michael, Preisgestaltung und Steuervorteile bei der Übertragung von Anteilen an Kapitalgesellschaften nach der KSt-Reform, in: BB 1976, S. 1309.
Fichtelmann, Helmer, Steuerliche Abzugsfähigkeit von Verlusten der Genußscheininhaber, in: BB 1989, S. 1461
Finkbeiner, Rolf, Die sogenannte Spaltung einer GmbH durch Ausgliederung eines Teilbetriebes gewinneutral?, in: DStZ/A 1985, S. 118.
Fischer, Lutz, Problemfelder und Perspektiven der Finanzierung durch Venture Capital in der Bundesrepublik Deutschland, in: DBW 1987, S. 8, zitiert als: Venture Capital.

derselbe, Besteuerung und Aufbau internationaler deutscher Unterordnungskonzerne, in: Fischer, Lutz (Hrsg.), Unternehmung und Steuer, Festschrift zur Vollendung des 80. Lebensjahres von Peter Schlerpf, Wiesbaden 1983, S. 273, zitiert als: Unterordnungskonzern.

derselbe, Zu einigen Problemen der entscheidungsorientierten betriebswirtschaftlichen Steuerlehre, in: Jacob, H. (Hrsg.), Schriften zur Unternehmensführung, Bd. 19, Wiesbaden 1974, S. 5, zitiert als: Entscheidungsorientierung.

Fischer, Lutz/Schneeloch, Dieter/Sigloch, Jochen, Betriebswirtschaftliche Steuerlehre und Steuerberatung - Gedanken zum 60jährigen "Jubiläum" der Betriebswirtschaftlichen Steuerlehre, in: DStR 1980, S. 699.

Friedländer, Kurt, Genußrechte in steuerlicher Sicht - Eine Grundsatzbetrachtung, in: DStZ/A 1966, S. 242.

Förster, Guido, Ausländische Anteilseigner bei der Umwandlung von Kapital- in Personengesellschaften, in: RIW 1986, S. 794.

Funk, Paul, Aktuelle Entwicklungstendenzen in der Beteiligungsfinanzierung mittelständischer Unternehmen, in: Beyer, Horst-Thilo/Schuster, Leo/Zimmerer, Carl, Neuere Entwicklungen in Betriebswirtschaftslehre und Praxis, Festschrift für Prof. Dr. Oswald Hahn zum 60. Geburtstag, Frankfurt a.M., 1988, S. 103.

Gäbelein, Wolfgang, Die Unternehmensspaltung, in: BB 1989, S. 1420.

Gail, Winfried, Maßnahmen zur Anpassung an die geänderte Besteuerung von Veräußerungsgewinnen, in: StbJb 1988/89, S. 67.

Goutier, Klaus, § 8 Nr. 10 GewStG n.F. und die gewerbesteuerliche Organschaft, in: DB 1988, S. 244.

Groeben, Friederich Graf von der, Management Buy-Out, in: ZgK 1988, S. 266.

Grützner, Dieter, Änderung der Einkommensbesteuerung beschränkt Steuerpflichtiger durch das Steuerbereinigungsgesetz 1986, in: IWB Fach 3 Deutschland Gr. 3, S. 825, zitiert als: Änderungen.

derselbe, Die Übertragung ausländischer Betriebstätten, in; IWB Fach 5, Gruppe 1, S. 1149, zitiert als: Übertragung.

Haarmann, Wilhelm, Finanzierung von Kapitalgesellschaften, in: JbFfStR 1985/86, S. 407, zitiert als: Finanzierung.

Haarmann, Wilhelm, Steuerliche und finanztechnische Gestaltungsmöglichkeiten vor und nach der Steuerreform. Vorstellung alternativer Modelle, in: Dokumentation zum 2. MBO-Kongress in Neuss, am 1./2. März 1989, S. 158, zitiert als: Gestaltungsmöglichkeiten.

Hardman, Philip J., Management Buy-outs, in: Accountants Digest No. 213, London 1987, zitiert als: Management Buy-outs.

derselbe, Tax Implications of Management Buy-outs, in: Tax Digest No. 53, Winter 1986/87, zitiert als: Tax implications.

Hauber, Bernd, Dezentralisation von Unternehmen bei Kapitalgesellschaften und Personengesellschaften, in: JbFfSt 1983/84, S. 436

Haug, Wolfgang/Letters, Werner, Möglichkeiten und Grenzen der Bilanzpolitik der Unternehmen in schwierigen Zeiten, in: JbFfSt 1983/84, S. 311.

Hauschka, Christoph E., Wirtschaftliche, arbeits- und gesellschaftsrechtliche Aspekte des Management Buy-Out, in: BB 1987, S. 2170.

Hauschka, Christoph E./Roth, Thomas, Übernahmeangebote und deren Abwehr nach deutschem Recht, in: AG 1988, S. 181.

Hedrich, Carl-Christoph/Stedler, Heinrich, Die Renaissance des Genußrechtskapitals, in: ZgK 1987, S. 192.

Heinke, Hans-Michael, Der Umfang der Haftung des Erwerbers in § 75 AO, in: DStZ/A 1980, S. 208.

Heinsius, Theodor, Abfindung außenstehender Aktionäre und Übernahmeangebote im deutschen Aktien- und Konzernrecht, in: Schmitthoff, C.F./Goré, F./Heinsius, T., Übernahmeangebote im Aktienrecht, Franfurt a.M. 1976, S. 35.

Hennerkes, Brun-Hagen/Binz, Mark K., Das sog. Anwachsungsmodell - zur "Umwandlung" einer GmbH & CoKG auf ihre Komplementär-GmbH durch Ausscheiden aller Kommanditisten -, in: Fachinstitut der Steuerberater e.V.(Hrsg.), Beiträge zum Zivil-, Steuer- und Unternehmensrecht, Festschrift für Heinz Meilicke, Berlin, u.a. 1985, S. 31.

Hennerkes, Brun-Hagen/Jeschke, Dieter, Zur Vorteilhaftigkeit der Auflösung stiller Reserven durch Umstrukturierung von Unternehmen vor dem 31.12.1989, in: DB 1988, S. 2577.

Hennerkes, Brun-Hagen/Mayr, Peter, Überlegungen zur Rechtsformwahl in Familienunternehmen (Teil I und II), in: 1988, S. 489, 537.

Henninger, Fritz, Die Besteuerung der Vor- und Gründergesellschaft, in: GmbR 1974, S. 269.

Herzig, Norbert, Die Liquidation von Kapitalgesellschaften im körperschaftsteuerlichen Anrechnungsverfahren, in: FR 1979, S. 289, zitiert als: Liquidation.

derselbe, Körperschaftsteuerliche Definitivbelastung im Liquidationsverfahren, in: BB 1979, S. 173, zitiert als: Definitivbelastung

derselbe, Der Freibetrag nach § 16 Abs 4 EStG und die Substitution von laufenden Gewinnen durch Veräußerungs- und Aufgabegewinne, in: FR 1980, S. 37, zitiert als: Freibetrag.

derselbe, Steuerbilanz- und Ausschüttungspolitik einer Kapitalgesellschaft bei geplanter Liquidation unter Berücksichtigung von Anteilsübertragungen, in: StuW 1980, S. 19, zitiert als: Steuerbilanz.

derselbe, Beendigungsorientierte Steuerbilanzpolitik, in: StuW 1980, S. 239, zitiert als: Beendigung.

derselbe, Die Realteilung von Kapitalgesellschaften im Ertragsteuerecht, in: DB 1986, S. 140, zitiert als: Realteilung.

derselbe, Neuordnung der Besteuerung außerordentlicher Einkünfte: Gestaltungsmaßnahmen bei Beteiligungen und Veräußerungen, in: Bericht über die Steuerfachtagung des IDW am 9. Juni 1988 in Düsseldorf, Düsseldorf 1988, zitiert als: Neuordnung.

derselbe, Das Steuerrecht als Umwandlungs- und Spaltungsbremse, Gastkommentar in: DB 29/1989, S. 1, zitiert als: Steuerrecht.

derselbe, Steuerorientierte Grundmodelle des Unternehmenskaufs, in: DB 1990, S. 133, zitiert als: Unternehmenskauf.

Herzig, Norbert/Ebeling, Ralf-Michael, Substanzsteuerliche Folgen der Börseneinführung stimmrechtsloser Vorzugsaktien, in: AG 1989, S. 221.

Herzig, Norbert/Hötzel, Oliver, Ausschüttungsbedingte Teilwertabschreibung, in: DB 1988, S. 2265.

Hesse, Wolf-Ekkehard, Neue gesetzliche Rahmenbedingungen für die Bereitstellung von Eigenkapital, in: DB 1987, Beil. Nr. 1.

Hill, Norbert/Schäfer, Berthold, Das Stehenlassen von GmbH-Gesell-schafterdarlehen bis zum Eintritt der Krise, in: BB 1989, S. 458.

Hintzen, Lothar, Das Schütt aus-Hol zurück-Verfahren bei der Körperschaftsteuer von GmbH und AG, in: FR 1977, S. 60.

Hirche, Walter, Gesetzesinitiative zur Verbesserung der Rahmenbedingungen für private und institutionelle Anleger, in: Versicherungswirtschaft 1986, S. 1020.

Hitschler, Werner, Leveraged (Management-) Buyouts, in: BB 1990, S. 1877

Hölters, Wolfgang, Der Unternehmens- und Beteiligungskauf - Bedeutung, Grundfragen, Abwicklung, in: Hölters, W. (Hrsg.), Handbuch des Unternehmens- und Beteiligungskaufs, 2., völlig überarb. Aufl., Köln 1989, S. 2.

Hoffmann, Peter, Managment-Buy-Out als Möglichkeit zur Entflechtung der DDR-Wirtschaft, in: Die Bank 1990, S. 273.
Hoffmann, Wolf-Dieter, Die inländische Belastung der Genußrechtsfinanzierung, insbesondere für ausländische Anteilseigner, in: RIW 1985, S. 390.
Hommelhoff, Peter, Zur Abgrenzung von Unternehmenskauf und Anteilserwerb, in: ZGR 1982, S. 366.
Hoyer, W., Das Gesellschafterdarlehen im Kapitalverkehrsteuerrecht, in: DB 1977, S. 973.
Hübl, Leo, Die Voraussetzungen für die Anwendung der Vorschriften des Umwandlungsteuergesetzes 1977, in: FR 1977, S. 263, zitiert als: Voraussetzungen,
derselbe, Zur steuerlichen Beurteilung der Einbringung eines Betriebes oder Teilbetriebes durch eine Kapitalgesellschaft in eine andere Kapitalgesellschaft, in: DStZ/A 1962, S. 201, zitiert als: Beurteilung.
Hübner, Ulrich, Die Ausgliederung von Unternehmensteilen in aktien- und aufsichtsrechtlicher Sicht, in: Lutter, M., Festschrift für Walter Stimpel zum 68. Geburtstag, Berlin 1985, S. 791.
Ihrig, Christoph, Die Verwertung von GmbH-Mänteln, in: BB 1988, S. 1197.
Jacob, Wolfgang/Gies, Reinhold, Rechtsnatur der gewinneutralen Realteilung von Mitunternehmerschaften, in: BB 1987, S. 1710.
Jacobs, Wolfgang, Gesellschafterwechsel und Gestaltungsmißbrauch im Grunderwerbsteuerrecht - eine kritische Betrachtung der jüngeren BFH-Rechtsprechung, in: DB 1984, S. 1424.
Jonas, Bernd, Steuerliche Vorteilhaftigkeit einer niederländischen Finanzierungsgesellschaft, in: RIW 1987, S. 289.
Jünger, Paul, Das Einführungsgesetz zum Körperschaftsteuergesetz 1977, in: DB 1976, S. 2370.
Kamprad, Balduin, Bilanz und steuerrechtliche Auswirkungen der haftungsrechtlichen Behandlung kapitalersetzender Gesellschafterkredite?, in: Fachinstitut der Steuerberater e.V. (Hrsg.), Beiträge zum Zivil-, Steuer- und Unternehmensrecht, Festschrift für Heinz Meilicke, Berlin, u.a. 1985, S. 57, zitiert als: Auswirkungen.
derselbe, Gesellschaftsteuer auf verdecktes Nennkapital und auf haftende Gesellschafterdarlehen i.S. der §§ 32a und 32b GmbHG, in: GmbHR 1989, S. 127, zitiert als, Gesellschaftsteuer.
Kandler, Götz, Die Verschmelzung von Gesellschaften mit beschränkter Haftung nach dem GmbH-Reformgesetz. Handelsrecht - Steuerrecht, in: RWP-Blattei 14 Steuer-R D Stichwort Fusion, S. 1271.
Kerber, Marcus C., Unternehmensübernahme im "buy-out" - Verfahren, in: WM 1987, S. 741, zitiert als: Buy-Out-Verfahren.
derselbe, Die Übernahme von Gesellschaften mit beschränkter Haftung im Buy-Out-Verfahren, in: WM 1989, S. 473, zitiert als: Übernahme.
Kerber, Markus/Hauptmann, Karlheiz, Die Bereitstellung von privatem Anlagekapital durch Kapitalbeteiligungsgesellschaften, in: AG 1986, S. 244.
Kerssenbrock, Otto Graf von, Die Verwendungsfiktion des § 28 Abs. 3 KStG, in: DB 1987, S. 1658.
Kessler, Rainer E., Probleme bei der Einkommensbesteuerung sog. Zero(Coupon-)Bonds, in: FR 1982, S. 194.
Kleineidam, Hans-Jochen, Ausgewählte steuerliche Probleme bei der Beendigung unternehmerischer Betätigung, in: StbJb 1979/80, S. 357.
Knobbe-Keuk, Brigitte, Stille Beteiligung und Verbindlichkeiten mit Rangrücktrittsvereinbarungen im Überschuldungsstatus und in der Handelsbilanz des Geschäftsinhabers, in: ZIP 1983, S. 127, zitiert als: Rangrücktritt.

dieselbe, Verpachtung von Anlagevermögen des Gesellschafters an die GmbH und § 32a GmbH-Gesetz, in: BB 1984, S. 1, zitiert als: Verpachtung.

dieselbe, Gewinnausschüttungen auf Genußrechte, in: BB 1987, S. 341, zitiert als: Gewinnausschüttungen.

Koch, Hayo, Für eine Hand voll Dollars, in: Manager Magazin 1988, S. 247.

Koltermann, Jörg, Die stille Gesellschaft im Steuerrecht, in: SteuerStud 1988, S. 233.

Kramer, Joachim, Buy-Outs in Deutschland, in: ZgK 1989, S. 954.

Krebs, Hans-Joachim, Auswirkungen der Steuerreform auf das Körperschaftsteuerrecht aus nationaler und internationaler Sicht, in: GmbHR 1988, S. 228.

Kremer, Arnold, Zur Bilanzierung von Verschmelzungsgewinnen, in: DB 1989, S. 492.

Kropff, Bruno, Über die "Ausgliederung", in: Ballerstedt, Kurt/Hefermehl, Wolfgang, (Hrsg), Festschrift für Ernst Geßler, München 1971, S. 111.

Krüger, Dietrich, Zur Besteuerung von Gesellschafter, Gesellschaft und Optionär bei Optionsanleihen, in: FR 1987, S. 389.

Krüger, Dirk, Umwandlungsmöglichkeiten für ein Einzelunternehmen eine Personengesellschaft und eine GmbH, in: DB 1980, S. 463.

Kudert, Stephan/Saakel, Katrin, Der Mantelkauf im Steuerrecht, in: BB 1988, S. 1229.

Kümpel, Siegfried, Amtlicher Markt und Freiverkehr an der Börse aus rechtlicher Sicht - unter Berücksichtigung der Konzeption des geregelten Marktes, in WM 1985, Sonderbeil. Nr. 5 zu H. 30.

Küting, Karl-Heinz, Das Übernahmeangebot als alternative Form des Beteiligungserwerbs, in: BB 1978, S. 1751.

Lange, Joachim, Körperschaftsteuer-Richtlinien 1985, in: NWB Fach 4, S. 3501, zitiert als: Richtlinie.

derselbe, Verdeckte Gewinnausschüttungen an (noch) Nichtgesellschafter, in: NWB, Fach 4, S. 3609, zitiert als: vGA.

Langel, Horst/de Schmidt, Heribert, Die zivilrechtliche und steuerliche Beurteilung des Mantelkaufs mit Verlustabzug durch die Rechtsprechung, in: Wpg 1971, S. 525.

Lerbinger, Paul, Unternehmensakquisition durch Leveraged Buy Out, in: Die Bank 1986, S. 133.

Litwin, Michael J., Financing the Leveraged Buyout, in: Practising Law Institut (Hrsg.) Handbook No. 627, Leveraged Acquisitions and Buyouts 1989, New York 1989, S. 101.

Lloyd, Susan, Europe is the next frontier, in: The lucrative world of Management Buyouts, Euromoney, Special Survey, Supplement 2, december 1986, S. 56.

Lobell, Carl D./Applegate, Sharon B., Representing the Lender in Leveraged Buyouts and Acquisitions, in: Practising Law Institut (Hrsg.), Handbook No. 643, Financing Leveraged Buyouts and Acquisitions, New York 1989, S. 361.

Loos Gerold, Die Umwandlung einer Kapitalgesellschaft auf eine Kapitalgesellschaft nach dem Umwandlungsteuergesetz 1977, in: BB 1977, S. 337.

Lowenstein, Louis, No more cozy management buyouts, in: Harvard Business Review 1/1986, S. 147.

Lutter, Marcus, Finanzierungsmaßnahmen zur Krisenabwehr in der Aktiengesellschaft, unter Mitwirkung von: Hommelhoff, Peter und Timm, Wolfgang, in: BB 1980, S. 737, zitiert als: Finanzierungsmaßnahmen.

derselbe, Die GmbH-Novelle und ihre Bedeutung für die GmbH, die GmbH & CoKG und die Aktiengesellschaft, in: DB 1980, S. 1317, zitiert als: GmbH-Novelle.

Lutter, Marcus/Hommelhoff, Peter/Timm, Wolfram, Nachrangiges Haftkapital und Unterkapitalisierung in der GmbH, in: ZGR 1979, S. 31.

Lutter, Marcus/Wahlers, Henning W., Der Buyout: Amerikanische Fälle und die Regeln des deutschen Rechts, in: AG 1988, S. 1.

Maas, Ernst, Die Erhöhung des Stammkapitals bei "einbringungsgeborenen" Gesellschaften mbH, in: BB 1980, S. 1791.
Mack, Hans, Steuerliche Behandlung der Vorabausschüttungen von Körperschaften - Eine Zwischenbilanz, in: DB 1982, S. 1536.
Mahari, Julian, I., Rückkehr zur Aktionärsherrschaft als unternehmerische Chance und rechtspolitischer Impuls. Vorstöße zur Beendigung der Machtdelegation an das Management anhand der Entwicklung der Take overs in den USA, in: SAG 1988, S. 14.
Manke, Klaus, Steuerreform und Doppelbesteuerungsabkommen, in: Wpg 1989, S. 70.
Martin, Andreas, Management buy out, in: WiSt 1988, S. 247.
Meilicke, Heinz, Welchen Genuß gewährt der Genußschein, in: BB 1987, S. 1609.
Meister, Burkardt W., Die Sicherheitsleistung der GmbH für Gesellschafterverbindlichkeiten, in: WM 1980, S. 390.
Menzel, Hans-Jürgen, Das neue Gesetz über Unternehmensbeteiligungsgesellschaften, in: WM 1987, S. 705.
Merkert, H., Kapitalverkehrsteuerpflichtige Gesellschaftereinlagen in Liquidationsunternehmen, in: DB 1983, S. 2487.
Meßmer, Kurt, Die Fiktion im Steuerrecht - Bräuche und Mißbräuche - , in: StbJb 1977/78, S. 65.
Meyer-Arndt, Lüder, Ausländereffekt und Quintettsituation. International-steuerrechtliche Fragen des gespaltenen Körperschaftsteuersatzes, in: DStZ/A 1975, S. 275.
Meyer-Scharenberg, Dirk E., Finanzierung von Kapitalgesellschaften durch zinslose Gesellschafterdarlehen, in: DB 1987, S. 1379.
Milde, Helmut, Leveraged Buyout, in: WiSt 1990, S. 7, zitiert als: Leveraged Buyout
derselbe, Übernahmefinanzierung und LBO-Transaktionen, in: ZfB 1990, S. 47, zitiert als: Übernahmefinanzierung.
Mösbauer, Heinz, Die Haftung des Erwerbers eines Unternehmens für Betriebsteuern, in: BB 1983, S. 587.
Möschl, Wernhard, Aktienrechtliche Aspekte des Zusammenschlusses Thyssen/ Rheinstahl, in: ZRP 1973, S. 162.
Mössle, Klaus, Leistungsstörungen beim Unternehmenskauf - neue Tendenzen, in: BB 1983, S. 2146.
Nathusius, Klaus, Arten, Ablauf und aktuelle Situatuion von Buy-Out Finanzierungen, in: Dokumentation zum 3. MBO-Kongress am 1./2. März 1990 in Neuss, S. 127.
Neufang, B./Horn, M., Zero-Bonds als Element der Steuerplanung im mittelständischen Unternehmen, in: INF 1988, S. 441.
Neye, Hans-Werner, Die Ausgliederung bei Aktiengesellschaften nach französischem Gesellschaftsrecht, in: DB 1982, S. 365.
Neyer, Wolfgang, Deutsche Besteuerung des ausländischen Anteilseigners bei Liquidation einer deutschen Tochtergesellschaft, in: RIW 1981, S. 387, zitiert als: Besteuerung.
derselbe, Zero-Bonds in ausländischer Währung, in: RIW 1983, S. 36, zitiert als: Zero-Bonds.
Neyer, Wolfgang/Becker, Frank, § 50c des Einkommensteuergesetzes -Zielsetzung, Auswirkungen und Vermeidung, in: RIW 1980, S. 635.
Nirk, Rudolf, Zur Rechtfolgenseite der Durchgriffshaftung, in: Lutter, M./Mertens, H.-J./Ulmer, P., Festschrift für Walter Stimpel zum 68. Geburtstag, Berlin/New York 1985, S. 443.
Offerhaus, Klaus, Was gehört zum Arbeitslohn, in: BB 1982, S. 1061.
Orth, Manfred, Neue Aspekte zum Schütt-aus-Hol-zurück-Verfahren, in: GmbHR 1987, S. 195.
Ott, Hans, Management Buy Out - Auf eigene Rechnung, in: Politik und Wirtschaft, 5/1987, S. 46.

Otto, Hans-Jochen, Übernahmeversuche bei Aktiengesellschaften und Strategien der Abwehr, in: DB 1988, Beil. Nr. 12 zu Heft Nr. 29, zitiert als: Übernahmeversuche.
derselbe, Fremdfinanzierte Übernahmen - Gesellschafts- und steuerrechtliche Kriterien des Leveraged Buy-Out, in: DB 1989, S. 1389, zitiert als: Leveraged Buy-Out.
derselbe, Management Buy-Out und Belegschafts-Buy-Out, in: Assmann, H.-D./Schütz, R.A., Handbuch des Kapitalanlagerechts, München 1990, S. 834, zitiert als: MBO.
o.V., Management-Buy-Outs sollen auch in Deutschland populär gemacht werden, in: HBl. Nr. 216, v. 10.11.1986, S. 13.
o.V., Das Werk Haussach von Thyssen ist der bisher größte "Management -buy-out"-Fall, in: HBl. Nr. 47 v. 9.3.1987, S. 10.
o.V., Die Spielregeln" müssen sich in der Bundesrepublik erst noch herausbilden, in: HBl. Nr. 45 v. 4./5.3.1988, S. 27.
o.V., Manager kaufen die goldene Freiheit, in: Industriemagazin, Juli 1988, S. 25.
o.V., Verkaufswelle von mittelständischen Unternehmen soll gestoppt werden, in: Hbl. Nr. 82 v. 27.4.1989, S. 1.
o.V., Lager der Angreifer um illustre Namen verstärkt, in: HBl. Nr. 138, v. 20.7.1989, S. 15.
o.V., Genossenschaftsbanken und Industrie unterstützen den Bonner Gesetzentwurf, in: HBl. Nr. 166 v. 29.8.1989, S. 1.
o.V., Brady tut nichts gegen die Energieverschwendung, in: HBl. Nr. 181 v. 19.9.1989, S. 9.
o.V., Stärkste Kurseinbrüche in Wallstreet seit dem "Crash" vom Oktober 1987, in: HBl. Nr. 200 v. 16.10.1989, S. 1
o.V., ZfB-Fall: Abschluß eines Management-Buy-Outs, in: ZfB 1989, S. 1098.
Pauka, Dietmar, Änderungen des Gewerbesteuerrechts durch das StRefG 1990, in; DB 1988, S. 2224.
Peltzer, Martin, Takeovers in den Vereinigten Staaten - Können ihre Spielregeln übertragen werden?, in: Wirtschaft und Wissenschaft im Wandel, Festschrift für Carl Zimmerer, Frankfurt a.M. 1986, S. 271, zitiert als: Takeovers.
derselbe, Von Räubern, weißen Rittern und Jungfrauen - die Taktiken der amerikanischen Take-overs, in: ZgK 1986, S. 291, zitiert als: Räuber.
derselbe, Rechtliche Problematik der Finanzierung des Unternehmenskaufs beim MBO, in: DB 1987, S. 973, zitiert als: Rechtliche Problematik.
derselbe, Hostile Takeovers in der Bundesrepublik Deutschland?, in: ZIP 1989, S. 69.
Pingel, Kai, Die Anerkennung von erzielten Verkaufspreisen für nicht an der Börse notierte Anteile an Kapitalgesellschaften, in: BB 1987, S. 656.
Pöllath, Reinhard, Kapitalanlagen in Schuldverschreibungen unter Trennung von Stammrecht und Zinsschein, in: BB 1983, S. 1271, zitiert als: Kapitalanlagen.
derselbe, MBO in mittelständischen Unternehmen, in: Anlagen zur Dokumentation zum 2. MBO-Kongress am 1./2. März in Neuss, zitiert als: MBO.
Pöllath, Reinhard/Wenzel, Birgit, Gewerbesteuerliche Teilwertabschreibungen bei Organschaft?, in: DB 1989, S. 797.
Pohle, Klaus, Die Kapitalstrukturpolitik bei Unternehmensakquisitionen in den USA, in: ZfbF 1986, S. 336.
Priester, Hans-Joachim, Gläubigerrücktritt zur Vermeidung der Überschuldung, in: DB 1977, S. 2429, zitiert als: Gläubigerrücktritt.
derselbe, Körperschaftsteuerreform und Gewinnverwendung - Probleme des Ausschüttungsrückholverfahrens -, in: ZGR 1977, S. 445, zitiert als: Gewinnverwendung.
derselbe, Das neue Verschmelzungsrecht, in: NJW 1983, S. 1459, zitiert als: Verschmelzungsrecht.
derselbe, Mantelverwertung und Mantelgründung bei der GmbH, in: DB 1983, S. 2291, zitiert als: Mantelverwertung.

Purwins, Hans, Steuerrechtliche Fragen, in: Hölters, W. (Hrsg.), Handbuch des Unternehmens- und Beteiligungskaufs, 2., völlig überarb. Aufl., Köln 1989, S. 232.

Quack, Karl-Heinz, Der Unternehmenskauf und seine Probleme, in: ZGR 1982, S. 351.

Rabald, Bernd, Zur Berücksichtigung von Steuerguthaben beim Erwerb nichtnotierter Anteile, in: Wpg 1986, S. 7.

Rath, Wolf-Dieter, Die Besteuerung ausländischer Muttergesellschaften und ihrer deutschen Tochtergesellschaften in Deutschland nach der Körperschaftsteuerreform, in: BB 1976, S. 1066.

Rathmann, Kurt, Einkommensbesteuerung von gekauften Rücklagen bei Anteilsübertragung unter der Herrschaft des KStG/EStG 1977, in: DB 1980, S. 800.

Rauenburg, Bruno, Der Umwandlungszeitpunkt als Instrument der Steuerplanung, in: DB 1988, S. 1073.

Ritzer, H., Rechtsnachfolge im Steuerrecht, in: INF 1977, S. 251.

Rose, Gerd, Die Berücksichtigung verlustbringender Ergebnisabführungsverträge in den Bilanzen des Organträgers, in: DB 1960, S. 1164.

Ruffel, Charles, Funds Galore for LBO Prospects, in: Euromoney, Special Survey, Supplement 2, december 1986, S. 2.

Sarrazin, Victor, Das Umwandlungsteuergesetz 1977, in: FR 1977, S. 365, zitiert als: UmwStG.

derselbe, Das Eigen- und Fremdkapital der Kapitalgesellschaften unter Beteiligung von Inländern, in: JbFfStR 1979/80, S. 383, zitiert als: Kapitalgesellschaften.

derselbe, Genußscheine und Gesellschafterdarlehen - steuerlich günstige Finanzierungen? in: StbJb 1985/86, S. 135, zitiert als: Finanzierungen.

Saß, Gert, Die Fusionsrichtlinie und die Mutter/Tochterrichtlinie, in: DB 1990, S. 2340.

Schaaff, Petra, Möglichkeiten der Abwehr von Takeover Bids in Großbritannien und den USA, in: RIW 1985, S. 273.

Scheidl, Karl/Scholz, Ralf, Zur Rendite von Zerobonds nach Steuern, in: Die Bank 1986, S. 572.

Schiessl, Maximilian, Neue Erfahrungen mit Unternehmenskäufen und Unternehmensübernahmen in den USA, in: RIW 1988, S. 522.

Schmid, Helmut, Die Bewertung von MBO-Unternehmen - Theorie und Praxis, in: DB 1990, S. 1877.

Schmidt, Karsten, "Unternehmen" und "Abhängigkeit": Begriffseinheit und Begriffsvielfalt im Kartell- und Konzernrecht, in: ZGR 1980, S. 277, zitiert als: Unternehmen.

derselbe, Theorie und Praxis der Vorgesellschaft nach gegenwärtigem Stand, in: GmbHR 1987, S. 77, zitiert als: Vorgesellschaft.

Schmidt-Scheuber, Theodor, Nachrangige Verbindlichkeiten als Eigenkapitalersatz in amerikanischen Industrieunternehmen, in: Kontaktseminar der Ruhr-Universität Bochum, SB Nr. 13, WS 1980/81, S. 51.

Schmitz Klaus, Das partiarische Darlehen und die Gewerbesteuer, in: DStR 1988, S. 311.

Schneider, Dieter, Die Messung der Unternehmenssteuerbelastung: Methoden und Ergebnisse, in: BB 1990, S. 534.

Schneider, Uwe H., "Kapitalmindernde Darlehen" der GmbH an ihre Gesellschafter, in: Knobbe-Keuk, B./Klein, F./Moxter, A., Handelsrecht und Steuerrecht, Festschrift für Georg Döllerer, Düsseldorf 1988, S. 537.

Schoenfeld, Armin, Das Stuttgarter Verfahren zur Bewertung nicht notierter Anteile im Vergleich zu den Börsenwerten deutscher Aktiengesellschaften, in: Wpg. 1984, S. 425.

Scholz, Rolf-Detlev, Das Anrechnungsverfahren bei Investmentgesellschaften, in: FR 1977, S. 105.

Schoor, Hans Walter, Veräußerung und Aufgabe eines Gewerbebetriebes, in: SteuerStud 1988, S. 3.

Schramm, Bernhard, Finanzierung nicht emissionsfähiger mittelständischer Unternehmen, in: Christians, F.W. (Hrsg.), Finanzierungshandbuch, 2., völlig überarb. und erw. Aufl., Wiesbaden 1988, S. 563.

Schürmann, Walter, Umwandlung in die Aktiengesellschaft - Steuerliche Nachteile, in: ZGR 1981, S. 59.

Schuhmann, Helmut, Vorgesellschaft, Gründungsgesellschaft, unechte Vorgesellschaft im Steuerrecht, in: GmbHR 1981, S. 196.

Schulze zur Wiesche, Dieter, Einbringung eines Betriebes, Teilbetriebes, Mitunternehmeranteiles in eine GmbH, in: GmbHR 1981, S. 60, zitiert als: Einbringung.

derselbe, Die steuerliche Behandlung der sogenannten Entnahme bei einer GmbH, in: GmbHR 1982, S. 191, zitiert als: Entnahmen.

derselbe, Sacheinlagen in Kapitalgesellschaften, insbesondere GmbH, in: GmbHR 1987, S. 31, zitiert als: Sacheinlage.

Schumpeter, Joseph, Unternehmer, in: Elster, L./Weber, A./Wieser, F.(Hrsg.), Handwörterbuch der Staatswissenschaft, 4., gänzlich umgearb. Aufl., Jena 1928, Bd. 8, S. 476.

Schwenkedel, Stefan, Finanzierung von Management Buyouts durch Going Public-Optionsanleihen, in: Die Bank 1989, S. 604.

Seipp, Walter, Finanzinnovationen - Neue Instrumente zur Unternehmensfinanzierung, in: Christians, F.W. (Hrsg.) Finanzierungshandbuch, 2., völlig überarb. und erw. Aufl., Wiesbaden 1988, S. 301.

Semler, Franz-Jörg, Der Unternehmens- und Beteiligungskaufvertrag, in: Hölters, W. (Hrsg.), Handbuch des Unternehmens- und Beteiligungskaufskaufs, 2., völlig überarb. Aufl., Köln 1989, S. 232.

Semler, Johannes, Die GmbH auf Aktien als Ausprägung der GmbH für das Publikum, in: Lutter, M./Mertens, H.-J./Ulmer, P., Festschrift für Walter Stimpel zum 68. Geburtstag, Berlin/New York 1985, S. 507.

Siegel, Theodor, Gesellschafter-Fremdfinanzierung. Entwürfe eines § 8a KStG und steuersystematische Lösung, in: StuW 1989, S. 340.

Singbartl, Hans/Dötsch, Ewald/Hundt, Florenz, Die Änderung des KStG durch das Steuerreformgesetz 1990, in: DB 1988, S. 1767.

Söffing, Günther/Wrede, Friederich, Das Gesetz zur Änderung des EStG, des KStG und anderer Gesetze, Teil I und II, in: FR 1980, S. 365,397.

Sonnenhol, Jürgen/Stützle, Rudolf, Bestellung von Sicherheiten durch eine GmbH und der Grundsatz der Erhaltung des Stammkapitals (§ 30 GmbHG), in: DB 1979, S. 925, zitiert als: Bestellung.

dieselben, Auswirkungen des Verbots der Einlagenrückgewähr auf Nichtgesellschafter, in: WM 1983, S. 2, zitiert als: Auswirkungen.

Sonntag, Albert, D., Die MBO Politik der Finanzierungsinstitutionen. Leistungsanspruch und Realität in der Praxis, in: Dokumentation zum 2. MBO-Kongress am 1./2. März 1989 in Neuss, S. 104.

Sontheimer, Jürgen, Die steuerliche Behandlung von Genußrechten, in: BB 1984, Beil. 19.

Stahl, Rudolf, Eigene Anteile der GmbH in Handels- und Steuerrecht, in: KÖSDI 1985, S. 6131.

Sterner, Friedrich, Steuerfragen beim Ausscheiden eines typischen stillen Gesellschafters, in: DB 1985, S. 2316.

Stoll, Jutta, Rechtliche Aspekte der "feindlichen" Übernahmen von Aktiengesellschaften, in: BB 1989, S. 301.

Streck, Michael/Schwedhelm, Rolf, Verlustabzug und Mantelkauf nach der Steuerreform, in: FR 1989, S. 153.

Strohm, Gunther, Die ertragsteuerliche Behandlung der Realteilung von Personen- und Kapitalgesellschaften, in: DStR 1989, S. 483.

Sünner, Eckart, Take-overs made in USA, in: AG 1987, S. 276.
Süchting, Joachim, Nachrangige Verbindlichkeiten in der Kapitalstruktur deutscher Unternehmen? in: Bierich, Marcus/Schmidt, Reinhart, Finanzierung deutscher Unternehmen heute, Stuttgart 1984, S. 107, zitiert als: Nachrangige Verbindlichkeiten.
Teichmann, Arndt, Die Spaltung einer Aktiengesellschaft als gesetzgeberische Aufgabe, in: AG 1980, S. 85.
Telkamp, Heinz-Jürgen, Die Auswirkungen der Körperschaftsteuerreform auf die Besteuerung international tätiger Unternehmungen, Teil I und II, in: FR 1977, S. 285/313.
Theissen, Manuel, R., Partiarisches Darlehen als Finanzierungsalternative zur stillen Gesellschaft, in: GmbHR 1987, S. 64.
Thiel, Jochen, Aufschub der Gewinnrealisierung durch §§ 6b, 6c EStG sowie durch das Auslansinvestitionsgesetz und das Entwicklungsländersteuergesetz, in: Ruppe, S., (Hrsg.), Gewinnrealisierung im Steuerrecht, Köln 1981, S. 183.
Tillmann, Bert, Die Kapitalausstattung der GmbH - zivil- und steuerrechtlich, in: GmbHR 1987, S. 329, zitiert als: Kapitalausstattung.
derselbe, Steuerrecht, in: Centrale für GmbH, Dr. Otto Schmidt (Hrsg.), GmbH-Handbuch, Loseblattausg., 11. Aufl., Köln 1985ff, Bd. 2, zitiert als: Steuerrecht.
Ulmer, Peter/Ihrig, Christoph, Ein neuer Anleihetyp: Zero-Bonds, in: ZIP 1985, S. 1169.
Veigel, G., Die 6b-Rücklage in der Steuerbilanz, in: INF 1988, S. 145.
Vollmer, Lothar, Der Genußschein - ein Instrument für mittelständische Unternehmen zur Eigenkapitalbeschaffung an der Börse, in: ZGR 1983, S. 455, zitiert als: Genußschein.
derselbe, Eigenkapitalbeschaffung für die GmbH durch Börsenzugang, in: GmbHR 1984, S. 329, zitiert als: Eigenkapital.
Vormbaum, Herbert, Grenzen der Fremdfinanzierung, in: Geist, M. N./Köhler, R. (Hrsg.), Die Führung des Betriebes, Festschrift für Curt Sandig, Stuttgart 1981, S. 425, zitiert als: Grenzen.
Wagner, Klaus, Sonstige Beteiligungen an Gesellschaften, in: Assmann, H.-D./Schütz, R.A. (Hrsg.), Handbuch des Kapitalanlagerechts, München 1990, S. 817.
Weber, Hans-Jürgen, Die handelsrechtliche Funktion des Gesellschafterdarlehens im Ertragsteuerrecht, in: BB 1988, S. 109.
Wessing, Kurt, Vertragsklauseln beim Unternehmenskauf, in: ZGR 1982, S. 455.
Westermann, Harm Peter, Neuere Entwicklungen der Verkäuferhaftung beim Kauf von Unternehmensbeteiligungen, in: ZGR 1982, S. 45.
Widmann, Siegfried, Aufschub der Gewinnrealisierung bei Verschmelzung, Einbringung von Betrieben, Teilbetrieben und Mitunternehmeranteilen, Betriebsaufspaltung, Sacheinlagen, in: Ruppe, S., (Hrsg.), Gewinnrealisierung im Steuerrecht, Köln 1981, S. 163.
Wingert, Karl-Dieter, Internationale Aspekte der deutschen Steuerreform 1990, in: IWB Fach 2, S. 383.
Wittstock, Wilfried/Klein, Hans-Dieter, Körperschaftsteuerliche Tarifabsenkung und Ausschüttungspolitik nach dem StRefG 1990, in: DStR 1989, S. 155.
Wolbert, Hans, Die Fremdfinanzierung von Buyouts, in: ZfK 1989, S. 670.
Wolf, Heinz, Überlegungen zur Einführung von nachrangigen Verbindlichkeiten in die Kapitalstruktur von Unternehmen, in: Kontaktstudium der Ruhr-Universität Bochum, SB Nr. 15, WS 1981/82, S. 44.
Wrede, Friederich, Aktuelle Fragen zur Behandlung von Gewinnausschüttungen bei der Körperschaftsteuer, in: DB 1979, S. 1619/1674.
Wymann, Peter, Management Buy Outs, in: Taxation Practitioner, April 1984, S. 127.
Ziebe, Jürgen, Der Erwerb eigener GmbH-Geschäftsanteile in den Staaten der Europäischen Gemeinschaft. in: GmbHR 1983, S. 38, zitiert als: Erwerb.

derselbe, Der Genußschein als kapitalmarktpolitisches Instrument zur Verbesserung der Eigenkapitalausstattung von Unternehmen, in: BB 1984, S. 2210, zitiert als: Genußschein.

derselbe, Kapitalbeschaffung durch Genußscheine, in: BB 1988, S. 225, zitiert als: Kapitalbeschaffung.

Zimmerer, Carl, Management Buy Out, in: Beyer, H.-Th./Schuster, L./Zimmerer, C., (Hrsg.), Neuere Entwicklungen in Betriebswirtschaftslehre und Praxis, Festschrift für Oswald Hahn zum 60. Geburtstag, Frankfurt a.M., 1988, S. 61.

Zwätz, Dietrich, Im Spiel mit den Dollar-Milliarden werden die Einsätze immer höher, in: HBl. Nr. 208 v. 27.10.1988, S. 19.

Rechtsprechungsverzeichnis

1. Urteile des Reichsfinanzhofes

RFH-Urt. v. 11. 1.1929,	IV 1121/28,	RStBl. 1929, S. 325.
RFH-Urt. v. 14. 5.1930,	VI A 706/28,	RStBl. 1930, S. 580.
RFH-Urt. v. 3. 2.1932,	VI A 805/31,	RStBl. 1932, S. 464.
RFH-Urt. v. 9. 5.1933,	VI A 434/30,	RStBl. 1933, S. 999.
RFH-Urt. v. 23. 5.1933,	VI A 422/33,	RStBl. 1933, S. 1078.
RFH-Urt. v. 26. 9.1933,	V A 107/33,	RStBl. 1933, S. 1157.
RFH-Urt. v. 7. 2.1934,	VI A 102/34,	RStBl. 1934, S. 605.
RFH-Urt. v. 3. 7.1934,	I A 129/33,	RStBl. 1934, S. 1078.
RFH-Urt. v. 30. 4.1935,	I A 13/35,	RStBl. 1935, S. 840.
RFH-Urt. v. 14.11.1935,	III A 134/34,	RStBl. 1935, S. 1465.
RFH-Urt. v. 13. 2.1940,	I 177/39,	RStBl. 1940, S. 722.
RFH-Urt. v. 29. 9.1942,	I 129/42,	RStBl. 1942, S. 1075.

2. Urteile des Bundesfinanzhof

BFH-Urt. v. 1. 4.1952,	I R 2/52 U,	BStBl. 1952 III, S. 149.
BFH-Urt. v. 6. 5.1952,	I 8/52 U,	BStBl. 1952 III, S. 172.
BFH-Urt. v. 6.10.1953,	I 29/53 U,	BStBl. 1953 III, S. 329.
BFH-Urt. v. 29. 5.1956,	I 39/56 S,	BStBl. 1956 III, S. 226.
BFH-Urt. v. 9. 5.1957,	IV 186/56 U,	BStBl. 1957 III, S. 246.
BFH-Urt. v. 19. 8.1958,	I 78/58 U,	BStBl. 1958 III, S. 468.
BFH-Urt. v. 16.12.1958,	ID 1/57 S,	BStBl. 1959 III, S. 30.
BFH-Urt. v. 13. 1.1959,	I 44/57 U,	BStBl. 1959 III, S. 197.
BFH-Urt. v. 23. 1.1959,	IV 68/57, S,	BStBl. 1959 III, S. 97.
BFH-Urt. v. 23. 7.1959,	V 42/58 U,	BStBl. 1959 III, S. 379.
BFH-Urt. v. 6.10.1959,	I 136/59 U,	BStBl. 1960 III, S. 10.
BFH-Urt. v. 8. 4.1960,	129/57 U,	BStBl. 1960 III, S. 319.
BFH-Urt. v. 11.10.1960,	I 175/60 U,	BStBl. 1960 III, S. 492.
BFH-Urt. v. 21. 4.1961,	VI 158/59 U,	BStBl. 1961 III, S. 431.
BFH-Urt. v. 13.12.1961,	I 209/60 U,	BStBl. 1962 III, S. 85.

BFH-Urt. v. 13.11.1962,	I 262/60 U,	BStBl. 1963 III, S. 69.
BFH-Urt. v. 25.10.1963,	I 325/61 S,	BStBl. 1964 III, S. 17.
BFH-Urt. v. 20.12.1963,	VI 313/62 U,	BStBl. 1964 III, S. 137.
BFH-Urt. v. 8. 4.1964,	VI 205/61 S.	BStBl. 1964 III, S. 306.
BFH-Urt. v. 8. 6.1964,	I 119/63 U,	BStBl. 1964 III, S. 561.
BFH-Urt. v. 28.10.1964,	IV 208/64 U,	BStBl. 1965 III, S. 59.
BFH-Urt. v. 27. 7.1965,	I 110/63 S,	BStBl. 1966 III, S. 24.
BFH-Urt. v. 2.11.1965,	I 169/63 U,	BStBl. 1966 III, S. 127.
BFH-Urt. v. 9.11.1965,	I 264/62 U,	BStBl. 1966 III, S. 383.
BFH-Urt. v. 15. 2.1966,	I 112/63,	BStBl. 1966 III, S. 289.
BFH-Urt. v. 17. 5.1966,	I 141/63,	BStBl. 1966 III, S. 513.
BFH-Urt. v. 4.10.1966,	I 1/64,	BStBl. 1966 III, S. 690.
BFH-Urt. v. 20. 7.1967,	V 240/64,	BStBl. 1967 III, S. 684.
BFH-Urt. v. 30. 4.1968,	I 161/65,	BStBl. 1968 II, S. 720.
BFH-Urt. v. 12. 6.1968,	IV 254/62,	BStBl. 1968 II, S. 653.
BFH-Urt. v. 4. 7.1968,	IV 13/65,	BStBl. 1968 II, S. 682.
BFH-Urt. v. 3. 7.1968,	I 83/65,	BStBl. 1969 II, S. 14.
BFH-Urt. v. 14. 2.1969,	III 86/65,	BStBl. 1969 II, S. 395.
BFH-Urt. v. 31. 3.1969,	III R 18/68,	BStBl. 1969 II, S. 430.
BFH-Urt. v. 24. 4.1969,	IV R 202/69,	BStBl. 1969 II, S. 397.
BFH-Urt. v. 16. 7.1969,	I 266/65,	BStBl. 1970 II, S. 175.
BFH-Urt. v. 17. 9.1969,	I 170/65,	BStBl. 1970 II, S. 48.
BFH-Urt. v. 17. 9.1969,	189/65,	BStBl. 1970 II, S. 107.
BFH-Urt. v. 17.12.1969,	I 252/64,	BStBl. 1970 II, S. 260.
BFH-Urt. v. 13. 2.1970,	III R 156/65,	BStBl. 1970 II, S. 375.
BFH-Urt. v. 13. 2.1970,	III R 43/68,	BStBl. 1970 II, S. 373.
BFH-Urt. v. 15. 4.1970,	I R 122/66,	BStBl. 1970 II, S. 554.
BFH-Urt. v. 14. 5.1970,	V R 117/66,	BStBl. 1970 II, S. 676.
BFH-Urt. v. 5. 8.1970,	I R 180/66,	BStBl. 1970 II, S. 804.
BFH-Urt. v. 24.11.1970,	IV R 138/69,	BStBl. 1971 II, S. 89.
BFH-Urt. v. 16.12.1970,	I R 99/67,	BStBl. 1971 II, S. 237.
BFH-Urt. v. 7. 5.1971,	III R 7/69,	BStBl. 1971 II, S. 642.
BFH-Urt. v. 11. 8.1971,	VIII R 13/66,	BStBl. 1972 II, S. 117.
BFH-Urt. v. 13.10.1971,	I R 96/69,	BStBl. 1972 II, S. 97.
BFH-Urt. v. 3.11.1971,	I R 68/70,	BStBl. 1972 II, S. 227.
BFH-Urt. v. 8.11.1971,	GrS 2/71,	BStBl. 1972 II, S. 63.
BFH-Urt. v. 7.12.1971,	VIII R 3/70,	BStBl. 1972 II, S. 468.
BFH-Urt. v. 26. 1.1972,	I R 171/68,	BStBl. 1972 II, S. 358.
BFH-Urt. v. 28. 1.1972,	VIII R 4/66,	BStBl. 1972 II, S. 322.
BFH-Urt. v. 2. 2.1972,	II R 10/67,	BStBl. 1972 II, S. 578.
BFH-Urt. v. 2. 2.1972,	I R 54-55/70,	BStBl. 1972 II, S. 397.
BFH-Urt. v. 10. 3.1972,	III R 52/69,	BStBl. 1972 II, S. 518.
BFH-Urt. v. 29. 3.1972,	I R 43/69,	BStBl. 1972 II, S. 537.
BFH-Urt. v. 14. 7.1972,	II R 116/69,	BStBl. 1972 II, S. 734.
BFH-Urt. v. 10.12.1972,	IV R 37/68,	BStBl. 1973 II, S. 77.
BFH-Urt. v. 2. 2.1973,	III R 134/70,	BStBl. 1973 II, S. 472,
BFH-Urt. v. 7. 2.1973,	II R 60/72,	BStBl. 1973 II, S. 507.
BFH-Urt. v. 11. 4.1973,	I R 172/72,	BStBl. 1973 II, S. 568.
BFH-Urt. v. 18. 4.1973,	I R 120/70,	BStBl. 1970 II, S. 740.
BFH-Urt. v. 30.10.1973,	I R 67/72,	BStBl. 1974 II, S. 234.
BFH-Urt. v. 28.11.1973,	I R 129/71,	BStBl. 1974 II, S. 145.

BFH-Urt. v. 30. 1.1974,	IV R 80/70,	BStBl. 1974 II, S. 452.
BFH-Urt. v. 19. 7.1974,	VI R 114/71,	BStBl. 1975 II, S. 181.
BFH-Urt. v. 17.10.1974,	IV R 233/72,	BStBl. 1975 II, S. 58.
BFH-Urt. v. 18.10.1974,	VI R 249/71,	BStBl. 1975 II, S. 182.
BFH-Urt. v. 29.10.1974,	VIII R 131/70,	BStBl. 1975 II, S. 173.
BFH-Urt. v. 28. 2.1975,	VI 29/72,	BStBl. 1975 II, S. 520.
BFH-Urt. v. 10.12.1975,	I R 135/74,	BStBl. 1976 II, S. 226.
BFH-Urt. v. 12.12.1975,	III R 32/74,	BStBl. 1976 II, S. 209.
BFH-Urt. v. 16.12.1975,	VIII R 3/74,	BStBl. 1976 II, S. 246.
BFH-Urt. v. 18.12.1975,	V R 131/73,	BStBl. 1976 II, S. 265.
BFH-Urt. v. 21. 1.1976,	I R 21/74,	BStBl. 1976 II, S. 389.
BFH-Urt. v. 19. 2.1976,	IV R 179/72,	BStBl. 1976 II, S. 415.
BFH-Urt. v. 4. 3.1976,	IV R 78/72,	BStBl. 1977 II, S. 380.
BFH-Urt. v. 6. 4.1976,	VIII R 72/70,	BStBl. 1976 II, S. 341.
BFH-Urt. v. 24. 6.1976,	IV R 200/72,	BStBl. 1976 II, S. 672.
BFH-Urt. v. 21.10.1976,	IV R 210/72,	BStBl. 1977 II, S. 145.
BFH-Urt. v. 27. 1.1977,	IV R 46/76,	BStBl. 1977 II, S. 754.
BFH-Urt. v. 16. 2.1977,	I R 244/74,	BStBl. 1977 II, S. 561.
BFH-Urt. v. 16. 2.1977,	I R 163/75,	BStBl. 1977 II, S. 572.
BFH-Urt. v. 4. 5.1977,	I R 27/74,	BStBl. 1977 II, S. 802.
BFH-Urt. v. 22. 6.1977,	I R 171/74,	BStBl. 1978 II, S. 33.
BFH-Urt. v. 27.10.1977,	IV R 60/74,	BStBl. 1978 II, S. 100.
BFH-Urt. v. 16.11.1977,	I R 83/75,	BStBl. 1978 II, S. 386.
BFH-Urt. v. 21.12.1977,	I R 20/76,	BStBl. 1978 II, S. 346.
BFH-Urt. v. 19. 1.1978,	IV R 153/72,	BStBl. 1978 II, S. 262.
BFH-Urt. v. 1. 6.1978,	IV 139/73,	BStBl. 1978 II, S. 570.
BFH-Urt. v. 1. 2.1979,	IV R 219/75,	BStBl. 1979 II, S. 444.
BFH-Urt. v. 27. 3.1979,	VIII R 95/76,	BStBl. 1979 II, S. 553.
BFH-Urt. v. 26. 4.1979,	IV R 119/76,	BStBl. 1979 II, S. 557.
BFH-Urt. v. 6. 2.1980,	I R 50/76,	BStBl. 1980 II, S. 477.
BFH-Urt. v. 12. 3.1980,	I R 186/76,	BStBl. 1980 II, S. 531.
BFH-Urt. v. 10. 7.1980,	IV R 136/77,	BStBl. 1981 II, S. 84.
BFH-Urt. v. 18.11.1980,	VIII R 8/78,	BStBl. 1981 II, S. 261.
BFH-Urt. v. 13. 3.1981,	III R 122/79,	BStBl. 1981 II, S. 600.
BFH-Urt. v. 17. 7.1981.	VI R 205/78,	BStBl. 1981 II, S. 773.
BFH-Urt. v. 21. 7.1981,	VIII R 154/76,	BStBl. 1982 II, S. 37.
BFH-Urt. v. 19. 1.1982,	VIII R 21/77,	BStBl. 1982 II, S. 456.
BFH-Urt. v. 19. 1.1983,	I R 57/79,	BStBl. 1983 II, S. 312,
BFH-Urt. v. 10.12.1983,	II R 56/81,	BStBl. 1984 II, S. 140.
BFH-Urt. v. 25. 1.1984,	I R 183/81,	BStBl. 1984 II, S. 422.
BFH-Urt. v. 8. 3.1984,	I R 31/80,	BStBl. 1984 II, S. 623.
BFH-Urt. v. 26. 7.1984,	IV 137/82,	BStBl. 1984 II, S. 829.
BFH-Urt. v. 2.10.1984,	VIII R 36/83,	BStBl. 1985 II, S. 320.
BFH-Urt. v. 3.10.1984,	I R 119/81,	BStBl. 1985 II, S. 245.
BFH-Urt. v. 6. 3.1985,	I R 119/82,	BStBl. 1985 II, S. 541.
BFH-Urt. v. 8.10.1985,	VIII R 234/84,	BStBl. 1986 II, S. 596.
BFH-Urt. v. 10.10.1985,	IV B 30/85,	BStBl. 1986 II, S. 69.
BFH-Urt. v. 6.11.1985,	I R 56/82,	BStBl. 1986 II, S. 73.
BFH-Urt. v. 27. 5.1986,	VII R 183/83,	BStBl. 1986 II, S. 654.
BFH-Urt. v. 20. 8.1986,	I R 87/83,	BStBl. 1987 II, S. 75.
BFH-Urt. v. 29.10.1986,	I R 202/82,	BStBl. 1987 II, S. 308.

BFH-Urt. v. 12. 6.1987,	I 204/64,	BStBl. 1987 II, S. 782.
BFH-Urt. v. 15. 7.1987,	II R 249/83,	BStBl. 1987 II, S. 809.
BFH-Urt. v. 29.10.1986,	I R 318-319/8,	BStBl. 1987 II, S. 310.
BFH-Urt. v. 14. 6.1988,	VIII R 387/83,	BStBl. 1989 II, S. 187.
BFH-Urt. v. 23.11.1988,	II R 209/82,	BStBl. 1989 II, S. 82.
BFH-Urt. v. 24. 1.1989,	VIII R 74/84,	BStBl. 1989 II, S. 419.
BFH-Urt. v. 26. 4.1989,	I R 152/84,	BStBl. 1989 II, S. 668.
BFH-Bschl.v.18.10.1989,	IV B 149/88,	DB 1989, S. 564.
BFH-Urt. v. 13. 9.1989,	IR 110/88,	BStBl. 1990 II, S. 24.
BFH-Urt. v. 30. 5.1990,	IR 41/87,	DB 1990, S.1998.

3. Urteile des Bundesgerichtshofes

BGH-Urt. v. 12. 7.1956, II ZR 218/54, BB 1956, S. 765.
BGH-Urt. v. 29.11.1971, II ZR 121/69, DB 1972, S. 331.
BGH-Urt. v. 2. 6.1980, VIII ZR 64/79, BB 1980, S. 1392,
BGH-Urt. v. 9. 3.1981, II ZR 54/80, BB 1981, S. 689.
BGH-Urt. v. 25. 2.1982, II ZR 174/80, DB 1982, S. 795.
BGH-Urt. v. 16.10.1989, II ZR 307/88 GmbHR 1990, S. 118.

4. Bundesverfassungsgericht

BVerfG v. 7.10.1969,-2 BvL 3/66, BvR 701/64-, BStBl. 1970 II, S. 160.

5. Erlasse der Finanzverwaltungen

BdF-Erl. v. 12.4.1978, III B7-S 1978-18/78, BStBl. 1978 I, S. 188.
FM-NRW, Erl. v. 14.11.1963, -S 3259 - 21 - VC 1, AG 1964, S. 74.
FM-NRW, Erl. v. 25.6.1964, -S 5100, DB 1965, S. 797.
FM-NRW, Erl. v. 19.2.1980, -S 1978 b - 2 - VB 4, BB 1988, S. 355.
FM-NRW, Erl. v. 5.11.1985 -S 3263 - 54 V A4, BB 1985, S. 2158.
FM-NRW, Erl. v. 14.3.1989, G 1422 - 59 - VB 4, DB 1989, S. 656.

6. Verhandlungen des Deutschen Bundestages

BT-Drucks. 700/73, v. 8.11.1973.
BT-Drucks. 7/1470, v. 8. 1.1974.
BT-Drucks. 7/5310, v. 4. 6.1976.
BT-Drucks. 10/2510, v. 27.11.1984.
BT-Drucks. 10/4268, v. 8.11.1985.
BT-Drucks. 10/4551, v. 12.12.1985.
BT-Drucks. 10/6193, v. 15.10.1986.
BT-Drucks. 11/2157 v. 19. 4.1988.

7. BMF-Schreiben

BMF-Schr. v. 18. 2.1972, F/IV A4-S 500-3/72 II, BStBl. 1972 I, S. 136.
BMF-Schr. v. 21. 3.1972, F/IV B2 -S 2170-11/72, BStBl. 1972 I, S. 188.
BMF-Schr. v. 12. 4.1978, IV B 7-S 1978/78, BStBl. 1978 I, S. 184.
BMF-Schr. v. 4. 8.1976, IV B 2-S 2133- 9/76, BStBl. 1976 I, S. 418.
BMF-Schr. v. 5. 2.1980, IV B 7-S 2865- 4/79, DB 1980, S. 376.
BMF-Schr. v. 18. 3.1980, IV B 7-S 2299 b- 3/80, BStBl. 1980 I, S. 146.
BMF-Schr. v. 24. 1.1985, IV B 4-S 2252- 4/85, BStBl. 1985 I, S. 77.
BMF-Schr. v. 15. 4.1986, IV B 7-S 1978- 3/86, BStBl. 1986 I, S. 164.
BMF-Schr. v. 8.12.1986, IV B 7-S 2742-26/86, BB 1987, S. 667.
BMF-Schr. v. 5. 3.1987, IV B 2-S 2133- 1/87, BStBl. 1987 I, S. 394.
BMF-Schr. v. 16. 3.1987, IV B 7-S 2742- 3/87, BStBl. 1987 I, S. 373.
BMF-Schr. v. 27. 7.1988, IV B 7-S 1901- 392/88, BB 1988, Beil. 13.
BMF-Schr. v. 11. 6.1990, IV B 7-S 2745- 7/90, BStBl. 1990 I, S. 252.

Michael Böhmer

Die deutsche Besteuerung grenzüberschreitender Unternehmensverträge

Dargestellt an dem Vertrag über eine Gewinngemeinschaft, dem Teilgewinnabführungsvertrag, dem Beherrschungsvertrag, dem Gewinnabführungsvertrag und dem Betriebspachtvertrag gemäß § 291 und § 292 AktG

Der Autor analysiert die Wirkungen des deutschen Aktien- und Steuerrechts aus grenzüberschreitenden Unternehmensverträgen, die wesentliche Bestimmungsgründe einer internationalen Steuerpolitik sein können. Trotz der ab 1. Januar 1993 anstehenden EG-Erleichterungen wird es an einer EG-einheitlichen Konzernbesteuerung fehlen. Ausgehend von der Systematik des deutschen Aktien- und Gesellschaftsrechts werden die maßgebenden steuerlichen Grundsätze dargestellt und die wesentlichen Motive und Gestaltungsmöglichkeiten für den jeweiligen Unternehmensvertrag entwickelt. Der Schwerpunkt der Arbeit betrifft die laufende Besteuerung, jedoch werden auch z.B. die Frage der grenzüberschreitenden Mitunternehmerschaft, die Möglichkeiten zur Verlustkompensation sowie für einzelne Verträge die spezielle steuerliche Problematik der nahestehenden Unternehmen diskutiert. Bei der Gewinngemeinschaft werden repräsentativ für die anderen Verträge Einzelfragen des Steuerrechts abgehandelt; ausführlich wird hierbei die EWIV in die Untersuchung einbezogen.

1991, XVIII, 353 S., geb., 96,– DM, ISBN 3-7890-2243-8
(Schriften des Instituts für ausländisches und internationales Finanz- und Steuerwesen der Universität Hamburg, Bd. 14)

NOMOS VERLAGSGESELLSCHAFT
Postfach 610 • 7570 Baden-Baden

Gabriele Burmester

Probleme der Gewinn- und Verlustrealisierung

– insbesondere bei grenzüberschreitenden Transaktionen zwischen inländischem Stammhaus und ausländischer Betriebsstätte

Steuerliche Gewinn- und Verlustrealisierung stellen nach wie vor einen problematischen Bereich der innerstaatlichen Gewinnermittlung dar. Dies gilt u. a. auch für Realisierungen im Geschäftsverkehr zwischen einem inländischen Unternehmen und seiner ausländischen Betriebsstätte, die im Mittelpunkt der vorliegenden Arbeit stehen.

Die Arbeit untersucht eingangs die Bildung und Auflösung stiller Reserven und stiller Lasten im deutschen Steuerrecht. Dabei wird insbesondere auf System und Methode, Wesen und Zeitpunkt von Gewinn- und Verlustrealisierungen eingegangen. Auf eine Darstellung der Grundsätze und Methoden der Betriebsstättenbesteuerung im innerstaatlichen und im Abkommensrecht schließt sich eine Untersuchung und steuersystematische Einordnung der Wertbewegungen zwischen inländischem Stammhaus und ausländischer Betriebsstätte an. Diese erfolgt unter Berücksichtigung der innerstaatlichen Realisierungsgrundsätze und unter Anwendung der herkömmlichen Verfahren der Rechtsgewinnung.

Die Arbeit kommt aus rechtsstaatlichen und wirtschaftlichen Gründen zum Ergebnis, daß eine gesetzliche Regelung der Besteuerung in- und ausländischer Betriebsstätten deutscher Unternehmen geboten ist.